알기 쉬운 비유와
기초 수학으로 시작하는

그로킹
딥러닝

그로킹 딥러닝

알기 쉬운 비유와 기초 수학으로 시작하는

초판 1쇄 발행 2019년 12월 1일

지은이 앤드루 트라스크 / **옮긴이** 박상현 / **펴낸이** 김태헌
펴낸곳 한빛미디어(주) / **주소** 서울시 서대문구 연희로2길 62 한빛미디어(주) IT출판부
전화 02-325-5544 / **팩스** 02-336-7124
등록 1999년 6월 24일 제25100-2017-000058호 / **ISBN** 979-11-6224-228-5 93000

총괄 전정아 / **기획** 조희진 / **편집** 조경숙
디자인 표지·내지 김연정 일러스트 이진숙 조판 이경숙
영업 김형진, 김진불, 조유미 / **마케팅** 박상용, 송경석, 조수현, 이행은, 홍혜은 / **제작** 박성우, 김정우

이 책에 대한 의견이나 오탈자 및 잘못된 내용에 대한 수정 정보는 한빛미디어(주)의 홈페이지나 아래 이메일로
알려주십시오. 잘못된 책은 구입하신 서점에서 교환해드립니다. 책값은 뒤표지에 표시되어 있습니다.

한빛미디어 홈페이지 www.hanbit.co.kr / 이메일 ask@hanbit.co.kr

지금 하지 않으면 할 수 없는 일이 있습니다.
책으로 펴내고 싶은 아이디어나 원고를 메일(writer@hanbit.co.kr)로 보내주세요.
한빛미디어(주)는 여러분의 소중한 경험과 지식을 기다리고 있습니다.

알기 쉬운 비유와
기초 수학으로 시작하는

그로킹
딥러닝

앤드루 트라스크 지음 박상현 옮김

HB 한빛미디어
Hanbit Media, Inc.

"딥러닝을 처음 접하는 이들에게 권하는 입문서"

서점에 가면 이제는 머신러닝과 딥러닝 관련 책이 많습니다. 책마다 지향하는 목적과 독자가 조금씩 다르며, 딥러닝에 입문하고자 하는 사람을 위한 책도 제법 많이 나와 있습니다. 저자 서문에도 있지만 이 책은 딥러닝을 처음 접하는 입문자를 위한 책입니다.

우연한 기회에 딥러닝을 포함한 입문자를 위한 IT 서적을 몇 권 리뷰한 적이 있습니다. 그러면서 입문자를 위한 책은 어떤 미덕을 가지고 있어야 할지를 고민했었습니다. 입문자를 위한 책이 '맨땅에 헤딩하는 사람을 위한 헬멧' 같은 책이어야 하는지, 아니면 **'맨땅에 헤딩하는 일이 없도록 튼튼한 번지점프 장비'** 같은 책이어야 하는지는 경우와 주제에 따라 달라진다고 생각하지만, 딥러닝 입문서는 후자의 장비가 되어야 한다고 생각합니다. 백그라운드에 어마어마한 수학 공식, 오래된 이론, 복잡한 실전 시스템 그리고 다양한 '변태스러운' 변종 모델이 호시탐탐 사용자를 잡아먹으려 들기 때문입니다. 맨땅에 헤딩해서 살아남긴 했는데 주화입마에 빠져서 마계의 사파가 되는 일은 없어야 할 테니까요.

『그로킹 딥러닝』은 후자의 미덕을 잘 갖추고 있습니다. 입문자에게 어려운 수학에 대한 이해를 강요하지 않고, 발생 가능한 여러 경우를 예시와 적절한 예제를 통해 자연스럽게 쫓아올 수 있도록 (꽃길까지는 아니어도) 걷기 편한 카펫을 깔아주고 있습니다. 이 책을 믿고 뛰어내리면 적당한 스릴과 긴장감을 느낄 수 있지만 머리가 깨지는 일은 없을 겁니다. 책에서 제공하는 즐거움까지만 맛보고자 하는 독자나, 책을 발판 삼아 더 스릴 넘치는 심화 학습을 하고자 하는 독자 모두에게 적당한 딥러닝 입문서입니다.

– 박상은, 『러닝 텐서플로』 역자

"심층적으로 딥러닝을 이해할 수 있습니다."

이제 딥러닝은 인공지능 분야에서 빠질 수 없는 핵심 기술입니다. 알파고와 이세돌 9단이 대결을 한 뒤에는 인공지능 관련 종사자뿐만 아니라 일반인도 딥러닝에 관한 관심이 높아졌습니다. 그리고 서점에 나가보면 인공지능과 딥러닝을 소개하는 책이 늘어나기 시작했습니다.

처음에는 전공자가 볼법한 두껍고 복잡한 수식을 통해 딥러닝을 소개하는 책이 보였습니다. 이런 종류의 책은 딥러닝을 깊이 있게 이해할 수는 있지만 수포자나 비전공자에게는 어려웠습니다. 그 뒤에는 텐서플로, 케라스, 파이토치와 같은 딥러닝 프레임워크를 이용하여 머신러닝 모델을 구현할 수 있는 책이 나왔습니다. 책에 있는 코드를 따라 하면 타이타닉의 생존자 예측 또는 MNIST라는 손글씨 데이터셋을 이용하여 이미지 인식 모델을 쉽게 만들 수 있습니다. 하지만 이런 책은 이미 프레임워크에 정의된 신경망, 드롭아웃, 경사하강법, 활성화 함수 같은 딥러닝의 중요한 요소를 설명하는 데는 부족했습니다.

최근에는 비전공자와 수포자도 딥러닝의 원리를 쉽게 이해할 수 있게 다양한 예제와 코드를 이용해 설명하는 책이 나오고 있습니다. 『그로킹 딥러닝』도 이러한 책 중 하나입니다. 책의 제목이 말해주듯이 이 책의 목적은 **딥러닝을 심층적으로 이해할 수 있도록 도와주는 것**입니다. 이와 유사한 책도 있지만, 이 책은 단연 가장 쉽게 딥러닝을 이해하는 데 도움을 줄 수 있는 책이라고 생각합니다.

『그로킹 딥러닝』은 수학 지식이 많지 않더라도 딥러닝을 이해할 수 있도록 다양한 그림과 예시를 통해 설명하고 있습니다. 또한 수학 공식을 최대한 언급하지 않고 대신 파이썬 코드로 설명하기 때문에 딥러닝의 원리를 이해하려는 개발자와 비전공자에게 입문서로 좋은 선택이 되리라 믿습니다.

– 이진형, 11번가 데이터 사이언티스트

'역자 서문은 역자 해제(解題)가 되어서는 안 된다'라는 글을 읽은 적이 있습니다. 내용 요약을 담은 역자 서문은 독자에게서 책 읽는 재미를 빼앗는다는 것이지요. 그래서 이 책의 역자 서문에는 제가 딥러닝을 마주치게 된 계기부터 이 책을 번역하기까지 있었던 사연 몇 가지를 두서없이 얘기하면 어떨까 합니다.

몇 년 전 '딥러닝'이 미디어를 달구고 사람들이 열광하기 시작할 무렵, 저는 유행(?)에 흔들리지 않고 계속해서 SW 개발에 집중하기로 마음먹었습니다. 딥러닝이든 머신러닝이든 AI 관련 용어를 피하려고 열심히 도망쳤습니다. 이때만 해도 저는 딥러닝의 인기가 거품이라고 생각했으니까요. 하지만 도피 생활은 그리 길지 못했습니다.

제가 맡은 프로젝트에서 딥러닝으로 문제를 해결해야 하는 상황이 생긴 겁니다. 딥러닝 지식이 준비되어 있지 않아서 무척 난감했습니다. 하는 수 없이 명절 연휴 동안 부랴부랴 SNS와 구글을 뒤져 입소문이 자자한 홍콩과기대 김성훈 교수님의 강의(hunkim.github.io/ml/)를 듣고, 유다시티 딥러닝 수업을 수강하면서 숙제도 빠짐없이 했습니다. 영상에 나타난 숫자를 실시간으로 인식하는 앱을 만들고 나니 딥러닝에 자신감이 생겼습니다. 그렇게 연휴를 보낸 뒤 회사로 돌아가 프로젝트를 마무리 지었습니다.

그 일 이후로는 다시 마주칠 일이 없을 줄 알았는데, 이번엔 강화학습이 필요한 일을 만났습니다. 책을 사 읽고, 블로그를 구독하며 공부를 시작했습니다. 한참을 공부하고 나서야 제가 풀고자 하는 문제에는 심층 강화학습이 필요하다는 사실을 깨달았습니다. 그래서 다시 공부를 시작하고, 코드를 작성하고, 오랫동안 컴퓨터를 학습시킨 끝에 문제를 풀 수 있었습니다.

이런 일들을 겪은 뒤로 딥러닝으로부터 도망치기를 포기하고 개발자로서 평범한 일상을 보내고 있었는데, 이번엔 이 책, 『그로킹 딥러닝』을 만나게 되었습니다. 저술 경험만 있던 제게 번역 작업을 할 수 있는 기회가 생긴 겁니다. 첫 딥러닝 과제가 생겼을 때 멀리 도망칠 수 있었다면 이런 경험을 할 수 있었을까요? 우여곡절이 있었지만 그래도 마무리를 짓고 이렇게 '옮긴이의 글'이라는 걸 써 봅니다.

저술도 그랬지만 번역도 도움이 많이 필요한 일이었습니다. 이 작업에 가장 큰 도움을 준 조희진 차장님, 그간 번역이 처음인 역자와 일하며 꼼꼼히 피드백하느라 고생 많으셨습니다. 감사합니다. 송성근 부장님과 전정아 부장님, 응원(과 맛있는 치킨) 늘 감사했습니다.

마지막으로, 아빠와 남편을 회사 일과 저술/번역 작업에 빼앗긴 두 아들과 아내, 미안하고 고맙습니다. 사랑합니다.

– 박상현, 겨울 초입에 해방감을 누리며...

『그로킹 딥러닝』은 3년간의 엄청난 노력 끝에 만들어진 책입니다. 여러분이 이 책을 만나기 전까지 저는 책의 두 배가 넘는 원고를 작성했습니다. 인쇄 전까지 무려 6개 장을 서너 차례에 걸쳐 '완전히' 다시 썼으며 그 과정에서 처음에는 생각지도 않았던 (하지만 지금은 중요한) 몇 개 장을 추가하기도 했습니다. 특히, 저는 이 책에 남다른 가치를 담기 위해 다음 두 가지를 결심했습니다.

1 간단한 계산을 넘어서는 수학 지식이 없어도 독자가 이 책을 소화할 수 있어야 한다.
2 내부 동작 과정을 알 수 없는 고수준 라이브러리에 의존하지 않아야 한다.

즉, 이 책을 읽는 모든 독자가 딥러닝의 동작 원리를 제대로 이해하는 게 제 집필 목표였습니다. 이 결심을 바탕으로 저는 고급 수학이나 다른 사람들이 작성한 복잡한 코드 없이도 딥러닝에 담긴 핵심 개념과 기술을 설명하고 가르칠 새로운 방법을 고안했습니다.

저는 책을 집필하면서 딥러닝을 배우는 데 필요한 문턱을 최대한 낮추고자 노력했습니다. 독자 여러분이 이 책을 통해 단순히 딥러닝의 이론을 읽는 데 그치지 않고 스스로 딥러닝이 동작하는 방식을 깨달을 수 있으리라 기대하면서요. 이 수준에 여러분이 닿을 수 있게끔, 저는 많은 코드를 작성했고 실습 예제에 필요한 코드 조각을 완전히 이해할 수 있도록 바른 순서로 설명하기 위해 최선을 다했습니다.

이 책을 통해 탐구하게 될 모든 이론과 코드, 예제가 함께하는 지식이 여러분의 실험을 빠르게 반복하도록 만들어 줄 겁니다. 그리고 여러분은 빠르게 성취를 이루고 더 나은 (취업이든 실험이든) 기회를 잡을 것입니다. 또한 고급 딥러닝의 개념을 훨씬 빠르게 익힐 수 있을 겁니다.

이 책을 집필하는 지난 3년간, 저는 옥스퍼드 대학의 박사과정에 진학했으며 구글에 합류했습니다. 그리고 탈중앙화 인공지능 플랫폼인 OpenMined(www.openmined.org)의 창립을 도왔습니다. 이 책은 제가 지난 수년간 해온 사유와 학습과 강의의 정점이라고 자부합니다.

이 세상엔 딥러닝을 설명하는 자료가 무수히 많습니다. 그중에서도 여러분이 이 책과 만나주어 저는 정말 기쁩니다.

저는 주요 딥러닝 프레임워크에 통달할 수 있는 수준의 딥러닝 기초 지식을 여러분에게 제공하고자 이 책을 집필했습니다. 책의 초반은 신경망의 기본 지식에 초점을 맞추지만, 그 후에는 시선을 바꿔서 고급 레이어와 아키텍처를 면밀하게 설명합니다.

누가 이 책을 읽을 수 있을까요?

저는 의도적으로 이 책의 진입 장벽을 최대한 낮추어 집필했습니다. 저는 독자가 선형대수, 미적분학, 컨벡스 최적화, 심지어는 머신러닝에 대한 사전 지식이 없다고 가정하고 집필했습니다. 딥러닝을 이해하는 데 필요한 모든 사전 지식은 이 책 안에 있습니다. 차근차근 읽어가면 모두 이해할 수 있습니다. 여러분의 수학 실력이 고등학생 수준이고 파이썬을 다뤄봤다면 여러분은 이 책을 읽을 준비가 되었습니다.

책의 표기법과 자료 내려받기를 안내합니다

이 책에서 사용된 모든 코드는 일반 텍스트와 구분하기 위해 D2Coding 폰트로 표기됩니다. 중요한 개념을 강조하기 위해 예제 코드 리스트 중간에 설명을 넣었습니다.

이 책의 예제 코드는 출판사의 웹사이트와 깃허브에서 내려받을 수 있습니다.

- www.manning.com/books/grokking-deep-learning
- github.com/iamtrask/grokking-deep-learning

각 장의 내용 미리보기

이 책은 다음과 같이 총 16개 장으로 이루어져 있습니다.

1장 여러분이 딥러닝을 배워야 하는 이유와 딥러닝을 배우는 데 필요한 것들에 대해 다룹니다.

2장 머신러닝, 모수적(parametric) 모델과 비모수적(nonparametric) 모델, 지도 학습과 비지도 학습 같은 기본적인 개념을 파고들기 시작합니다. 그리고 이후의 장에서 계속 마주하게 될 '예측, 비교, 학습' 패러다임을 소개합니다.

3장 간단한 네트워크를 이용한 예측을 여러분에게 선보입니다. 동시에, 여러분은 여기에서 신경망을 처음 만나게 될 겁니다.

4장 3장에서 수행했던 예측을 평가하는 방법과 다음 단계에서 모델을 훈련시키는 데 도움이 될 에러 식별 방법을 설명합니다.

5장 '예측, 비교, 학습' 패러다임 중 '학습' 부분에 초점을 맞춥니다. 이 장은 심도있는 예제 하나를 이용하여 학습 과정에서 벌어지는 일들을 설명합니다.

6장 여러분은 여러분의 첫 번째 '심층 신경망'을 만들어볼 겁니다.

7장 신경망의 큰 그림에 집중하는 한편, 여러분의 심상을 단순하게 만들어줍니다.

8장 오버피팅, 드롭아웃, 배치 경사하강법을 소개하며, 여러분이 방금 구축한 새 네트워크 내부에서 데이터셋을 분류하는 방법을 설명합니다.

9장 활성화 함수와 확률 모델링에 적용하는 방법을 설명합니다.

10장 오버피팅을 막는 구조의 유용함을 강조하며 합성곱 신경망을 소개합니다.

11장 드디어 자연어 처리 속으로 뛰어들며 딥러닝 분야에서의 기초 용어와 개념에 관해 설명합니다.

12장 대부분의 순환 모델링 분야의 최첨단 기법이자 현장에서 가장 인기 있는 도구 중 하나인 순환 신경망에 대해 다룹니다.

13장 딥러닝 프레임워크를 밑바닥부터 구축하는 방법을 설명합니다. 13장을 통해 여러분은 파이토치(PyTorch) 또는 텐서플로(TensorFlow) 같은 상용 딥러닝 프레임워크에 더 빠르게 적응할 수 있을 겁니다.

14장 여러분의 순환 신경망을 이용하여 언어 모델링이라고 하는 더 어려운 과제에 도전합니다.

15장 데이터의 프라이버시에 집중합니다. 15장에서 여러분은 통합 학습(Federal Learning), 동형 암호화 (Homomorphic Encryption), 차등 개인정보(Differential Privacy)와 보안 다중 계산(Secure Multipart Computing)과 같은 기초적인 보안 개념을 학습합니다.

16장 여러분이 딥러닝을 계속 탐구하기 위해 필요한 도구와 자원을 제공합니다.

감사의 말

이 책의 출간에 기여해준 모든 분에게 대단히 감사드립니다. 다른 무엇보다, 저는 훌륭한 매닝 출판사의 팀에 감사드리고 싶습니다. 제게 글쓰기를 가르쳐준 버트 베이츠Bert Bates, 제가 3년 동안 작업을 할 수 있게 인내로 지탱해준 크리스타 테일러Christina Taylor, 책이 출간되기 이전부터 이 책의 성공을 빌며 창의성을 발휘해준 마이클 스테판Michael Stephens, 끝으로 원고가 지연되는 와중에도 용기를 돋워주고 결국 이렇게 멋진 결과에 다다르게끔 도와준 마잔 베이스Marjan Bace, 모두 고맙습니다.

이 책은 초기 독자들이 없었다면 탄생할 수 없었을 겁니다. 이메일, 트위터, 깃허브를 통해 엄청나게 기여해준 여러분 고맙습니다. 글과 코드 저장소를 다듬는 데 도움을 준 모두에게 깊이 감사드립니다.

Jascha Swisher, Varun Sudhakar, Francois Chollet, Frederico Vitorino, Cody Hammond, Mauricio Maroto Arrieta, Aleksandar Dragosavljevic, Alan Carter, Frank Hinek, Nicolas Benjamin Hocker, Hank Meisse, Wouter Hibma, Joerg Rosenkranz, Alex Vieira, Charlie Harrington

---

이 책이 집필되는 동안 여러 차례 원고를 읽는 데 시간을 할애해준 리뷰어들에게도 감사를 전합니다.

Alexander A. Myltsev, Amit Lamba, Anand Saha, Andrew Hamor, Cristian Barrientos, Montoya, Eremey Valetov, Gerald Mack, Ian Stirk, Kalyan Reddy, Kamal Raj, Kelvin D. Meeks, Marco Paulo dos Santos Nogueira, Martin Beer, Massimo Ilario, Nancy W. Grady, Peter Hampton, Sebastian Maldonado, Shashank Gupta, Tymoteusz Wołodźko, Kumar Unnikrishnan, Vipul Gupta, Will Fuger, William Wheeler.

또한 유다시티Udacity의 맷Mat과 니코Niko에게 감사를 전합니다. '딥러닝 나노학위Deep Learning Nanodegree'에 이 책을 포함시켜준 덕분에 젊은 딥러닝 전문가들 사이에 일찍이 이 책이 알려졌습니다.

윌리엄 후퍼Dr. William Hooper 박사님, 당신은 제 은인이십니다. 박사님은 당신의 사무실에 드나들며 컴퓨터 과학에 대한 질문으로 괴롭힐 때마다 제게 지혜를 나눠 주셨고, 이미 정원이 찼던 '프로그래밍 1' 수업을 수강할 수 있도록 특별히 허락해주셨습니다. 게다가 딥러닝 커리어를 시작할 수 있도록 영감을 주셨죠. 인내심을 갖고 저를 이끌어주셔서 고맙습니다. 박사님의 축복이 저를 이곳에 이끌어주었습니다.

마지막으로, 제 아내에게 고마움을 전하고 싶습니다. 제 아내는 이 책의 전체 원고를 수 차례 교열하는 한편, 매일 저녁과 주말마다 온라인 깃허브 코드 저장소를 만들고 디버깅해주었습니다. 덕분에 집필을 끝낼 수 있었습니다.

– 앤드루 트라스크

CONTENTS

CHAPTER 1 딥러닝을 소개합니다 : 당신이 딥러닝을 공부해야 하는 이유

CHAPTER 2 딥러닝의 기초 개념 : 컴퓨터가 학습하는 원리

CONTENTS

CHAPTER **5 복수 가중치 동시에 학습하기 : 경사하강법 일반화 하기**

CONTENTS

CHAPTER 7 신경망 사진 찍기 : 머릿속과 종이 위에

CHAPTER 8 신호 학습과 잡음 제거 : 정규화와 배치 소개

CONTENTS

CHAPTER 12 셰익스피어처럼 글쓰기 : 순환 계층으로 가변 데이터 다루기

CONTENTS

CHAPTER 13 자동 최적화를 소개합니다 : 딥러닝 프레임워크를 만들어봅시다

CONTENTS

CHAPTER 16 다음 도약을 위한 준비 : 작은 안내서

딥러닝을 소개합니다
: 당신이 딥러닝을 공부해야 하는 이유

- 딥러닝을 배워야 하는 이유
- 이 책을 읽어야 하는 이유
- 딥러닝을 시작하기 위해 필요한 것들

"수학이 어렵다고 걱정하지 마시길. 장담컨대 내가 다루는 수학이 훨씬 어렵다오."

– 알베르트 아인슈타인

딥러닝의 세계에 어서 오세요

지금부터 여러분은 금세기 최고의 기술을 공부합니다!

여러분에게 딥러닝을 소개할 생각에 몹시 설렙니다! 여러분도 딥러닝을 배울 생각에 설레나요?

딥러닝은 머신러닝과 인공지능의 정점에 있는 멋진 기술입니다. 우리 사회와 산업에 커다란 충격을 던지고 있는 기술이기도 하지요. 이 책에서 다루는 여러 가지 딥러닝 기법은 이미 우리 주변에서 세상을 변화시키고 있습니다. 자동차 엔진을 최적화하는 일부터 SNS가 우리에게 보여주는 콘텐츠를 결정하는 알고리즘에 이르기까지, 이미 여러 분야에서 딥러닝이 지닌 강력한 힘을 이용하고 있습니다. 게다가 딥러닝은 재미있기까지 합니다. 정말 더할 나위 없지요!

왜 딥러닝을 공부해야 할까요?

딥러닝은 지능을 자동화하는 강력한 도구입니다.

태초부터 인류는 주변의 환경을 이해하고 통제하기 위해 더욱더 나은 도구를 만들어왔습니다. 딥러닝은 이러한 혁신의 역사에서 한 장을 차지하는 기술입니다. 이 장이 이렇게 주목받는 이유는 딥러닝이 어쩌면 **기계적인 혁신**보다는 **정신적인 혁신**에 더 가깝기 때문일 겁니다. 같은 계통의 기술인 머신러닝처럼 딥러닝도 지속적으로 지능의 자동화를 추구합니다. 컴퓨터 비전, 음성 인식, 기계 번역, 그 외 다양한 분야에서 딥러닝은 지난 몇 년 동안 과거 기술이 이루지 못했던 기록적인 성능을 달성하며 어마어마한 성공과 진전을 이뤄냈습니다.

이 같은 딥러닝의 성능에는 **동물의 두뇌를 그대로 본뜬 알고리즘(신경망)**이 크게 기여하는 것으로 알려져 있습니다. 그래서 이런 성과가 더 놀라운 것이죠. 딥러닝은 여전히 풀어야 할 숙제가 많은 미성숙한 분야이지만 이러한 성장은 흥미진진합니다. 어쩌면 우리는 뛰어난 도구 정도가 아니라 인간의 마음을 열어볼 수 있는 창을 발견했는지도 모릅니다.

딥러닝은 사람이 하는 일의 상당 부분을 자동화할 수 있습니다.

놀라울 만치 빠르게 발전하는 딥러닝이 바꿀 미래를 두고 사람들은 다양한 주장을 펼칩니다. 대부분은 지나치게 과장되었습니다만 그중 한 가지 주장은 눈여겨볼 필요가 있습니다. 바로 '일자리 대체'가 그것입니다. 이 주장이 눈에 띄는 이유는 딥러닝의 혁신이 지금 수준에 머물고 만다 하더라도, 현재의 성능만으로도 이미 전 세계적으로 사람이 하는 일에 적잖은 영향을 미치고 있기 때문입니다. 콜센터는 점차 챗봇이 대신하고 있고, 택시 업계는 자율주행차가 등장하기 시작했습니다. 또 기초적인 사업분석 업무도 자동화된 각종 도구로 대체되는 추세입니다. 이는 저렴한 비용으로 딥러닝이 대체할 수 있는 일 중 일부에 불과합니다.

그렇다고 너무 걱정하지 마세요. 경제의 패러다임이 한순간에 바뀌는 일은 좀처럼 없습니다. 하지만 딥러닝의 능력과 발전 속도에 비춰보면 여러 가지 면에서 이런 논쟁의 시점은 이미 지나쳤습니다. 저는 여러분 그리고 여러분과 가까운 사람들이 이 책을 통해 딥러닝을 이해하고 혼란을 마주한 기존 산업으로부터 성장하고 번영할 산업으로 옮겨갈 수 있기를 바랍니다. 바로 '딥러닝'으로 말입니다.

딥러닝은 재미있고 창의적인 기술입니다.

저는 딥러닝의 매력에 푹 빠졌습니다. 지능과 창의성을 모사하는 딥러닝을 통해서 '인간으로 존재한다'는 의미를 좀 더 이해할 수 있었습니다. 딥러닝에는 사람과 컴퓨터의 능력이 놀랍게도 융합되어 있습니다. 딥러닝을 통해 생각과 추론, 창조가 의미하는 것이 무엇인지를 풀어내면서 많은 것을 배울 수 있었습니다. 즐거움과 영감도 얻을 수 있었죠. 한번 생각해보세요. 인류의 모든 그림을 데이터로 변환해서 컴퓨터가 모네풍의 그림을 그리도록 가르친다고 말입니다. 말도 안 될 것 같지만 불가능한 일은 아닙니다.[1] 게다가 딥러닝이 동작하는 모습을 보고 있으면 절로 감탄이 나올 정도입니다.

딥러닝을 시작하기가 어렵진 않을까요?

'재미보상'을 얻기까지 얼마나 공부해야 할까요?

제가 즐겨 하는 질문입니다. 이 책에서 제공하는 '재미보상$^{Fun\ PayOff}$'은 한땀 한땀 만든 **딥러닝**이 동작하는 모습을 지켜보는 겁니다. 자신이 만든 창조물이 뭔가를 해내는 순간은 굉장히 감동적입니다. 독자 여러분이 일단 이 감동을 한번 느끼고 나면 그다음부터는 이야기가 쉬워집니다. 3장 초반에 우리의 첫 신경망을 만들 텐데 그전까지는 여기서부터 3장까지 이 책을 손에서 놓지 않고 읽기만 하면 됩니다. 눈으로 읽기만 하세요.

혹시 첫 신경망을 만든 3장 이후 언제 다시 '재미보상'을 경험할지 궁금한가요? 3장에서 배운 몇 줄의 코드를 암기하고 4장 중반까지 공부하면 다시 '재미보상'을 얻을 수 있습니다. 사실 이 책 전체가 이런 식입니다. 여러분은 이 책을 읽는 내내 앞 장에서 학습한 코드 몇 줄을 외우고, 다음 장을 공부하면서 새로운 신경망을 학습하는 '재미보상'을 경험할 겁니다.

---

1 역자주_ Prisma Photo Editor라는 앱을 설치해서 여러분이 가지고 있는 사진을 좋아하는 화가의 화풍으로 직접 변환해보세요. 아이폰과 안드로이드에서 모두 사용할 수 있습니다.

이 책으로 딥러닝을 공부해야 하는 이유

첫째, 아주 쉽게 딥러닝을 시작할 수 있습니다.

제가 이 책을 집필한 이유와 여러분이 이 책으로 딥러닝을 공부해야 하는 이유는 같습니다. 제가 아는 바로는 시중에는 **고급 수학 지식 없이** 딥러닝을 설명하는 다른 교재(책, 수업, 블로그 등등)는 드뭅니다. 이 책이 출간되기 전에 말이죠.

물론 수학을 이용해서 딥러닝을 설명하는 데에는 다 이유가 있습니다. 수학은 또 다른 '언어'입니다. 수학이라는 언어가 훨씬 **효율적**으로 딥러닝을 설명한다는 점에는 동의하지만, 그렇다고 해서 꼭 고급 수학을 알아야만 딥러닝의 내부 동작 원리를 제대로 이해하는 정통한 숙련자가 될 수 있는 것은 아닙니다.

그렇다면 왜 이 책으로 딥러닝을 공부해야 하냐고요? 여러분의 수학 실력이 고등학교 (그마저도 시간이 지나 예전 같지 않은) 수준이라 하더라도 이 책은 **여러분에게 필요한 모든 것을 설명하거든요.** 곱셈 기억나지요? 4사분면 그래프는요? 기억한다고요? 훌륭합니다! 여러분은 이 책에 딱 들어맞는 독자입니다.

둘째, 파이토치나 텐서플로 같은 프레임워크의 내부에서 벌어지는 일을 이해할 수 있습니다.

책이나 강좌 같은 딥러닝 교육 자료에는 크게 두 가지 부류가 있습니다. 하나는 파이토치, 텐서플로, 케라스처럼 잘 나가는 딥러닝 프레임워크와 코드 라이브러리를 설명하는 데 집중합니다. 다른 하나는 딥러닝의 이론, 다른 말로 하면 주류 프레임워크 이면의 **내부 원리 이해**에 초점을 맞춥니다.

궁극적으로는 딥러닝 프레임워크와 그 이면의 원리를 **모두** 알 필요가 있습니다. 여러분이 자동차 경주대회인 NASCAR[2]에 레이서로 출전한다고 해보죠. 레이서는 특정 자동차 모델(딥러닝 프레임워크)뿐만 아니라 운전 그 자체(이론/기술)도 알아야 합니다. 그러나 단순히 딥러닝 프레임워크만을 공부하는 것은 수동 변속기가 어떤 물건인지 알기도 전에 6세대 쉐보레 SS 모델의 장단점을 배우는 격입니다. 이 책은 이론을 설명함으로써 딥러닝 프레임워크를 쉽게 받아들일 수 있는 토대를 만들어줍니다.

2　역자주_ National Association of Stock Car Auto Racing의 약자로써 미국 최고의 자동차 경기 중 하나로 꼽힙니다.

셋째, 알기 쉬운 비유를 통해 수학을 설명합니다.

현실에서 수학 공식을 마주치면 저는 항상 2단계로 접근합니다. 1단계에서는 수학적 논리를 현실적이며 직관적인 **비유**로 바꿉니다. 저는 수학 공식을 절대 액면가 그대로 설명하지 않습니다. 2단계에서는 수학 공식을 저마다의 이야기 **조각**으로 잘게 나누죠. 이 책은 이런 방식으로 수학을 설명합니다. 수학적 개념이 나오면 공식이 실제로 하는 일이 무엇인지 설명하는 비유부터 풀어나갈 겁니다.

- **1단계**: 수학적 논리 → 현실적 / 직관적 비유
- **2단계**: 수학 공식 → 이야기 조각

"모든 것은 최대한 단순하게 만들어야 하지만 지나치게 단순해서는 안 된다."

– 알베르트 아인슈타인

넷째, 도입부 이후에는 모든 내용을 '프로젝트' 기반으로 설명합니다.

여러분도 그럴 수 있겠는데, 저는 쓸모없어 보이거나 의미 없어 보이는 주제를 보면 공부하고 싶은 마음이 싹 사라집니다. 선생님이 학생들에게는 못질도 못 하게 하면서 망치질을 가르친다고 생각해보세요. 아무리 열정적으로 선생님이 설명한들 망치질을 해보지 않고는 누구도 망치를 제대로 다루는 법을 배울 수 없을 겁니다. 그런 수업을 들은 학생들에게 점 몇 개를 표시해주고 망치, 못, 재단된 나뭇조각 몇 개를 던져주면서 뭔가 만들어보라고 하면 뭘 할 수 있을까요?

이 책은 나무와 못, 망치를 설명하기 전에 연장을 내어줄 겁니다. 모든 수업은 연장을 쥐고 뭔가를 만드는 것으로 시작하며 만드는 중간중간에 연장에 대한 설명을 곁들일 겁니다. 이 책을 다 읽고 덮을 즈음에 여러분이 딥러닝 도구에 관한 지식뿐 아니라 이 도구를 사용하는 능력도 갖추도록 하는 게 이 책의 목표입니다.

실습을 통해 우리는 두 가지를 배웁니다. 하나는 책에서 배운 지식을 응용해서 문제를 해결하는 방법이며 다른 하나는 어느 도구가 언제, 왜 필요하고 어떤 문제를 풀 때 적합한지를 아는 경험입니다. 이는 딥러닝으로 문제를 푸는 데 있어 가장 중요한 부분입니다. 또한 이 책에서 습득한 지식은 업계와 학계에서 여러분이 입지를 다질 때 도움이 될 겁니다.

시작에 앞서 필요한 지식과 실습 환경은?

첫째, 주피터 노트북과 파이썬 NumPy 라이브러리를 설치하세요.

이 책의 실습 환경으로 주피터 노트북을 추천합니다. 이 책으로 딥러닝을 공부할 때 가장 중요한 점은 신경망이 한창 하고 있는 학습을 잠시 멈추고 신경망을 조각별로 떼어내어 관찰하는 겁니다. 이런 기능 면에서 주피터 노트북은 꽤 유용합니다.

그다음으로는 NumPy 라이브러리가 필요합니다. 행렬 라이브러리인 NumPy는 이 책에서 유일하게 사용하는 라이브러리입니다. NumPy 덕에 이 책을 통해 딥러닝의 세세한 부분까지 설명할 수 있었습니다. NumPy 기반의 설명을 통해 여러분은 딥러닝 프레임워크를 사용하는 수준을 넘어서 딥러닝의 모든 원리를 이해할 수 있을 겁니다. 이 책은 딥러닝을 하나부터 열까지, 바닥부터 설명합니다.

주피터 노트북과 NumPy의 설치 방법은 다음의 웹사이트에서 확인할 수 있습니다. 파이썬 2.7은 2020년에 지원이 중단되므로 파이썬 3을 권합니다. 이 책의 예제는 파이썬 2.7과 파이썬 3에서 모두 테스트를 거쳤습니다. 조금 더 편리하게 주피터 노트북과 NumPy를 설치하고 싶다면 아나콘다 프레임워크를 사용해보세요.

- **주피터 노트북:** http://jupyter.org
- **NumPy:** http://numpy.org
- **아나콘다 프레임워크:** https://docs.continuum.io/anaconda/install

둘째, 고등학교 수준의 수학 실력이면 충분합니다.

간혹 어렵게 느껴지는 수학적 가정이 등장할 수도 있겠지만, 저는 여러분이 기초 대수학[3]을 이해하는 수준이라고 가정하고 설명할 겁니다. 그러니 너무 염려하지 마세요.

셋째, 해결하고 싶은 매력적인 문제를 찾아보세요.

'선택사항'이 아닙니다. 이 책을 읽기 전에 딥러닝으로 해결하고 싶은 문제 하나를 꼭 찾아보세요. 딥러닝 분야에서 성공을 거둔 제 지인들은 하나같이 딥러닝을 이용해서 해결하고자 하는 문제가 있었습니다. 그분들에게는 딥러닝 공부가 자신들의 문제를 해결하는 데 필요한 디딤돌

---

3   역자주_ 대수학이라 하니 거창해 보이지만 초등학교 때 배운 덧셈, 곱셈 또한 대수학입니다.

이었을 뿐입니다.

당연히 저도 그런 문제를 하나 갖고 있었습니다. 제가 빠져들었던 문제는 트위터를 이용한 주식 시장 예측이었습니다. 정말이지 이 문제에 푹 빠져 있었습니다. 책상 앞에 앉아 문헌을 읽고 프로토타입 만드는 일을 하고 또 하고 또 했으니까요.

앞으로 몇 년 동안 딥러닝을 이용해 여러분만의 문제를 해결하다보면, 나중엔 당초 기대보다 훨씬 뛰어난 전문가가 되어 있는 자신을 보게 될 겁니다. 딥러닝 분야에서는 끊임없이 새로운 것이 등장하는 데다 무척 빠르게 변하고 있기 때문입니다. 제 경우를 말씀드리면, 간신히 프로그래밍을 조금 하던 수준에 머물던 제가 공부한 딥러닝 지식을 헤지펀드 연구 보조금에 적용할 수 있기까지 겨우 18개월밖에 걸리지 않았습니다. 딥러닝으로 해결하고 싶은 문제가 있으면 더 빨리 딥러닝을 배울 겁니다. 그러니 어서 찾아보세요.

파이썬 지식이 조금 필요합니다

파이썬 코드를 기본으로 제공하며 온라인으로 몇 가지 더 제공합니다.

파이썬은 놀라울 정도로 직관적인 언어입니다. 아마도 지금까지 만들어진 언어 중에서 가장 넓은 분야에서 사용되고 직관적으로 읽히는 언어일 겁니다. 게다가 다른 언어에선 찾아보기 힘든 단순함을 향한 철학이 있습니다. 이런 이유로 저는 모든 예제를 파이썬으로 작성했습니다. 이 책의 예제 코드는 다음 사이트에서 내려받을 수 있습니다.

- http://www.manning.com/books/grokking-deep-learning
- https://github.com/iamtrask/Grokking-Deep-Learning

어느 정도의 코딩 경험이 필요한가요?

코드 아카데미에서 파이썬 수업 목록을 쭉 훑어보세요. 영어가 걸림돌이 된다면 유튜브 윈손코딩 강의도 좋습니다. 목차를 봤을 때 모든 용어가 친숙하게 느껴진다면 여러분은 이 책을 읽을 준비가 끝난 것입니다. 불행히도 낯선 용어가 좀 보인다면 파이썬 수업을 수강한 후에 여기서 다시 만나기로 하죠. 초보자를 대상으로 잘 만들어진 수업이니 꼭 들어보세요.

- 코드 아카데미 파이썬
  codeacademy.com/learn/python
- 김왼손의 왼손코딩 파이썬: 단축 URL bitly.kr/aYysoRD
  youtube.com/playlist?list=PLGPF8gvWLYyontH0PECIUFFUdvATXWQEL

요약

주피터 노트북 설치가 끝났고 파이썬 기초 문법에 익숙해졌나요? 이제 다음 장으로 넘어갈 준비가 됐습니다. 미리 말씀드리면 2장은 아무것도 만들지 않고 이야기만 나누는 마지막 장이 될 겁니다. 2장은 인공지능과 머신러닝, 딥러닝에 관한 전문 용어, 개념, 분야를 설명합니다.

## CHAPTER 2

딥러닝의 기초 개념
: 컴퓨터가 학습하는 원리

- 딥러닝과 머신러닝, 인공지능
- 모수적 모델과 비모수적 모델
- 지도 학습과 비지도 학습
- 컴퓨터가 학습하는 3단계 원리(예측, 비교, 학습)

"앞으로 5년 안에 이뤄질 성공적인 IPO(Initial Public Offering, 주식 상장)는 모두 머신 러닝이 주도할 것입니다."

— 에릭 슈미트, 구글 이사회 의장, 2016 클라우드 컴퓨팅 플랫폼 콘퍼런스 기조연설에서

딥러닝이란?

딥러닝은 여러 가지 머신러닝 기법 중 하나입니다.

딥러닝은 머신러닝의 한 종류입니다. 그렇다면 머신러닝은 무엇일까요? 머신러닝은 컴퓨터에 학습 능력을 부여하는 연구개발 분야입니다. 몇몇 머신러닝 연구자는 범용 인공지능[1] 개발을 연구의 궁극적인 목표로 삼기도 합니다.

---

1 역자주_ General Artificial Intelligence. 사람이 할 수 있는 모든 지적인 작업을 수행할 수 있는 인공지능

기업은 이미 다양한 분야에서 딥러닝을 이용해 문제를 해결하고 있습니다. 컴퓨터 비전(이미지)에서부터 자연어 처리(텍스트), 자동 음성인식(오디오)에 이르기까지 말이죠. 간단하게 말하면 딥러닝은 머신러닝이라는 공구상자 속에 들어있는 다양한 연장 중 하나이며, 인간 두뇌를 모사한 **인공신경망**을 주축으로 하는 알고리즘입니다.

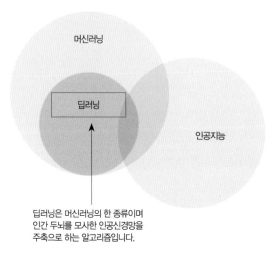

딥러닝은 머신러닝의 한 종류이며
인간 두뇌를 모사한 인공신경망을
주축으로 하는 알고리즘입니다.

이 그림에서 의미하는 딥러닝은 범용 인공지능(영화에나 나올 법한 지각이 있는 컴퓨터)이 아니라는 사실을 유념해주세요. 딥러닝을 응용한 기술은 이미 산업계에서 폭넓고 다양하게 사용되고 있습니다. 이 책은 오늘날 첨단 연구와 산업의 이면에 있는 딥러닝의 기초를 가르치는 데 집중함으로써 독자 여러분이 학계와 산업계에서 커리어를 쌓을 수 있도록 돕고자 합니다.

머신러닝이란?

> "미리 프로그래밍해둔 코드가 없어도 스스로 학습할 수 있는 능력을 **컴퓨터에** 부여하는 연구를 하는 분야"
>
> – 아서 사뮤엘

앞서 언급한 것처럼 딥러닝은 머신러닝의 일부입니다. 그렇다면 머신러닝은 무엇일까요?

러닝머신과 헷갈리지 마세요. (좀 웃자는 이야기였습니다.) 머신러닝을 그대로 번역하면 기계 학습입니다. 이름에서 알 수 있는 것처럼 **프로그래밍이 되어 있지 않아**도 해당 과업을 알아서 처리 할 수 있도록 기계(컴퓨터)에 학습 능력을 부여하는 컴퓨터 과학의 연구 분야입니다. 즉, 기계가 머신러닝을 통해 어떤 패턴을 관찰하고 그 패턴을 직접 혹은 간접적으로 따라 한다는 말이죠.

조금 전에 언급한 '직접', '간접' 따라하기는 머신러닝의 두 가지 학습 유형을 나타냅니다. 바로 **지도 학습**Supervised Learning과 **비지도 학습**Unsupervised Learning이 그것입니다.

지도 학습은 두 데이터셋 사이의 패턴을 '직접' 모사하는 기법이며, 입력된 데이터셋을 취해서 출력 데이터셋으로 변환합니다. 입력 데이터셋을 출력 데이터셋으로 변환하는 능력은 굉장히 강력하고 유용합니다. 다음 사례를 봅시다. **입력 데이터셋**은 굵은 글씨로, 출력 데이터셋은 블록 으로 표시했습니다.

| **KeyPoint** | 지도 학습은 분류된 두 데이터셋 사이의 패턴을 모사하는 기법입니다.

- 이미지의 **픽셀**을 이용해서 이미지에서 고양이 유무 탐지하기
- **즐겨본 영화 목록**을 이용해서 좋아할 만한 영화 예측하기
- 어떤 사람이 사용하는 **단어**를 이용해서 그 사람이 행복한지 슬픈지 예측하기
- 기상 센서 **데이터**를 통해 강우 확률 예측하기
- 자동차 엔진 **센서**를 이용해서 최적의 튜닝 설정 찾아내기
- 뉴스 **데이터**를 이용해서 내일 주식 가격 예측하기
- **숫자**를 입력받아 크기가 두 배인 숫자 예측하기
- 원본 **오디오 파일**을 텍스트로 변환하기

이 예제 모두가 지도 학습에 해당합니다. 머신러닝 알고리즘은 항상 **한 편에 있는 데이터셋을 이 용해서 또 다른 데이터셋을 예측**하는 방식을 통해 두 데이터셋 사이에 존재하는 패턴을 모사하려 고 시도합니다. 여러분에게 **입력** 데이터셋만 있으면 어떤 출력 데이터셋이든 예측할 수 있다고 상상해보세요. 굉장하겠죠?

지도 학습

지도 학습은 데이터셋을 변환합니다.

지도 학습은 한 데이터셋을 다른 데이터셋으로 변환하는 기법입니다. 예를 들어봅시다. 10년 동안 매주 월요일의 주식 가격을 기록한 '월요일 주식 가격'이라는 데이터셋과 같은 기간 매주 화요일에 기록한 '화요일 주식 가격'이라는 데이터셋이 있다고 해보죠. 이 두 데이터셋을 이용하면 주식 가격을 예측할 때 지도 학습 알고리즘을 적용해볼 수 있습니다.

여러분이 10년치의 월요일과 화요일 주식 가격으로 지도 학습 알고리즘을 제대로 학습시킨다면, 월요일 주식 가격을 토대로 화요일 주식 가격을 예측할 수 있을 겁니다. 여러분도 잠깐 책에서 눈을 떼고 생각해보세요.

응용 인공지능[2]에 있어 지도 학습은 소금처럼 꼭 필요한 존재입니다. 지도 학습은 주식 가격 예측처럼 **현재 지식**을 입력받아 **얻고자 하는 지식**으로 빠르게 변환해야 할 때 유용합니다. 지도 학습 알고리즘은 이 같은 방법을 통해 인간이 가진 지능과 능력을 한없이 다양한 방향으로 확장할 수 있게 해줍니다.

머신러닝을 이용하는 작업은 대부분 지도 분류기Supervised Classifier를 학습시키는 것으로 귀결됩니다. 잠시 후에 배우게 될 비지도 학습조차도 대부분 정확한 지도 학습 알고리즘을 개발하는 데 사용할 정도니까요.

이제부터 책에서는 관찰과 기록이 가능하며 나아가서는 **이해가 용이한** 입력 데이터를 취해서,

---

2 역자주_ 협의 인공지능으로도 알려져 있습니다. 앱 또는 소프트웨어를 확장하고 향상하기 위해 사용하는 인공지능.

논리적 분석이 필요한 귀중한 출력 데이터로 변환하는 알고리즘을 만들 겁니다. 지도 학습의 능력을 이용해서 말이죠.

비지도 학습

비지도 학습은 데이터를 분류합니다.

한 데이터셋을 다른 데이터셋으로 변환할 수 있는 건 지도 학습만이 아닙니다. 비지도 학습도 데이터셋을 변환합니다. 단, 비지도 학습에 사용되는 입력 데이터셋은 **사람의 분석을 거치지 않은 채로 사용된다는 점**이 다릅니다. 지도 학습과는 달리, 비지도 학습에서는 컴퓨터가 본보기로 삼을 만한 '정답'이 없습니다. 그래서 우리는 비지도 학습 알고리즘에게 '이 데이터에서 패턴을 찾아 나에게 알려줘' 하고 부탁해야 합니다.

예컨대, **데이터셋을 여러 그룹으로 군집화**clustering하는 일도 비지도 학습의 한 유형입니다. 군집화는 일련의 **데이터 요소**data point를 일련의 **군집 레이블**cluster label로 바꿔 놓습니다. 군집화 알고리즘이 10개 군집을 학습하면 각 군집에 1~10까지 레이블 번호를 붙여 놓는 것이 보통입니다. 각 데이터 요소는 자신이 속해 있는 군집에 따라 레이블 번호를 받게 되는 거죠. 그러니까 데이터셋은 데이터 요소 뭉치에서 레이블 뭉치로 변환되는 셈입니다. 그런데 군집에 레이블 번호는 왜 붙이는 걸까요? 군집화 알고리즘이 우리에게 각 군집의 정체를 설명해주지는 않기 때문입니다. 하긴 군집화 알고리즘이 그게 뭔지 무슨 수로 알 수 있을까요? 군집화 알고리즘은 그저 "이봐요, 거기 컴퓨터 앞의 양반! 내가 무슨 구조를 찾았는데 당신 데이터가 몇 개 그룹으로 이루어진 것 같군요. 이걸 좀 보시죠!"라고 말할 수 있을 뿐인데 말이죠.

데이터 요소에 대해

여러분은 데이터data가 복수형 단어라는 사실을 알고 있었나요? 데이터의 단수형은 데이텀datum입니다. 여기서 데이터 요소data point는 정보의 개별 단위로써 데이텀과 비슷한 개념입니다.

데이터 요소

홈/원정	관중 수
홈	100k

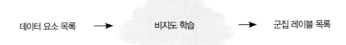

데이터 요소 목록 → 비지도 학습 → 군집 레이블 목록

이해를 위해 군집화를 '비지도 학습의 정의'로 생각해도 좋습니다. 세상엔 실로 다양한 형태의 비지도 학습이 있지만, **이 모든 비지도 학습은 다시 군집화의 한 형태로서 간주할 수 있기 때문입니다.** 이 책을 읽다 보면 좀 더 자세히 알게 될 겁니다.

강아지
피자
새끼고양이 → 비지도 학습 →
핫도그
햄버거

1
2
1
2
2

위 그림에서 알고리즘이 군집 이름을 알려주지 않아도 단어들이 어떤 기준으로 군집을 이뤘는지 추측할 수 있을 겁니다. 저라면 1은 귀여움, 2는 맛있음으로 구분하겠습니다. 나중에 우리는 여러 가지 형태의 비지도 학습이 군집화의 한 유형에 불과한 이유와 이들 군집이 지도 학습에 유용한 이유에 대해 풀어나가게 될 겁니다.

모수적 학습 vs 비모수적 학습

간단히 말하면 : 시행착오 기반 학습 vs 셈과 확률 기반 학습

조금 전까지는 머신러닝 알고리즘을 지도 학습과 비지도 학습으로만 구분했습니다. 이제부터는 머신러닝 알고리즘을 새로운 방식인 모수적 학습과 비모수적 학습으로 구분하겠습니다. 다시 작은 머신러닝 구름을 떠올려봅시다. 이 구름에는 두 가지 설정이 있습니다.

이제 우리는 네 가지 알고리즘을 고를 수 있습니다. 각 알고리즘은 지도 또는 비지도 학습인 동시에, 모수적 또는 비모수적 학습이기도 합니다. 앞 절에서 설명한 지도/비지도 여부가 학습하는 **패턴의 형식**에 관한 것이라면 모수/비모수의 여부는 학습이 **저장**되는 방식 그리고 나아가서는 **학습하는 방법**에 관한 것입니다. 먼저 '모수적'과 '비모수적'이라는 용어의 정의를 살펴보죠. 참고로 말씀드리면, 이 둘 사이의 정확한 차이를 둘러싼 논쟁은 여전히 남아있는 상황입니다.

모수적 모델은 고정된 개수의 매개변수를 가지는 반면에, 비모수적 모델은 **무한한**(데이터에 따라 결정되는) 개수의 매개변수를 가집니다.

우선 아무 데나 쑤셔 넣습니다.
시행착오에 의지

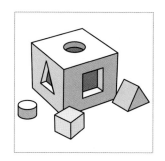

면의 개수 확인 후 찾아 넣습니다.
계산에 의지

예를 들어 블록 도형 맞추기를 생각해봅시다. 사각형 블록이 있으면 사각형 구멍에 넣을 겁니다. 그런데 아기들은 어딘가에 맞을 때까지 다짜고짜 모든 구멍에 사각형 블록을 쑤셔 넣어볼 겁니다. 이게 모수적 모델입니다. 반면에 좀 더 큰 아이들은 블록의 면이 몇 개인지 세어보고 (4개), 4개 면으로 이루어진 구멍을 찾아보겠죠. 이건 비모수적 모델입니다. 모수적 모델은 시행착오에 의지하는 반면, 비모수적 모델은 계산을 합니다. 좀 더 자세히 들여다볼까요?

모수적 지도 학습

간단히 말하면 : 다이얼을 이용한 시행착오 학습

모수적 지도 학습을 하는 기계가 어떻게 생겼는지 볼까요? 일단 이 기계는 고정 개수 다이얼을 갖고 있고('고정 개수 다이얼'이 모수적인 부분입니다), 이 다이얼을 이리저리 돌려가며 학습을 합니다. 그리고 기계는 다이얼의 방향에 따라 입력된 데이터를 처리하며 **예측 결과**로 변환합니다.

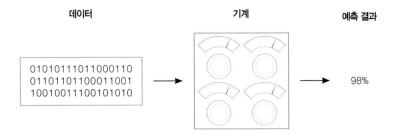

데이터　　　　　　　　　　기계　　　　　　　예측 결과

```
01010111011000110
01101101100011001
10010011100101010
```

98%

모수적 지도 학습은 각 다이얼을 다른 방향으로 바꾸면서 이루어집니다. 예를 들어 보스턴 레드 삭스 야구팀이 월드시리즈에서 우승할 확률을 예측해보죠. 당연히 모수적 지도 학습 모델은 입력 데이터를 받아들여 예측할 겁니다. 예컨대 승패 기록 따위의 스포츠 통계나 한 선수의 평균 발가락 개수를 데이터로 입력받아 예측했더니 우승 가능성이 98%로 나왔다고 해봅시다. 그 다음에는 레드 삭스가 실제로 이겼는지를 관찰합니다. 모수적 지도 학습 알고리즘이 레드 삭스의 승리를 알고 난 후에는, 다음번에 **동일하거나 유사한 입력 데이터**를 관측하게 될 경우 더 정확한 예측을 할 수 있도록 **다이얼의 각도를 갱신**해둘 겁니다.

레드 삭스의 승패 기록이 쓸만한 예측 근거라고 판단된다면 모수적 지도 학습 알고리즘은 '승패 기록' 다이얼을 '높은 쪽'으로 돌리겠죠? 반대로 '평균 발가락 개수'가 쓸모없는 예측 근거로 드러난다면 그쪽 다이얼을 '낮은 쪽'으로 돌릴 겁니다. 모수적 모델은 이런 식으로 학습합니다!

모수적 모델이 학습한 내용은 항상 다이얼의 각도로 남는다는 점에 주목하세요. 이런 식으로 동작하는 학습 모델을 일종의 '탐색 알고리즘'이라고 생각해도 좋습니다. 설정해보고 바꿔보며, 또 이런 과정을 반복함으로써 적절한 다이얼 설정을 '탐색'한다고 말입니다.

형식적인 정의가 아니어서 이렇게 말하긴 조심스럽지만, 시행착오 개념은 모든 모수적 모델의 기본 속성이라고 할 수 있습니다(예외가 있긴 하지만요). 임의(동시에 고정된) 개수의 다이얼에 대한 최적의 설정을 찾고 싶다면 어느 정도는 '탐색'에 수고를 들여야 합니다. 헤아릴 대상이 나타나면 아예 새 다이얼을 추가해버리는 계산 기반의 비모수적 모델과는 대조적입니다. 지금부터는 모수적 지도 학습을 **예측, 비교, 학습**, 이렇게 3단계로 쪼개서 살펴보겠습니다.

1단계 : 예측하기

자, 레드 삭스 월드시리즈 우승 예측 비유로 다시 돌아가 모수적 지도 학습을 설명하겠습니다. 우리가 가장 먼저 할 일은 일단 조금 전에 이야기한 것처럼 스포츠 통계를 수집하고 이를 기계에 입력해서 레드 삭스가 우승할 확률을 예측하는 겁니다.

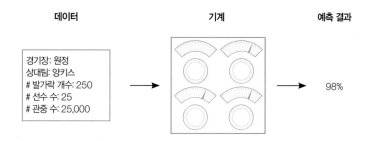

| 데이터 | 기계 | 예측 결과 |

경기장: 원정
상대팀: 양키스
발가락 개수: 250
선수 수: 25
관중 수: 25,000

98%

2단계 : 실제 패턴과 비교하기

예측을 한 다음에는 예측 결과(우승 가능성 98%)를 여러분이 지켜보는 패턴(레드 삭스가 승리할지 여부)과 비교합니다. 아, 슬프게도 레드 삭스가 패배했네요. 이 경우 비교 결과는 다음과 같습니다.

- 예측: 98% 〉 실제: 0%

지금 단계(비교 단계)는 모수적 지도 학습 모델이 승리 확률을 98%가 아닌 0%로 예측했다면 팀의 패배를 정확하게 예측했으리라고 판단합니다. 기계를 더 정교하게 만들고 싶죠? 3단계로 이어집니다.

3단계 : 패턴 학습하기

다이얼을 돌려서
민감도 조정하기

승리/
패배

홈/원정

발가락
개수

관중 수

3단계는 모델의 예측치가 얼마나(98%) 벗어났는지, 예측할 때 사용한 입력 데이터(스포츠 통계)가 **어땠는지를** 관찰해서 다이얼을 조정합니다. 그다음 주어진 입력 데이터에 대해 더 정확한 예측을 할 수 있도록 다이얼의 방향을 돌립니다.

이론적으로는, 다음에 똑같은 스포츠 통계가 입력되면 이 모델이 예측하는 우승 가능성은 98%보다는 낮아질 겁니다. 각 다이얼이 **여러 유형의 입력 데이터에 대한 예측치의 민감도**를 나타낸다는 점에 유의하세요. 이 다이얼이 바로 여러분이 '학습'하면서 조정할 대상입니다.

모수적 비지도 학습

모수적 비지도 학습도 지도 학습과 유사한 접근법을 취합니다. 몇 걸음 뒤로 물러나서 모수적 비지도 학습의 각 단계[3]를 살펴보죠. 시작하기에 앞서 비지도 학습은 데이터를 분류한다는 사실을 기억해주세요.

모수적 비지도 학습은 다이얼을 데이터 분류에 사용합니다. 각 그룹별로 달린 다이얼은 입력 데이터의 관련성과 특정 그룹을 연결합니다(넓은 관점에서 하는 설명이니까 어느 정도 예외와 미묘한 의미 차이는 있습니다). 이번엔 데이터를 세 그룹으로 분류하는 예를 한번 살펴보겠습니다.

홈 또는 원정	관중 수
홈	**100,000**
원정	50,000
홈	**100,000**
홈	**99,000**
원정	50,000
원정	10,000
원정	11,000

모수적 모델을 이용해서 이 데이터셋에서 3개의 군집을 식별했습니다. 식별한 각 군집은 **그룹** 1, 그룹 2, 그룹 3과 같이 표시했고요. 이제 첫 번째 데이터 요소를 다음 그림과 같이 학습된

---

3 역자주_ 예측, 비교, 학습

비지도 모델을 통해 전파시켜 보겠습니다. 이 데이터 요소는 **그룹 1**과 가장 강하게 연결되어 있다는 사실에 주목하세요.

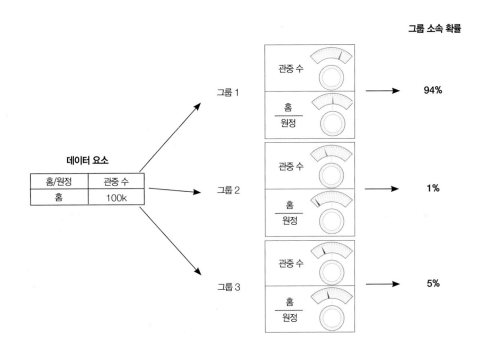

각 그룹에 있는 기계는 **입력 데이터가 같은 그룹 소속일 확률**을 나타내는 0과 1 사이의 숫자로 변환하려고 시도합니다. 모수적 비지도 모델이 학습하는 방법과 여기에 따르는 속성이 매우 다양합니다만, 넓은 관점에서 보면 이 모델은 입력 데이터를 소속 그룹으로 변환하기 위해 매개변수를 조정한다고 할 수 있습니다.

비모수적 학습

아주 간단하게 말해 : 헤아림 기법

비모수적 학습은 매개변수 개수를 미리 정하지 않고 데이터에 따라 결정하는 알고리즘입니다. 대체로 비모수적 학습은 데이터를 세어보고, 세어본 결과에 따라 매개변수 개수가 증가하는 기법에 적합합니다.

예컨대, 비모수적 모델을 이용해서 신호등의 직진 신호를 파악한다고 해보죠. 지도 학습 환경에서 비모수적 모델은 직진 신호 때 신호등이 각 전구를 몇 번씩 켜는지 셀 겁니다. 이런 식으로 몇 번만 세어보면, 비모수적 모델은 자동차가 출발할 때 가운데 전구는 항상(100%), 오른쪽 전구는 가끔씩만(50%) 켜진다는 사실을 예측할 수 있습니다.

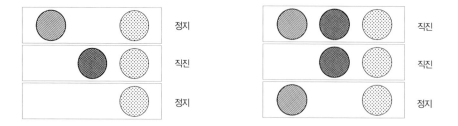

이 예에서 비모수적 모델이 세 가지 매개변수를 갖는다는 사실에 주목하세요. 3개의 계수(counts)는 각 신호등이 켜졌을 때 차가 직진하는 횟수를 나타냅니다(이 계수는 전체 관찰 횟수로 나눌 수도 있습니다). 전구가 5개라면 계수(매개변수)는 3개가 아닌 5개가 됐을 겁니다. 매개변수의 숫자(이 경우, 전구의 개수)가 데이터에 따라 변한다는 특징은 이 간단하기 그지없는 모델을 **비모수**적으로 만들어줍니다. 비모수적 모델과는 달리, 모수적 모델은 정해진 매개변수의 수로 시작을 하고 무엇보다 (데이터와 관계없이) 순전히 모델을 학습시키는 과학자의 재량에 따라 매개변수의 수를 정할 수 있습니다.

그런데 말이죠, 비모수적 모델을 가까이서 살펴보면 의문이 하나 떠오릅니다. 앞에서 본 모수적 모델은 모든 데이터 요소에 다이얼이 하나씩 달린 것 같이 보였으니까요. 여전히 대부분의 모수적 모델은 데이터 내에 존재하는 분류 가짓수에 근거한 **입력 데이터셋**이 필요합니다. 따라서 모수적 알고리즘과 비모수적 알고리즘 중간에 있는 **애매한 영역**이 존재하는 겁니다. 패턴 개수를 세지 않는 모수적 알고리즘도 어쩔 수 없이 데이터의 종류 개수에 영향을 받는다는 뜻이죠.

이 사실은 **매개변수**가 (숫자가 어떻게 사용되는지에 대해서는 제약을 두지 않으면서) 그저 패턴을 모델링하는 데 사용된 숫자의 집합을 나타내는 일반적인 용어일 뿐이라는 사실을 분명히 드러내줍니다. 계수는 매개변수입니다. 가중치도 매개변수입니다. 계수와 가중치의 정규화된 변형 역시 매개변수입니다. 상관 계수도 매개변수가 될 수 있습니다. 다시 한번 이야기하면 매개변수는 패턴을 모델링하는 데 사용되는 숫자의 집합을 나타냅니다. 공교롭게도 딥러닝은 모수적 모델에 해당합니다.

이 책에서는 비모수적 모델에 관해 더는 이야기하지 않겠지만 흥미롭고 강력한 알고리즘이라는 사실 정도는 알아 두셨으면 합니다.

요약

우리는 이번 장을 통해 여러 가지 맛을 내는 머신러닝 속으로 한 단계 더 들어갔습니다. 여러분은 머신러닝 알고리즘이 지도 학습 또는 비지도 학습이며, 모수적 학습 또는 비모수적 학습이라는 사실을 배웠습니다. 특히 네 가지 알고리즘을 구별하는 방법도 알아봤죠. 지도 학습이 데이터셋을 이용해서 예측을 수행한다는 사실과 비지도 학습은 대개 하나의 데이터셋을 여러 종류의 군집으로 묶는다는 사실을 배웠습니다. 모수적 알고리즘이 정해진 개수의 **매개변수**를 가진다는 점과 비모수적 알고리즘은 데이터셋에 기반해서 매개변수의 수를 조정한다는 사실도 배웠습니다.

딥러닝은 신경망을 이용해서 지도 예측과 비지도 예측을 수행합니다. 지금까지는 여러분이 익숙해지고 자리를 잡을 수 있도록 개념적인 수준에서 놀았습니다만, 3장에서 여러분이 첫 번째 신경망을 만들고 난 후부터 그 이후에 이어지는 모든 장은 **프로젝트** 기반으로 진행됩니다. 자, 주피터 노트북을 꺼낼 때가 됐습니다. 딥러닝 코드 속으로 뛰어들자고요!

신경망을 소개합니다

: 순전파

- 예측하는 단순 신경망
- 신경망의 정의와 역할
- 복수 입력을 받아 예측하기
- 복수 출력을 하는 예측
- 복수 입력을 받아 복수 출력을 하는 예측
- 예측에 대한 예측

"저는 SF 작가지만 그렇다고 미래를 예측하는 사업에는 엮이고 싶지 않습니다. 바보가 되는 건 순식간이거든요."

— 워런 엘리스, 만화가, 그래픽노블 작가, 영화 시나리오 작가

신경망이 처음으로 할 일 : 예측

이번 주제는 예측입니다.

2장에서 **예측, 비교, 학습** 패러다임을 배웠습니다. 이번 장에서 우리는 그중 첫 번째 단계인 **예측**을 더 살펴보려 합니다. 레드 삭스의 우승 확률을 예측할 때 봤던 다음 쪽의 그림, 기억나지요?

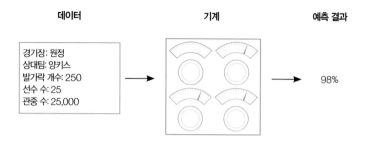

데이터   기계   예측 결과

경기장: 원정
상대팀: 양키스
발가락 개수: 250
선수 수: 25
관중 수: 25,000

98%

이번 장을 통해 여러분은 신경망의 세 가지 구성품(데이터, 기계, 예측 결과)이 동작하는 내부 원리에 대해 한층 더 자세히 배우게 될 겁니다. 첫 번째 구성품인 데이터부터 시작해볼까요? 다음과 같이 우리의 첫 신경망은 데이터 요소를 한 번에 하나씩 예측합니다.

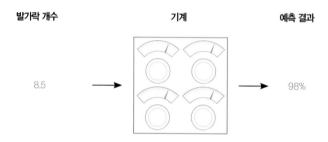

발가락 개수   기계   예측 결과

8.5

98%

딥러닝을 조금 더 공부해보면 한 번에 처리할 수 있는 데이터 요소 개수가 신경망의 형상에 큰 영향을 준다는 사실을 깨닫게 될 겁니다. 그다음엔 "그럼 데이터 요소를 한 번에 몇 개씩 전파할지는 어떻게 결정하나요?" 같은 질문이 생기겠죠? 이 질문에 대한 답은 여러분이 공급하는 데이터로 신경망을 정확하게 만들 수 있는가에 달려 있습니다.

예를 들면 사진 속에 고양이가 있는지를 예측할 때에는 단번에 이미지의 모든 픽셀을 신경망에 전파해야 합니다. 왜냐고요? 여러분은 이미지를 한 픽셀씩만 보고 그 이미지에 고양이가 포함되어 있는지 구분할 수 있나요? 못할걸요. 저도 마찬가지고요! (사실 픽셀 하나만 전달하는 게 나은지, 모든 픽셀을 전달하는 게 나은지는 직접 겪어봐야 알 수 있습니다. 신경망에 '충분한 정보'를 제공하되, 그 충분한 정도가 사람에게 있어서도 충분한지를 생각해보기 바랍니다.)

신경망은 잠시 잊고 여기에 집중하세요. 입력 데이터셋과 출력 데이터셋이 어떤 **모양(shape)** 인지를 이해하고 나서야 신경망을 만들 수 있으니까요. (여기에선 **모양(shape)**이 '열의 개수' 또는 '한 번에 처리하는 데이터 요소 개수'를 뜻한다고만 알아 두세요.) 일단은 야구팀이 승리

할 가능성을 단발 예측하는 것에 집중하겠습니다.

발가락 개수   기계   승리 확률

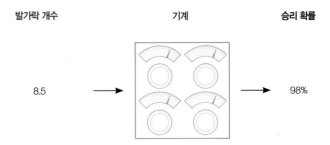

8.5   98%

여러분은 입력 데이터 요소 1개를 입력해서 예측 결과 1개를 출력하고 싶어 한다는 사실을 알고 있으니 신경망도 만들 수 있습니다. 입력 데이터 요소와 출력 데이터 요소가 하나씩만 있기 때문에 신경망에는 입력과 출력을 잇는 다이얼이 하나만 있으면 됩니다. 실은 여러분이 금방 이해할 수 있게 '다이얼'이라고 썼는데 이는 **가중치**weight를 뜻합니다. 이제부터는 저도 다이얼 대신 가중치라고 하겠습니다. 자, 더 이상 지체할 필요가 없습니다. 다음 그림에 입력(발가락 개수)과 출력(승리할까?)을 잇는 가중치를 탑재한 첫 신경망이 묘사되어 있습니다.

❶ 신경망

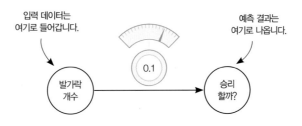

그림에서 보다시피 이 신경망은 한 번에 하나의 데이터 요소(야구팀의 선수당 평균 발가락 개수)를 입력받고 가중치 1개를 통해 하나의 예측 결과(야구팀이 승리할지의 여부)를 출력합니다.

예측을 수행하는 신경망

가장 간단한 신경망부터 시작해보죠.

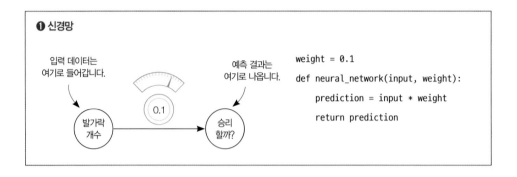

❶ 신경망

입력 데이터는
여기로 들어갑니다.

예측 결과는
여기로 나옵니다.

발가락
개수

승리
할까?

```
weight = 0.1
def neural_network(input, weight):
    prediction = input * weight
    return prediction
```

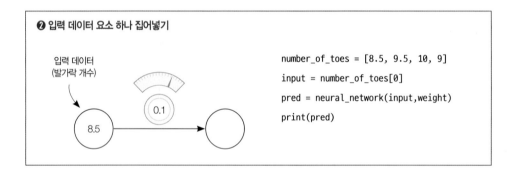

❷ 입력 데이터 요소 하나 집어넣기

입력 데이터
(발가락 개수)

8.5

```
number_of_toes = [8.5, 9.5, 10, 9]
input = number_of_toes[0]
pred = neural_network(input,weight)
print(pred)
```

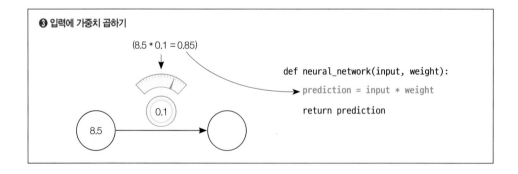

❸ 입력에 가중치 곱하기

(8.5 * 0.1 = 0.85)

8.5

```
def neural_network(input, weight):
    prediction = input * weight
    return prediction
```

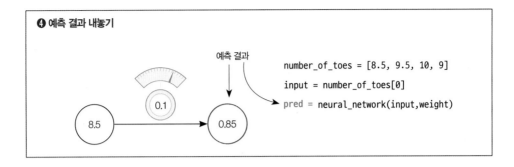

❹ 예측 결과 내놓기

예측 결과

```
number_of_toes = [8.5, 9.5, 10, 9]

input = number_of_toes[0]

pred = neural_network(input,weight)
```

신경망이 뭔가요?

여러분의 첫 신경망을 만나보세요.

신경망을 시작하려면 주피터 노트북을 열고 다음 코드를 입력하세요.

```
# 신경망

weight = 0.1
def neural_network(input, weight):
    prediction = input * weight
    return prediction
```

이제 다음 코드를 입력하세요.

```
# 뭔가를 예측하기 위해 신경망을 사용하는 방법

number_of_toes = [8.5, 9.5, 10, 9]

input = number_of_toes[0]

pred = neural_network(input,weight)
print(pred)
```

드디어 첫 번째 신경망을 만들고 예측까지 했습니다! 축하해요! 마지막 줄은 예측 결과(pred) 를 출력하는데요. 이 값은 0.85가 되어야 합니다. 그건 그렇고, 그래서 신경망이 뭐냐고요? 지 금으로서는 하나 또는 복수 개로 이루어진 **가중치**이며, 이 가중치는 **예측**을 위해 **입력** 데이터와 곱할 수 있다고만 해두죠.

입력 데이터가 뭔가요?

현실 세계 어딘가에 기록된 수입니다. 가령 오늘의 온도, 야구 선수의 타율, 어제의 주가처럼 대체로 쉽게 파악할 수 있는 데이터입니다.

예측 결과가 뭔가요?

주어진 입력 데이터에 대해 신경망이 말하는 바가 바로 **예측 결과**Prediction입니다. "온도를 고려했을 때 오늘 사람들이 운동복을 입을 확률은 0%입니다", "타율을 고려하면 오늘 야구 선수가 홈런을 칠 가능성은 30%입니다", "어제 주가를 감안했을 때 오늘 주가는 101.52가 될 겁니다" 등이 예측 결과의 예입니다.

예측 결과가 항상 맞나요?

그렇진 않습니다. 신경망도 종종 실수를 하지만 그 실수를 통해 배울 수가 있습니다. 예를 들어 예측 결과가 너무 높으면 신경망은 다음에는 예측 결과가 낮아질 수 있도록 가중치를 조정합니다. 반대의 경우도 마찬가지고요.

신경망은 어떻게 학습하는 거죠?

한마디로 '시행착오Trial and error'죠! 신경망은 일단 예측을 수행하고 예측 결과가 너무 높았는지 또는 너무 낮았는지를 관찰합니다. 마지막에, 신경망은 동일한 입력이 다시 들어왔을 때 더 정확하게 예측할 수 있도록 가중치를 올리거나 낮춰서 조정합니다.

신경망이 하는 일이 궁금합니다

신경망은 입력에 가중치를 곱해서 입력을 확대하거나 축소합니다.

앞에서 신경망을 이용하여 첫 예측을 했습니다. 가장 단순한 형태의 이 신경망은 **곱셈의 힘**을 이용합니다. 입력 데이터 요소(예제에선 8.5)를 취해서 가중치에 **곱하죠**. 가중치가 2인 경우, 신경망은 입력값을 **두 배로 키웁니다**. 가중치가 0.01인 경우엔 입력을 100으로 **나눕니다**. 여러분도 볼 수 있듯, 어떤 가중치 값은 입력을 **크게** 만들고 어떤 가중치 값은 입력을 **작게** 만듭니다.

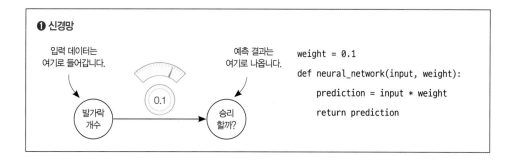

❶ 신경망

입력 데이터는
여기로 들어갑니다.

예측 결과는
여기로 나옵니다.

0.1

발가락
개수

승리
할까?

```
weight = 0.1

def neural_network(input, weight):

    prediction = input * weight

    return prediction
```

신경망이 외부와 소통하는 인터페이스는 단순하게 생겼습니다. 신경망은 input 변수를 **정보**로, weight 변수를 **지식**으로 받아들여 prediction을 출력합니다. 우리가 만나게 될 모든 신경망이 이런 식으로 동작합니다. 신경망은 입력 데이터 안에 있는 **정보**를 해석하기 위해 가중치에 담긴 **지식**을 활용합니다. 나중에 다루게 될 다른 신경망은 더 크고 복잡한 input과 weight 값을 받아들이겠지만, 그 밑에 깔린 전제는 변하지 않을 겁니다.

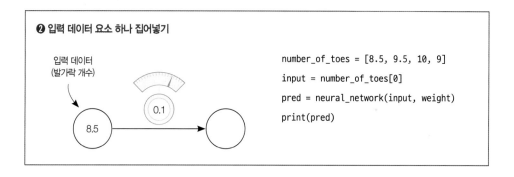

❷ 입력 데이터 요소 하나 집어넣기

입력 데이터
(발가락 개수)

0.1

8.5

```
number_of_toes = [8.5, 9.5, 10, 9]

input = number_of_toes[0]

pred = neural_network(input, weight)

print(pred)
```

이 예제에서 '정보'는 게임 시작 전 야구팀의 '평균 발가락 개수'입니다. 여러분이 몇 가지 알아 둬야 할 것이 있는데요, 첫째, 신경망은 한 번에 오직 1개의 인스턴스[1]에만 접근합니다. number_of_toes[0]을 입력해서 예측한 후에 number_of_toes[1]을 해당 신경망에 입력해도 신경망은 자기가 마지막에 수행한 예측 결과를 기억하지 못합니다. 신경망은 여러분이 입력으로 공급한 것만 알고 있습니다. 나머지는 싹 잊어버리죠. 그렇다고 아쉬워 마세요. 신경망에 복수 입력을 한꺼번에 공급함으로써 신경망이 '단기 기억Short-term memory'을 갖게 하는 방법을 배울 테니까요.

----

1 **역자주_** 데이터 요소

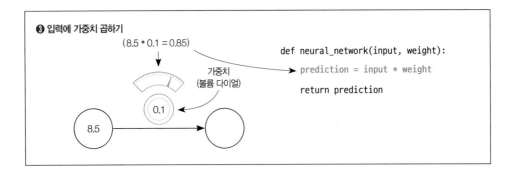

❸ 입력에 가중치 곱하기

$(8.5 * 0.1 = 0.85)$

가중치
(볼륨 다이얼)

0.1

8.5

```python
def neural_network(input, weight):
    prediction = input * weight

    return prediction
```

다른 시각으로 보면 신경망의 가중치 값을 신경망의 입력과 예측 결과 사이의 **민감도**sensitivity라고 생각할 수 있습니다. 가중치가 꽤 크다면 아주 작은 입력조차 엄청나게 큰 예측 결과를 낳을 수 있습니다. 반대로 가중치가 아주 작으면 큰 입력이 들어가더라도 작은 예측 결과가 나올 수밖에 없겠죠. 민감도는 **볼륨**과 비슷하다고 볼 수 있습니다. 가중치를 높이면 입력에 대한 예측 역시 증폭됩니다. 가중치는 볼륨 다이얼이었던 겁니다!

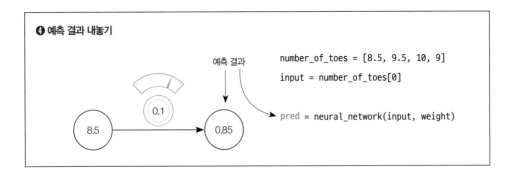

❹ 예측 결과 내놓기

예측 결과

0.1

8.5

0.85

```python
number_of_toes = [8.5, 9.5, 10, 9]
input = number_of_toes[0]

pred = neural_network(input, weight)
```

이 예제에서 신경망이 실제 하는 일은 number_of_toes 변수에 **볼륨 다이얼(가중치)**을 연결하는 것입니다. 이론적으로 이 볼륨 다이얼은 선수당 평균 발가락 개수에 따른 야구팀 승리 가능성을 알려줄 수 있습니다. 물론 이 예측은 제대로 작동하지 않을 공산이 꽤 크죠. 그렇지 않을 수도 있고요! 실제로 어떤 팀 선수들의 평균 발가락 개수가 0이라면 그 경기는 보나 마나겠죠. 하지만 야구는 이보다는 훨씬 복잡한 경기입니다. 다음 절에서는 신경망이 훨씬 세련된 결정을 할 수 있도록 여러 정보 조각을 신경망에 동시에 제공할 겁니다.

신경망 예측 결과에 양수만 있는 것은 아니라는 사실에 유의하세요. 신경망은 **음수도 예측**할 수 있거니와 **음수를 입력**으로 받아들일 수도 있습니다. 예를 들어 겨울이 다가오는 시점에 의류

회사에서는 사람들이 언제 코트를 입을 것인가를 예측하고 싶어할 겁니다. 온도가 −10℃라면 음의 가중치가 주어지고 사람들이 코트를 입을 확률이 높다고 예측할 겁니다.

온도   −10   −8.9   89   확률

복수 입력을 받아 예측하기

신경망은 복수 데이터 요소를 통해 지능을 결합할 수 있습니다.

우리가 지금까지 본 신경망은 데이터 요소 1개를 입력으로 취하고, 입력을 바탕으로 예측 결과를 하나 내놓았습니다. 이제 여러분은 "흠… '평균 발가락 개수'가 정말 좋은 예측 변수인 걸까요?" 같은 의문이 들지도 모르겠네요. 그렇다면 여러분은 뭔가 알아낸 겁니다. 선수당 평균 발가락 개수와 더불어 더 괜찮은 입력 데이터를 동시에 신경망 안으로 공급할 수 있다면 어떤 일이 생길까요? 적어도 이론적으로 신경망은 더 정확한 예측을 할 수 있어야 합니다. 그런데 신경망은 동시에 복수 입력 데이터 요소를 수용할 수 있는 것으로 드러났습니다. 다음에 따라오는 예측 과정을 같이 보시죠.

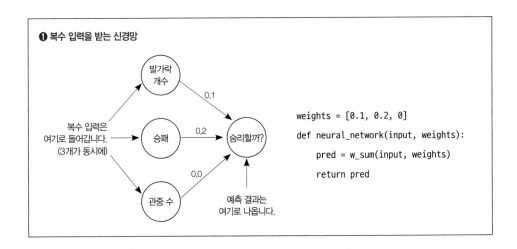

❶ 복수 입력을 받는 신경망

발가락 개수

복수 입력은 여기로 들어갑니다.
(3개가 동시에)

승패

관중 수

0.1

0.2

0.0

승리할까?

예측 결과는
여기로 나옵니다.

```
weights = [0.1, 0.2, 0]
def neural_network(input, weights):
    pred = w_sum(input, weights)
    return pred
```

❷ 입력 데이터 요소 하나 집어넣기

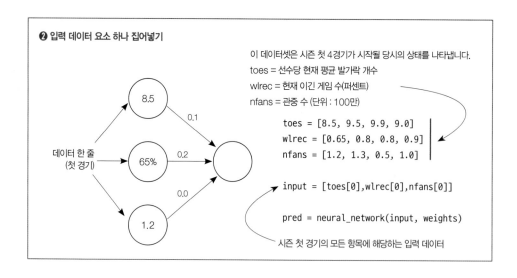

이 데이터셋은 시즌 첫 4경기가 시작될 당시의 상태를 나타냅니다.
toes = 선수당 현재 평균 발가락 개수
wlrec = 현재 이긴 게임 수(퍼센트)
nfans = 관중 수 (단위 : 100만)

```
toes = [8.5, 9.5, 9.9, 9.0]
wlrec = [0.65, 0.8, 0.8, 0.9]
nfans = [1.2, 1.3, 0.5, 1.0]

input = [toes[0],wlrec[0],nfans[0]]

pred = neural_network(input, weights)
```
시즌 첫 경기의 모든 항목에 해당하는 입력 데이터

❸ 복수 입력에 대해 가중합² 수행하기

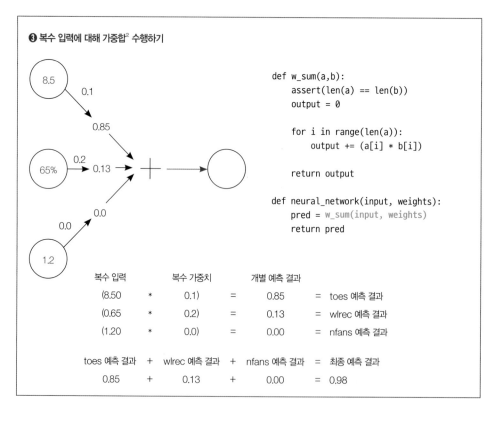

```
def w_sum(a,b):
    assert(len(a) == len(b))
    output = 0

    for i in range(len(a)):
        output += (a[i] * b[i])

    return output

def neural_network(input, weights):
    pred = w_sum(input, weights)
    return pred
```

복수 입력		복수 가중치		개별 예측 결과	
(8.50	*	0.1)	=	0.85	= toes 예측 결과
(0.65	*	0.2)	=	0.13	= wlrec 예측 결과
(1.20	*	0.0)	=	0.00	= nfans 예측 결과

toes 예측 결과	+	wlrec 예측 결과	+	nfans 예측 결과	=	최종 예측 결과
0.85	+	0.13	+	0.00	=	0.98

---

2 역자주_ 가중합(Weighted Sum)은 각각의 수에 가중치 값을 곱한 후 그 결과를 다시 합하는 계산 과정입니다.

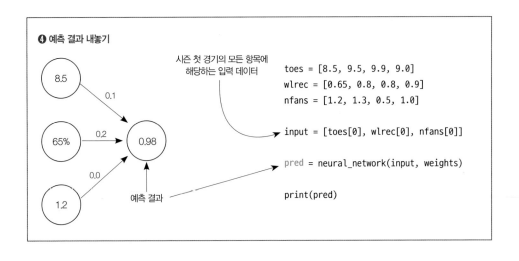

④ 예측 결과 내놓기

시즌 첫 경기의 모든 항목에
해당하는 입력 데이터

```
toes = [8.5, 9.5, 9.9, 9.0]
wlrec = [0.65, 0.8, 0.8, 0.9]
nfans = [1.2, 1.3, 0.5, 1.0]

input = [toes[0], wlrec[0], nfans[0]]

pred = neural_network(input, weights)

print(pred)
```

예측 결과

신경망은 복수 입력을 어떻게 다루나요?

**신경망은 입력값 3개를 다이얼 가중치 3개와 곱한 다음 각 곱셈 결과를 더합니다.
이것을 가중합이라고 합니다.**

우리가 지금까지 다뤘던 간단한 우리의 신경망이 갖고 있는 한계 요소를 조금 전에 깨달았습니다. '데이터 요소 하나에 볼륨 다이얼이 한 개밖에 없다'는 사실을 말입니다. 야구팀 승패 예측을 할 때 사용했던 선수당 평균 발가락 개수가 그런 데이터 요소였습니다. 그 후 우리는 정확한 예측을 하기 위해서는 **복수 입력을 동시에 결합**할 수 있는 신경망을 구축해야 한다는 것을 배웠습니다. 다행스럽게도 신경망은 그 어려운 일을 완벽하게 해낼 수 있답니다!

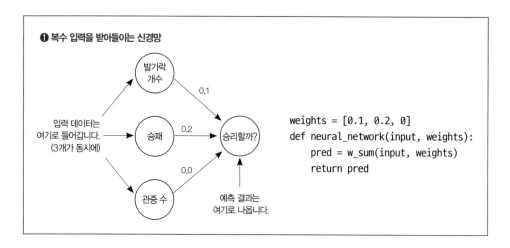

❶ 복수 입력을 받아들이는 신경망

발가락 개수

입력 데이터는 여기로 들어갑니다. (3개가 동시에)

승패

관중 수

승리할까?

예측 결과는 여기로 나옵니다.

0.1

0.2

0.0

```python
weights = [0.1, 0.2, 0]
def neural_network(input, weights):
    pred = w_sum(input, weights)
    return pred
```

이 새로운 신경망은 예측마다 **복수 입력을 동시에** 받아들일 수 있습니다. 이로 인해 신경망은 다양한 형태의 정보를 결합해서 더 세련된 예측을 할 수 있게 됩니다. 하지만 이런 변화에도 불구하고 가중치를 사용한다는 기본적인 원리는 변하지 않았습니다. 여전히 각 입력 데이터가 저마다의 볼륨 다이얼을 통과해야 합니다. 달리 말하면, 각 입력에 저마다의 가중치를 곱한다는 뜻입니다.

여기에서 신경망의 새로운 특징이 등장합니다. 신경망이 복수 입력을 받아들이므로 이 입력으로부터 얻은 각 예측 결과의 총합을 구해야 합니다. 예측 결과의 총합을 구하는 방법은 어렵지 않습니다. 그저 각 입력과 각 가중치를 곱한 다음 곱셈 결과를 모두 더하면 되니까요. 이를 **입력에 대한 가중합**weighted sum of the input, 짧게는 그냥 **가중합**weighted sum이라고 부릅니다. 참고로 알아 두세요. 가중합을 부르는 또 다른 이름은 **내적**dot product입니다.

> **관련 내용 복습**
>
> 신경망이 외부와 소통하는 인터페이스는 단순하게 생겼습니다. 신경망은 input 변수를 **정보**로, weight 변수를 **지식**으로 받아들여 prediction을 출력합니다.

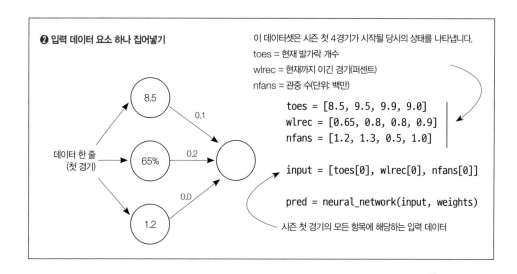

❷ 입력 데이터 요소 하나 집어넣기

이 데이터셋은 시즌 첫 4경기가 시작될 당시의 상태를 나타냅니다.
toes = 현재 발가락 개수
wlrec = 현재까지 이긴 경기(퍼센트)
nfans = 관중 수(단위: 백만)

```
toes = [8.5, 9.5, 9.9, 9.0]
wlrec = [0.65, 0.8, 0.8, 0.9]
nfans = [1.2, 1.3, 0.5, 1.0]

input = [toes[0], wlrec[0], nfans[0]]

pred = neural_network(input, weights)
```

시즌 첫 경기의 모든 항목에 해당하는 입력 데이터

데이터 한 줄
(첫 경기)

8.5

65%

1.2

0.1

0.2

0.0

동시에 복수 개의 입력을 다루려면 새로운 연장이 필요합니다. 그 연장의 이름은 **벡터**Vector입니다. 주피터 노트북을 사용했다면 여러분은 이미 벡터를 사용해본 경험이 있다고 할 수 있습니다. 알고 보면 벡터는 **숫자의 목록**에 지나지 않습니다. 우리가 지금까지 사용해온 input도 벡터, weights도 벡터입니다. 여러분도 앞 코드에서 제가 언급하지 않은 벡터를 더 찾아보세요. 3개가 더 있습니다.

벡터는 숫자 그룹에 대한 연산을 할 때 굉장히 유용합니다. 우리가 다루는 예제에서는 가중합(내적)을 구할 때 벡터를 이용합니다. 동일한 길이의 두 벡터(input과 weights)를 취해서 벡터 내의 각 수를 위치별로 곱한 다음(input의 첫 번째 위치에 있는 수와 weights의 첫 번째 위치에 있는 수를 곱하는 식으로...), 곱셈 결과를 모두 더하면 됩니다.

벡터 안에서의 위치(위치 0과 위치 0, 위치 1과 위치 1의 식으로 계속 됩니다)에 맞춰 두 값이 쌍을 이루는 경우, 길이가 동일한 벡터 간의 연산을 **요소별**Elementwise 연산이라고 부릅니다. 따라서 **요소별 덧셈**은 두 벡터를 더하고, **요소별 곱셈**은 두 벡터를 곱합니다.

도전 : 벡터 수학

벡터를 다룰 수 있는 능력은 딥러닝에서 주춧돌과도 같습니다. 다음 연산을 처리하는 함수를 코딩해보세요.

- def elementwise_multiplication(vec_a, vec_b)
- def elementwise_addition(vec_a, vec_b)
- def vector_sum(vec_a)
- def vector_average(vec_a)

코딩을 해냈나요? 그럼 코딩한 함수 중 두 가지를 사용하며 내적 계산에 활용해보세요.

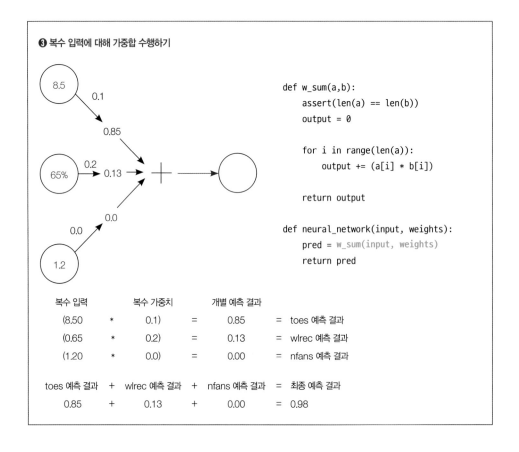

❸ 복수 입력에 대해 가중합 수행하기

```
def w_sum(a,b):
    assert(len(a) == len(b))
    output = 0

    for i in range(len(a)):
        output += (a[i] * b[i])

    return output

def neural_network(input, weights):
    pred = w_sum(input, weights)
    return pred
```

복수 입력		복수 가중치		개별 예측 결과	
(8.50	*	0.1)	=	0.85	= toes 예측 결과
(0.65	*	0.2)	=	0.13	= wlrec 예측 결과
(1.20	*	0.0)	=	0.00	= nfans 예측 결과

toes 예측 결과	+	wlrec 예측 결과	+	nfans 예측 결과	=	최종 예측 결과
0.85	+	0.13	+	0.00	=	0.98

내적(가중합)이 어떻게 그리고 왜 동작하는지에 대한 직관은 신경망이 어떻게 예측하는지를 이해하는 가장 중요한 부분 중 하나입니다. 쉽게 말하자면, 내적은 여러분에게 두 벡터 간의 유사도를 보여준다고 할 수 있습니다. 다음 예를 생각해보세요.

```
a = [ 0, 1, 0, 1]          w_sum(a,b) = 0
b = [ 1, 0, 1, 0]          w_sum(b,c) = 1
c = [ 0, 1, 1, 0]          w_sum(b,d) = 1
d = [.5, 0,.5, 0]          w_sum(c,c) = 2
e = [ 0, 1,-1, 0]          w_sum(d,d) = .5
                           w_sum(c,e) = 0
```

완전히 동일한 벡터 간의 가중합(w_sum(c,c))이 가장 크지요? 반대로, 벡터 a와 b는 서로 겹치는 가중치를 가지고 있지 않기 때문에 이 둘 사이의 내적은 0입니다. 어쩌면 가장 흥미로운 가중합은 벡터 c와 e사이에서 만들어지는지도 모릅니다. 벡터 e에 있는 음의 가중치가 보이나요? 이 음의 가중치는 벡터 c와 e 사이에 생기는 양의 유사도를 상쇄시켰습니다. 하지만 이 음의 가중치에도 불구하고 벡터 e와 e 사이의 내적은 2가 됩니다(음수의 음수는 양수니까요). 이제 내적 연산의 다양한 속성에 조금 더 가까이 다가가 볼까요?

어떤 경우에는 내적과 논리곱(AND)이 같다고 할 수 있습니다. 다음 예에 있는 벡터 a와 b를 보시죠.

```
a = [ 0, 1, 0, 1]
b = [ 1, 0, 1, 0]
```

a[0] AND b[0](a[0]과 b[0]의 논리곱)은 0입니다. a[1] AND b[1]도 마찬가지죠. 두 벡터의 나머지 요소들도 **모두** 같은 상황이기 때문에 최종 점수는 0입니다. 두 벡터 사이의 각 값은 논리곱에서 0점을 받았습니다(w_sum(a,b) = 0입니다).

```
b = [ 1, 0, 1, 0]
c = [ 0, 1, 1, 0]
```

반면에 벡터 b와 c는 값을 공유하는 열이 하나 있습니다. 덕분에 논리곱을 통과할 수 있지요. b[2]와 c[2]에는 (0이 아닌) 가중치가 있기 때문입니다. 이 열은(그리고 이 열만) 최종 점수가 1이 되게 해줬습니다(w_sum(b,c) = 1입니다).

```
c = [ 0, 1, 1, 0]
d = [.5, 0,.5, 0]
```

다행스럽게도 신경망도 이와 같은 부분적인 논리곱을 모사하는 것이 가능합니다. 이 예제에서, 벡터 c와 d는 벡터 b와 c처럼 같은 열을 공유하지만, 벡터 d의 가중치가 0.5이기 때문에 최종 점수 역시 0.5밖에 되지 않습니다. 우리는 이 속성을 신경망에서 확률을 모델링할 때 활용합니다.

```
d = [.5, 0,.5, 0]
e = [-1, 1, 0, 0]
```

이 비유에서 음의 가중치는 논리 부정(NOT) 연산을 의미합니다. 음의 가중치와 쌍을 이루는 모든 양의 가중치가 점수 하락을 유발한다는 점을 고려하면 말입니다. 게다가 양쪽 벡터 모두가 음의 가중치를 가지고 있다면(예: w_sum(e,e)), 신경망은 **이중 부정 연산**double negative을 수행하고 가중치를 더할 겁니다. 이뿐 아니라, 각 행에서 가중치가 하나라도 있는 경우 점수가 영향을 받는다는 사실을 들어 어떤 이들은 음의 가중치가 'AND 연산에 이어지는 OR 연산'이라고 말하기도 합니다. 따라서 w_sum(a,b)에 대해, (a[0] AND b[0]) OR (a[1] AND b[1]) OR … 이면 w_sum(a,b)는 양의 점수를 반환합니다. 그뿐만 아니라, 음수를 하나라도 가지고 있는 열은 NOT 연산을 포함하는 셈입니다.

재미있는 것은 이러한 직관이 가중치를 읽는데 요긴한 언어를 우리에게 제공한다는 점입니다. 그 언어가 다소 투박하긴 해도 말입니다. 몇 가지 예제를 같이 볼까요? 이 예제들은 여러분이 w_sum(input, weights)를 실행하고 있으며 각 if문 뒤에는 조건이 충족되면 높은 점수를 주는 (우리 눈에 보이지 않는) then 절이 있다고 가정합니다.

```
weights = [ 1, 0, 1] => if input[0] OR input[2]
weights = [ 0, 0, 1] => if input[2]
weights = [ 1, 0, -1] => if input[0] OR NOT input[2]
weights = [ -1, 0, -1] => if NOT input[0] OR NOT input[2]
weights = [ 0.5, 0, 1] => if BIG input[0] or input[2]
```

마지막 줄에 있는 weights[0] = 0.5를 보세요. 이 코드는 작은 가중치를 보상하려면 해당 input[0]이 커져야 한다고 말하고 있습니다. **아주** 투박하긴 하지만 이 언어는 신경망 내부에서 벌어지고 있는 일을 머리 속으로 그려볼 때 상당히 유용합니다. 이 점은 앞으로 아주 복잡한 신경망을 구축할 때 특히 더 많은 도움이 될 겁니다.

내적이 벡터 간의 유사성을 보여준다는 사실, 내적이 특정 상황에서는 논리곱과 같아질 수 있다는 점, 신경망이 부분적 논리곱을 모사할 수 있다는 사실이 신경망 예측에서 어떤 의미를 가지는 걸까요? 간단하게 말하자면, 신경망은 **입력값과 가중치의 유사성**을 근거로 복수 입력에 높은 점수를 준다고 할 수 있습니다. 다음 예제에서 예측할 때 연관된 가중치가 0이기 때문에 `nfans`가 완전히 무시되었다는 점에 주목하세요. 여기에서 가장 민감한 예측 변수는 `wlrec`입니다. 가중치가 0.2거든요. 하지만 높은 점수에 있어서 가장 지배적인 힘은 발가락 개수(`toes`)가 갖고 있습니다. 이는 가중치가 높아서가 아니라, 가중치와 결합된 입력이 지금까지는 가장 높기 때문입니다.

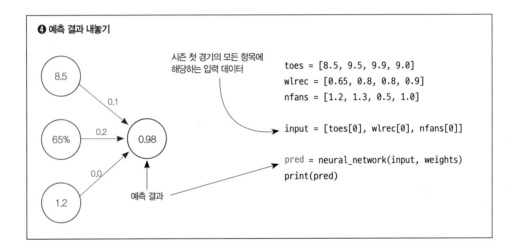

여기에 더불어 알아둬야 할 사항이 몇 가지 있습니다. 먼저 여러분은 가중치를 뒤섞을 수 없습니다. 각 가중치는 자신만의 위치가 있습니다. 그뿐만 아니라, 가중치 값과 입력값 **모두가** 최종 점수 형성에 끼치는 전반적인 영향을 결정합니다. 마지막으로, 음의 가중치는 일부 입력으로 인해 최종 예측 결과를 감소시키는 결과를 낳게 합니다(그 반대도 마찬가지입니다).

복수 입력 코드 : 실행 가능한 완성 버전 코드

다음은 지금까지 본 코드 조각을 결합한 코드입니다. 이 예제 코드는 신경망을 생성하고 예측을 실행합니다. 이해를 돕기 위해 파이썬의 기본적인 도구(리스트와 수)를 사용하는 방법을 상세히 설명했습니다만, 나중에는 더 나은 방법을 사용하게 된다는 사실을 알아 두세요.

예전 코드

```
def w_sum(a,b):
    assert(len(a) == len(b))
    output = 0
    for i in range(len(a)):
        output += (a[i] * b[i])
    return output

weights = [0.1, 0.2, 0]

def neural_network(input, weights):
    pred = w_sum(input, weights)
    return pred

toes = [8.5, 9.5, 9.9, 9.0]
wlrec = [0.65, 0.8, 0.8, 0.9]
nfans = [1.2, 1.3, 0.5, 1.0]

input = [toes[0], wlrec[0], nfans[0]]  ◀──────── 시즌 첫 경기의 모든 항목에 해당하는 입력 데이터
pred = neural_network(input, weights)
print(pred)
```

이 책에서 실행결과는 이렇게 표현합니다.

```
0.9800000000000001
```

'numerical Python'을 뜻하는 NumPy는 파이썬 라이브러리 중 하나입니다. NumPy는 벡터 생성과 내적과 같은 다양한 관련 기능을 수행하며 아주 효율적인 코드로 이루어져 있습니다. 서론이 너무 기네요. 다음은 앞에서 우리가 작성했던 코드를 NumPy 버전으로 바꾼 코드입니다.

NumPy 코드

```python
import numpy as np

weights = np.array([0.1, 0.2, 0])

def neural_network(input, weights):
    pred = input.dot(weights)
    return pred

toes = np.array([8.5, 9.5, 9.9, 9.0])
wlrec = np.array([0.65, 0.8, 0.8, 0.9])
nfans = np.array([1.2, 1.3, 0.5, 1.0])

input = np.array([toes[0], wlrec[0], nfans[0]])    ◀── 시즌 첫 경기의 모든 항목에 해당하는 입력 데이터
pred = neural_network(input, weights)
print(pred)
```

```
0.9800000000000001
```

NumPy를 사용하는 신경망과 NumPy를 사용하지 않는 신경망 모두 0.98을 출력해야 합니다. NumPy 버전에서는 w_sum 함수를 만들 필요가 없습니다. NumPy는 이미 여러분이 호출할 수 있는 dot 함수(내적을 의미하는 'dot product'를 줄여 붙여진 이름입니다)를 갖추고 있기 때문입니다. 기대하세요. dot 함수 외에도 여러분이 사용하게 될 수많은 함수가 NumPy에 구현되어 있습니다.

복수 출력을 하는 예측하기

신경망은 입력을 1개만 받는 복수 예측도 가능합니다.

복수 출력이 복수 입력보다 더 간단히 신경망을 업그레이드하는 방법일 수도 있습니다. 단일 가중치를 가지는 신경망 3개가 별개로 존재하는 것처럼 예측이 이뤄지거든요!

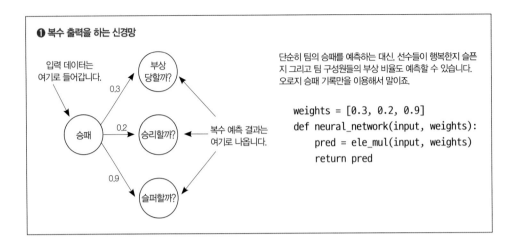

❶ 복수 출력을 하는 신경망

입력 데이터는
여기로 들어갑니다.

부상
당할까?

승패

0.3

0.2 승리할까? ← 복수 예측 결과는
여기로 나옵니다.

0.9

슬퍼할까?

단순히 팀의 승패를 예측하는 대신, 선수들이 행복한지 슬픈지 그리고 팀 구성원들의 부상 비율도 예측할 수 있습니다. 오로지 승패 기록만을 이용해서 말이죠.

```
weights = [0.3, 0.2, 0.9]
def neural_network(input, weights):
    pred = ele_mul(input, weights)
    return pred
```

여기에서 가장 중요한 부분은 3개의 예측 결과가 완전히 분리되어 있다는 점입니다. 빈틈없이 연결된 이전 신경망이 복수 입력을 받고 단일 출력을 했던 것과는 달리, 새 신경망은 하나의 입력 데이터를 받아들이는 3개의 독립적인 부품처럼 동작합니다. 이로 인해, 복수 출력 신경망 구현이 간단해집니다.

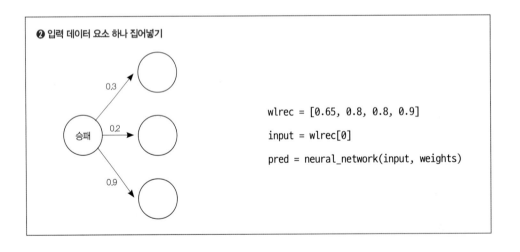

❷ 입력 데이터 요소 하나 집어넣기

승패

0.3

0.2

0.9

```
wlrec = [0.65, 0.8, 0.8, 0.9]
input = wlrec[0]
pred = neural_network(input, weights)
```

❸ 복수 입력에 대해 가중합 수행하기

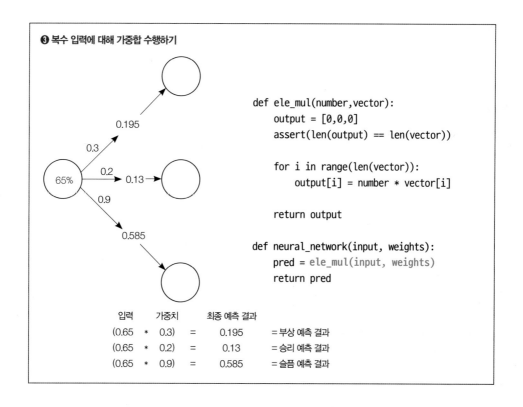

```
def ele_mul(number,vector):
    output = [0,0,0]
    assert(len(output) == len(vector))

    for i in range(len(vector)):
        output[i] = number * vector[i]

    return output

def neural_network(input, weights):
    pred = ele_mul(input, weights)
    return pred
```

입력		가중치		최종 예측 결과	
(0.65	*	0.3)	=	0.195	= 부상 예측 결과
(0.65	*	0.2)	=	0.13	= 승리 예측 결과
(0.65	*	0.9)	=	0.585	= 슬픔 예측 결과

❹ 예측 결과 내놓기

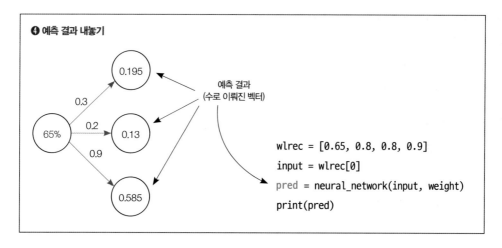

예측 결과
(수로 이뤄진 벡터)

```
wlrec = [0.65, 0.8, 0.8, 0.9]
input = wlrec[0]
pred = neural_network(input, weight)
print(pred)
```

복수 입력을 받아 복수 출력을 하는 예측

신경망은 주어진 복수 입력에 대해 복수 출력을 예측할 수 있습니다.

드디어 우리는 '복수 입력 신경망을 구축하는 방법'과 '복수 출력 신경망을 구축하는 방법'을 결합해서 '복수 입력과 복수 출력을 **모두** 갖춘 신경망'을 구축할 수 있게 되었습니다. 그렇다고 해서 크게 달라지는 것은 없습니다. 지금까지 그래왔던 것처럼 각 입력 노드와 각 출력 노드[3]를 가중치가 연결하고 예측 역시 예전과 같이 이뤄집니다.

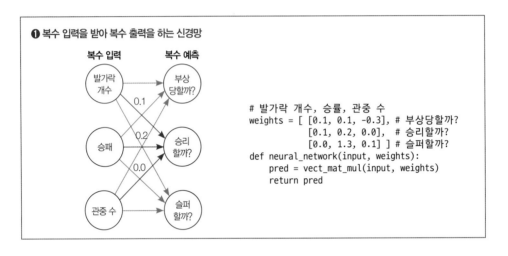

❶ 복수 입력을 받아 복수 출력을 하는 신경망

복수 입력   복수 예측

```
# 발가락 개수, 승률, 관중 수
weights = [ [0.1, 0.1, -0.3], # 부상당할까?
            [0.1, 0.2, 0.0],  # 승리할까?
            [0.0, 1.3, 0.1] ] # 슬퍼할까?
def neural_network(input, weights):
    pred = vect_mat_mul(input, weights)
    return pred
```

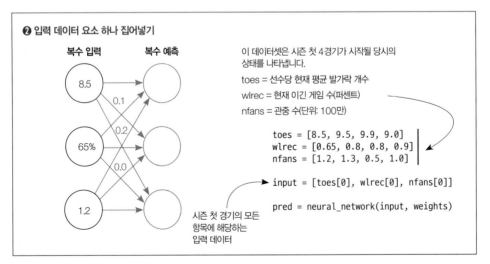

❷ 입력 데이터 요소 하나 집어넣기

복수 입력   복수 예측

이 데이터셋은 시즌 첫 4경기가 시작될 당시의 상태를 나타냅니다.

toes = 선수당 현재 평균 발가락 개수

wlrec = 현재 이긴 게임 수(퍼센트)

nfans = 관중 수(단위: 100만)

```
toes = [8.5, 9.5, 9.9, 9.0]
wlrec = [0.65, 0.8, 0.8, 0.9]
nfans = [1.2, 1.3, 0.5, 1.0]
```

```
input = [toes[0], wlrec[0], nfans[0]]

pred = neural_network(input, weights)
```

시즌 첫 경기의 모든 항목에 해당하는 입력 데이터

---

3 역자주_ 원으로 표시한 부분을 말합니다. 나중에 본문에서 설명하지만 신경망에서 노드는 뉴런(Neuron)과 같은 의미로 사용됩니다.

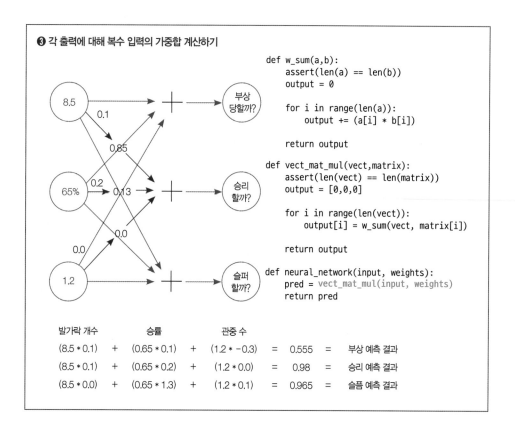

❸ 각 출력에 대해 복수 입력의 가중합 계산하기

8.5

0.1

0.85

0.2

65% 0.13

0.0

0.0

1.2

부상
당할까?

승리
할까?

슬퍼
할까?

```python
def w_sum(a,b):
    assert(len(a) == len(b))
    output = 0

    for i in range(len(a)):
        output += (a[i] * b[i])

    return output

def vect_mat_mul(vect,matrix):
    assert(len(vect) == len(matrix))
    output = [0,0,0]

    for i in range(len(vect)):
        output[i] = w_sum(vect, matrix[i])

    return output

def neural_network(input, weights):
    pred = vect_mat_mul(input, weights)
    return pred
```

발가락 개수		승률		관중 수				
(8.5 * 0.1)	+	(0.65 * 0.1)	+	(1.2 * -0.3)	=	0.555	=	부상 예측 결과
(8.5 * 0.1)	+	(0.65 * 0.2)	+	(1.2 * 0.0)	=	0.98	=	승리 예측 결과
(8.5 * 0.0)	+	(0.65 * 1.3)	+	(1.2 * 0.1)	=	0.965	=	슬픔 예측 결과

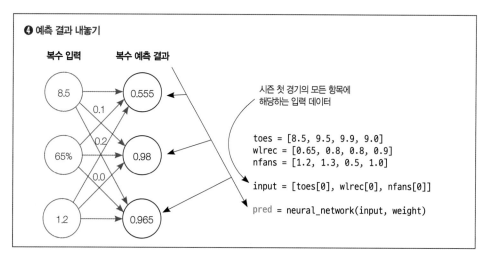

❹ 예측 결과 내놓기

복수 입력　　**복수 예측 결과**

8.5

0.1

0.2

65%

0.0

1.2

0.555

0.98

0.965

시즌 첫 경기의 모든 항목에
해당하는 입력 데이터

```python
toes = [8.5, 9.5, 9.9, 9.0]
wlrec = [0.65, 0.8, 0.8, 0.9]
nfans = [1.2, 1.3, 0.5, 1.0]

input = [toes[0], wlrec[0], nfans[0]]

pred = neural_network(input, weight)
```

복수 입력과 복수 출력 : 동작 원리

신경망은 3개의 예측 결과를 구하기 위해, 입력에 대해 독립적인 가중합 3개를 수행합니다.

이 아키텍처는 두 가지 관점에서 바라볼 수 있습니다. 각 입력 노드에서 가중치 3개가 나오는 모습, 또는 가중치 3개가 각 출력 노드로 들어가는 모습을 떠올려보세요. 제 생각엔, 지금으로서는 후자가 더 나은 것 같습니다. 신경망을 독립 내적 3개, 즉 '한 입력에 대한 3개의 독립 가중합'이라고 생각해보세요. 각 출력 노드는 입력에 대해 저마다의 가중합을 취하여 예측을 수행합니다.

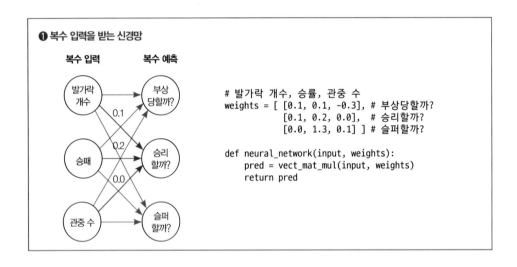

❶ 복수 입력을 받는 신경망

```
# 발가락 개수, 승률, 관중 수
weights = [ [0.1, 0.1, -0.3], # 부상당할까?
            [0.1, 0.2, 0.0],  # 승리할까?
            [0.0, 1.3, 0.1] ] # 슬퍼할까?

def neural_network(input, weights):
    pred = vect_mat_mul(input, weights)
    return pred
```

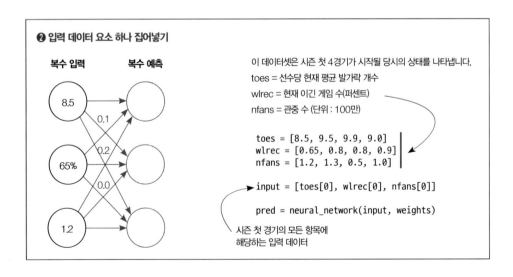

❷ 입력 데이터 요소 하나 집어넣기

이 데이터셋은 시즌 첫 4경기가 시작될 당시의 상태를 나타냅니다.

toes = 선수당 현재 평균 발가락 개수

wlrec = 현재 이긴 게임 수 (퍼센트)

nfans = 관중 수 (단위 : 100만)

```
toes = [8.5, 9.5, 9.9, 9.0]
wlrec = [0.65, 0.8, 0.8, 0.9]
nfans = [1.2, 1.3, 0.5, 1.0]

input = [toes[0], wlrec[0], nfans[0]]

pred = neural_network(input, weights)
```

시즌 첫 경기의 모든 항목에
해당하는 입력 데이터

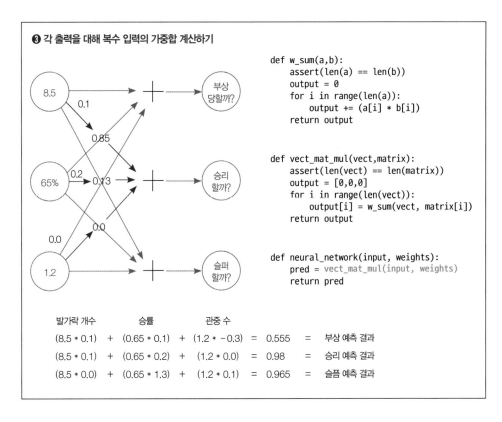

❸ 각 출력을 대해 복수 입력의 가중합 계산하기

```python
def w_sum(a,b):
    assert(len(a) == len(b))
    output = 0
    for i in range(len(a)):
        output += (a[i] * b[i])
    return output

def vect_mat_mul(vect,matrix):
    assert(len(vect) == len(matrix))
    output = [0,0,0]
    for i in range(len(vect)):
        output[i] = w_sum(vect, matrix[i])
    return output

def neural_network(input, weights):
    pred = vect_mat_mul(input, weights)
    return pred
```

발가락 개수		승률		관중 수				
(8.5 * 0.1)	+	(0.65 * 0.1)	+	(1.2 * -0.3)	=	0.555	=	부상 예측 결과
(8.5 * 0.1)	+	(0.65 * 0.2)	+	(1.2 * 0.0)	=	0.98	=	승리 예측 결과
(8.5 * 0.0)	+	(0.65 * 1.3)	+	(1.2 * 0.1)	=	0.965	=	슬픔 예측 결과

앞서 언급했듯이, 우리는 이 신경망을 연속된 가중합이라고 생각할 겁니다. 그래서 새로 vect_mat_mul 함수를 선언했습니다! 이 함수는 가중치의 각 행(행 하나는 벡터 하나입니다)을 따라 돌며 w_sum 함수를 이용하여 예측을 수행합니다. 이 신경망은 말 그대로 연속적인 가중합 3개를 계산한 다음 예측 결과를 output이라는 벡터에 저장합니다. 이 신경망 안에 많은 가중치가 날아다니고 있긴 하지만, 여러분이 지금까지 다뤄온 다른 신경망보다 나아졌다고 할 만한 부분은 딱히 없습니다.

저는 새로운 개념 두 가지를 소개하는데 **벡터 리스트**와 **연속 가중합** 논리를 사용하고자 합니다. 왼쪽 ❶ 복수 입력을 받는 신경망 단계의 weights 변수 보이죠? weights는 벡터 리스트입니다. 벡터 리스트는 **행렬(matrix)**이라고 부르는데요. 알고 보면 꽤 단순합니다. 신경망 구현에 흔히 쓰이는 함수들은 대개 행렬을 이용하는데, 그중 하나가 바로 **벡터-행렬 곱**vector-matrix multiplication입니다. 연속 가중합은 정확히 이렇습니다. 벡터 하나를 취한 뒤, 행렬 안에 있는 모든 행에 대해 내적을 수행하는 거죠[4]. 다음 절에서 여러분도 알게 되겠지만 NumPy는 우리를 도와줄 특별한 함수를 가지고 있습니다.

예측에 관한 예측

신경망은 적층할 수 있습니다!

다음 그림에서 잘 나타나듯 신경망에서 나오는 출력 결과는 다른 신경망에 입력으로 공급할 수 있습니다. 이는 두 번의 연속적인 벡터-행렬 곱을 낳습니다. 여러분은 이렇게 예측해야 하는 이유에 대해 고개를 갸웃거릴 수도 있겠지만 어떤 데이터셋, 예를 들면 이미지 분류는 단일 가중치 행렬로 다루기에는 너무 복잡한 패턴을 담고 있습니다. 이런 복잡한 패턴의 본질에 대해서는 나중에 이야기를 나누겠습니다. 지금 당장은 새로운 신경망이 꽤 복잡한 패턴도 다룰 수 있다는 정도만 알아 두는 것만으로도 충분합니다.

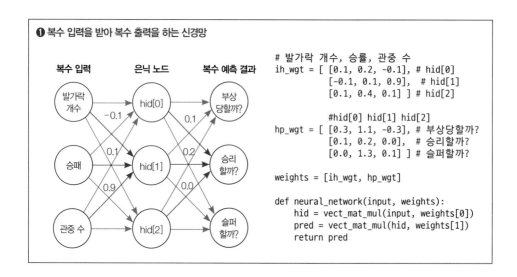

❶ 복수 입력을 받아 복수 출력을 하는 신경망

```
# 발가락 개수, 승률, 관중 수
ih_wgt = [ [0.1, 0.2, -0.1], # hid[0]
           [-0.1, 0.1, 0.9], # hid[1]
           [0.1, 0.4, 0.1] ] # hid[2]

         #hid[0] hid[1] hid[2]
hp_wgt = [ [0.3, 1.1, -0.3], # 부상당할까?
           [0.1, 0.2, 0.0], # 승리할까?
           [0.0, 1.3, 0.1] ] # 슬퍼할까?

weights = [ih_wgt, hp_wgt]

def neural_network(input, weights):
    hid = vect_mat_mul(input, weights[0])
    pred = vect_mat_mul(hid, weights[1])
    return pred
```

---

4 여러분이 선형대수 경험이 있다면 보다 형식적인 정의는 가중치를 행벡터보다는 열벡터로써 저장하고 처리합니다. 이 부분은 곧 바로잡겠습니다.

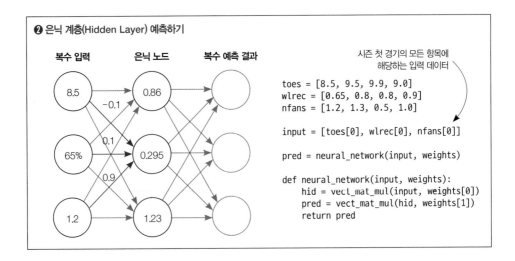

❷ 은닉 계층(Hidden Layer) 예측하기

복수 입력   은닉 노드   복수 예측 결과

시즌 첫 경기의 모든 항목에
해당하는 입력 데이터

```
toes = [8.5, 9.5, 9.9, 9.0]
wlrec = [0.65, 0.8, 0.8, 0.9]
nfans = [1.2, 1.3, 0.5, 1.0]

input = [toes[0], wlrec[0], nfans[0]]

pred = neural_network(input, weights)

def neural_network(input, weights):
    hid = vect_mat_mul(input, weights[0])
    pred = vect_mat_mul(hid, weights[1])
    return pred
```

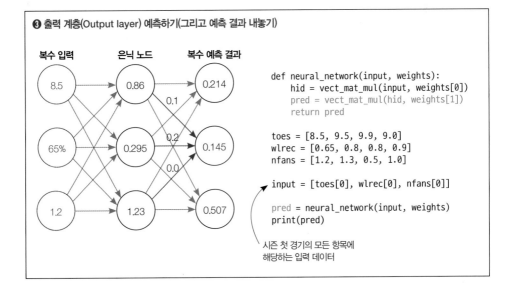

❸ 출력 계층(Output layer) 예측하기(그리고 예측 결과 내놓기)

복수 입력   은닉 노드   복수 예측 결과

```
def neural_network(input, weights):
    hid = vect_mat_mul(input, weights[0])
    pred = vect_mat_mul(hid, weights[1])
    return pred

toes = [8.5, 9.5, 9.9, 9.0]
wlrec = [0.65, 0.8, 0.8, 0.9]
nfans = [1.2, 1.3, 0.5, 1.0]

input = [toes[0], wlrec[0], nfans[0]]

pred = neural_network(input, weights)
print(pred)
```

시즌 첫 경기의 모든 항목에
해당하는 입력 데이터

다음 예제 코드는 앞에서 작성한 코드가 했던 연산 과정을 NumPy라는 편리한 파이썬 라이브러리를 이용해서 똑같이 처리할 수 있음을 보여줍니다. NumPy 같은 라이브러리를 이용하면 빠르게 동작하면서도 읽고 쓰기 쉬운 코드를 작성할 수 있습니다.

NumPy 코드

다음은 NumPy로 구현한 코드입니다.

```python
import numpy as np

# 발가락 개수, 승률, 관중 수
ih_wgt = np.array([
    [0.1, 0.2, -0.1], # hid[0]
    [-0.1, 0.1, 0.9], # hid[1]
    [0.1, 0.4, 0.1]]).T # hid[2]

# hid[0] hid[1] hid[2]
hp_wgt = np.array([
    [0.3, 1.1, -0.3], # 부상당할까?
    [0.1, 0.2, 0.0],  # 승리할까?
    [0.0, 1.3, 0.1] ]).T # 슬퍼할까?

weights = [ih_wgt, hp_wgt]

def neural_network(input, weights):
    hid = input.dot(weights[0])
    pred = hid.dot(weights[1])
    return pred

toes = np.array([8.5, 9.5, 9.9, 9.0])
wlrec = np.array([0.65, 0.8, 0.8, 0.9])
nfans = np.array([1.2, 1.3, 0.5, 1.0])

input = np.array([toes[0], wlrec[0], nfans[0]])

pred = neural_network(input, weights)

print(pred)
```

```
[0.2135 0.145  0.5065]
```

NumPy 빠르게 입문하기

NumPy가 부리는 마법의 비밀을 벗겨봅시다.

지금까지 우리는 두 가지 새로운 수학적 도구에 대해 논의했습니다. 네, 벡터와 행렬이요. 여러분은 벡터와 행렬 상에서 이루어지는 내적, 요소별 곱셈과 요소별 덧셈, 벡터-행렬 곱 같은 연산에 대해서도 배웠습니다. 이들 연산에 대해 간단한 파이썬 list 객체 상에서 동작할 수 있는 몇 가지 파이썬 함수도 작성했고요.

내부 동작 과정을 완전히 이해할 때까지 어려분은 당분간 이 함수들을 계속해서 직접 작성하고 사용할 겁니다. 하지만 NumPy와 복잡한 연산 몇 가지를 언급한 김에, NumPy만 사용하는 장으로 넘어갈 때를 대비해서 NumPy 사용법을 간단히 설명하고자 합니다. 기초부터 다시 시작해보죠. 벡터와 행렬부터요.

```
import numpy as np
a = np.array([0,1,2,3])        ◀─────  벡터
b = np.array([4,5,6,7])        ◀─────  또 다른 벡터
c = np.array([[0,1,2,3],       ◀─────  행렬
              [4,5,6,7]])
d = np.zeros((2,4))            ◀─────  2 × 4 영행렬(모든 요소가 0인 행렬)
e = np.random.rand(2,5)[5]     ◀─────  0에서 1 사이의 난수로 채워진 2 × 5 행렬
print(a)
print(b)
print(c)
print(d)
print(e)
```

```
[0 1 2 3]
[4 5 6 7]
[[0 1 2 3]
 [4 5 6 7]]
[[ 0.  0.  0.  0.]
 [ 0.  0.  0.  0.]]
[[ 0.22717119  0.39712632  0.0627734   0.08431724  0.53469141]      이 마지막 두 줄은
 [ 0.09675954  0.99012254  0.45922775  0.3273326   0.28617742]]     실행할 때마다 달라
                                                                    질 수 있습니다.
```

---

5   역자주_ e는 무작위로 초기화되기 때문에 모양(shape)은 같아도, 내부 요소는 실행할 때마다 다른 값으로 초기화됩니다.

NumPy를 이용하면 여러 가지 방법으로 벡터와 행렬을 생성할 수 있습니다. 신경망에서 가장 흔하게 쓰는 기법이 이전 코드에 기술되어 있는데요, 이 코드를 보면 알 수 있지만 벡터와 행렬을 생성하는 과정이 동일합니다. 한 행으로만 이루어진 행렬을 생성하는 것은 곧 벡터를 생성하는 것과 같습니다. 그리고 NumPy에서는 일반적인 수학 표기법(행 개수, 열 개수)과 같이 코드를 작성해서 행렬을 생성합니다. 여러분이 잘 기억할 수 있도록 다시 한번 말씀드릴게요. 행 개수가 먼저 오고, 그다음에 열 개수가 따라옵니다. 이 벡터와 행렬에 대해 수행할 수 있는 몇 가지 연산을 살펴볼까요?

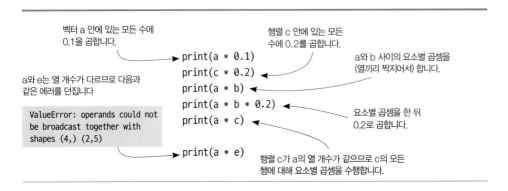

계속해서 앞의 모든 코드를 실행해보세요. '첫맛은 쌉싸름하지만 뒷맛은 달콤한' 마법을 경험하게 될 겁니다. 두 변수를 * 함수로 곱하는 코드를 만나면, NumPy는 두 변수의 형식을 자동으로 탐지해서 이 함수로 어떤 연산을 수행하려 하는지 알아내려 합니다. 자동 형식 추론은 매우 편리한 기능이긴 하지만, 가끔은 NumPy 코드를 읽기 어렵게 만드는 작은 원인이 되기도 합니다. 그래서 NumPy로 코딩을 할 때는 각 변수의 형식을 잘 기억해둬야 합니다.

요소별 연산(+, -, *, /)을 수행하기 위해서는 피연산자인 두 변수의 열 개수가 같거나, 두 변수 중 하나는 열이 1개만 있어야 합니다. 예를 들어 `print(a * 0.1)`은 벡터 하나에 수(스칼라) 하나를 곱합니다. NumPy 입장에서는 "오, 여기에선 벡터-스칼라 곱을 해야 할 것 같군" 하고 판단해서 벡터의 모든 값에 스칼라(0.1)을 곱합니다. 이 예는 c가 행렬이라는 사실을 NumPy가 안다는 점만 제외하면 `print(c * 0.2)`와 다를 바가 없어 보입니다. 따라서 NumPy는 c의 모든 요소에 0.2를 곱하는 스칼라-행렬 곱을 수행합니다. 스칼라는 열이 1개만 있기 때문에 무엇과도 곱할 수 있습니다(나누거나, 더하거나, 뺄 수도 있습니다).

다음에 볼 코드는 `print(a * b)`입니다. NumPy는 이 코드를 보고 변수 a와 b가 벡터임을

인지합니다. 모든 벡터는 열 개수가 둘 이상이므로 NumPy는 a와 b의 열 개수가 같은지를 점검합니다. 점검을 통해 열 개수가 같은 것으로 드러나면 NumPy는 벡터 내의 위치를 바탕으로 a의 각 요소를 b의 각 요소와 곱합니다. 이 과정은 덧셈, 뺄셈, 나눗셈에도 동일하게 적용됩니다.

이 코드에서 가장 이해하기 어려운 부분은 아마 print(a * c)일 겁니다. a는 열 개수가 4개인 벡터, c는 (2×4) 행렬입니다. a와 c 모두 열 개수가 둘 이상이기 때문에 NumPy는 이 둘의 열 개수가 같은지를 점검합니다. 열 개수가 같으면 NumPy는 벡터 a에 c의 각 행을 (각 행에 대해 요소별 벡터 곱을 하듯) 곱합니다.

다시 한번 말씀드리지만, NumPy가 우리를 가장 괴롭히는 부분은 코드를 쓰고 읽을 때 변수의 형식이 스칼라인지, 벡터인지 또는 행렬인지 모르면 그 연산이 그 연산 같아 보인다는 겁니다. 따라서 여러분은 NumPy 코드를 읽을 때, 연산 코드를 읽는 동시에 각 연산이 다루는 **모양**^{Shape}(행과 열의 개수)을 추적해야 합니다. 너무 걱정하진 마세요. 연습이 조금 필요하겠지만, 결국엔 자연스럽게 몸에 익게 됩니다. 각 행렬의 입력과 출력 모양에 유의하며 NumPy를 이용한 행렬 곱 예제를 몇 가지 살펴보겠습니다.

```
a = np.zeros((1,4))
b = np.zeros((4,3))

c = a.dot(b)        ◄──────  길이가 4인 벡터
print(c.shape)      ◄──────  행이 4개, 열이 3개인 행렬
```

(1,3)

dot 함수를 사용할 때 지켜야 할 황금률이 하나 있습니다. 내적을 구할 두 변수 옆에 행 개수와 열 개수를 기술할 때, 이웃하는 수는 반드시 같아야 합니다. 이 예제에서 여러분은 $(1, 4)$와 $(4, 3)$의 내적을 구하고 있죠? 내적은 탈 없이 동작해서 $(1, 3)$을 결과로 내놓습니다. 벡터에 대한 내적이든, 행렬에 대한 내적이든, 변수 모양 측면에서 여러분은 다음과 같이 생각할 수 있습니다. 벡터와 행렬의 **모양**(행과 열의 개수)은 반드시 줄을 맞춰야 한다고 말이에요. (a,b). dot(b,c) = (a,c)처럼 왼쪽 행렬의 열 개수는 반드시 오른쪽에 위치한 변수의 행 개수와 일치해야 합니다.

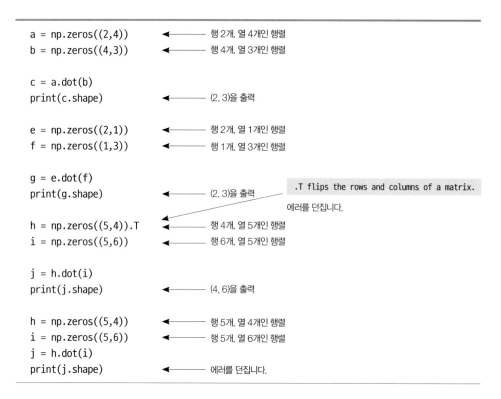

```
a = np.zeros((2,4))          ◄──────  행 2개, 열 4개인 행렬
b = np.zeros((4,3))          ◄──────  행 4개, 열 3개인 행렬

c = a.dot(b)
print(c.shape)               ◄──────  (2, 3)을 출력

e = np.zeros((2,1))          ◄──────  행 2개, 열 1개인 행렬
f = np.zeros((1,3))          ◄──────  행 1개, 열 3개인 행렬

g = e.dot(f)                                      .T flips the rows and columns of a matrix.
print(g.shape)               ◄──────  (2, 3)을 출력    에러를 던집니다.

h = np.zeros((5,4)).T        ◄──────  행 4개, 열 5개인 행렬
i = np.zeros((5,6))          ◄──────  행 6개, 열 5개인 행렬

j = h.dot(i)
print(j.shape)               ◄──────  (4, 6)을 출력

h = np.zeros((5,4))          ◄──────  행 5개, 열 4개인 행렬
i = np.zeros((5,6))          ◄──────  행 5개, 열 6개인 행렬
j = h.dot(i)
print(j.shape)               ◄──────  에러를 던집니다.
```

요약

신경망은 입력에 대한 반복 가중합을 통해 예측을 수행합니다.

이번 장에서는 매우 복잡한 신경망을 다뤘는데요, 이렇듯 크고 진보한 신경망을 만드는 데 있어 상대적으로 사소한 몇 가지 규칙이 반복해서 사용됐다는 사실을 여러분이 분명히 이해했으면 합니다. 신경망의 지능은 여러분이 부여한 가중치에 달려있습니다.

우리가 이번 장에서 신경망을 통해 입력 데이터를 취하고 예측을 수행한 과정을 일컬어 **순전파**Forward propagation라고 합니다. 이 메커니즘이 순전파라고 불리우는 이유는 활성화activations가 신경망을 통해 **앞으로**Forward **전달**Propagating되기 때문입니다. **활성화**activations란 가중치를 제외한 모든 예측에 대해 고유한 숫자들을 말합니다.

4장에서는 신경망이 더 정확한 예측을 할 수 있도록 하는 가중치 설정 방법을 배울 겁니다. 예측이 반복과 적층을 수행하는 여러 가지 단순한 기법에 기반하는 것처럼 **가중치 학습**weight learning 또한 신경망 아키텍처에 걸쳐 여러 차례 결합하는 단순한 기법의 연속입니다. 그럼 다음 장에서 만나요!

## CHAPTER 4

딥러닝을 소개합니다

: 경사하강법

- 신경망이 더 정확하게 예측을 하나요?
- 왜 오차를 측정하지요?
- 온냉 요법으로 학습하기(Hot and cold learning)
- 오차로부터 방향과 크기 계산하기
- 경사하강법
- 학습이란 오차를 줄이는 것
- 여러 가지 파생형과 학습에 적용하는 방법
- 발산과 알파

"가설이 유효한지를 판단할 수 있는 유일하면서도 적절한 시험 방법은 예측과 경험을 비교하는 것이다."

– 밀턴 프리드먼, 『Essays in Positive Economics』
(University of Chicago Press, 1953)

예측하고 비교하고 학습하라

우리는 2장에서 '예측, 비교, 학습' 패러다임을 배웠고, 3장에서 첫 번째 단계인 **예측**을 좀 더 들여다봤습니다. 이 과정에서 신경망의 주요 부품(노드와 가중치)과 신경망에 데이터셋을 맞춰 넣는 원리(신경망으로 들어오는 데이터 요소 개수를 일치시킴), 예측을 위한 신경망 이용 방법까지 배웠습니다.

예측을 배우면서 '가중치를 어떻게 설정하면 신경망이 정교해질까?'라는 의문이 생겼을 겁니다. 이 질문에 대한 답이 바로 이번 장의 주제입니다. '예측, 비교, 학습' 패러다임의 마지막 두 단계인 **비교와 학습**을 다루면서 이 질문에 대해 답하겠습니다.

비교

비교는 예측이 '벗어난 정도'를 측정합니다.

일단 예측한 다음에는 얼마나 잘 예측했는지를 평가해야 합니다. 얼핏 보기엔 간단해 보일 수 있지만 오차Error를 측정하는 좋은 방법을 고안해내는 것이 딥러닝에서 가장 중요하면서도 어려운 주제입니다.

살면서 모르고 저지를 수 있는 실수[1]를 측정하기 위해서는 여러 속성을 고려해야 합니다. 어쩌면 여러분 또는 누군가는 큰 실수는 과장하는 반면에 작은 실수는 무시하겠죠. 이번 장은 신경망에 수학적으로 이런 식의 오차[2]를 다루는 방법을 설명합니다. 여러분은 오차가 늘 양수[3]라는 점도 배울 겁니다. 궁수가 표적을 향해 활을 쏘는 장면을 상상해보세요. 표적보다 1인치 낮은 곳에 맞든 1인치 높은 곳에 맞든 오차는 여전히 1인치입니다. 신경망의 **비교** 단계에서 오차를 측정할 때는 이러한 점을 고려해야 합니다.

미리 말해두자면, 이번 장에서는 오차를 측정할 때 **평균제곱오차**Mean Squared Error만 사용할 겁니다. 평균제곱오차는 신경망의 정확도를 평가하는 여러 방법 중 하나입니다.

비교 단계에서는 예측에서 얼마나 벗어났는지를 판단할 수 있지만, 이것만으로 학습할 수는 없습니다. **비교** 논리는 '뜨겁거나 차거나' 식의 신호를 출력합니다. 일단 예측하고 나면 여러분은 '많이' 또는 '조금'과 같은 식으로 표현되는 오차를 계산해야 하는데 이때 오차 척도는 왜 또는

---

1   역자주_ Error는 오차를 뜻하기도 하지만 실수를 뜻하기도 합니다. 저자는 오차를 설명하기 위해 실수 비유를 들고 있습니다.

2   역자주_ 사람에겐 실수, 신경망엔 오차

3   역자주_ 원문 error is always positive!는 '실수는 늘 긍정적이다.'라고 해석할 수도 있습니다. 여기서 양수라 함은 오차는 방향과 거리가 있는데 거리가 음의 값일 수 없다는 이야기입니다.

어떤 방향으로 벗어났으며, 오차를 고치기 위해 무엇을 바로잡아야 하는지 등과 같은 정보를 알려주지 않습니다. 그저 '크게 벗어남', '조금 벗어남', '정확함' 같은 정도만 알려줄 뿐입니다.

학습

학습 단계에서 오차를 줄이기 위해 각 가중치를 어떻게 수정해야 할지를 알 수 있습니다.

학습은 오차 귀착[error attribution] 또는 오차가 생길 때 어떤 가중치가 관여했는지를 밝혀내는 과정입니다. 이것은 딥러닝 세계에서의 블레임 게임[4]입니다. 이번 장에서는 딥러닝 블레임 게임에서 가장 뜨거운 반응을 일으키는 **경사하강법**[gradient descent]을 주로 살펴보겠습니다.

아무튼 여기에서 꼭 알아둬야 할 사실은 경사하강법이 각 가중치에 대해 수행한 계산 결과가 오차를 줄이려면 가중치를 어떻게 조정해야 할지를 알려준다는 겁니다.

비교 : 여러분의 신경망은 예측을 잘하고 있습니까?

오차를 측정해서 알아봅시다.

다음 코드를 주피터 노트북에서 실행해보세요. 출력 결과는 **0.3025**이어야 합니다.

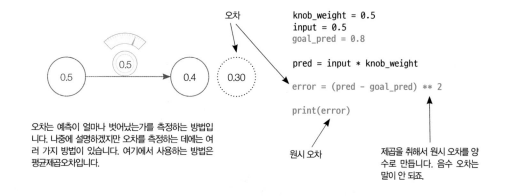

오차

```
knob_weight = 0.5
input = 0.5
goal_pred = 0.8

pred = input * knob_weight

error = (pred - goal_pred) ** 2

print(error)
```

오차는 예측이 얼마나 벗어났는가를 측정하는 방법입니다. 나중에 설명하겠지만 오차를 측정하는 데에는 여러 가지 방법이 있습니다. 여기에서 사용하는 방법은 평균제곱오차입니다.

원시 오차

제곱을 취해서 원시 오차를 양수로 만듭니다. 음수 오차는 말이 안 되죠.

---

4   **역자주_** Blame Game. 문제가 있을 때 문제 해결보다는 책임 공방만 벌이는 것을 말합니다.

goal_pred 변수는 뭔가요?

input과 같이 goal_pred는 실제 데이터에 기록되어 있는 숫자입니다. goal_pred는 어떤 온도에서 '운동복을 입었던 사람의 비율'이나 어떤 타율의 타자가 '홈런을 쳤는지의 여부'와 같이 관측하기 어려운 항목을 나타냅니다.

왜 제곱을 취한 오차를 사용하나요?

표적을 향해 활을 쏘는 궁수를 생각해보세요. 활이 2인치 높은 곳에 맞으면 궁수는 얼마나 벗어난 걸까요? 반대로 2인치 낮은 곳에 맞으면요? 두 경우 다 궁수는 표적에서 2인치 벗어났습니다. '얼마나 벗어났는가'에 제곱을 취하는 가장 핵심적인 이유는 출력값이 반드시 양수positive여야 하기 때문입니다. (pred - goal_pred)가 실제 오차와는 다르게 음수가 될 수도 있기 때문에 이 방법을 사용합니다.

큰 오차(>1)를 제곱하면 더 커지고 작은 오차(<1)를 제곱하면 더 작아지는 것 아닌가요?

그렇죠... 분명히 오차를 측정하기에는 좀 이상한 방법입니다. 하지만 큰 오차를 증폭하고 작은 오차를 줄이는 방법은 알고 보면 꽤 괜찮은 방법입니다. 나중에 신경망이 학습할 때도 이 오차를 사용할 겁니다. 그러니 작은 오차는 놔두고 큰 오차에 집중하는 편이 좋습니다. 좋은 부모도 비슷합니다. 좋은 부모는 연필심을 부러뜨리는 작은 실수(오차)는 너그러이 넘어가지만 자동차를 전봇대에 박는 것처럼 큰 실수(오차)는 크게 혼내는 것처럼 말입니다. 이제 제곱을 취하는 이유가 납득되나요?

오차를 측정하는 이유

오차 측정은 문제를 단순하게 만듭니다.

신경망을 학습시키는 목적은 정확한 예측 결과를 얻는 데에 있습니다. 이것이 여러분이 원하는 바죠. 3장에서 언급한 것처럼 가장 실용적인 세계에서는 신경망을 통해서 간단한 것(오늘의 주가)은 '계산'하고, 계산하기 어려운 것(내일의 주가)은 '예측'합니다. 신경망이 유용한 이유죠.

신경망이 '정확한 goal_prediction 예측을 위해 knob_weight 변수를 수정하는 일'은 'error == 0이 되도록 knob_weight 변수를 수정하는 일'보다 **아주 조금** 더 복잡해보입니다.

이렇게 오차 관점에서 살펴보면 문제가 더 간단해집니다. 궁극적으로는 양쪽 다 같은 말이지만, '**오차를 0으로 만들기**'가 더 직설적인 표현입니다.

오차 측정 방법에 따라 오차의 우선순위는 달라집니다.

앞에서 나온 이야기를 다시 생각해보세요. 오차에 제곱을 취하면 1보다 작은 수는 더 **작게**, 1보다 큰 수는 더 **크게** 변합니다. 여러분은 곧 **순오차**[pure error]라고 불리는 pred - goal_pred를 수정해서 큰 오차는 아주 크게 만들고, 작은 오차는 순식간에 무의미해지게 만들 겁니다.

이렇게 오차를 측정하면 큰 오차를 작은 오차보다 더 **우선시**할 수 있습니다. 어떤 큰 순오차(예를 들어 10)가 있으면 **무지하게** 큰 오차(10 ** 2 == 100)가 있다고 할 수 있습니다. 이와는 반대로 작은 순오차(예를 들어 0.01)가 있을 때는 아주 작은 오차(0.01 ** 2 == 0.0001)가 있다고 할 수 있겠죠. 제가 우선순위 정하기에 대해 뭘 말하려고 하는지 아시겠어요? 우선순위를 정하는 것은 곧 여러분이 오차라고 생각하는 그 녀석을 요리해서 큰 것은 더 크게, 작은 것은 무시하도록 하는 것과 같습니다.

반대로, 오차를 제곱하는 대신 절댓값을 취한다면 이런 유형의 우선순위는 얻을 수 없습니다. 절댓값을 이용해 만든 오차는 그저 그냥저냥 쓸만한 양의 값을 가지는 순오차가 되겠지만, 제곱을 이용해서 만든 오차와는 조금 다를 겁니다. 여기에 대해서는 나중에 좀 더 자세히 다루겠습니다.

왜 양수인 오차만 사용하나요?

앞으로 여러분은 수백만 개의 input -> goal_prediction 쌍을 다룰 텐데, 다루는 데이터의 크기가 달라져도 예측 결과는 여전히 정확하길 바랄 겁니다. 그러기 위해선 **평균 오차**를 0으로 낮추도록 노력해야 합니다.

오차가 양수일 수도 있고 음수일 수도 있다면 문제가 생길 수 있습니다. 신경망이 2개의 input -> goal_prediction 쌍을 정확하게 예측하려고 한다고 상상해보세요. 첫 번째 데이터는 오차가 1,000이고 두 번째 데이터는 오차가 −1,000이라면 **평균 오차**는 0이 될 겁니다! 결과만 보면 매번 1,000만큼 벗어나면서도 예측을 정확하게 했다며 잘못된 결론을 내릴 수 있습니다. 자신을 속이는 거죠. 이런 문제를 예방하려면 양수만 사용해야 합니다. **모든 예측**의 오차가 항상 **양수**가 되도록 하면 뜻하지 않게 평균으로 인해 예측 결과를 상쇄하는 일을 방지할 수 있습니다.

신경망 학습의 가장 간단한 형태는 어떤 걸까요?

온냉 요법으로 학습하기

학습은 knob_weight[5]를 위나 아래로 조정해서 오차를 줄이는 것으로 귀결됩니다. 이를 반복해서 오차가 0으로 수렴한다면 학습이 끝나는 것이죠! 그럼 다이얼을 올려야 할지 내려야 할지는 어떻게 알 수 있을까요? 글쎄요, 어느 쪽이 오차를 줄이는지를 보려면 **올려도 보고 내려도 봐야겠죠**! 어느 방향이든 오차를 줄이는 쪽이 knob_weight를 조정하는 데 사용됩니다. 간단하지만 매우 효과적이죠. 이런 식으로 계속 반복해나가면 결국엔 error == 0이 될 겁니다. 오차가 0이라는 사실은 신경망이 100% 정확도로 예측을 한다는 의미입니다.

온냉 학습

온냉 학습 Hot and cold learning이란 가중치를 좌우로 흔들어서 가장 오차를 많이 줄이는 방향으로 가중치를 이동시키고, 오차가 0으로 수렴할 때까지 이 과정을 반복하는 것을 말합니다.

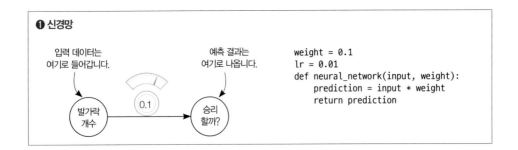

❶ 신경망

입력 데이터는
여기로 들어갑니다.

예측 결과는
여기로 나옵니다.

발가락
개수

0.1

승리
할까?

```
weight = 0.1
lr = 0.01
def neural_network(input, weight):
    prediction = input * weight
    return prediction
```

---

5 역자주_ 다이얼. 가중치

❷ 예측: 예측을 수행하고 오차 평가하기

오차

8.5 → 0.1 → 0.85 (0.023)

```
number_of_toes = [8.5]
win_or_lose_binary = [1] # (won!!!)
input = number_of_toes[0]
true = win_or_lose_binary[0]
pred = neural_network(input, weight)
error = (pred - true) ** 2
print(error)
```

오차는 예측이 얼마나 벗어났는지를 측정하는 방법입니다.
나중에 설명하겠지만 오차를 측정하는 방법에는 여러 가지
방법이 있습니다. 여기에서 사용하는 방법은 **평균제곱오차**
입니다.

원시 오차

제곱을 취해서 원시 오차를
양수로 만듭니다. 음수 오차
는 말이 안 되죠.

❸ 비교: 더 큰 가중치로 예측을 수행하고 오차 측정하기

우리는 오차를 감소시키기 위해 가중치를 이동시키려 합니다. weight+lr과 weight-lr를 이용해서 가중치를 올리고 내
려보죠. 어느 쪽이 가장 낮은 오차를 보여주는지를 관찰해야 하니까요.

오차

가중치를 높여요.

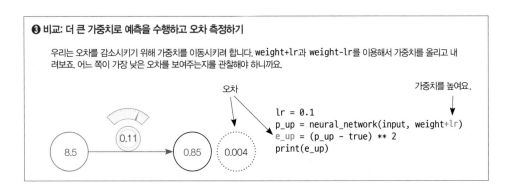

```
lr = 0.1
p_up = neural_network(input, weight+lr)
e_up = (p_up - true) ** 2
print(e_up)
```

❹ 비교: 더 작은 가중치로 예측을 수행하고 오차 측정하기

오차

가중치를 낮춰요.

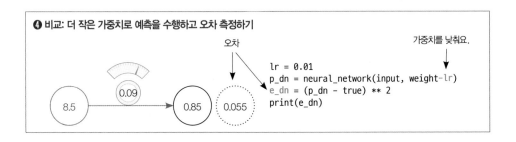

```
lr = 0.01
p_dn = neural_network(input, weight-lr)
e_dn = (p_dn - true) ** 2
print(e_dn)
```

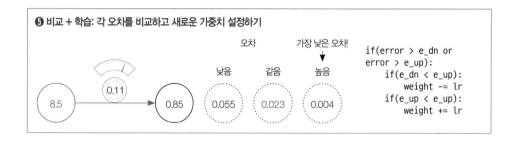

❺ 비교 + 학습: 각 오차를 비교하고 새로운 가중치 설정하기

이 5단계가 온냉 학습의 1회분입니다. 이 실험에서는 운 좋게도 학습 1회차에 (오차가 겨우 0.004군요) 오차 0(정답)에 매우 근접했지만, 대개는 적절한 가중치를 찾기 위해 여러 번 온냉 학습을 반복해야 합니다. 때로는 적절한 가중치를 찾기까지 몇 주 또는 몇 달에 걸쳐 신경망이 학습하기도 합니다.

이는 신경망에서의 학습이 실제로는 **탐색 문제**라는 사실을 깨닫게 해줍니다. 여러분은 신경망의 오차가 0으로 떨어질 때(또한 완벽히 예측할 때)까지 가능한 한 최고의 가중치 설정을 **탐색**하는 셈입니다. 모든 종류의 탐색 문제가 그러한 것처럼, 어쩌면 여러분은 여러분이 찾고 싶은 것을 찾지 못할지도 모릅니다. 설사 원하는 것을 찾는다고 해도 시간이 꽤 걸릴 수도 있고요. 다음으로, 우리는 온냉 학습을 조금 더 어려운 예측에 적용해볼 겁니다. 실제 탐색이 어떤 것인지 알 수 있도록 말입니다!

온냉 학습

온냉 학습은 어쩌면 가장 간단한 학습일지도 모릅니다.

주피터 노트북에서 다음 코드를 실행해보세요. 이 코드는 정확히 0.8을 예측해냅니다. 새 신경망 코드는 **굵은 글꼴**로 표시했습니다.

```
weight = 0.5
input = 0.5
goal_prediction = 0.8

step_amount = 0.001     ◀──── 각 반복마다 수정할 가중치의 크기

for iteration in range(1101):     ◀──── 여러 차례 학습을 반복해서 오차가
                                         계속해서 줄어들 수 있도록 합니다.
```

```
prediction = input * weight
error = (prediction - goal_prediction) ** 2

print("Error:" + str(error) + " Prediction:" + str(prediction))

up_prediction = input * (weight + step_amount)          ◀───── 올려봅시다!
up_error = (goal_prediction - up_prediction) ** 2

down_prediction = input * (weight - step_amount)        ◀───── 내려봅시다!
down_error = (goal_prediction - down_prediction) ** 2

if(down_error < up_error):
    weight = weight - step_amount        ◀───── 내리는 것이 나으면 가중치를 낮춥니다!

if(down_error > up_error):
    weight = weight + step_amount        ◀───── 올리는 것이 나으면 가중치를 올립니다!
```

이 코드를 실행하면 다음과 같은 출력 결과를 얻을 수 있습니다.

```
Error:0.3025 Prediction:0.25
Error:0.30195025 Prediction:0.2505
....
Error:2.50000000033e-07 Prediction:0.7995
Error:1.07995057925e-27 Prediction:0.8      ◀───── 마지막 단계에서 예측 결과는 정확히 0.8이 됩니다!
```

온냉 학습의 특징

온냉 학습은 단순합니다.

온냉 학습은 단순합니다. 예측을 한 다음 다시 두 차례 더 예측을 합니다. 처음에는 살짝 큰 가중치, 두 번째는 살짝 작은 가중치를 이용합니다. 그리고 error가 더 작게 나오는 방향으로 weight를 수정합니다. 이 과정을 반복하면 error가 감소하면서 0에 이릅니다.

문제점 1 : 온냉 학습은 비효율적입니다.

knob_weight 하나를 수정하려고 여러 차례 예측을 해야 합니다. 확실히 비효율적이죠.

문제점 2 : 가끔은 목표를 정확히 예측하지 못합니다.

최적의 weight가 step_amount 설정과 n * step_amount만큼 떨어져 있지 않다면 신경망은 step_amount보다 작은 수만큼 지나치는Overshoot 예측을 합니다. 그러면 예측값은 goal_prediction의 앞뒤로 오가며 바뀝니다. step_amount를 0.2로 설정해서 이 현상을 관찰해보세요. step_amount를 10으로 바꾸면 예측이 완전히 망가집니다. step_amount를 10으로 두고 테스트하면 다음과 같은 결과를 확인할 수 있습니다. 절대로 0.8에 가까워지지 않습니다.

```
Error:0.3025 Prediction:0.25
Error:19.8025 Prediction:5.25
Error:0.3025 Prediction:0.25
Error:19.8025 Prediction:5.25
Error:0.3025 Prediction:0.25
....
.... 무한 반복 ...
```

진짜 문제는 weight를 이동시킬 정확한 **방향**을 알아도 정확히 **얼마나** 옮겨야 하는지를 모른다는 점입니다. 우리는 무작위로(step_amount) 이동할 거리를 선택했습니다. 더 심각한 문제는 얼마나 이동할 것인가는 error와는 아무 관련이 없다는 겁니다. error가 크든 작든 간에 step_amount는 늘 같습니다. 따라서 온냉 학습은 게으름뱅이처럼 동작한다고 할 수 있습니다. 온냉 학습에서는 weight를 수정할 때마다 세 번의 예측을 수정해야 하는 데다 정확한 weight를 학습하지 못하도록 방해하는 임의적인 step_ amount 덕분에 비효율적입니다.

그런데 반복해서 예측하는 대신 각 weight의 이동 방향과 이동 거리를 계산할 수 있는 방법이 있다면 어떨까요?

오차를 이용하여 이동 방향과 거리 계산하기

오차를 측정해서 방향과 거리를 알아냅시다!

다음 코드를 주피터 노트북에서 실행하세요.

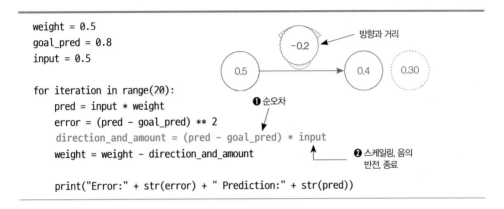

```
weight = 0.5
goal_pred = 0.8
input = 0.5

for iteration in range(20):
    pred = input * weight
    error = (pred - goal_pred) ** 2
    direction_and_amount = (pred - goal_pred) * input
    weight = weight - direction_and_amount

    print("Error:" + str(error) + " Prediction:" + str(pred))
```

이 방법은 **경사하강법**gradient descent이라고 알려진 뛰어난 학습 방법입니다. 이 방법을 사용하면 error를 감소시키는 weight의 수정 **방향**과 **거리(코드의 굵은 글꼴)**를 모두 계산할 수 있습니다.

direction_and_amount가 뭔가요?

direction_and_amount는 weight를 어떻게 수정해야 할지를 나타냅니다. **순오차**pure error의 첫 번째 부분 ❶은 (pred - goal_pred)와 같습니다. 순오차에 대해서는 이어서 설명하겠습니다. 두 번째 부분 ❷는 input에 곱하는 값으로써 weight를 갱신하기 위해 스케일링, 음의 반전, 종료, 순오차 수정 등을 수행합니다.

순오차는 뭔가요?

순오차는 (pred-goal_pred)이며 가공하지 않은raw 벗어난 방향과 거리 데이터입니다. 순오차가 **양**의 값이라면 너무 **높게** 예측한 셈이고, 그 반대라면 너무 낮게 예측한 셈입니다. 순오차가 아주 **크거나** 작으면, 예측이 정말 **크게** 벗어났다는 의미입니다.

스케일링^{Scaling}, 음의 반전^{Negative Reversal}, 종료^{Stopping}는 뭔가요?

이 세 가지 특성은 서로 결합하여 순오차를 weight 갱신에 사용할 절댓값으로 바꿉니다. 이들 각 특성은 아래에 설명할 세 가지 경계 조건^{Edge Cases}을 처리해서 순오차가 weight를 제대로 갱신할 수 있도록 합니다.

종료가 뭔가요?

종료는 입력을 곱함으로써 순오차에 가해지는 첫 번째(그리고 가장 단순한) 영향입니다. 예를 들어 스피커에 CD 플레이어를 연결한다고 생각해봅시다. 그리고 볼륨을 끝까지 올립시다. 그런데 CD 플레이어가 꺼져 있다면 볼륨 크기는 음악을 듣는 데 아무 영향을 끼치지 못할 겁니다. 정지는 신경망에서 이런 류의 문제를 다룹니다. input이 0이면 direction_and_amount 역시 0이 되도록 강제하는 식이죠. input이 0일 때는 학습할 것이 없다는 의미이므로 당연히 아무것도 학습(수정)하지 않습니다. 모든 weight는 동일한 error를 가지며 pred가 늘 0이기 때문에 가중치를 수정한다고 해서 달라지는 것은 아무것도 없습니다.

음의 반전이 뭔가요?

음의 반전은 이해하기 어렵지만 중요한 영향입니다. 일반적으로 input이 양수일 때 weight를 위로 옮기면 이에 따라 예측 결과도 상향합니다. 그런데 input이 음수인 경우에는 weight가 갑자기 방향을 틉니다. input이 음수인 경우에는 weight를 높이면 예측 결과는 도리어 **아래로** 내려갑니다. 위아래가 뒤집힌 거죠! 이 문제를 어떻게 해결할까요? 흠, input이 음의 값을 가질 때 순오차에 input을 곱하면 direction_and_amount의 부호가 뒤집히게 만들 수 있습니다. 이것을 **음의 반전**^{netagive reversal}이라고 하며, input이 음수인 경우에도 weight가 올바른 방향으로 움직이도록 보장합니다.

스케일링이 뭔가요?

스케일링은 순오차에 input을 곱하면서 생기는 세 번째 영향입니다. 논리적으로 input이 크면 weight 갱신치 또한 커야 합니다. 스케일링은 통제할 수 없는 경우가 더 많기 때문에 부작용에 가깝다고 보는 편이 맞습니다. 차후에 이 현상을 다루기 위해 **알파**^{alpha}라는 녀석을 사용할 겁니다.

87쪽의 코드를 실행하면 다음과 같은 출력 결과가 나타나야 합니다.

```
Error:0.3025 Prediction:0.25
Error:0.17015625 Prediction:0.3875
Error:0.095712890625 Prediction:0.490625
...
Error:1.7092608064e-05 Prediction:0.79586567925
Error:9.61459203602e-06 Prediction:0.796899259437
Error:5.40820802026e-06 Prediction:0.797674444578
```

마지막 단계에서는
제대로 0.8에 접근합니다!

이 예제에서 여러분은 굉장히 단순한 환경 속에서 실행한 경사하강법을 보았습니다. 다음에는 조금 더 자연스러운 환경에서 경사하강법을 관찰할 예정입니다. 용어가 몇 가지 달라지긴 하겠지만, 다른 종류의 신경망(예를 들어 복수 입력과 복수 출력을 하는 신경망)에도 제대로 적용할 수 있도록 코드를 작성할 겁니다.

경사하강법 1회 반복

경사하강법은 하나의 학습 예제(입력 → 참) 쌍을 통해 가중치를 갱신합니다.

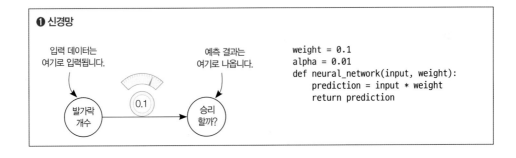

❶ 신경망

입력 데이터는
여기로 입력됩니다.

예측 결과는
여기로 나옵니다.

0.1

발가락
개수

승리
할까?

```
weight = 0.1
alpha = 0.01
def neural_network(input, weight):
    prediction = input * weight
    return prediction
```

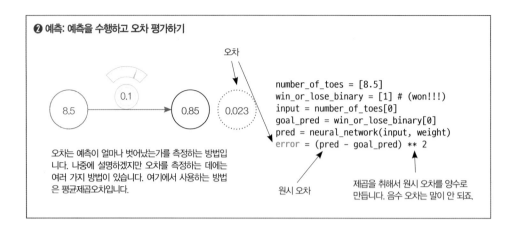

❷ 예측: 예측을 수행하고 오차 평가하기

오차

```
number_of_toes = [8.5]
win_or_lose_binary = [1] # (won!!!)
input = number_of_toes[0]
goal_pred = win_or_lose_binary[0]
pred = neural_network(input, weight)
error = (pred - goal_pred) ** 2
```

오차는 예측이 얼마나 벗어났는가를 측정하는 방법입니다. 나중에 설명하겠지만 오차를 측정하는 데에는 여러 가지 방법이 있습니다. 여기에서 사용하는 방법은 평균제곱오차입니다.

원시 오차

제곱을 취해서 원시 오차를 양수로 만듭니다. 음수 오차는 말이 안 되죠.

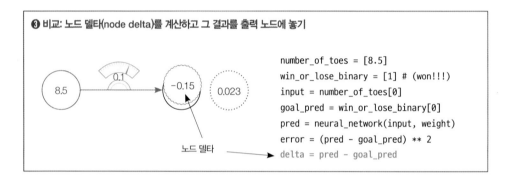

❸ 비교: 노드 델타(node delta)를 계산하고 그 결과를 출력 노드에 놓기

```
number_of_toes = [8.5]
win_or_lose_binary = [1] # (won!!!)
input = number_of_toes[0]
goal_pred = win_or_lose_binary[0]
pred = neural_network(input, weight)
error = (pred - goal_pred) ** 2
delta = pred - goal_pred
```

노드 델타

delta는 이 노드가 얼마나 벗어났는가를 나타내는 척도입니다. 참 예측true prediction이 1.0이고 신경망이 예측한 값은 0.85이므로 신경망은 0.15만큼 **낮은** 셈입니다. 따라서 delta 값은 **음의** 0.15입니다.

경사하강법과 이 구현 사이의 큰 차이점은 delta라는 새 변수입니다. delta는 노드가 너무 높았거나 너무 낮았는지를 나타내는 순수 크기입니다. direction_and_amount를 직접 계산하는 대신, 출력 노드가 얼마나 달라져야 하는지를 계산하세요. 그리고 나서야 weight(4단계에서 weight_delta로 이름이 바뀝니다)를 갱신하기 위한 direction_and_amount를 계산할 수 있습니다.

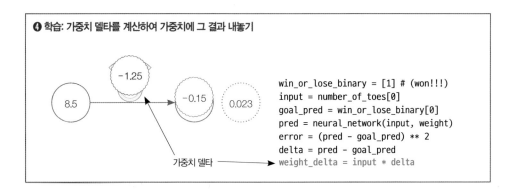

④ 학습: 가중치 델타를 계산하여 가중치에 그 결과 내놓기

```
win_or_lose_binary = [1] # (won!!!)
input = number_of_toes[0]
goal_pred = win_or_lose_binary[0]
pred = neural_network(input, weight)
error = (pred - goal_pred) ** 2
delta = pred - goal_pred
weight_delta = input * delta
```

가중치 델타

weight_delta는 신경망의 예측이 빗나가게 하는 가중치의 크기를 재는 척도입니다. 이 값은 가중치의 출력 노드 delta와 가중치의 input을 곱해서 계산할 수 있습니다. 따라서 각 weight_delta는 출력 노드 delta를 가중치의 input을 이용해 **스케일링**함으로써 생성합니다. 이렇게 해서 앞서 언급한 direction_and_amount의 세 가지 속성인 스케일링과 음의 반전, 종료를 처리합니다.

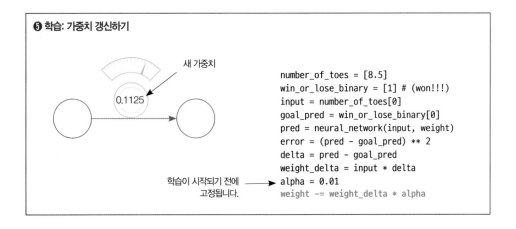

⑤ 학습: 가중치 갱신하기

새 가중치

```
number_of_toes = [8.5]
win_or_lose_binary = [1] # (won!!!)
input = number_of_toes[0]
goal_pred = win_or_lose_binary[0]
pred = neural_network(input, weight)
error = (pred - goal_pred) ** 2
delta = pred - goal_pred
weight_delta = input * delta
alpha = 0.01
weight -= weight_delta * alpha
```

학습이 시작되기 전에 고정됩니다.

weight_delta를 weight 갱신에 사용하기에 앞서 작은 수 alpha를 곱합니다. 이렇게 하면 신경망이 학습하는 속도를 조절할 수 있습니다. 너무 빠르게 학습하면 신경망은 너무 공격적으로 가중치를 갱신하며 오버슈트Overshoot할 수 있거든요. 이 부분은 나중에 더 자세히 다루겠습니다. 가중치 갱신이 온냉 학습과 같은 변화(소규모 증가)를 일으켰다는 사실을 염두에 두시기 바랍니다.

학습이란 오차를 줄이는 것

오차를 줄이기 위해 가중치를 수정할 수 있습니다.

다음 코드는 앞에서 다룬 코드를 모아둔 코드입니다.

```
weight, goal_pred, input = (0.0, 0.8, 0.5)

for iteration in range(4):

    pred = input * weight          ◄──────  이 두 줄에 비밀이 숨겨져
    error = (pred - goal_pred) ** 2 ◄────    있습니다.
    delta = pred - goal_pred
    weight_delta = delta * input
    weight = weight - weight_delta
print("Error:" + str(error) + " Prediction:" + str(pred))
```

학습 비법

경사하강법은 각 가중치를 올바른 방향과 올바른 크기로 조정함으로써 error(오차)를 0으로 줄입니다.

이 일의 목적은 error를 낮출 수 있게끔 weight 갱신에 필요한 올바른 방향과 올바른 크기를 파악하는 것입니다. pred와 error 계산 속에 비밀이 숨어 있습니다. error 계산 과정 **내부에서** pred가 사용된다는 점에 주목할 필요가 있습니다. pred 변수를 계산하는 코드(input * weight)로 pred 변수를 대체해보겠습니다.

```
error = ((input * weight) - goal_pred) ** 2
```

이 코드는 error를 수정하지 않습니다. 그저 코드 두 줄을 합쳐서 error를 직접 계산할 뿐이죠. input과 goal_pred가 각각 0.5와 0.8에 고정되어 있다는 사실을 기억하세요(신경망이 학습을 시작하기 전에 설정해뒀습니다). 따라서 이 변수의 이름을 값으로 치환해보면 비밀이 분명하게 드러날 겁니다.

```
error = ((0.5 * weight) - 0.8) ** 2
```

예를 들어 weight를 0.5만큼 높였다고 해보죠. error와 weight 사이에 정확한 관계가 있다면, weight를 변경했을 때 error를 얼마나 움직이는지를 계산할 수 있어야 합니다. error를 특정한 방향으로 움직이려면 어떻게 해야 할까요? 가능하긴 할까요?

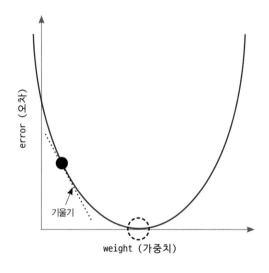

이 그래프는 앞 공식에서의 관계에 따른 모든 가중치에 대한 오차 값을 나타냅니다. 이 그래프가 예쁜 그릇 모양을 하고 있다는 사실을 눈여겨봐 주세요. 현재 weight와 error 지점에 검은 점이 있습니다. 그리고 여러분이 원하는 위치(error == 0)에는 점선 원이 있습니다.

학습의 여러 단계를 관찰해보세요

결국 그릇의 바닥과 만나게 될까요?

```python
weight, goal_pred, input = (0.0, 0.8, 1.1)
for iteration in range(4):
    print("-----\nWeight:" + str(weight))
    pred = input * weight
    error = (pred - goal_pred) ** 2
    delta = pred - goal_pred
    weight_delta = delta * input
    weight = weight - weight_delta
    print("Error:" + str(error) + " Prediction:" + str(pred))
    print("Delta:" + str(delta) + " Weight Delta:" + str(weight_delta))
```

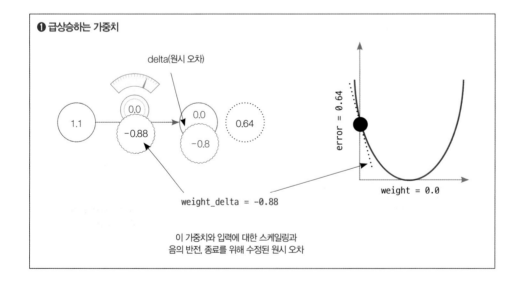

❶ 급상승하는 가중치

delta(원시 오차)

weight_delta = -0.88

이 가중치와 입력에 대한 스케일링과
음의 반전, 종료를 위해 수정된 원시 오차

❷ 살짝 지나쳤네요. 다른 방향으로 돌아가 보죠.

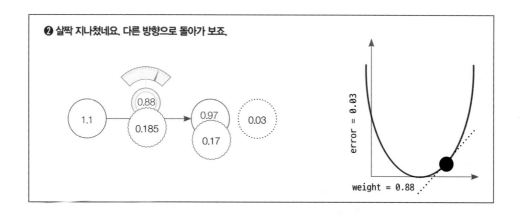

❸ 또 지나쳤습니다! 다시 돌아가겠습니다. 단, 이번엔 조금만요.

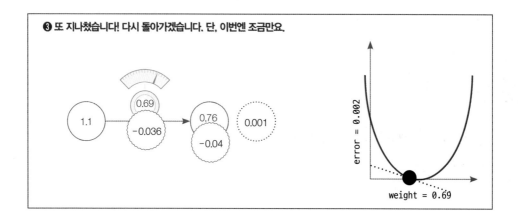

❹ 좋습니다. 거의 다 왔어요.

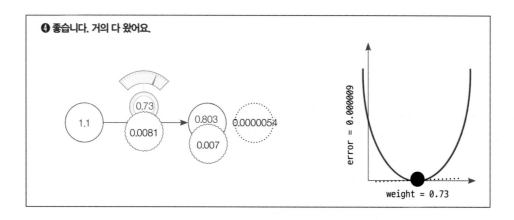

```
Weight:0.0
Error:0.64 Prediction:0.0
Delta:-0.8 Weight Delta:-0.88
-----
Weight:0.88
Error:0.028224 Prediction:0.968
Delta:0.168 Weight Delta:0.1848
-----
Weight:0.6952
Error:0.0012446784 Prediction:0.76472
Delta:-0.03528 Weight Delta:-0.038808
-----
Weight:0.734008
Error:5.489031744e-05 Prediction:0.8074088
Delta:0.0074088 Weight Delta:0.00814968
```

왜 이게 작동하죠? weight_delta는 뭔가요?

한걸음 뒤로 물러나 함수에 대해 이야기해보죠. 함수는 뭘까요?
여러분은 함수를 어떻게 이해하고 있죠?

다음 함수를 생각해보세요.

```
def my_function(x):
    return x * 2
```

함수는 어떤 수를 입력으로 사용하고 다른 숫자를 출력으로 제공합니다. 이것은 함수가 입력 수(들)와 출력 수(들) 사이의 어떤 관계를 정의한다는 것을 의미합니다. 어쩌면 여러분은 '함수를 학습하는 능력'이 어째서 그토록 강력한지를 깨달을 수 있을 겁니다. 함수를 학습하는 능력은 여러분이 어떤 수(말하자면, 이미지 픽셀)를 가져와서 다른 수(예를 들면 이미지에 고양이가 포함되어 있을 확률)로 바꾸는 것을 가능하게 합니다.

함수를 학습합니다.

입력　이미지 픽셀 → 함수 → 고양이일 확률　출력

모든 함수는 **가동 부품**moving parts이라고 할 만한 것을 갖고 있습니다. 함수가 생성하는 출력 결과가 달라지도록 변경하거나 바꿀 수 있는 조각입니다. 왼쪽에서 본 my_function(x) 함수에서 함수의 입력과 출력 사이의 관계를 조종하는 것은 무엇일까요?

```
return x * 2
```

답은 2입니다. 다음 함수에 대해서도 같은 질문을 해봅시다. 무엇이 input과 출력(error) 사이의 관계를 조정하고 있을까요?

```
error = ((input * weight) - goal_pred) ** 2
```

이 함수는 조금 더 복잡합니다. 더 많은 것이 이 둘 사이를 조정하고 있군요. goal_pred, input, **2, weight, 모든 괄호와 대수 연산(덧셈, 뺄셈, 기타 등등) 모두가 오차를 계산하는 데 있어 각자의 역할을 합니다. 이들 중 어느 하나라도 건드리면 오차 또한 바뀔 겁니다. 이는 깊이 생각해볼 부분입니다.

머릿속으로 오차를 줄이기 위해 goal_pred[6]를 수정해봅시다. 바보 같지만, 못할 건 없죠. 여러분은 아마 목표 수정(능력 내에서 목표를 정하는 것)을 '포기'라고 생각할 수도 있습니다. 목표를 수정한다는 것은 내가 틀렸다는 사실을 부인하는 거죠! goal_pred는 수정하면 안 될 것 같습니다.

그렇다면 error가 0이 될 때까지 input을 바꾸는 방법은 어떤가요? 흠, 이 방법은 세상을 있는 그대로 보지 않고 믿고 싶은 대로 보는 것과 같습니다. 예측하고 싶은 것을 예측할 때까지

---

6 **역자주_** 예측 목표를 나타내는 변수

입력 데이터를 바꾸는 거니까요. 이 방식은 인셉셔니즘[7]이 동작하는 방식과 약간 비슷하긴 합니다.

그러면 2를 다른 값으로 바꾸는 걸 고려해보죠. 아니면 덧셈, 뺄셈, 아니면 곱셈으로 바꿔볼까요? 이렇게 바꾸면 그저 처음에 **error**를 계산하는 방법을 바꾸는 겁니다. (앞에서 언급한 적절한 속성과 더불어) 얼마나 벗어났는지에 대한 좋은 척도를 제공해주지 않는다면 오차 계산은 아무 의미가 없습니다. 이 방법도 안 되겠네요.

이제 뭐가 남았죠? 바꿔 볼 만한 변수는 이제 **weight**뿐이네요. 이 변수를 조정한다고 해서 여러분이 세상을 바라보는 눈이 달라지는 것은 아닙니다. 그렇다고 목표가 달라지는 것도, 오차 측정법을 파괴하는 것도 아닙니다. **weight**를 바꾼다는 것은 해당 함수가 **데이터 패턴에 순응**한다는 것을 의미합니다. 함수의 나머지 부분을 바꾸지 않도록 강제함으로써 해당 함수는 데이터 내의 패턴을 정확하게 모방합니다. 우리가 건드려도 되는 부분은 신경망이 **예측**하는 방식밖에는 없습니다. 즉, 수정할 수 있는 것은 가중치인 **weight**뿐입니다.

한마디로 **error** 값이 0에 이를 때까지 오차 함수의 특정 부분을 수정하라는 겁니다. 이 오차 함수는 변경할 수 있는 변수와 변경할 수 없는 변수의 조합을 이용해서 계산됩니다.

- **변경할 수 있는 변수**: weight(가중치)
- **변경할 수 없는 변수**: input(입력 데이터), pred(출력 데이터), error(오차)

```
weight = 0.5
goal_pred = 0.8
input = 0.5
for iteration in range(20):
    pred = input * weight
    error = (pred - goal_pred) ** 2        오차 함수는 이 부분을
    direction_and_amount = (pred - goal_pred) * input    가리킵니다.
    weight = weight - direction_and_amount
    print("Error:" + str(error) + " Prediction:" + str(pred))
```

주요 시사점

input만 제외하면 **pred** 계산 과정에 있는 그 어떤 것도 수정 가능합니다.

---

7 역자주_ Inceptionism. 구글의 이미지 합성 알고리즘입니다.

다른 딥러닝 연구자들이 하듯이 우리는 이 책의 나머지 지면을 할애해서 신경망이 우수한 예측을 할 수 있도록 상상 가능한 모든 방법으로 pred 계산을 시도할 겁니다. 학습은 예측 함수 (pred = input * weight)를 자동으로 수정하여 예측을 잘하도록(즉, error가 0이 되도록) 하는 것입니다.

이제 무엇을 바꿀 수 있는지, 바꾸려면 어떻게 시작해야 하는지 알겠죠? 좋습니다. 그게 머신 러닝이니까요. 다음 절에서는 바로 이 주제에 관해 이야기하려 합니다.

한 가지 개념에 집중하기

개념 : 학습은 오차가 0이 되도록 가중치를 조정하는 과정입니다.

지금까지 우리는 '학습은 오차가 0으로 되도록 가중치를 조정하는 과정'이라는 개념에 집중했습니다. 바로 이것이 특제 비밀 소스입니다. 사실을 이야기하자면 weight와 error 사이의 **관계**를 이해하는 것이 가중치를 조정하는 방법을 이해하는 데에 필요한 전부라고 할 수 있습니다. 이 관계를 이해하면 error를 줄이기 위해 어떻게 weight를 조정해야 할지 또한 알 수 있습니다.

그런데 여기서 '관계 이해하기'란 과연 뭘까요? 두 변수 사이의 관계를 이해한다는 것은 곧 **한 변수를 수정했을 때 나머지 변수가 변경되는 과정**을 이해한다는 것과 같습니다. 이 경우, 여러분이 진정으로 알아내고자 하는 것은 두 변수 사이의 **민감도**sensitivity입니다. 민감도는 '방향과 거리'를 나타내는 또 다른 이름입니다. error가 weight에 대해 얼마나 민감한지 궁금할 겁니다. weight가 수정될 때 error가 어떤 방향으로 얼마만큼 변하는지도 궁금할 겁니다. 이와 같은 error와 weight의 관계를 알아내는 것이 우리의 목표입니다. 이 관계를 이해할 수 있도록 앞에서 온냉 학습과 경사하강법을 다뤘습니다.

온냉 학습에서 weight를 흔들 때 error에 가해지는 효과를 살펴보며 두 변수의 관계를 '실험적으로' 연구했었습니다. 어떤 집에 갔더니 전등 스위치가 여러 개 있는데 어느 전등과 연결되어 있는지 모르는 상황을 생각해보세요. 이럴 때는 스위치를 하나씩 켜고 끄면서 방 안에 있는 스위치와 여러 전등 사이의 관계를 파악하는 수밖에 없습니다. weight와 error의 관계를 공부할 때도 마찬가지였습니다. weight를 위아래로 흔들면서 error가 어떻게 바뀌는지를 관찰했었죠. 일단 이 관계를 파악하고 나면 간단한 if문 2개를 추가해서 weight를 올바른 방향으로 움직일 수 있었습니다.

```
if(down_error < up_error):
    weight = weight - step_amount
if(down_error > up_error):
    weight = weight + step_amount
```

자, pred와 error 논리를 결합했던 공식으로 돌아가보죠. 다음처럼 error와 weight 간의 정확한 관계를 정의합니다.

```
error = ((input * weight) - goal_pred) ** 2
```

이 코드 한 줄이 바로 비밀입니다. 이 코드는 공식이자 error와 weight 사이의 관계입니다. 이 관계는 정확하고, 계산 가능하며, 절대적입니다. 지금까지 그래왔고 앞으로도 그럴 것입니다.

자, 특정 방향으로 error를 움직이기 위해 weight 갱신을 어떻게 해야 할지 알아내려면 이 공식을 어떻게 사용해야 할까요? 이 공식이 바로 두 변수 사이의 정확한 관계이며, 이제부터 한 변수를 변경하여 다른 변수를 특정 방향으로 이동시키는 방법을 알아낼 겁니다.

알고 보니 **어떤** 공식에도 적용할 수 있는 방법이 있었네요. 이제 이 방법으로 오차를 줄여보겠습니다.

툭 튀어나오는 막대기가 있는 상자

자, 여기 막대기가 2개 꽂힌 상자가 있다고 상상해봅시다. 파란 막대기는 2인치만큼 상자 밖으로 나와 있고, 빨간 막대기는 4인치만큼 나와 있습니다. 이 막대기들은 연결되어 있지만 어떻게 연결되어 있는지는 모릅니다. 이제부터 막대기가 어떻게 연결되어 있는지를 실험을 통해 알아내야 합니다.

먼저 파란 막대기를 1인치 밀어 넣었더니 빨간 막대기가 2인치만큼 들어갔습니다. 그리고 다시 파란 막대기를 1인치 당겨 빨간 막대기가 2인치만큼 따라 나오는 것을 확인했습니다. 정확히는 아니어도, 여기에서 두 막대기 사이에 모종의 **관계**가 있는 것을 알 수 있습니다. 파란 막대기를 얼마만큼 움직이든지, 빨간 막대기는 딱 두 배만큼 움직입니다. 그러므로 다음과 같은 공식을 유추할 수 있습니다.

```
red_length = blue_length * 2
```

실험으로 '이 부분을 잡아당기면 다른 부분은 얼마나 움직일까?'에 대한 형식적 정의를 확인했습니다. 그 형식적 정의가 바로 **미분계수**derivative이며, "Y 막대기를 잡아당기면 X 막대기는 얼마나 움직이는가?"가 미분계수가 말하는 바입니다.

예로 든 이 막대기 실험에서 "파란색을 당겼을 때 빨간색은 얼마나 움직이는가?"에 대한 미분계수는 2입니다. 왜 2일까요? 그것이 바로 공식에 의해 결정되는 **곱셈**multiplicative 관계입니다.

```
red_length = blue_length * 2  ◄──────── 미분계수
```

두 변수 사이에는 언제나 미분계수가 있어서 변수 하나를 수정하면 다른 변수가 어떻게 변화할지를 알 수 있습니다. 미분계수가 **양수**일 때는 한 변수를 수정하면 다른 변수는 **같은** 방향으로 움직입니다. 미분계수가 **음수**일 때는 한 변수를 수정했을 때 나머지 변수는 **반대** 방향으로 움직입니다.

다시 예제를 들여다보죠. blue_length와 red_length의 미분계수는 2이므로 둘 다 같은 방향으로 움직입니다. 정확히 말하면 빨간 막대기는 파란 막대기의 움직임과 같은 방향으로 파란 막대기의 두 배 거리만큼 움직입니다. 미분계수가 −1이었다면 빨간 막대기는 반대 방향으로 같은 거리만큼 움직였겠죠. 이렇듯 미분계수는 주어진 함수에 대해 한 변수를 수정했을 때 다른 변수가 수정되는 방향과 거리를 나타냅니다. 우리가 찾던 것이 바로 이 미분계수입니다.

미분계수 : 두 번째 이야기

아직 잘 모르겠다고요? 다른 관점에서 접근해보죠.

사람들은 보통 미분계수를 다음과 같은 두 가지 방법으로 설명합니다. 첫 번째 방법은 한 변수를 움직일 때 함수 내에서 다른 변수는 어떻게 변하는지를 이해시키려 합니다. 두 번째 방법은

미분계수가 직선이나 곡선 위에 있는 한 점의 기울기라고 설명합니다. 함수 그래프를 그려보면 함수의 기울기는 결국 '한 변수를 수정할 때 다른 변수가 얼마나 바뀌는가'와 **같은 의미**입니다. 다음 함수를 그래프로 그려보죠.

```
error = ((input * weight) - goal_pred) ** 2
```

기억하세요, goal_pred(목표)와 input(입력)은 고정되어 있으므로 이 함수는 다음과 같이 재작성할 수 있습니다.

```
error = ((0.5 * weight) - 0.8) ** 2
```

바뀔 수 있는 변수는 이제 둘밖에 없기 때문에(나머지 변수는 모두 고정됩니다), 모든 weight 를 취해서 이에 관한 error를 계산할 수 있습니다. 이제 진짜 그래프로 그려보죠.

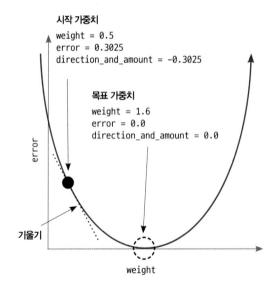

그래프는 큰 U자 모양의 곡선을 그립니다. 곡선 가운데에 error == 0인 점이 있습니다. 또 점 오른쪽 직선의 기울기는 양수이며 점 왼쪽 직선의 기울기는 음수입니다. 더 재미있는 사실 은 **목표 가중치**로부터 먼 직선일수록 기울기가 가팔라진다는 부분일지도 모르겠습니다.

그래프의 속성은 유용합니다. 기울기의 부호는 방향을 알려주고, 가파른 정도는 거리를 알려줍니다. 이 두 가지를 이용하면 여러분은 목표 가중치를 찾을 수 있습니다.

지금까지도, 저는 이 곡선이 의미하는 바를 잘 잊곤 합니다. 이 곡선은 온냉 학습과 비슷합니다. `weight`에 대한 모든 가능한 값을 시도해서 그래프로 그려보면 이 곡선이 나타날 겁니다.

그리고 또 하나 놀라운 점은 `error`를 계산하는 공식을 굳이 보지 않아도 미분계수를 통해 이 곡선을 이해할 수 있다는 사실입니다. 여러분은 어떤 `weight` 값에 대해서도 직선의 기울기(미분계수)를 계산할 수 있습니다. 그다음, 기울기(미분계수)를 이용해서 오차를 감소시키는 방향이 어느 쪽인지 알아낼 수 있고요. 심지어 가파른 정도를 바탕으로 기울기가 0인 최적 지점으로부터 얼마나 떨어져 있는지에 대한 힌트도 얻을 수 있습니다.

미분계수를 이용하면 공식 안에 있는 변수 2개를 아무거나 골라서 어떻게 상호동작하는지 알아낼 수 있습니다.

이 복잡한 함수를 보시죠.

```
y = ( ((beta * gamma) ** 2) + (epsilon + 22 - x)) ** (1/2)
```

미분계수에 대해 다음 사실을 꼭 알아 두세요. 이 함수는 물론 어떤 함수에 대해서든 두 변수 사이의 관계를 이해할 수 있습니다. 어떤 함수라도 두 변수를 콕 집어 xy 그래프 위에 그릴 수 있고, 두 변수를 골라 한 변수를 수정할 때 다른 변수가 어떻게 변하는지 계산할 수 있습니다. 따라서 여러분은 어떤 함수에 대해서든 한 변수를 어떤 방향으로 움직일 수 있게끔 다른 변수를 수정하는 방법을 학습할 수 있습니다. 똑같은 말을 계속하고 있는데, 꼭 기억하길 바라기 때문에 이러는 겁니다. 그만큼 중요합니다.

이 책에서 신경망을 구축할 텐데 신경망에 대해서는 딱 이거 하나만 알면 됩니다. '오차 함수 계산을 위해 사용하는 가중치 한 무더기'. 어떤 오차 함수에 대해서든(얼마나 복잡한지엔 관계없이), 모든 `weight`와 신경망의 최종 `error` 사이의 관계를 계산할 수 있습니다. 그리고 이 관계 정보를 이용해서 신경망 내에 있는 각 `weight`를 수정하고 `error`를 0으로 낮출 수 있습니다. 앞으로 할 일이 바로 이겁니다.

이건 몰라도 괜찮습니다

미적분학

함수 안에 있는 두 변수를 취해서 변수 사이의 관계를 계산하는 방법을 전부 배우려면 대학교에서 세 학기 정도 수업을 들어야 합니다. 솔직히 세 학기 수업을 들었다 하더라도 실제 딥러닝을 다룰 때는 수업에서 배운 내용 중 극히 일부만 사용했을 겁니다. 농담이 아니라, 미적분학은 모든 가능한 함수에 대한 파생 규칙을 외우고 연습하는 것이 전부입니다.

이 책에서, 저는 제가 늘 하던 대로 작업할 겁니다(저의 게으른 방식, 아니 효율적으로 말입니다). 참조표에서 미분계수를 찾아보는 방법이 그것입니다. 여러분은 미분계수가 의미하는 바만 알면 됩니다. 미분계수는 변수 하나를 수정해서 다른 변수가 바뀌도록 하는 함수 내 두 변수 사이의 관계입니다. 미분계수는 그저 두 변수 사이의 민감도일 뿐입니다.

이제 와서 "미분계수는 두 변수 사이의 민감도입니다"라고 하기엔 앞에서 너무 설명이 장황했지만, 사실이 그렇습니다. 그리고 민감도는 다음 세 가지로 나눌 수 있습니다.

- **양인 민감도**: 두 변수가 함께 같은 방향으로 움직입니다.
- **음인 민감도**: 두 변수가 반대 방향으로 움직입니다.
- **0인 민감도**: 한 변수를 아무리 바꿔도 다른 변수는 한 값에 고정되어 있습니다. 예를 들어 $y = 0 * x$이면, x에 어떤 값을 대입해도 y는 항상 0입니다.

미분계수는 이 정도로 충분한 것 같군요. 이제 다시 경사하강법을 살펴보겠습니다.

미분계수를 학습에 이용하는 방법

weight_delta는 미분계수입니다.

error와 weight의 미분계수와 그냥 error의 차이는 무엇입니까? error는 오차의 크기를 나타냅니다. 미분계수는 각 가중치와 오차 크기 사이의 관계를 정의하고요. 다시 말해, 미분계수는 가중치 변경이 오차에 얼마나 기여했는지를 말해줍니다. 이걸 알면, 이제 오차를 특정 방향으로 움직이는 방법도 알고 있는 셈입니다.

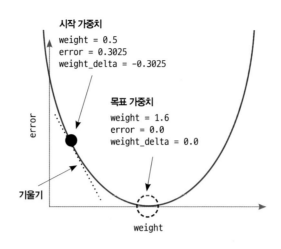

시작 가중치
weight = 0.5
error = 0.3025
weight_delta = -0.3025

목표 가중치
weight = 1.6
error = 0.0
weight_delta = 0.0

기울기

weight

함수 안에 있는 두 변수의 관계를 이해했다면 이 관계를 어떻게 활용해야 할까요? 알고 보면 이 문제는 굉장히 시각적이고 직관적입니다. error 곡선을 다시 봅시다. 검은 점은 weight가 시작하는 위치(0.5)를 나타냅니다. 점선 원은 도달하고자 하는 위치, 즉 목표 가중치입니다. 검은 점에 닿아 있는 실선이 보이나요? 이 실선은 미분계수라고 알려진 기울기입니다. 미분계수는 커브의 해당 지점에서 weight를 수정하면 error가 얼마나 수정되는지를 알려줍니다. 이 실선이 아래를 향해 있다는 것은 음의 기울기라는 의미입니다.

직선 또는 곡선의 기울기는 항상 직선 또는 곡선의 가장 낮은 점의 반대 방향을 가리킵니다. 따라서 만약 음의 기울기라면 최소 error를 찾기 위해선 weight를 증가시켜야 합니다. 한번 해보세요.

그럼, 최소 error(error 그래프에서 가장 낮은 지점)를 찾으려면 미분계수를 어떻게 이용해야 할까요? 기울기의 반대 방향, 즉 미분계수의 반대 방향으로 움직여야 합니다. 각 weight 값을 취해서 error에 대한 미분계수를 계산(weight와 error 비교)한 다음 기울기의 반대 방향으로 weight를 수정합니다. 이렇게 하면 최솟값에 가까워집니다.

목표를 다시 한번 되짚어봅시다. 목표는 방향과 크기를 알아내서 가중치를 수정해서 오차를 줄이는 데 있습니다. 가중치와 오차 사이의 관계를 결정하기 위해 미분계수를 이용하는데, 미분계수는 한 함수 안의 두 변수 사이의 관계를 알려줍니다. 그리고 가장 낮은 가중치를 찾기 위해 미분계수의 반대 방향으로 가중치를 이동시킵니다. 보세요! 신경망이 학습합니다!

이렇게 학습하는 방법(최소 오차 탐색)을 **경사하강법**이라고 합니다. 경사하강법은 이름이 나타내는 바와 같습니다. 경사하강법은 경사도 값의 반대 방향으로 weight 값을 이동시켜서 오차를 0으로 줄입니다. 다시 말해, 음의 기울기일 때는 가중치를 늘리고, 양의 기울기일 때는 가중치를 줄인다는 겁니다. 경사하강법은 중력과 같습니다.

익숙한가요?

```
weight = 0.0
goal_pred = 0.8
input = 1.1
for iteration in range(4):
    pred = input * weight
    error = (pred - goal_pred) ** 2
    delta = pred - goal_pred
    weight_delta = delta * input ◀──── 미분계수(가중치의 변화를 고려할 때
                                        오차는 얼마나 빨리 움직이는가)
    weight = weight - weight_delta
    print("Error:" + str(error) + " Prediction:" + str(pred))
```

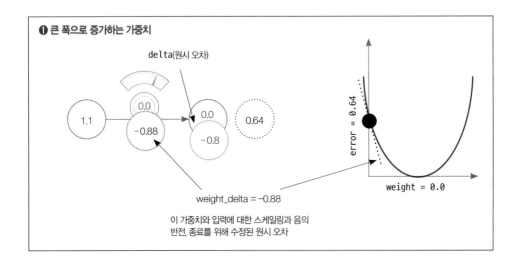

❶ 큰 폭으로 증가하는 가중치

delta(원시 오차)

1.1 0.0 −0.88 0.0 −0.8 0.64

weight_delta = −0.88

이 가중치와 입력에 대한 스케일링과 음의
반전, 종료를 위해 수정된 원시 오차

error = 0.64

weight = 0.0

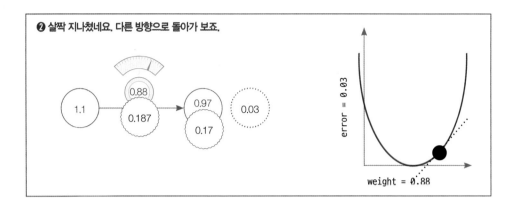

❷ 살짝 지나쳤네요. 다른 방향으로 돌아가 보죠.

경사하강법 망가뜨리기

코드 좀 주세요!

```python
weight = 0.5
goal_pred = 0.8
input = 0.5
for iteration in range(20):
    pred = input * weight
    error = (pred - goal_pred) ** 2
    delta = pred - goal_pred
    weight_delta = input * delta
    weight = weight - weight_delta
    print("Error:" + str(error) + " Prediction:" + str(pred))
```

이 코드를 실행하면 다음과 같은 결과를 볼 수 있습니다.

```
Error:0.3025 Prediction:0.25
Error:0.17015625 Prediction:0.3875
Error:0.095712890625 Prediction:0.490625
...
Error:1.7092608064e-05 Prediction:0.79586567925
Error:9.61459203602e-06 Prediction:0.796899259437
Error:5.40820802026e-06 Prediction:0.797674444578
```

잘 작동하니까 이제는 이 코드를 멈추고, **weight**와 **goal_pred**, **input**을 바꿔가며 장난치듯 테스트해보세요. 이들 변수의 값을 변경하면 신경망은 주어진 입력 데이터와 가중치를 이용해서 출력 결과를 예측하는 방법을 알아낼 겁니다. 신경망이 예측할 수 없는 조합을 찾아낼 수 있는지 시도해보세요. 이렇게 시도해보는 것이 뭔가를 배우는 가장 빠른 길입니다.

input에 2를 입력해볼까요? 하지만 알고리즘이 0.8을 예측하도록 유지해야 합니다. 무슨 일이 일어날까요? 출력 결과를 같이 보시죠.

```
Error:0.04 Prediction:1.0
Error:0.36 Prediction:0.2
Error:3.24 Prediction:2.6
...
Error:6.67087267987e+14 Prediction:-25828031.8
Error:6.00378541188e+15 Prediction:77484098.6
Error:5.40340687069e+16 Prediction:-232452292.6
```

예측 결과가 널을 뛰는데 이건 원하는 결과가 아닙니다. 단계마다 음수와 양수를 오가며 정답으로부터 점점 멀어졌습니다. 달리 말하면 가중치를 과잉 교정했다는 뜻이죠. 이어서 이 현상을 다루는 방법을 배우겠습니다.

과잉 교정 시각화하기

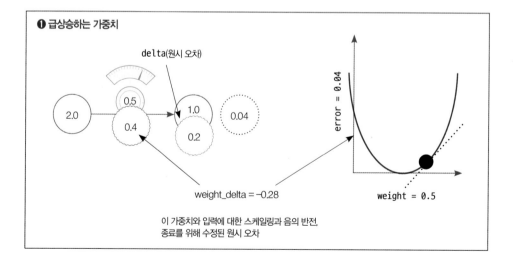

❶ 급상승하는 가중치

delta(원시 오차)

2.0

0.5

0.4

1.0

0.2

0.04

weight_delta = -0.28

error = 0.04

weight = 0.5

이 가중치와 입력에 대한 스케일링과 음의 반전,
종료를 위해 수정된 원시 오차

❷ 살짝 지나쳤네요. 다른 방향으로 돌아가 보죠.

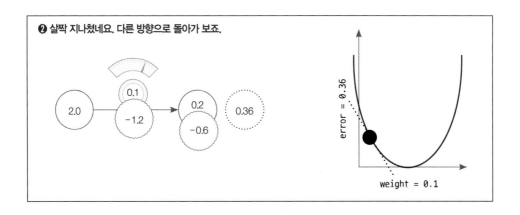

❸ 또 지나쳤습니다! 다시 돌아가겠습니다. 단, 이번엔 조금만요.

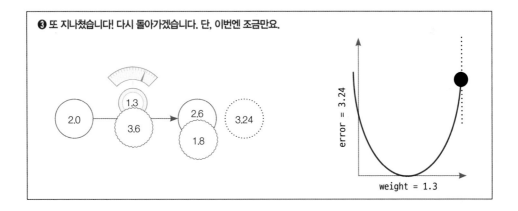

발산

욱! 신경망은 가끔 값을 폭발시킵니다.

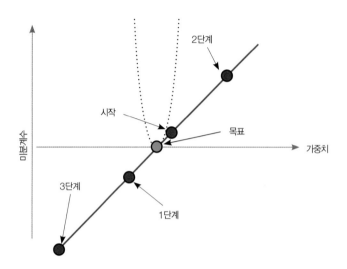

무슨 일이 벌어진 거죠? 입력값을 크게 만들었더니 오차가 폭발했습니다. 가중치를 갱신하는 방법을 다시 봅시다.

```
weight = weight - (input * (pred - goal_pred))
```

입력값이 충분히 큰 경우, 오차가 작더라도 가중치를 큰 폭으로 갱신할 수 있습니다. 오차가 작은 상태에서 가중치를 큰 폭으로 갱신하면 무슨 일이 벌어질까요? 이렇게 하면 신경망이 과잉 교정을 합니다. 만약에 새 오차 값이 더 커지면, 신경망은 더 큰 폭으로 과잉 교정하겠죠. 이게 바로 앞에서 이야기한 **발산**divergence을 초래하는 이유입니다.

입력값이 클수록 예측 결과는 가중치의 변화에 굉장히 민감하게 반응합니다(pred = input * weight이니까요). 따라서 입력값이 클수록 신경망은 과잉 교정을 합니다. 달리 말하면 가중치가 0.5에서 시작하더라도 그 지점의 미분계수는 매우 가파를 수 있다는 겁니다. 아까 그래프에서 U자로 생긴 오차 곡선이 얼마나 급격한지 기억해보세요.

정말 이해하기 쉽지 않나요? 예측은 입력값에 가중치를 곱하면서 이뤄집니다. 따라서 입력값이 크면, 가중치를 조금만 수정해도 예측 결과에 변화가 생길 겁니다. 오차는 가중치에 아주 민감하게 반응합니다. 즉, 미분계수가 아주 크다는 것이죠. 그럼 어떻게 하면 미분계수를 줄일 수 있을까요?

알파를 소개합니다

가중치를 갱신했을 때 과잉 교정되지 않도록 하는 가장 쉬운 방법입니다.

해결해야 하는 문제가 뭐였죠? 입력이 지나치게 클 때 가중치가 과잉 교정overcorrect될 가능성이 있다는 것이죠. 이 문제의 증상은 뭔가요? 과잉 교정이 이루어질 때는 새 미분계수가 시작할 때보다 훨씬 더 커진다는 겁니다(부호가 뒤바뀐다 해도요).

잠깐 멈춰서 생각해보세요. 이 증상을 이해하려면 앞 절에 있는 그래프를 다시 들여다봐야 합니다.

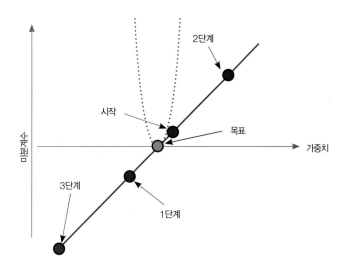

2단계는 목표로부터 훨씬 멀어져 있습니다. 즉, 미분계수가 훨씬 큰 규모로 커졌습니다. 이로 인해 3단계는 2단계보다 더 큰 폭으로 멀어지고, 신경망은 이런 현상을 반복하며 발산하는 모습을 보입니다.

이 증상이 바로 **오버슈트**Overshoot입니다. 아주 작은 수를 곱하면 가중치 갱신값을 작게 만들어서 이 문제를 해결할 수 있습니다. 대부분의 경우엔, 가중치 갱신값에 곱하는 수에는 **알파**alpha라

부르는 0과 1 사이의 실수가 사용됩니다. 주의하세요. 알파는 입력이 크다는 핵심 사안에는 아무런 효과를 미치지 못합니다. 게다가 그리 크지 않은 입력에 대한 가중치 갱신값을 감소시키기도 합니다.

최첨단 신경망에서조차도 어림짐작으로 적절한 알파를 찾습니다. 발산이 시작되면(상승) 알파가 너무 높다는 뜻이므로 알파를 감소시키고, 학습이 너무 천천히 이루어진다면 알파가 너무 낮다는 의미이므로 알파를 증가시키는 방식으로 알파를 찾습니다. 이런 문제때문에 다른 기법들이 등장했습니다만, 그럼에도 경사하강법의 인기는 여전합니다.

코드 속의 알파

'알파'는 어디에 있을까요?

알파가 가중치 갱신값을 감소시켜서 과잉 교정을 방지한다는 점은 코드에 어떤 변화를 가져올까요? 지금까지는 다음과 같은 공식에 따라 가중치를 갱신했습니다.

```
weight = weight - derivative
```

여기에 알파를 넣으면 다음과 같아집니다. 알파엔 0.01처럼 작은 값을 사용하며 가중치 갱신값을 감소시켜서 과잉교정을 방지한다는 점을 염두에 두시기 바랍니다.

```
weight = weight - (alpha * derivative)
```

이게 전부입니다. 이제 알파를 이번 장의 시작 부분에 있었던 작은 구현 코드 속에 넣어서 input = 2인 상태(앞에서는 제대로 동작하지 않았습니다)에서 실행해보세요.

```
weight = 0.5
goal_pred = 0.8
input = 2                    알파를 무지하게 작거나 크게 하면 어떤
alpha = 0.1  ◀──────         일이 벌어질까요? 또, 음수로 만들면 어
                             떤 일이 생길까요?
for iteration in range(20):
    pred = input * weight
    error = (pred - goal_pred) ** 2
```

```
derivative = input * (pred - goal_pred)
weight = weight - (alpha * derivative)
print("Error:" + str(error) + " Prediction:" + str(pred))
```

```
Error:0.04 Prediction:1.0
Error:0.0144 Prediction:0.92
Error:0.005184 Prediction:0.872
...
Error:1.14604719983e-09 Prediction:0.800033853319
Error:4.12576991939e-10 Prediction:0.800020311991
Error:1.48527717099e-10 Prediction:0.800012187195
```

어떤가요? 이 작은 신경망은 이제 다시 예측을 잘 할 수 있습니다. 알파에 0.1을 넣으면 문제가 해결될 거라는 걸 저는 어떻게 알았을까요? 솔직히 말하면 여러 가지 값을 시도한 끝에 찾아냈습니다. 그리고 지난 몇 년간 딥러닝이 빠른 속도로 발전했지만, 사람들은 그저 알파에 들어갈 값을 여러 가지 규모(10, 1, 0.1, 0.01, 0.001, 0.0001)로 시도해서 제일 잘 동작하는 설정을 찾아냈습니다. 물론 여러 가지 고급 기술로 알파를 찾을 수도 있지만, 지금 당장은 최적의 알파를 찾을 때까지 여러 수를 넣어보세요.

외우기

진짜 공부하는 시간입니다.

어떤 말로도 연습의 중요성을 대신할 수는 없을 겁니다. 지금부터 이야기하는 방법으로 꼭 실습해보길 권합니다. 먼저 주피터 노트북으로 혼자 코드를 작성하세요(.py 파일로 작성하는 것까지는 양보하죠). 이때 책을 보지 말고, 네, 정말 책을 덮고, 기억을 더듬으면서 코드를 입력하세요. 가능하냐고요? 이 과정이 없다면 신경망을 제대로 이해하지 못할 겁니다. 저도 그랬으니까요.

초보자는 이렇게 해야 배운 내용을 최대한 기억해내고 자기 것으로 만듭니다. 이 방법은 여러분이 이번 장에서 학습한 내용을 잘 익혔다는 걸 확인해줄 겁니다. 신경망을 이해하려면 수많은 개념을 익혀야 하므로 이렇게 하지 않으면 금세 잊어버릴 겁니다.

이 책을 끝까지 읽으려면 이 과정은 꼭 필요합니다. 이후 과정에서 4장에서 다룬 개념을 다시 자세히 설명하지는 않을 겁니다. 그렇지만, 새로운 내용을 설명하다가 '가중치 갱신값에 알파를 적용하세요'처럼 4장의 내용을 기억해야만 할 수 있는 내용이 분명 나올 겁니다. 그때 여러분은 이번 장에서 배운 내용을 바로 떠올릴 수 있어야 합니다.

이 과정은 저와 제 주변에서 신경망을 학습했던 이들에게 모두 도움이 되었습니다. 여러분도 꼭 책을 덮고 기억을 더듬어 직접 코드를 입력하고 실습하길 권합니다.

## CHAPTER 5

복수 가중치 동시에 학습하기

: 경사하강법 일반화[1]하기

- 복수 입력을 받는 경사하강법
- 가중치 한 개 동결시키기 : 이게 뭘 하는 걸까요?
- 복수 출력을 하는 경사하강법
- 복수 입력을 받고 복수 출력을 하는 경사하강법
- 가중치 시각화하기
- 내적(dot product) 시각화하기

"매뉴얼만 읽고 걸음마를 배울 순 없다. 사람은 도전과 실패를 통해 걷는 방법을 배운다."

– 리처드 브랜슨, http://mng.bz/oVgd

복수 입력을 받는 경사하강법

경사하강법은 입력이 복수로 들어와도 잘 동작합니다.

4장에서는 가중치를 갱신하기 위해 경사하강법을 사용하는 방법을 배웠습니다. 이번 장에서는 복수 가중치가 있는 신경망을 갱신할 때 사용할 수 있는 기법을 설명합니다. 어디 한번 곧장

---

1   역자주_ 머신러닝에서 일반화(Generalization)란 학습된 모델이 접하지 못했던 데이터에 대해서도 예측을 잘 해낼 수 있는 능력을 말합니다.

밑바닥으로 들어가 볼까요? 다음 다이어그램은 복수 입력을 받는 신경망이 학습하는 방식을 보여줍니다.

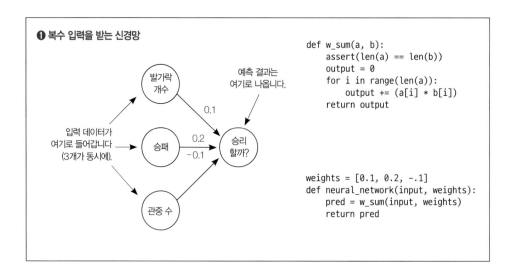

❶ 복수 입력을 받는 신경망

```
def w_sum(a, b):
    assert(len(a) == len(b))
    output = 0
    for i in range(len(a)):
        output += (a[i] * b[i])
    return output


weights = [0.1, 0.2, -.1]
def neural_network(input, weights):
    pred = w_sum(input, weights)
    return pred
```

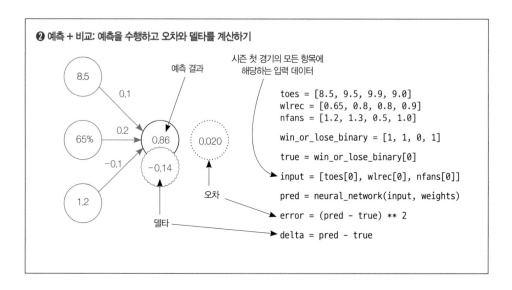

❷ 예측 + 비교: 예측을 수행하고 오차와 델타를 계산하기

```
toes = [8.5, 9.5, 9.9, 9.0]
wlrec = [0.65, 0.8, 0.8, 0.9]
nfans = [1.2, 1.3, 0.5, 1.0]

win_or_lose_binary = [1, 1, 0, 1]

true = win_or_lose_binary[0]

input = [toes[0], wlrec[0], nfans[0]]

pred = neural_network(input, weights)

error = (pred - true) ** 2

delta = pred - true
```

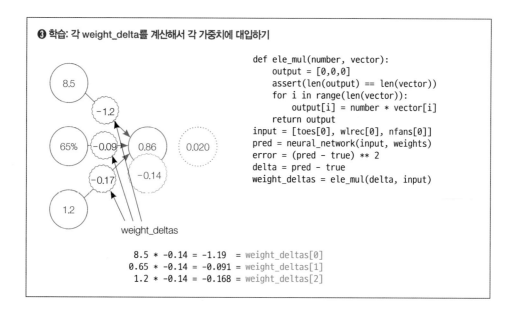

❸ 학습: 각 weight_delta를 계산해서 각 가중치에 대입하기

```
def ele_mul(number, vector):
    output = [0,0,0]
    assert(len(output) == len(vector))
    for i in range(len(vector)):
        output[i] = number * vector[i]
    return output
input = [toes[0], wlrec[0], nfans[0]]
pred = neural_network(input, weights)
error = (pred - true) ** 2
delta = pred - true
weight_deltas = ele_mul(delta, input)
```

```
8.5 * -0.14 = -1.19  = weight_deltas[0]
0.65 * -0.14 = -0.091 = weight_deltas[1]
1.2 * -0.14 = -0.168 = weight_deltas[2]
```

새로운 건 없습니다만, 천천히 살펴볼까요? 일단 각 **weight_delta**는 출력 **delta**와 **input**을 곱해서 계산합니다. 이 예제에서는 3개의 가중치가 같은 출력 노드를 공유하므로 출력 노드의 **delta** 또한 공유합니다. 한편, **input** 값에 기인하는 가중치 **delta**는 가중치마다 다릅니다. **weights**의 각 값에 동일한 **delta** 값을 곱하므로 앞서 정의한 **ele_mul** 함수를 재사용할 수 있습니다.

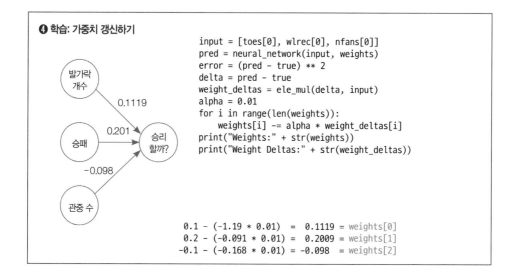

❹ 학습: 가중치 갱신하기

```
input = [toes[0], wlrec[0], nfans[0]]
pred = neural_network(input, weights)
error = (pred - true) ** 2
delta = pred - true
weight_deltas = ele_mul(delta, input)
alpha = 0.01
for i in range(len(weights)):
    weights[i] -= alpha * weight_deltas[i]
print("Weights:" + str(weights))
print("Weight Deltas:" + str(weight_deltas))
```

```
0.1 - (-1.19 * 0.01)  =  0.1119 = weights[0]
0.2 - (-0.091 * 0.01) =  0.2009 = weights[1]
-0.1 - (-0.168 * 0.01) = -0.098 = weights[2]
```

복수 입력을 받는 경사하강법 이해하기

알면 알수록 매력적인, 간단히 실행할 수 있는 기법

단일 가중치 신경망(단일 입력 경사하강법)과 비교하면 복수 입력을 받는 경사하강법이 단연 뛰어나 보입니다. 하지만 같이 그냥 이렇게 지나치기엔 아쉬운, 흥미로운 속성들이 더 있으니 이번 절에서는 이 부분을 살펴보겠습니다.

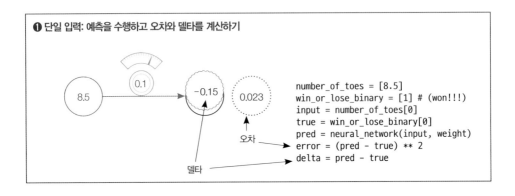

❶ 단일 입력: 예측을 수행하고 오차와 델타를 계산하기

```
number_of_toes = [8.5]
win_or_lose_binary = [1] # (won!!!)
input = number_of_toes[0]
true = win_or_lose_binary[0]
pred = neural_network(input, weight)
error = (pred - true) ** 2
delta = pred - true
```

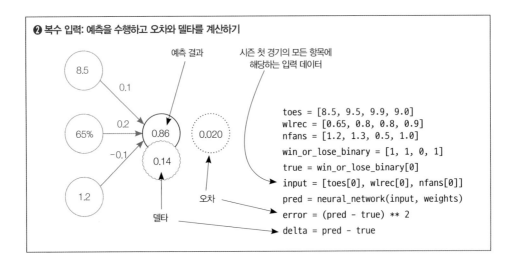

❷ 복수 입력: 예측을 수행하고 오차와 델타를 계산하기

```
toes = [8.5, 9.5, 9.9, 9.0]
wlrec = [0.65, 0.8, 0.8, 0.9]
nfans = [1.2, 1.3, 0.5, 1.0]
win_or_lose_binary = [1, 1, 0, 1]
true = win_or_lose_binary[0]
input = [toes[0], wlrec[0], nfans[0]]
pred = neural_network(input, weights)
error = (pred - true) ** 2
delta = pred - true
```

3장에서 공부했던 예측 결과의 차이를 제외하면 단일 입력이든 복수 입력이든 출력 노드부터 delta 생성까지 그 과정은 똑같습니다. 예측을 수행하고 같은 방법으로 error와 delta를 계산하지요. 하지만 weight가 하나일 땐 input 역시 하나만 (생성할 weight_delta 하나만)

있었습니다. 지금은 가중치가 3개죠. 그럼 3개의 weight_delta는 어떻게 만들어야 할까요?

(노드 상에 있는) 하나의 delta를 어떻게 3개의 weight_delta 값으로 바꿀 수 있을까요?
delta의 정의와 목적이 weight_delta와 어떻게 다른지부터 다시 생각해봅시다. delta는 노드의 값이 얼마나 달라져야 하는지를 나타내는 척도입니다. 예제에서는 노드의 값(pred)에서 희망하는 값(true) 사이의 차(pred - true)를 계산해서 delta를 구합니다. 이때 delta가 양수이면 노드의 값이 너무 크다는 뜻이고, 음수라면 너무 작다는 뜻입니다.

> **delta**
>
> 현재 주어진 학습 예제를 완벽하게 예측하기 위해 노드의 값이 얼마나 높아져야 하는지 또는 낮아져야 하는지를 나타내는 척도입니다.

반면에 weight_delta는 node_delta를 줄이기 위해 움직여야 하는 가중치의 이동 방향과 거리를 미분계수로부터 추론한 **추정치**estimate입니다. 그러면 어떻게 delta를 weight_delta로 변환할 수 있을까요? delta와 가중치의 input을 곱하면 됩니다.

> **weight_delta**
>
> 스케일링, 음의 반전, 종료를 처리하며 node_delta를 감소시키기 위해 움직여야 하는 가중치의 이동 방향과 거리에 대한 미분계수 기반 추정치입니다.

단일 가중치 관점에서 생각해보세요. 다음의 오른쪽 그림에 굵은 글꼴로 강조해놨습니다.

델타: 이봐요, '입력' 여러분! 네, 거기 세 분이요. 다음에는 조금 더 높이 예측하세요.

단일 가중치: 흠, 입력이 00이면 가중치는 전혀 문제 되지 않을 테고, 난 바꿀 게 없군(**종료**Stopping). 입력이 음수면 가중치를 증가시키는 대신 감소시키겠지(**음의 반전**negative reversal). 하지만 입력이 양수인 데다 충분히 크니까 내 개인적인 예측이 합계 출력에 영향을 많이 끼치는 것 같아. 이걸 보상하려면 내 가중치를 크게 높여야겠는걸(**스케일링**Scaling).

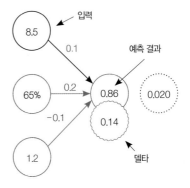

이런 과정으로 단일 가중치는 자신의 값을 증가시킵니다.

조금 전에 종료, 음의 반전, 스케일링에 관해 언급된 내용은 입력에 영향을 받는 가중치가 delta 안에서 수행하는 역할을 보여줍니다. 따라서 각 weight_delta는 입력이 수정된 버전의 delta쯤 된다고 할 수 있습니다.

다시 질문으로 돌아가보죠. 어떻게 하나의 (노드) delta를 3개의 weight_delta 값으로 바꿀 수 있을까요? 각 가중치는 delta를 공유하지만 입력은 개별적으로 받습니다. 따라서 각 가중치의 input에 delta를 곱한 값을 사용하면 저마다의 weight_delta를 얻게 됩니다. 이 과정이 동작하는 모습을 관찰해보죠.

단일 입력 아키텍처와 새로운 복수 입력 아키텍처에 대해 weight_delta 변수를 생성하는 모습을 다음 그림에서 관찰할 수 있습니다. 각 그림 밑바닥에 있는 의사코드를 보면 이해에 도움이 될 겁니다. 복수 가중치 버전은 delta(0.14)에 모든 입력을 곱해서 다양한 weight_delta를 만든다는 점에 주목하세요. 어려울 것 없습니다.

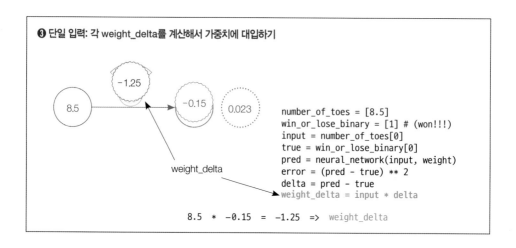

❸ 단일 입력: 각 weight_delta를 계산해서 가중치에 대입하기

```
number_of_toes = [8.5]
win_or_lose_binary = [1] # (won!!!)
input = number_of_toes[0]
true = win_or_lose_binary[0]
pred = neural_network(input, weight)
error = (pred - true) ** 2
delta = pred - true
weight_delta = input * delta
```

weight_delta

8.5 * -0.15 = -1.25 => weight_delta

❹ 복수 입력: 각 weight_delta를 계산해서 각 가중치에 대입하기

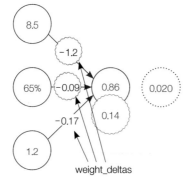

```
def ele_mul(number, vector):
    output = [0,0,0]
    assert(len(output) == len(vector))
    for i in range(len(vector)):
        output[i] = number * vector[i]
    return output
input = [toes[0], wlrec[0], nfans[0]]
pred = neural_network(input, weights)
error = (pred - true) ** 2
delta = pred - true
weight_deltas = ele_mul(delta, input)
```

```
8.5  * 0.14 = -1.2   => weight_deltas[0]
0.65 * 0.14 = -0.09  => weight_deltas[1]
1.2  * 0.14 = -0.17  => weight_deltas[2]
```

❺ 가중치 갱신하기

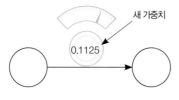

새 가중치

```
number_of_toes = [8.5]
win_or_lose_binary = [1] # (won!!!)
input = number_of_toes[0]
true = win_or_lose_binary[0]
pred = neural_network(input, weight)
error = (pred - true) ** 2
delta = pred - true
weight_delta = input * delta
alpha = 0.01  ◀━━━━━━━ 학습 전에 고정시킵니다.
weight -= weight_delta * alpha
```

가중치를 갱신에 사용하기에 앞서 작은 수 alpha를 weight_delta에 곱합니다. 이렇게 하면 신경망이 학습하는 속도를 제어할 수 있습니다. 신경망이 너무 빨리 학습하면 가중치를 공격적으로 갱신해서 초과 예측(overshoot)을 할 수도 있습니다. 온냉 학습에서와 같은 양(소규모 상승)으로 가중치 갱신이 이루어졌다는 점도 눈여겨보세요.

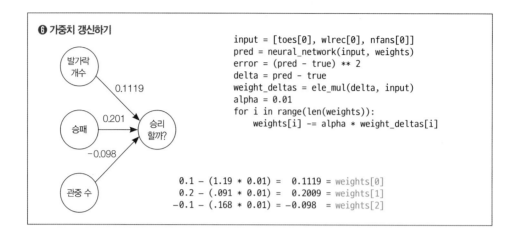

❻ 가중치 갱신하기

발가락 개수
0.1119

승패
0.201

승리 할까?

-0.098

관중 수

```
input = [toes[0], wlrec[0], nfans[0]]
pred = neural_network(input, weights)
error = (pred - true) ** 2
delta = pred - true
weight_deltas = ele_mul(delta, input)
alpha = 0.01
for i in range(len(weights)):
    weights[i] -= alpha * weight_deltas[i]
```

```
0.1 - (1.19 * 0.01) =  0.1119 = weights[0]
0.2 - (.091 * 0.01) =  0.2009 = weights[1]
-0.1 - (.168 * 0.01) = -0.098 = weights[2]
```

마지막 단계는 단일 입력 신경망과 거의 똑같습니다. 일단 **weight_delta** 값을 확보하고 나면 여기에 **alpha**를 곱한 뒤 가중치와의 차를 구합니다. 단일 가중치가 아닌 복수 가중치에 걸쳐 반복된다는 점만 빼면 단일 입력 신경망과 같은 과정을 거칩니다.

학습의 각 단계를 관찰해보세요

```python
def neural_network(input, weights):
    out = 0
    for i in range(len(input)):
        out += (input[i] * weights[i])
    return out

def ele_mul(scalar, vector):
    out = [0,0,0]
    for i in range(len(out)):
        out[i] = vector[i] * scalar
    return out

toes = [8.5, 9.5, 9.9, 9.0]
wlrec = [0.65, 0.8, 0.8, 0.9]
nfans = [1.2, 1.3, 0.5, 1.0]

win_or_lose_binary = [1, 1, 0, 1]
true = win_or_lose_binary[0]
```

```
alpha = 0.01
weights = [0.1, 0.2, -.1]
input = [toes[0], wlrec[0], nfans[0]]

for iter in range(3):
    pred = neural_network(input,weights)

    error = (pred - true) ** 2
    delta = pred - true

    weight_deltas=ele_mul(delta,input)

    print("Iteration:" + str(iter+1))
    print("Pred:" + str(pred))
    print("Error:" + str(error))
    print("Delta:" + str(delta))
    print("Weights:" + str(weights))
    print("Weight_Deltas:")
    print(str(weight_deltas))
    print(
    )

    for i in range(len(weights)):
        weights[i] -= alpha * weight_deltas[i]
```

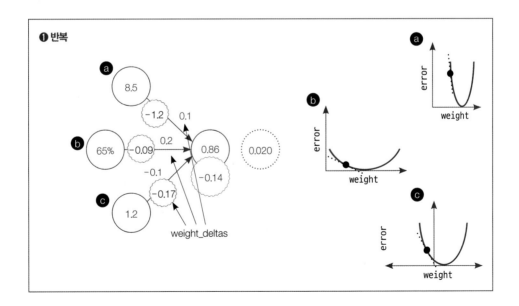

이제 각 가중치마다 하나씩 3개의 오차/가중치 곡선을 만들 수 있습니다. 예전처럼 곡선의 기울기(점선)는 `weight_delta` 값을 나타냅니다. 곡선 ❶가 다른 2개보다 더 가파르다는 점에 주목하세요. 똑같은 출력 `delta`와 `error` 측정치를 공유하는데도 왜 ❶의 `weight_delta`가 더 가파를까요? 이유는 `input`의 차이입니다. ❶의 `input` 값이 매우 커서 ❷와 ❸보다 큰 미분계수를 취했기 때문입니다.

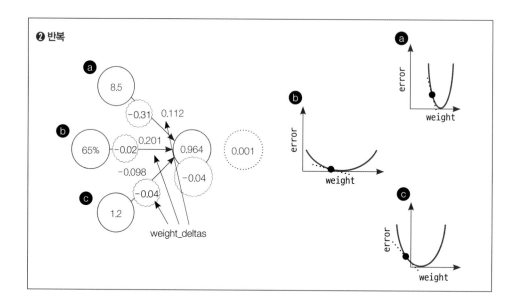

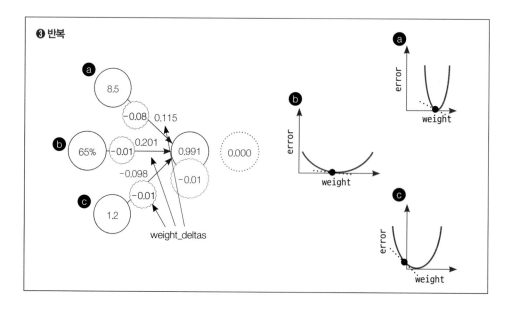

염두에 둬야 할 점이 몇 가지 더 있습니다. 입력이 기울기를 크게 수정하기 때문에, 가중치를 수정하는 학습은 대부분 가장 큰 입력 ⓐ를 받아들이는 가중치에 대해서만 이루어집니다. 이런 현상이 학습에 도움만 되는 것은 아닙니다. **정규화**normalization는 이와 같은 데이터셋의 한계를 극복하고 모든 가중치에 대해 학습이 이루어지도록 도와줍니다. 기울기에서 차이가 크게 벌어졌으므로 원래 고려했던 것보다 alpha를 더 낮게(0.1 대신 0.01로) 설정해야만 했습니다. 코드에서 alpha를 0.1로 바꿔 시도해보세요. ⓐ가 어떻게 발산하는지 보이나요?

가중치 한 개 동결시키기

이게 뭘 하는 건가요?

이론으로만 봤을 때는 이 실험을 이해하기 어렵겠지만 각 가중치가 서로에게 어떤 영향을 미치는지를 이해할 수 있는 훌륭한 연습입니다. ⓐ를 수정하지 않은 채로 학습을 진행하세요. 가중치 ⓑ와 ⓒ(weights[1]와 weights[2])만을 활용해서 학습해보겠습니다.

```python
def neural_network(input, weights):
    out = 0
    for i in range(len(input)):
        out += (input[i] * weights[i])
    return out

def ele_mul(scalar, vector):
    out = [0,0,0]
    for i in range(len(out)):
        out[i] = vector[i] * scalar
    return out

toes = [8.5, 9.5, 9.9, 9.0]
wlrec = [0.65, 0.8, 0.8, 0.9]
nfans = [1.2, 1.3, 0.5, 1.0]

win_or_lose_binary = [1, 1, 0, 1]
true = win_or_lose_binary[0]

alpha = 0.3
weights = [0.1, 0.2, -.1]
input = [toes[0], wlrec[0], nfans[0]]
```

```
for iter in range(3):
    pred = neural_network(input, weights)

    error = (pred - true) ** 2
    delta = pred - true

    weight_deltas=ele_mul(delta, input)
    weight_deltas[0] = 0

    print("Iteration:" + str(iter+1))
    print("Pred:" + str(pred))
    print("Error:" + str(error))
    print("Delta:" + str(delta))
    print("Weights:" + str(weights))
    print("Weight_Deltas:")
    print(str(weight_deltas))
    print(
    )

    for i in range(len(weights)):
        weights[i] -= alpha * weight_deltas[i]
```

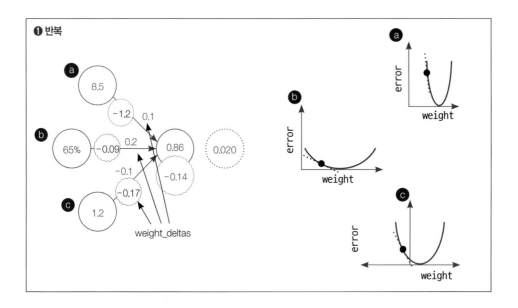

여전히 ⓐ가 곡선을 그리며 접점을 찾아낸다는 사실이 놀랍지 않나요? 어떻게 이럴 수 있을까요? 자, 이 곡선들은 전역 오차에 대해 상대적인 개별 가중치의 척도입니다. error가 전역에 공유되기 때문에, 한 가중치가 그릇의 바닥을 발견하면 나머지 가중치들도 바닥을 찾을 수 있습니다.

이건 정말 중요한 발견입니다. 먼저, ⓑ와 ⓒ 가중치를 이용해서 수렴한 다음(error = 0에 도달) ⓐ를 학습하려고 한다면, ⓐ는 움직이지 않을 겁니다. 왜냐고요? error = 0은 weight_delta가 0이라는 사실을 의미하기 때문입니다. 우리는 여기에서 신경망의 잠재적 유해 속성을 볼 수 있습니다. ⓐ가 막강한 예측 능력을 가진 강력한 입력일지 몰라도, 신경망이 어쩌다가 ⓐ없이도 학습 데이터상에서 정확하게 예측하는 방법을 찾아내기라도 하면 신경망은 ⓐ를 이용해서 예측하는 방법을 절대 배우지 않게 될 겁니다.

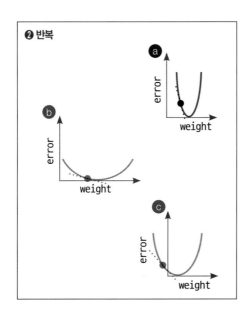

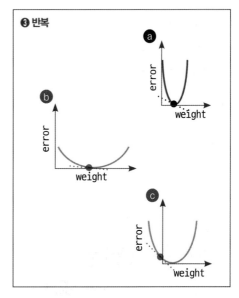

ⓐ가 곡선의 접점을 찾는 방법도 눈여겨봐야 합니다. 검은 점을 움직이는 대신, 곡선이 왼쪽으로 움직이는 것처럼 보이는군요. 이 현상이 의미하는 바는 무엇일까요? 검은 점은 가중치가 갱신될 때에만 수평을 따라 이동할 수 있습니다. 이 실험에서 ⓐ에 대한 가중치는 동결되었기 때문에 검은 점은 고정되어 있어야 합니다. 하지만 error는 분명히 0을 향해 나아갑니다.

이러한 사실들은 이들 그래프가 실제로 무엇을 의미하는지 알려줍니다. 사실, 이들은 4차원 도형의 2차원 단면입니다. 차원 3개는 가중치 값이고, 네 번째 차원은 오차입니다. 이 도형을 **오차 평면**error plane이라고 부르며, (믿거나 말거나) 이 평면의 곡률은 학습 데이터가 결정합니다. 왜 그럴까요?

error는 학습 데이터가 결정합니다. 모든 신경망은 아무 weight 값이나 가질 수 있지만, 특정 가중치 형상이 주어졌을 때의 error 값은 데이터가 100% 결정합니다. 우리는 이미 여러 차례 입력 데이터가 U자의 가파르기에 영향을 주는 모습을 보았습니다. 우리가 신경망을 통해 궁극적으로 하고자 하는 것은 커다란 오차 평면에서 가장 낮은 점을 찾는 것입니다. 가장 낮은 점은 곧 가장 낮은 error를 나타내니까요. 재밌죠? 이 부분은 나중에 다시 한번 살펴볼 겁니다. 지금 당장은 잘 접어서 보관해두세요.

복수 출력을 하는 경사하강법

신경망은 단일 입력만 받아도 복수 예측을 할 수 있습니다.

어찌 보면 이번 절은 조금 뻔합니다. 각 delta를 같은 방식으로 계산해서 같은 값, 즉 단일 입력과 곱합니다. 이 결과는 가중치의 weight_delta입니다. 이쯤에서 굉장히 다양한 아키텍처가 이 단순한 한 가지 원리(확률적 경사하강법)를 학습에 일관되게 사용한다는 점을 기억하기 바랍니다.

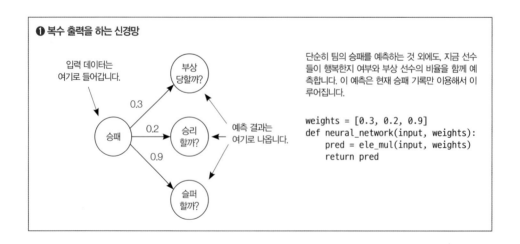

❶ 복수 출력을 하는 신경망

입력 데이터는
여기로 들어갑니다.

부상
당할까?

0.3

승패

0.2

승리
할까?

0.9

예측 결과는
여기로 나옵니다.

슬퍼
할까?

단순히 팀의 승패를 예측하는 것 외에도, 지금 선수들이 행복한지 여부와 부상 선수의 비율을 함께 예측합니다. 이 예측은 현재 승패 기록만 이용해서 이루어집니다.

```
weights = [0.3, 0.2, 0.9]
def neural_network(input, weights):
    pred = ele_mul(input, weights)
    return pred
```

❷ 예측: 예측을 수행하고 오차와 델타를 계산하기

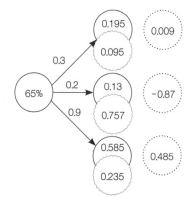

```
wlrec = [0.65, 1.0, 1.0, 0.9]

hurt = [0.1, 0.0, 0.0, 0.1]
win  = [  1,   1,   0,   1]
sad  = [0.1, 0.0, 0.1, 0.2]

input = wlrec[0]
true = [hurt[0], win[0], sad[0]]

pred = neural_network(input, weights)

error = [0, 0, 0]
delta = [0, 0, 0]

for i in range(len(true)):
    error[i] = (pred[i] - true[i]) ** 2
    delta[i] = pred[i] - true[i]
```

❸ 비교: 각 weight_delta를 계산해서 각 가중치에 대입하기

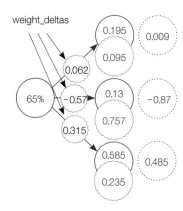

weight_deltas

```
def scalar_ele_mul(number, vector):
    output = [0,0,0]
    assert(len(output) == len(vector))

    for i in range(len(vector)):
        output[i] = number * vector[i]

    return output

wlrec = [0.65, 1.0, 1.0, 0.9]
hurt = [0.1, 0.0, 0.0, 0.1]
win = [ 1, 1, 0, 1]
sad = [0.1, 0.0, 0.1, 0.2]

input = wlrec[0]
true = [hurt[0], win[0], sad[0]]

pred = neural_network(input, weights)
error = [0, 0, 0]
delta = [0, 0, 0]

for i in range(len(true)):
    error[i] = (pred[i] - true[i]) ** 2
    delta[i] = pred[i] - true[i]

weight_deltas = scalar_ele_mul(input, weights)
```

앞에서처럼 각 weight_delta는 각 가중치에 대한 입력 노드 값과 출력 노드 delta를 곱해 계산합니다. 이 예제에서 각 weight_delta는 입력 노드를 공유하며 고유한 출력 노드(delta)를 가집니다. ele_mul 함수를 재사용할 수 있다는 사실도 유념하세요.

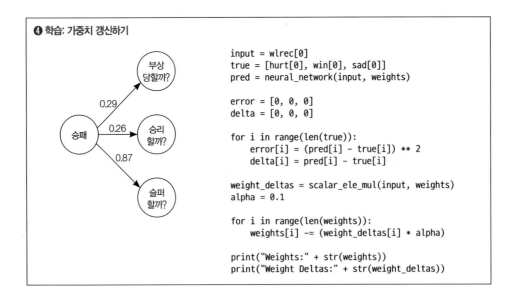

❹ 학습: 가중치 갱신하기

```
input = wlrec[0]
true = [hurt[0], win[0], sad[0]]
pred = neural_network(input, weights)

error = [0, 0, 0]
delta = [0, 0, 0]

for i in range(len(true)):
    error[i] = (pred[i] - true[i]) ** 2
    delta[i] = pred[i] - true[i]

weight_deltas = scalar_ele_mul(input, weights)
alpha = 0.1

for i in range(len(weights)):
    weights[i] -= (weight_deltas[i] * alpha)

print("Weights:" + str(weights))
print("Weight Deltas:" + str(weight_deltas))
```

복수 입력을 받아 복수 출력을 하는 경사하강법

경사하강법은 대형 신경망에 대해서도 일반화할 수 있습니다.

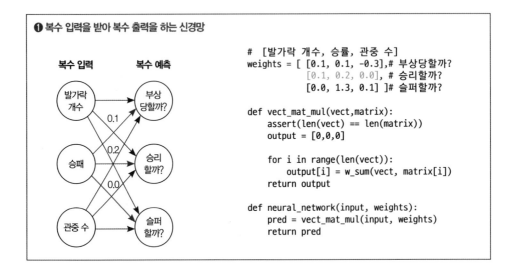

❶ 복수 입력을 받아 복수 출력을 하는 신경망

```
# [발가락 개수, 승률, 관중 수]
weights = [ [0.1, 0.1, -0.3],# 부상당할까?
            [0.1, 0.2, 0.0], # 승리할까?
            [0.0, 1.3, 0.1] ]# 슬퍼할까?

def vect_mat_mul(vect,matrix):
    assert(len(vect) == len(matrix))
    output = [0,0,0]

    for i in range(len(vect)):
        output[i] = w_sum(vect, matrix[i])
    return output

def neural_network(input, weights):
    pred = vect_mat_mul(input, weights)
    return pred
```

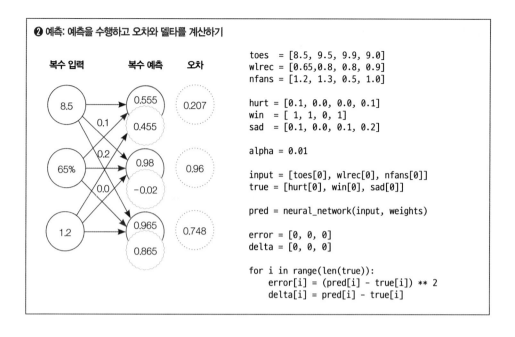

❷ 예측: 예측을 수행하고 오차와 델타를 계산하기

복수 입력　　복수 예측　　오차

```
toes  = [8.5, 9.5, 9.9, 9.0]
wlrec = [0.65,0.8, 0.8, 0.9]
nfans = [1.2, 1.3, 0.5, 1.0]

hurt = [0.1, 0.0, 0.0, 0.1]
win  = [ 1, 1, 0, 1]
sad  = [0.1, 0.0, 0.1, 0.2]

alpha = 0.01

input = [toes[0], wlrec[0], nfans[0]]
true = [hurt[0], win[0], sad[0]]

pred = neural_network(input, weights)

error = [0, 0, 0]
delta = [0, 0, 0]

for i in range(len(true)):
    error[i] = (pred[i] - true[i]) ** 2
    delta[i] = pred[i] - true[i]
```

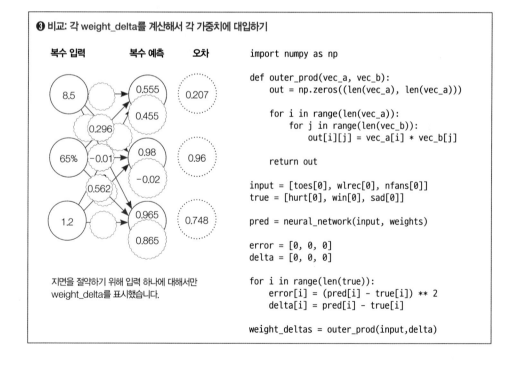

❸ 비교: 각 weight_delta를 계산해서 각 가중치에 대입하기

복수 입력　　복수 예측　　오차

지면을 절약하기 위해 입력 하나에 대해서만
weight_delta를 표시했습니다.

```
import numpy as np

def outer_prod(vec_a, vec_b):
    out = np.zeros((len(vec_a), len(vec_a)))

    for i in range(len(vec_a)):
        for j in range(len(vec_b)):
            out[i][j] = vec_a[i] * vec_b[j]

    return out

input = [toes[0], wlrec[0], nfans[0]]
true = [hurt[0], win[0], sad[0]]

pred = neural_network(input, weights)

error = [0, 0, 0]
delta = [0, 0, 0]

for i in range(len(true)):
    error[i] = (pred[i] - true[i]) ** 2
    delta[i] = pred[i] - true[i]

weight_deltas = outer_prod(input,delta)
```

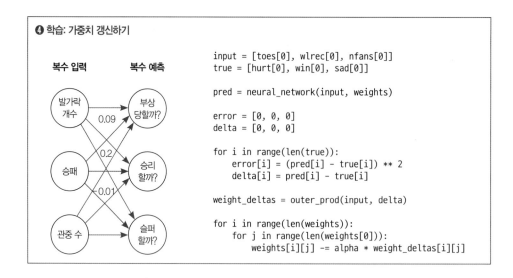

❹ 학습: 가중치 갱신하기

복수 입력 복수 예측

발가락 개수 → 부상 당할까? 0.09

승패 → 승리 할까? 0.2

관중 수 → 슬퍼 할까? 0.01

```
input = [toes[0], wlrec[0], nfans[0]]
true = [hurt[0], win[0], sad[0]]

pred = neural_network(input, weights)

error = [0, 0, 0]
delta = [0, 0, 0]

for i in range(len(true)):
    error[i] = (pred[i] - true[i]) ** 2
    delta[i] = pred[i] - true[i]

weight_deltas = outer_prod(input, delta)

for i in range(len(weights)):
    for j in range(len(weights[0])):
        weights[i][j] -= alpha * weight_deltas[i][j]
```

가중치가 학습하는 것은 무엇일까요?

개별 가중치는 오차 감소를 추구합니다. 그런데 전체 가중치는 무엇을 학습하는 거죠?

축하합니다! 여러분은 방금 첫 현실 세계 데이터셋으로 발걸음을 내딛는 역사적 순간을 맞이했습니다. 우연히도 이 데이터셋은 그 자체로도 큰 역사적 의미를 지닙니다.

이 데이터셋은 미국 통계국 직원과 고등학생들의 손글씨 숫자로 만든 MNIST[Modified National Institute of Standards and Technology] 데이터셋이라고 합니다. 흥미로운 부분은 이 손글씨 숫자가 흑백 이미지라는 점입니다. 각 이미지에 쓰인 숫자들은 0에서 9까지의 값을 가지는데요, 수십 년간 사람들은 이 데이터셋을 이용해서 신경망이 이 손글씨를 읽을 수 있도록 컴퓨터를 학습시켜왔습니다. 이제 곧 여러분도 같은 작업을 할 겁니다.

각 이미지의 크기는 고작 784픽셀(28×28)에 불과합니다. 784 픽셀을 입력으로 받고 열 가지 레이블을 출력한다고 할 때, 여러분은 이 과업을 수행할 신경망의 모양을 가늠할 수 있을 겁니다. 각 학습 예제는 784가지 값(한 픽셀당 1개)을 가지므로 신경망은 반드시 784개 입력값을 받아들여야 합니다. 간단하지 않나요? 그저 각 학습 예제 안에 있는 데이터 요소의 수를 반영할 수 있도록 입력 노드의 숫자를 조정하기만 하면 됩니다. 예측을 할 때는 각 숫자별로 하나씩, 열 가지 **확률**을 출력해야겠죠? 신경망은 주어진 입력 이미지에 대해 열 가지 확률을 출력하며 그림에 나타나 있는 형상이 어떤 숫자에 가까운지를 보여줄 겁니다.

신경망을 어떻게 구성해야 확률을 열 가지로 출력할 수 있을까요? 앞 절에서 설명했던 동시에 복수 입력을 받고 이 입력에 근거해서 복수 예측을 수행하는 신경망 다이어그램을 기억해보세요. 새 MNIST 작업을 위한 신경망이 정확한 입력 개수와 출력 개수를 가질 수 있도록 앞서 배운 코드를 수정해야겠죠? 784개 값을 입력받아 10개를 출력하도록 신경망을 조정합시다.

예제 소스 코드의 MNISTPreprocessor 노트북에는 MNIST 데이터셋을 전처리preprocess한 다음, 첫 1,000개 이미지를 읽어 들여 images와 labels이라는 이름을 가진 두 NumPy 행렬에 레이블링하는 스크립트가 하나 있습니다. 이 시점에서 이런 질문이 올라올 법합니다. "이미지는 2차원이잖아. 어떻게 (28 × 28) 픽셀을 평평한 신경망 안으로 읽어 들일 수 있는 거지?" 답은 간단합니다. 이미지를 1 × 784 크기를 가진 벡터로 평탄화하면 되거든요. 평탄화는 픽셀에서 첫 번째 행을 취해서 두 번째 행과 이어 붙이고, 또다시 첫 행을 취해서 그다음 행과 이어 붙이는 식으로 이미지당 1개의 픽셀 리스트(784픽셀)가 만들어질 때까지 반복함으로써 이루어집니다.

오른쪽 다이어그램은 새로운 MNIST 분류 신경망을 나타냅니다. 이 신경망은 여러분이 앞에서 학습시켰던 복수 입력을 받아 복수 출력을 하는 신경망과 유사합니다. 이전 신경망과 새 신경망이 유일하게 다른 점은 엄청나게 늘어난 입력과 출력의 개수뿐입니다. 이 신경망은 입력을 784개 (각 입력은 28 × 28 이미지 내의 각 픽셀에 해당) 받고 10개를 (각 출력은 이미지가 표현 가능한 10개 숫자) 출력합니다.

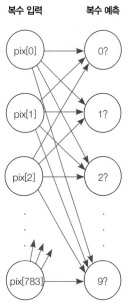

만약 이 신경망이 완벽하게 예측할 수 있다면, 이미지의 픽셀(예를 들면 다음 그림에서와 같이 '2')을 취해서 올바른 출력 위치(세 번째)에 1.0을 예측하고 나머지 위치에는 0을 예측할 겁니다. 이렇게 신경망이 모든 이미지에 대해 정확하게 예측을 수행할 수만 있다면 어떤 오차도 발생하지 않을 겁니다.

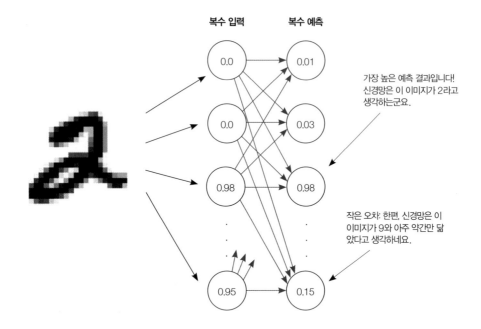

신경망은 학습 과정에서 입력 노드와 예측 노드 사이의 가중치를 조정해서 오차가 0을 향해 떨어지도록 합니다. 그런데 말이죠, 그래서 뭐가 어떻다는 걸까요? 패턴을 학습하기 위해 가중치 뭉치를 수정하는 것이 전체적으로는 어떤 의미를 가지는 걸까요?

가중치 시각화하기

신경망 연구에서, 특히 이미지 분류에서 가중치를 이미지처럼 시각화하는 실험은 흥미롭고 직관적입니다. 다음 다이어그램을 보면 그 이유를 알 수 있습니다.

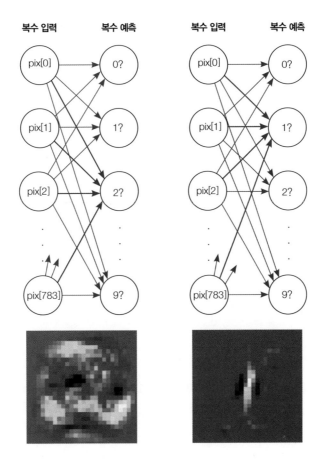

각 출력 노드는 모든 픽셀로부터 유입되는 가중치를 가집니다. 예를 들면 이 다이어그램에서 2? 노드는 입력 가중치를 784개 가지며, 각 가중치는 픽셀 하나와 숫자 2 사이의 관계를 매핑합니다.

그런데 여기서 말하는 관계는 무엇일까요? 가중치가 높다는 것은 이 모델이 해당 픽셀과 숫자 2 사이에 높은 **연관도**correlation가 있다는 사실을 나타냅니다. 가중치가 매우 낮다면(부정적), 그것은 신경망이 해당 픽셀과 숫자 2 사이에는 매우 낮은 상관관계만(설사 부정적인 상관관계라 하더라도) 있는 상황이라 할 수 있습니다.

가중치를 취해서 그 내용을 입력 데이터셋 이미지와 같은 형상shape의 이미지로 출력해보면 특정 출력 노드와 높은 연관도를 보이는 픽셀을 발견할 수 있습니다. 이 예제에서 2와 1에 대한 가중치를 이용해서 각각 생성한 두 이미지 위에 2와 1이 아주 흐릿하게 나타나 있음을 볼 수 있습니다. 밝은 부분은 높은 가중치, 어두운 부분은 음의 가중치를 나타냅니다. 중간색은 가중치 행렬 안의 0을 나타냅니다. 이렇듯 신경망은 2와 1의 모양을 대략 알고 있습니다.

신경망은 왜 이렇게 동작하는 걸까요? 이 질문은 내적^{dot product} 수업으로 우리를 다시 이끕니다. 내적을 다시 살펴보겠습니다.

내적(가중합) 시각화하기

내적이 어떻게 동작하는지 떠올려보세요. 내적은 두 벡터를 취한 다음 (요소별로) 서로 곱하고 그 결과를 모두 더합니다. 다음 예제를 보시죠.

```
a = [ 0, 1, 0, 1]
b = [ 1, 0, 1, 0]

    [ 0, 0, 0, 0] -> 0  ◄──────── 점수
```

먼저 a와 b 안에 있는 각 요소를 서로 곱해보세요. 그러면 0으로 이루어진 벡터가 만들어집니다. 왜냐고요? a 벡터와 b 벡터는 서로 공통점이 없거든요.

```
c = [ 0, 1, 1, 0]          b = [ 1, 0, 1, 0]
d = [.5, 0,.5, 0]          c = [ 0, 1, 1, 0]
```

하지만 c와 d 사이의 내적은 더 높은 점수를 만들어냅니다. 두 벡터에서 양수가 있는 열이 포개지니까요. 동일한 두 벡터 사이의 내적을 계산하는 경우에도 높은 점수가 나오는 경향이 있습니다. 말하고자 하는 것은 **내적은 두 벡터가 얼마나 유사한지를 나타내는 느슨한 척도**라는 점입니다.

자, 그럼 가중치와 입력에 대해 내적은 어떤 의미를 가질까요? 2에 대해 weight(가중치) 벡터와 input(입력) 벡터가 유사하다면 내적은 높은 점수를 출력할 겁니다. 반대로, 2에 대해 weight 벡터와 input 벡터가 유사하지 않다면, 낮은 점수를 출력할 겁니다. 다음 그림은 내적이 실행되는 과정을 보여줍니다. 최고 점수(0.98)가 낮은 점수(0.01)보다 높은 이유가 뭘까요?

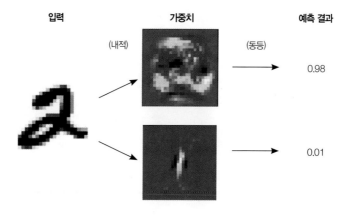

입력	가중치	예측 결과

(내적)   (동등)

0.98

0.01

요약

경사하강법은 일반화 학습 알고리즘입니다.

이번 장에서 가장 중요한 함의는 아마도 경사하강법이 매우 유연한 학습 알고리즘이라는 점일 것입니다. 오차 함수와 `delta`를 계산하는 방식으로 가중치를 결합한다면, 경사하강법은 오차가 감소하도록 가중치를 이동시키는 방법을 보여줄 겁니다. 우리는 이 책의 나머지 부분에서 경사하강법이 유용하게 사용되는 가중치 결합과 오차 함수의 여러 가지 유형을 살펴볼 겁니다. 물론 6장도 예외는 아닙니다.

## CHAPTER 6

첫 심층 신경망 만들기

: 역전파를 소개합니다

- 신호등 문제
- 행렬과 행렬 관계
- 완전(Full), 배치(Batch), 확률적(Stochastic) 경사하강법
- 상관관계를 학습하는 신경망
- 오버피팅(Overfitting)
- 나만의 상관관계 생성하기
- 역전파 : 장거리 오차 귀착
- 선형 vs 비선형
- 간헐적 상관관계의 비밀(The secret to sometimes correlation)
- 나의 첫 심층 신경망
- 코드로 보는 역전파 : 총복습

"깊은 생각 컴퓨터야! 네가 수행하도록 디자인된 임무는 이것이다. 우리는 네가 우리에게 말해줬으면 한다…" 그가 말을 멈췄다가 계속했다. "그 해답을!"

– 더글러스 애덤스, 『은하수를 여행하는 히치하이커를 위한 안내서』 중

신호등 문제

이 가상의 문제를 통해 신경망이 전체 데이터셋을 학습하는 방법을 고찰합니다.

외국에서 길모퉁이로 다가서는 여러분을 상상해보세요. 모퉁이로 다가서면, 여러분이 그동안 알고 있던 모습이 아닌 신호등이 거리에 걸려 있다는 것을 깨닫게 될 겁니다. 이 경우, 어느 신호에 길을 건너야 안전한지를 어떻게 알 수 있을까요?

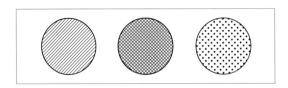

평소 다니던 길목의 신호등이라면 언제 길을 건너도 되는지를 바로 알 수 있습니다. 하지만 외국에 나와 처음 본 신호등이라면 언제 건너야 하는지 파악하기 힘들 겁니다. 어떤 신호 조합이 **보행 신호**이며, 어떤 조합이 **정지 신호**를 나타내는 걸까요? 보통은 지나가는 사람을 따라 건너거나, 길목에서 잠시 지나가는 사람들을 관찰한 다음 그들의 행동(건너는지 기다리는지)과 신호등 사이의 관계를 파악할 겁니다. 그렇게 파악한 패턴 중 하나가 다음 그림이라고 합시다.

정지

좋습니다. 이 첫 번째 신호에서는 아무도 건너지 않았습니다. 이때 이런 생각을 할 수 있겠죠. '이 패턴은 여러 가지로 해석되겠는데. 왼쪽이나 오른쪽 전구가 정지와 관련이 있거나, 아니면 가운데 전구가 보행과 관련이 있을 수도...' 아쉽지만 이것만으로는 알 방법이 없습니다. 다른 데이터를 살펴보죠.

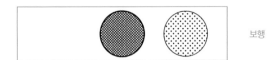

보행

이번엔 사람들이 건너갔습니다. 왼쪽 전구는 꺼졌고, 가운데 전구에 불이 들어왔습니다. 어떤 전구의 변화가 신호를 바꾼 거죠? 지금까지 확실한 사실은 오른쪽 전구는 정지나 보행 신호 중 어느 쪽에도 영향을 주지 않는다는 점입니다. 어쩌면 아무 의미 없는 전구일 수도 있겠죠. 다른 데이터를 더 수집해보겠습니다.

정지

이제 한 걸음 나아갔습니다. 이번엔 앞에서 가운데 전구만 불이 바뀌었고(꺼짐), 이로 인해 정반대의 패턴이 생겼습니다. 여기까지 데이터로 '**가운데** 전구에 불이 들어오면 길을 건너기에 안전하다'라고 잠정적 결론을 낼 수 있습니다. 다음 그림은 조금 더 기다리면서 사람들이 길을 건너거나 멈출 때마다 신호 패턴을 기록한 내용입니다. 이제 전체적인 패턴이 보이나요?

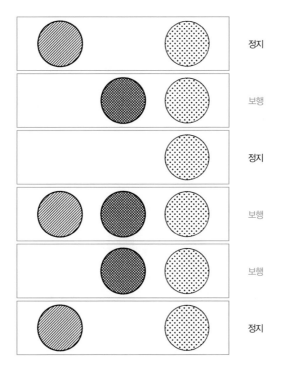

정지

보행

정지

보행

보행

정지

앞서 세운 가설처럼, 가운데 전구와 보행 가능 여부 사이에는 **완벽한 상관관계**가 존재합니다. 지금까지 우리는 개별 데이터의 전수 관측과 **상관관계 탐색**을 통해 이 패턴을 학습했습니다. 이것이 바로 신경망 학습을 통해서 하고자 하는 일입니다.

데이터 준비하기

신경망은 신호등을 읽지 못합니다.

우리는 앞서 지도 학습 알고리즘을 공부했습니다. 지도 학습이 데이터셋을 취해서 다른 데이터셋으로 변환할 수 있다는 사실을 배웠죠. 더 중요한 점은, 지도 학습은 **알고 있는** 데이터셋을 취해서 **알고자 하는** 데이터셋으로 변환할 수 있다는 겁니다.

지도 학습 신경망은 어떻게 학습하나요? 두 가지 데이터셋을 신경망의 손에 쥐여 주고 한쪽 데이터셋을 다른 데이터셋으로 변환하는 방법을 알아내라고 시킵니다. 신호등 문제로 돌아가서, 신호등 데이터셋에서 알고 있는 데이터셋과 알아내고자 하는 데이터셋을 구별할 수 있나요?

분명 두 가지 데이터셋이 모두 있습니다. 한쪽에는 신호등 상태 6개, 다른 쪽에는 사람들이 길을 건넜는지를 관찰한 결과 6개가 있습니다. 이들이 바로 두 데이터셋입니다. 다시 말하지만, **알고 있는** 데이터셋으로부터 **알고자 하는** 데이터셋으로 변환하도록 신경망을 학습시킬 수 있습니다. 이제 특정 시점의 신호등 상태를 이용해서 길을 건너도 안전한지를 알아보죠.

신경망은 이 데이터셋을 '알고 있는 것'과 '알고자 하는 것'으로 나눠야 사용할 수 있습니다. 참고로, 어떤 데이터셋(신호등과 정지−보행 여부)이 어떤 그룹(알고 있는 것과 알고자 하는 것)에 속하는지를 바꾸기만 하면 역방향으로도 학습이 가능합니다. 모두는 아니지만, 몇몇 문제는 이런 방법이 통합니다.

행렬과 행렬 관계

신호등을 수학적으로 표현하세요.

당연하게도 수학은 신호등을 그대로 이해할 수는 없습니다. 지금까지 해 왔듯이 신경망이 신호등 패턴을 정지−보행 패턴으로 정확히 번역하도록 가르쳐야 합니다. **패턴**에 집중합시다. 우리가 진짜 할 일은 신호등 패턴을 숫자의 형태로 모사하는 것입니다. 다음을 보면 무엇을 해야 하는지 이해할 수 있을 거예요.

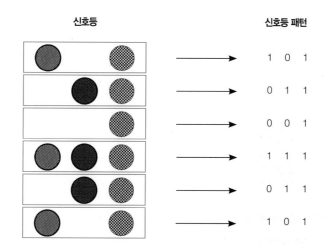

여기에서 숫자 패턴은 신호등의 패턴을 0과 1의 형태로 모사합니다. 각 열은 각 전구에 해당합니다. 전구가 3개 있으므로 열 역시 3개입니다. 그리고 6개의 행이 각기 다른 6개의 신호등 관찰 결과를 나타냅니다.

1과 0으로 이루어진 이 구조를 일컬어 **행렬**이라고 합니다. 행과 열 사이의 이 관계는 행렬, 특히 데이터(예: 신호등)로 이루어진 행렬에서 흔합니다.

데이터 행렬에서는 각 **기록 샘플**에 개별 **행**을 부여하는 것이 관례입니다. 각 **기록 항목**에 개별 **열**을 부여하는 것 또한 관례이고요. 이러한 관례를 이해하면 행렬 읽기가 한결 쉬워집니다.

기록샘플행1   – 개별열1 개별열2 개별열3

기록샘플행2   – 개별열1 개별열2 개별열3

기록샘플행3   – 개별열1 개별열2 개별열3

......

각 열은 기록된 항목의 모든 상태를 담습니다. 이 예에서는 한 열이 특정 전구에 대해 기록한 모든 On/Off 상태를 담았습니다. 각 행은 특정 순간에 대한 모든 전구의 동시 상태를 담고요. 다시 말하지만, 보통 데이터는 이렇게 행렬로 표현합니다.

우수한 데이터 행렬은 외부 세계를 완벽히 모사합니다.

물론 데이터 행렬을 1과 0으로만 표현하는 것은 아닙니다. 신호등에 밝기 조절 장치가 있어서 밝기를 제어할 수 있다면 데이터를 어떻게 기록해야 할까요? 아마 이 경우엔 신호등 행렬을 다음과 같이 표현할 겁니다.

신호등   신호등 행렬 A

0.9 0.0 1

0.2 0.8 1

0.1 0.0 1

0.8 0.9 1

0.1 0.7 1

0.9 0.1 0

행렬 A는 완벽하게 유효합니다. 행렬 A는 실제 세상에 존재하는 (신호등의) 패턴을 모사하며, 따라서 우리는 컴퓨터에 패턴 해석을 명령할 수 있습니다. 그럼 다음 행렬도 유효할까요?

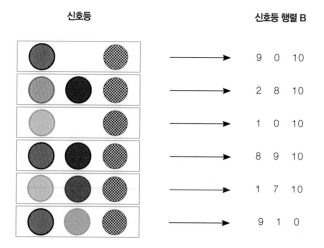

신호등 / 신호등 행렬 B

네, 행렬 B도 **유효**합니다. 행렬 B는 다양한 학습 예제(행)와 전구(열) 사이의 관계를 적절하게 포착합니다. **행렬 A * 10 == 행렬 B**, 즉 **(A * 10 == B)**라는 사실에 유의하세요. 이 사실은 이들 행렬이 서로에 대해 **스칼라 배수**Scalar Multiples임을 의미합니다.

행렬 A와 B 모두 동일한 기저 패턴을 담고 있습니다.

여기에서 중요한 요점은 행렬의 데이터셋 안에 있는 신호등 패턴을 완벽히 반영하는 행렬이 **무한히** 존재한다는 겁니다. 심지어 다음 행렬도 신호등 패턴을 완벽히 반영합니다!

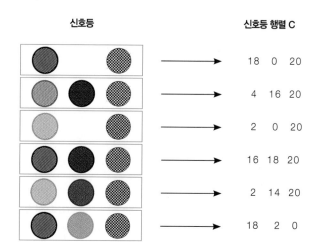

신호등 / 신호등 행렬 C

여기에서 기저 패턴Underlying Pattern과 행렬이 동일한 것이 아니라는 사실을 인지하는 것이 중요합니다. 패턴은 행렬의 **속성**인데요, 사실은 세 가지 행렬(A, B, C) 모두의 속성입니다. 패턴은 이들 행렬 각각이 **표현**하는 바이며 신호등 안에도 존재합니다.

이 **입력 데이터 패턴**은 **출력 데이터 패턴**으로 변환하도록 신경망을 학습시킬 때 사용합니다. 그러나 출력 데이터 패턴을 학습시키기 위해서는 다음과 같이 행렬의 형태로 해당 패턴을 포착해야 합니다.

1과 0을 서로 바꿔도 출력 행렬은 여전히 데이터에 내재된 정지-보행 패턴을 잘 포착합니다. 보행에 1을 할당하든, 정지에 1을 할당하든, 사람도 마찬가지로 1과 0을 정지-보행 패턴으로 해독할 수 있다는 사실을 떠올려보면 이해하기가 쉬울 겁니다.

행렬을 정지-보행 기록으로 또는 정지-보행 기록을 행렬로 완벽히 변환할 수 있기 때문에 이 결과 행렬을 일컬어 **무손실 표현**lossless representation이라고 부릅니다.

파이썬으로 행렬 만들기

행렬을 파이썬 세계로 가져와 봅시다.

이제 신호등 패턴을 1과 0만으로 이루어진 행렬로 바꾸는 데는 익숙해졌나요? 이번엔 파이썬으로 행렬(그리고 내재된 패턴도 함께)을 생성해서 신경망이 이 행렬을 읽을 수 있도록 해봅시다. 우리가 사용할 파이썬의 NumPy 라이브러리(3장의 63쪽 참고)를 사용해 행렬을 다루겠습니다. 실제 코드를 한번 보시죠.

```
import numpy as np
streetlights = np.array( [ [ 1, 0, 1 ],
                           [ 0, 1, 1 ],
                           [ 0, 0, 1 ],
                           [ 1, 1, 1 ],
                           [ 0, 1, 1 ],
                           [ 1, 0, 1 ] ] )
```

파이썬에 익숙한 독자라면 눈에 확 들어오는 점이 있을 겁니다. 행렬을 '리스트의 리스트'로 표현했군요. NumPy가 뭐냐고요? NumPy는 그저 특수한 행렬 기반 함수를 제공하는, 배열 기반의 배열을 다루기 위한 화려한 래퍼wrapper에 불과합니다. 이제 출력 데이터를 위한 NumPy 행렬을 만들어볼까요?

```
walk_vs_stop = np.array( [ [ 0 ],
                           [ 1 ],
                           [ 0 ],
                           [ 1 ],
                           [ 1 ],
                           [ 0 ] ] )
```

신경망으로 뭘 하려 했나요? streetlights신호등 행렬을 취해서 walk_vs_stop보행-정지 행렬로 변환하는 것을 학습시키려 했습니다. 중요한 것은 신경망이 streetlights와 같이 **동일 기저 패턴을 담고 있는 모든 행렬**을 받아들여, 이것을 walk_vs_stop의 기저 패턴을 담는 행렬로 변환하도록 하길 바란다는 거죠. 여기에 대해서는 나중에 더 다루도록 하겠습니다. 이제 신경망을 이용해서 streetlights를 walk_vs_stop으로 변환해보죠.

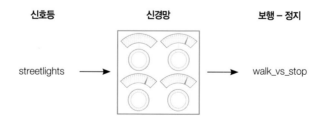

신호등   신경망   보행 - 정지

streetlights   →   →   walk_vs_stop

신경망 구축하기

우리는 여러 장에 걸쳐 신경망을 공부해왔습니다. 이제 새로운 데이터셋이 생겼으니 신경망을 이용해서 신호등 문제를 풀어보죠. 다음은 첫 번째 신호등 패턴을 학습하는 예제 코드입니다. 아마 낯설지 않을 거예요.

```
import numpy as np
weights = np.array([0.5, 0.48, -0.7])
alpha = 0.1

streetlights = np.array( [ [ 1, 0, 1 ],
                           [ 0, 1, 1 ],
                           [ 0, 0, 1 ],
                           [ 1, 1, 1 ],
                           [ 0, 1, 1 ],
                           [ 1, 0, 1 ] ] )

walk_vs_stop = np.array( [ 0, 1, 0, 1, 1, 0 ] )

input = streetlights[0]          ◄——— [1,0,1]
goal_prediction = walk_vs_stop[0]    ◄——— 0과 동일(정지)

for iteration in range(20):
    prediction = input.dot(weights)
    error = (goal_prediction - prediction) ** 2
    delta = prediction - goal_prediction
    weights = weights - (alpha * (input * delta))

    print("Error:" + str(error) + " Prediction:" + str(prediction))
```

이 코드를 보면 3장에서 배운 내용이 떠오를 겁니다. 우리는 3장에서 dot 함수를 이용해 두 벡터 간 내적(가중합)을 구하는 방법을 배웠습니다. 하지만 NumPy 행렬에 대해 요소별 덧셈과 요소별 곱셈을 수행하는 방법은 배우지 못했습니다.

```
import numpy as np

a = np.array([0, 1, 2, 1])
b = np.array([2, 2, 2, 3])
```

```
print(a * b)          ◄————— 요소별 곱셈
print(a + b)          ◄————— 요소별 덧셈
print(a * 0.5)        ◄————— 벡터-스칼라 곱셈
print(a + 0.5)        ◄————— 벡터-스칼라 덧셈
```

NumPy 덕에 수월하게 이 연산을 수행할 수 있습니다. 두 벡터 사이에 + 기호를 넣으면 우리가 기대하는 대로 NumPy는 두 벡터를 더합니다. NumPy 연산자와 새로운 데이터셋을 제외하면, 여기서 등장한 신경망은 앞에서 만들었던 신경망과 같습니다.

전체 데이터셋 학습하기

신경망은 지금까지 신호등 기록 하나만 학습했습니다. 신호등 기록 전체를 학습하고 싶나요?

지금까지 단수 학습 예제(input → goal_pred 쌍)를 모사하는 방법을 배우는 신경망을 학습했습니다. 하지만 이번에 구축해야 하는 신경망은 길을 건너도 안전한지를 알려줘야 합니다. 그러기 위해서는 신경망이 신호등 기록 1개보다는 더 많은 기록을 알 수 있도록 만들 필요가 있습니다. 어떻게 하냐고요? 신호등 기록 전체를 단번에 학습하도록 하면 됩니다.

```
import numpy as np

weights = np.array([0.5, 0.48, -0.7])
alpha = 0.1

streetlights = np.array( [[ 1, 0, 1 ],
                          [ 0, 1, 1 ],
                          [ 0, 0, 1 ],
                          [ 1, 1, 1 ],
                          [ 0, 1, 1 ],
                          [ 1, 0, 1 ] ] )

walk_vs_stop = np.array( [ 0, 1, 0, 1, 1, 0 ] )

input = streetlights[0]          ◄————— [1,0,1]
goal_prediction = walk_vs_stop[0]   ◄————— 0과 동일(정지)

for iteration in range(40):
```

```
error_for_all_lights = 0
for row_index in range(len(walk_vs_stop)):
    input = streetlights[row_index]
    goal_prediction = walk_vs_stop[row_index]

    prediction = input.dot(weights)

    error = (goal_prediction - prediction) ** 2
    error_for_all_lights += error

    delta = prediction - goal_prediction
    weights = weights - (alpha * (input * delta))
    print("Prediction:" + str(prediction))

print("Error:" + str(error_for_all_lights) + "\n")
```

```
Error:2.6561231104
Error:0.962870177672
...
Error:0.000614343567483
Error:0.000533736773285
```

전체, 배치, 확률적 경사하강법

확률적 경사하강법은 한 번에 한 예제에 대해서만 가중치를 갱신합니다.

실은 한 번에 예제 하나만 학습한다는 발상은 **확률적 경사하강법**stochastic gradient descent이라고 불리우는 경사하강법에서 파생된 기법이자, 전체 데이터셋을 학습할 때 사용할 수 있는 몇 안 되는 방법 중 하나입니다.

확률적 경사하강법은 어떻게 동작할까요? 이전 예제에서 본 것처럼, 확률적 경사하강법은 예측을 수행한 다음 개별 학습 예제에 대해 가중치를 갱신합니다. 달리 말하면, 확률적 경사하강법은 첫 번째 신호등 기록을 취하고 예측을 시도한 다음에 `weight_delta`를 계산한 후 가중치를 갱신합니다. 그다음에 확률적 경사하강법은 두 번째 신호등 기록으로 이동해서 같은 작업을 반복합니다. 확률적 경사하강법은 모든 학습 예제에 대해 잘 동작하는 가중치의 모습을 찾을 때까지 전체 데이터셋을 돌며 수없이 반복합니다.

(완전) 경사하강법은 한 번에 한 '데이터셋'에 대해 가중치를 갱신합니다.

4장에서 소개했듯이 전체 데이터셋을 학습하는 또 다른 방법은 경사하강법(**또는 평균/완전 경사하강법**)입니다. 각 학습 예제에 대해 가중치를 한 번씩 갱신하는 대신, 신경망은 전체 데이터셋에 대해 평균 `weight_delta`를 계산하고, 완전 평균을 계산할 때에만 가중치를 변경합니다.

배치 경사하강법은 n개 예제마다 가중치를 갱신합니다.

나중에 더 자세히 다루겠지만, 확률적 경사하강법과 완전 경사하강법의 중간쯤에 있는 세 번째 형태도 있습니다. 한 예제나 전체 데이터셋후에 가중치를 갱신하는 대신, 학습 예제의 **배치 사이즈**[1]를 정해서 그만큼씩만 가중치를 갱신할 수 있습니다.

신경망은 상관관계를 학습합니다

마지막 신경망은 뭘 학습했나요?

이제 막 신호등 패턴을 보고 길을 건너도 되는지를 판단하는 단일 계층 신경망을 학습시켰습니다. 잠깐만 신경망의 관점에서 생각해보죠. 신경망은 자신이 신호등 데이터를 처리하고 있다는 사실을 모릅니다. 신경망이 하려고 하는 일은 가능한 세 가지 입력 중 어떤 것이 출력과 상관관계를 가졌는지를 파악하는 것뿐이었습니다. 그리고 신경망은 최종 가중치 위치를 분석해 가운데 전구를 정확히 찾아냈습니다.

왼쪽과 오른쪽 가중치가 0에 근접했지만 가운데 가중치는 1에 근접했다는 사실에 주목하세요. 일련의 복잡한 과정을 반복적으로 거친 끝에 단순한 결과가 나타났습니다. 신경망이 가운데 전구의 입력과 출력 사이의 상관관계를 파악해낸 겁니다. 커다란 가중치가 있는 곳에서 상관관계가 발견됐고, 반대로 0에 가까운 가중치가 있는 곳에서는 각 출력에 대한 무작위성이 발견되었습니다. 왼쪽 가중치와 오른쪽 가중치에서처럼요.

---

1 batch size, 보통 8에서 256으로 정합니다.

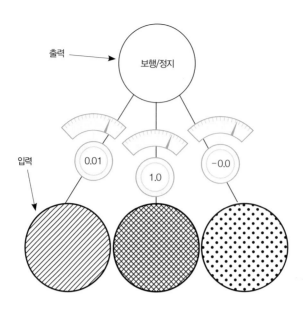

그렇다면 신경망이 어떻게 상관관계를 찾아냈을까요? 경사하강법이 동작하는 중에 각 학습 예제는 **상향 압력** 또는 **하향 압력**을 주며 가중치에 영향을 끼칩니다. 평균적으로, 가운데 가중치에 대해서는 더 많은 상향 압력이 있었으며 다른 가중치에 대해서는 더 많은 하향 압력이 있었습니다. 이러한 압력은 어디에서 오는 걸까요? 그리고 왜 압력은 가중치마다 다를까요?

상향 압력과 하향 압력

압력은 데이터로부터 나옵니다.

각 노드는 주어진 입력에 대해 개별적으로 출력을 정확히 예측하려 합니다. 이때 대부분 각 노드는 다른 노드를 모두 무시합니다. 가중치 3개 모두가 같은 오차 측정치를 공유해야 할 때만 **교차 통신**cross communication이 일어나죠. **가중치 갱신**은 이 공유 오차 측정치를 취해서 각각의 입력에 곱하는 것에 불과합니다.

왜 이런 일을 하는 걸까요? 신경망이 학습하는 이유의 핵심은 **오차 귀착**error attribution에 있습니다. 오차 귀착은 주어진 공유 오차에 대해 어떤 가중치가 기여하며(가중치를 조정할 수 있음) 어떤 가중치가 기여하지 않는지(가중치를 유지할 수 있음)를 신경망이 파악해야 한다는 것을 의미합니다.

학습 데이터   가중치 입력

1 0 1   →   0   - 0 -   →   0
0 1 1   1   0 + +   1
0 0 1   0   0 0 -   0
1 1 1   →   1   + + +   →   1
0 1 1   1   0 + +   1
1 0 1   →   0   - 0 -   →   0

첫 번째 학습 예제를 생각해봅시다. 가운데 입력이 0이기 때문에, 가운데 가중치는 이 예측에 대해 **완전히 무관합니다.** 가중치가 어떤 값을 가지든, 전부 0(입력)과 곱해지기 때문입니다. 따라서 이 학습 예제에서 나온 모든 오차는(오차가 크든 작든 관계없이) 왼쪽 가중치와 오른쪽 가중치에 기인한 결과라고 볼 수 있습니다.

이 첫 번째 학습 예제의 압력을 생각해보죠. 신경망이 0을 예측해야 하고 두 입력이 1이라면, 가중치를 **0으로 향해** 움직이게 하는 오차가 만들어질 겁니다.

가중치 압력 표는 각 가중치에 대한 각 학습 예제의 효과를 설명하는 데 도움을 줍니다. +는 1을 향한 압력을 갖고 있다는 것을 가리키며, −는 0을 향한 압력을 갖고 있음을 나타냅니다. 0은 입력 데이터 요소가 0이기 때문에 어떤 압력도 존재하지 않으며, 따라서 가중치도 바뀌지 않는다는 사실을 나타냅니다. 왼쪽 가중치는 − 2개와 + 1개를 가지고 있으며, 평균적으로 가중치는 0을 향해 움직일 것이라는 사실을 보여주고 있습니다. 가운데 가중치는 + 3개를 갖고 있으며 평균적으로 해당 가중치는 1을 향해서 움직일 겁니다.

학습 데이터   가중치 입력

1 0 1   →   0   - 0 -   →   0
0 1 1   1   0 + +   1
0 0 1   0   0 0 -   0
1 1 1   →   1   + + +   →   1
0 1 1   1   0 + +   1
1 0 1   →   0   - 0 -   →   0

개별 가중치는 오차를 보상하려 합니다. 첫 번째 학습 예제에서는 왼쪽/오른쪽 입력과 희망 출력 사이에 상관관계가 **없습니다.** 따라서 이들 가중치는 하향 압력을 경험합니다.

상관관계에는 1로 향하는 압력으로 상을 주고 비(非)상관관계에는 0으로 향하는 압력으로 벌을 주며 동일한 현상이 6개 학습 예제 전체에 걸쳐 일어납니다. 평균적으로, 이 현상은 신경망이 자신을 정교하게 만들면서, 지배적인 예측 영향력이 되는 출력(입력의 가중 평균 중에서 가장 큰 가중치)과 중간 가중치 사이에 존재하는 상관관계를 찾아내도록 합니다.

요점 정리

예측은 입력의 가중합입니다. 학습 알고리즘은 출력과 상관관계가 있는 입력에 (1로 향하는) 가중치에 대한 상향 압력으로 보상하고 상관관계가 없는 입력에는 하향 압력으로 벌을 줍니다. 상관관계가 없는 입력에 대한 가중치를 0으로 설정함으로써 입력의 가중합은 입력과 출력 사이의 완벽한 상관관계를 찾아냅니다.

수학적으로는 약간 부족할 수 있는 설명이었을지도 모르겠습니다. 상향 압력과 하향 압력은 엄밀하게는 수학적 표현은 아닙니다. 그리고 이 표현으로는 다룰 수 없는 경계 조건^{Edge Case}을 가지고 있습니다(곧 다룰 내용입니다). 하지만 상향 압력과 하향 압력은 경사하강법의 복잡성은 잠시 잊고 '더 큰 가중치로 **학습이 상관관계를 보상한다**'(더 보편적으로는 '**학습이 두 데이터셋 사이의 상관관계를 찾는다**')는 사실은 또렷하게 기억하게 해주는 표현 방법입니다.

경계 조건 : 과적합

가끔은 우연히 상관관계가 생기기도 합니다.

다시 한번 학습 데이터의 첫 번째 예제를 고려해보죠. 왼쪽 가중치가 0.5고 오른쪽 가중치가 −0.5라면 어떻게 하면 됐을까요? 이 가중치에 기반한 예측 결과는 0이 될 겁니다. 신경망은 완벽한 예측을 했을 테고요. 하지만 신경망은 신호등을 안전하게 예측하는 방법을 조금도 학습하지 못했습니다(실제로 현실에서 이 가중치는 예측에 실패할 겁니다). 이 현상은 **과적합**^{overfitting}이라고 알려져 있습니다.

딥러닝의 가장 큰 약점: 과적합

오차는 모든 가중치에 걸쳐 공유됩니다. 가중치들의 특정 설정이 최상의 입력에 대해 가장 큰 가중치를 부여하지 않은 채 예측 결과와 출력 데이터셋 사이의 (error == 0인) 완벽한 상관관계를 우연히 형성한다면 **신경망은 학습을 멈출 겁니다.**

다른 학습 예제가 더 없었다면, 이 치명적인 오류(과적합)가 신경망을 마비시켰을 겁니다. 다른 학습 예제가 무슨 일을 하냐고요? 흠, 두 번째 학습 예제를 살펴보죠. 두 번째 학습 예제는 왼쪽 가중치는 바꾸지 않는 한편, 오른쪽 가중치는 위로 이동시킵니다. 이렇게 하면 첫 번째 예제에서 학습을 멈추게 했던 균형을 떨쳐내게 됩니다. 여러분이 첫 번째 예제로만 계속해서 학습을 시키지 않는 한, 나머지 학습 예제들이 어느 특정 학습 예제에나 존재하는 이들 경계 조건 설정에 신경망이 걸려드는 것을 막아줍니다.

이 사실은 **아주 중요합니다.** 신경망은 매우 유연하므로 학습 데이터의 일부만 정확히 예측해내는 수많은 가중치 설정을 찾아낼 수 있습니다. 이 신경망을 처음 두 학습 예제에서 학습시킨다면, 신경망은 다른 학습 예제에 대해서 잘 동작하지 **않는** 지점에서 학습을 멈출 겁니다. 본질적인 원인은 이 신경망이 모든 신호등 형태를 **일반화**하는 **상관관계**를 찾는 대신 해당 2개의 예제를 기억하고 말았다는 데에 있습니다.

여러분이 신경망에 2개의 신호등 기록만 학습시키고 신경망이 이들 경계 조건 설정을 찾아낸다면, 이 신경망은 학습 데이터에 없는 신호등 데이터를 마주쳤을 때 여러분에게 길을 건너도 안전한지를 알려주는 데 **실패**할 겁니다.

요점 정리

딥러닝을 다루면서 여러분이 마주할 가장 큰 도전은 신경망이 그저 기억하는 것이 아니라 일반화하도록 만드는 겁니다. 이 주제는 나중에 다시 다루겠습니다.

경계 조건 : 서로 충돌하는 압력

상관관계는 가끔 자기 자신과 다툽니다.

다음 가중치 압력 표의 최우측 열에서 여러분은 무엇이 보이나요?

이 열은 상향 압력 모멘트와 하향 압력 모멘트를 같은 수만큼 갖고 있습니다. 하지만 신경망은 이 최우측 가중치를 0으로 내려가도록 압력을 가합니다. 하향 압력 모멘트가 상향 압력 모멘트보다 커야 한다는 의미죠. 이것이 어떻게 동작하는 걸까요?

학습 데이터					가중치 압력				
1	0	1	→	0	-	0	-	→	0
0	1	1	→	1	0	+	+	→	1
0	0	1	→	0	0	0	-	→	0
1	1	1	→	1	+	+	+	→	1
0	1	1	→	1	0	+	+	→	1
1	0	1	→	0	-	0	-	→	0

왼쪽과 가운데 가중치는 스스로 수렴하기에 충분한 신호를 가지고 있습니다. 왼쪽 가중치는 0을 향해, 가운데 가중치는 1을 향해 이동합니다. 가운데 가중치가 더 높이 올라갈수록, 양성 (+) 예제에 대한 오차는 계속해서 감소합니다. 하지만 이 값들이 최적 위치에 접근함에 따라, 최우측 가중치에게 상관관계가 없다는 사실은 더 분명해집니다.

왼쪽 가중치와 가운데 가중치가 완벽하게 0과 1로 각각 설정된 극단적인 예제를 고려해보죠. 신경망에 어떤 일이 생길까요? 오른쪽 가중치가 0보다 크다면 신경망은 지나치게 높이 예측할 테고, 오른쪽 가중치가 0보다 작다면 신경망은 지나치게 낮게 예측할 겁니다.

다른 노드들이 학습하면서 오차의 일부 역시 흡수합니다. 즉, 상관관계의 일부를 흡수하는 겁니다. 노드들이 오차의 일부를 흡수함에 따라 신경망은 **적당한 상관관계**의 힘으로 예측하게 됩니다. 이때 다른 가중치들은 나머지를 정확히 예측하기 위해 자신의 값을 조정합니다.

이 경우, '가운데 가중치가 모든 상관관계를 흡수한다'라는 일관적인 신호를 보여주고 있어서 (가운데 입력과 출력 사이의 1:1 관계 덕분입니다), 가운데 가중치를 아래로 밀어내며 1을 예측하고자 할 때 발생하는 오차는 매우 작아지는 한편, 0을 예측할 때의 오차는 커집니다.

늘 이렇게 답이 나오는 것은 아닙니다.

어떤 면에서 이번 실험은 운이 좀 좋았습니다. 만약 가운데 노드가 그토록 완벽하게 상관관계를 갖고 있지 않았다면, 신경망은 최우측 가중치를 침묵시키느라 고생했을 겁니다. 나중에는 충돌하는 압력이 있는 가중치가 0을 향해 움직이는 정규화regularization에 대해 배울 겁니다.

미리 이야기를 좀 하자면, 상향 가중치 압력과 하향 가중치 압력이 동일하면 아무짝에도 쓸모없기 때문에 정규화가 요긴한 겁니다. 정규화는 특정 방향으로 움직이는 것을 도와주지 않습니다. 본질적으로, 정규화는 정말 강한 상관관계를 가진 가중치만 유지합니다. 다른 가중치는 잡음에 지나지 않기 때문에 제거할 필요가 있습니다. 정규화는 자연 선택과 같은 진화 과정이며, 최우측 가중치는 +와 − 압력 모두에서 문제를 겪고 있기 때문에 신경망이 더 빠르게(적은 반복으로) 학습하는 부수적 효과도 일으킵니다.

예제에서 최우측 노드는 상관관계가 전혀 없기 때문에 신경망은 이 노드를 즉시 0으로 만들어 버리는데요, 정규화가 없이는(앞에서 학습시켰던 것처럼), 왼쪽 노드와 가운데 노드가 패턴을 알아내기 시작한 후에도 최우측 입력이 불필요하다는 사실을 배울 수 없게 될 겁니다.

만약 신경망이 데이터의 입력 열과 출력 열 사이의 상관관계를 찾는다면, 신경망은 다음 데이터셋으로 뭘 할까요?

학습 데이터				가중치 압력			
1 0 1	→	1		+ 0 +	→	1	
0 1 1	→	1		0 + +	→	1	
0 0 1	→	0		0 0 −	→	0	
1 1 1	→	0		− − −	→	0	

입력 열과 출력 열 사이에는 아무런 상관관계도 없습니다. 모든 가중치는 동일한 크기의 상향 압력과 하향 압력을 갖고 있죠. **이 데이터셋은 신경망에 있어 심각한 문제입니다.**

앞에서는 다른 노드들이 균형을 이룬 노드들을 위나 아래로 끌어내며, 양(+) 또는 음(−) 예측을 하도록 문제를 풀기 시작하므로 여러분은 상향 압력과 하향 압력을 모두 가진 입력 데이터 요소에 대해 이 문제를 풀 수 있었습니다. 하지만 이번엔, 모든 입력은 양압과 음압 사이에 동일한 균형을 이루고 있습니다. 이제 여러분은 어떻게 하겠습니까?

간접 상관관계 학습

여러분의 데이터가 상관관계를 갖고 있지 않다면, 상관관계를 가지는 중간 데이터를 만드세요!

앞에서는 신경망을 입력 **데이터셋**과 출력 **데이터셋** 사이의 상관관계를 탐색하는 기계라고 설명했습니다. 이 설명을 조금 더 다듬고 싶네요. 실제 신경망은 입력 **계층**^{layer}과 출력 **계층**^{layer} 사이의 상관관계를 탐색합니다.

입력 계층의 값을 입력 데이터의 개별 행으로 하며, 신경망을 학습시켜서 출력 계층을 출력 데이터셋과 같아지도록 합니다. 정말 이상한 말이지만, 신경망은 데이터를 모릅니다. 신경망은 그저 입력 계층과 출력 계층 사이의 상관관계를 찾아 헤맬 뿐이거든요.

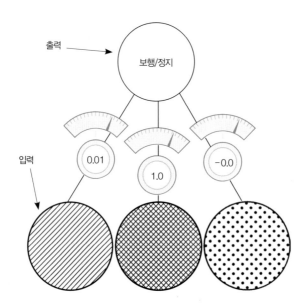

불행히도, 이 새로운 신호등 데이터셋은 입력과 출력 사이에 아무런 상관관계를 가지지 않습니다. 이럴 때 해법은 의외로 단순합니다. 다음과 같은 두 가지 신경망을 이용하면 됩니다. 첫 번째 신경망은 출력에 대해 제한적인 상관관계를 가진 중간 데이터셋을 만들고, 두 번째 신경망은 출력을 정확히 예측하기 위해 첫 번째 신경망에 의해 만들어진 제한적인 상관관계를 이용하는 겁니다.

> 입력 데이터셋이 출력 데이터셋과 상관관계를 갖고 있지 않기 때문에, 입력 데이터셋을 이용해서 출력 데이터셋과 상관관계를 가지는 중간 데이터셋을 생성할 겁니다. 말하자면 치트키 같은 거죠.

상관관계 만들기

자, 아래 그림에 새로운 신경망이 묘사되어 있습니다. 이 그림은 일단 신경망 2개를 차곡차곡 쌓습니다. 노드의 중간 계층은(layer_1) **중간 데이터셋**intermediate dataset을 나타냅니다. 우리의 목적은 이 신경망을 학습시켜서 입력 데이터셋과 출력 데이터셋(layer_0과 layer_2) 사이에 상관관계가 존재하지 않음에도 불구하고 **layer_0을 이용**해서 생성한 layer_1 데이터셋이 layer_2와 상관관계를 가지게 하는 겁니다.

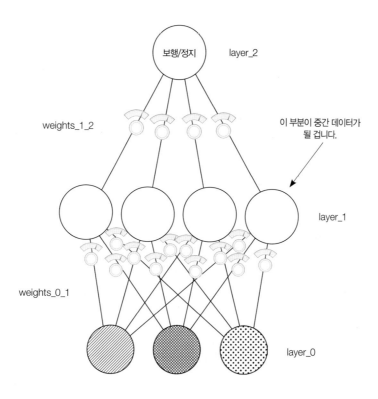

보행/정지   layer_2

weights_1_2

이 부분이 중간 데이터가
될 겁니다.

layer_1

weights_0_1

layer_0

TIP 이 신경망은 여전히 함수에 불과합니다. 이 신경망은 특정한 방법으로 수집한 한 무더기의 가중치를 갖고 있습니다. 더욱이, 각 가중치가 오차에 얼마나 기여하는지를 계산할 수 있고, 그 오차를 0으로 감소시키기 위해 각 가중치를 조정할 수 있음으로 경사하강법은 여전히 잘 동작합니다. 그리고 이것이 바로 여러분이 하게 될 일입니다.

신경망 적층하기 : 복습

3장에서 적층 신경망에 대해 간단히 언급했죠? 복습해봅시다.

다음 아키텍처를 보면, 제가 "신경망을 적층하세요"라고 말할 때 여러분이 기대하는 그대로의 예측이 일어납니다. 첫 번째 하단 신경망(layer_0에서 layer_1로)의 출력은 두 번째 상위 신경망(layer_1에서 layer_2로)의 입력이 됩니다. 이들 각 신경망의 예측 결과는 여러분이 앞에서 본 것과 일치합니다.

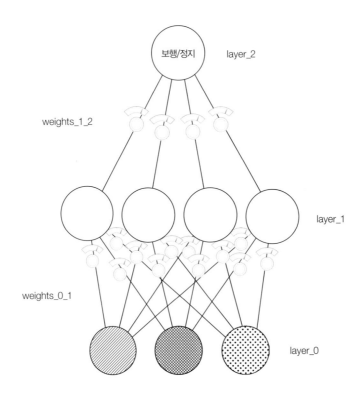

이 신경망이 어떻게 학습하는지를 생각해보세요. 여러분은 이미 많은 것을 알고 있습니다. 아랫부분의 가중치를 무시하고 그들의 출력을 학습 데이터셋이라고 생각해보세요. 그러면 신경망의 절반 중 윗부분(layer_1에서 layer_2까지)은 앞 장에서 공부한 그 신경망과 똑같습니다. 따라서 앞서 공부했던 학습 논리를 동일하게 모두 사용할 수 있습니다.

여러분이 아직 이해하지 못하는 부분은 layer_0과 layer_1 사이의 가중치를 갱신하는 방법입니다. 이 가중치들은 어떻게 오차를 측정할까요? 우리가 5장에서 배웠듯이, 정규화된 오차의 척도를 일컬어 delta라고 부릅니다. 그러므로 이 예제에서 layer_2가 정확한 예측을 하기 위해서는 layer_1에 있는 delta 값을 파악하는 방법을 알아내야 합니다.

역전파 : 장거리 오차 귀착법

가중 평균 오차

layer_1에서 layer_2로 출력하는 예측 결과는 뭘까요? 바로 layer_1에 있는 값들의 가중 평균입니다. 만약 layer_2가 x 만큼 지나치게 높다면, layer_1에서 어떤 값들이 오차에 기여했는지를 어떻게 알 수 있을까요? **큰 가중치(wiehgts_1_2)**를 가진 값이 오차에 더 많이 기여했고 layer_1과 layer_2 사이에 있는 **작은 가중치**를 가진 값은 적게 기여했습니다.

극단적인 경우를 생각해볼까요? layer_1과 layer_2 사이의 최좌측 가중치가 0이라고 가정했을 때 layer_1에 있는 노드는 신경망에 오차를 얼마나 야기했을까요? 0입니다.

너무 간단하군요. layer_1과 layer_2 사이의 가중치는 각 layer_1의 노드가 layer_2로 향하는 예측 결과에 얼마나 기여했는지를 정확하게 설명합니다. 이것은 이들 가중치가 각 layer_1 노드가 layer_2로 향하는 오차에 얼마나 기여했는지를 정확히 설명한다는 의미이기도 합니다.

그런데 어떻게 하면 layer_2에 있는 delta를 사용해서 layer_1에 있는 delta를 알아낼 수 있을까요? layer_2의 delta를 layer_1에 대한 각 가중치에 곱하면 됩니다. 예측 논리를 뒤집은 것처럼 말입니다. 이렇게 delta 신호를 움직이는 과정을 일컬어 **역전파**[backpropgation]라고 합니다.

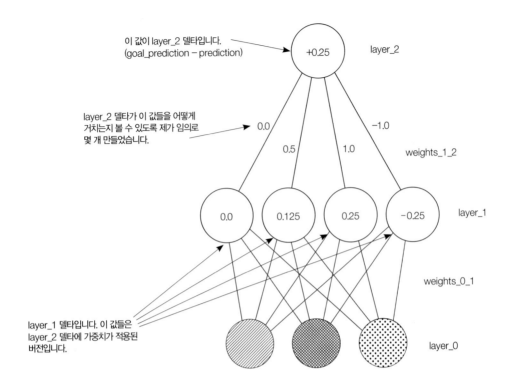

이 값이 layer_2 델타입니다.
(goal_prediction − prediction)

+0.25   layer_2

layer_2 델타가 이 값들을 어떻게
거치는지 볼 수 있도록 제가 임의로
몇 개 만들었습니다.

0.0   −1.0

0.5   1.0   weights_1_2

0.0   0.125   0.25   −0.25   layer_1

weights_0_1

layer_1 델타입니다. 이 값들은
layer_2 델타에 가중치가 적용된
버전입니다.

layer_0

역전파는 왜 효과가 있는 걸까요?

가중 평균 델타

5장에서 만든 신경망에서 `delta` 변수는 해당 노드의 값이 변해야 하는 방향과 크기를 알려줬습니다. 역전파는 이런 말을 하는 거죠. "이 노드를 x만큼 커지게 하려면 이전 4개의 노드 각각을 x * `weights_1_2`만큼 높게/낮게 바꿔야 해요. 이 가중치들이 예측 결과를 `weights_1_2`만큼 증폭시키고 있었거든요."

`weights_1_2` 행렬을 역으로 사용하면 오차가 적정한 크기로 증폭됩니다. 증폭된 오차는 `layer_1` 내의 각 노드가 얼마나 커지고 작아져야 하는지를 알려줍니다.

일단 이 정보가 있으면 예전처럼 각 가중치 행렬을 갱신할 수 있습니다. 각 가중치에 대해, 출력 `delta`를 입력값에 곱한 결과만큼 가중치를 조정합니다(아니면 `alpha`를 이용해 스케일링합니다).

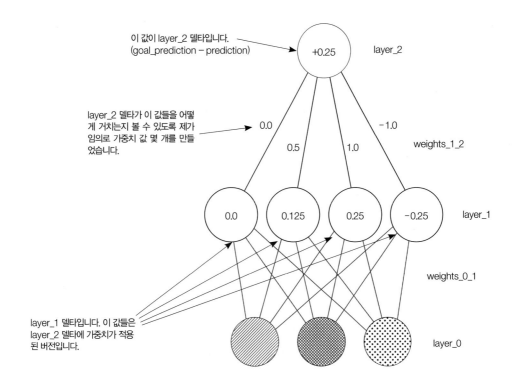

이 값이 layer_2 델타입니다.
(goal_prediction – prediction)

+0.25

layer_2

layer_2 델타가 이 값들을 어떻게 거치는지 볼 수 있도록 제가 임의로 가중치 값 몇 개를 만들었습니다.

0.0

0.5   1.0

–1.0

weights_1_2

0.0   0.125   0.25   –0.25

layer_1

weights_0_1

layer_1 델타입니다. 이 값들은 layer_2 델타에 가중치가 적용된 버전입니다.

layer_0

선형 vs 비선형

이 부분은 아마 이 책에서 가장 어려운 개념일 겁니다. 꼭꼭 씹어서 이해하세요.

한 가지 현상을 보여드릴게요. 실은 이 신경망이 학습하기 위해 필요한 조각이 한 가지 남아 있습니다. 2단계에 걸쳐 살펴볼 텐데 먼저 왜 그것 없이는 신경망이 학습할 수 없는지를 보여줄 겁니다. 즉, 현재 신경망이 망가진 이유를 보여드릴 겁니다. 그다음에 이 한 조각을 덧붙이고 나서 문제가 어떻게 해결되는지를 보여드리겠습니다. 지금은 간단한 계산 문제를 풀어봅시다.

① 두 번의 곱셈식: $1 * 10 * 2 = 100$ $1 * 0.25 * 0.9 = 0.225$

② 단일 곱셈식: $5 * 20 = 100$ $1 * 0.225 = 0.225$

여기에 핵심이 있습니다. 어떠한 두 번의 곱셈식(①)도, 단일 곱셈식(②)으로 바꿔서 같은 계산을 해낼 수 있습니다. 결과적으로 이 방법은 문제가 있는 것으로 드러났습니다. 다음 쪽의 그림을 보세요.

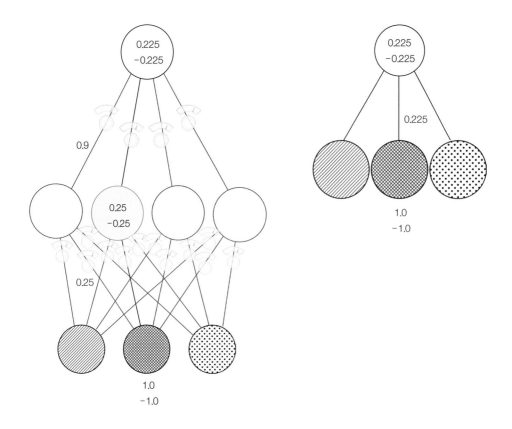

이 두 그림은 학습 예제 2개를 보여줍니다. 한쪽은 입력이 1.0, 다른 한쪽은 입력이 −1.0입니다. 여기에서 핵심은 모든 3계층 신경망에 대해, 동일한 작용을 하는 2계층 신경망이 존재한다는 점입니다. 지금까지 봐온 두 신경망을 쌓는 것 자체는 별다른 능력을 주지 않습니다. 2개의 연속적인 가중합은 한 번 하는 가중합보다 조금 더 비싼 버전일 뿐이죠.

아직 신경망이 동작하지 않는 이유

지금처럼 3계층 신경망을 학습시킨다면, 그 신경망은 수렴하지 않을 겁니다.

문제

입력의 어떤 연속적인 두 가중합에 대해서도 완벽하게 같은 작용을 하는 단일 가중합이 존재합니다. 3계층 신경망이 할 수 있는 모든 일은 2계층 신경망도 할 수 있습니다.

중간 계층(layer_1)을 고치기 전에 이야기를 조금 나눠보죠. 지금 당장은 4개의 노드가 각 입력으로부터 유입되는 가중치를 갖고 있습니다. 이것을 상관관계 관점에서 생각해볼까요? 중간 계층의 각 노드는 각 입력 노드와의 어떤 상관관계 크기만큼 기여를 하고 있습니다. 입력과 중간 계층 사이의 가중치가 1.0이면, 해당 가중치는 노드의 움직임에 100%만큼 기여를 하는 겁니다. 해당 노드가 0.3만큼 커지면, 중간 노드 역시 따라 커지겠죠. 두 노드를 잇는 가중치가 0.5라면 중간 계층의 각 노드는 해당 노드의 움직임에 정확히 50%씩 기여를 하는 셈입니다.

중간 노드(layer_1)가 특정 입력 노드 1개의 상관관계에서 벗어날 수 있는 유일한 방법은 해당 노드가 또 다른 입력 노드의 추가적인 상관관계에 기어하는지에 달려있습니다. 이 신경망에는 어떤 새로운 것도 기여되지 않고 있습니다. 각 은닉 노드는 입력 노드들로부터의 작은 상관관계에 기여합니다.

중간 노드들은 이 상호작용에 그 어떤 것도 더하지 않습니다. 이 노드들은 자신들만의 상관관계를 가지지도 않고요. 중간 노드들은 여러 입력 노드와 거의 다 관련되어 있습니다.

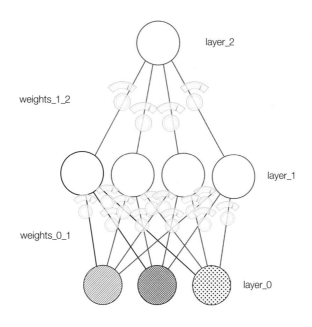

하지만 이미 새 데이터셋에서는 입력과 출력 사이에 상관관계가 없다는 사실을 **알고 있기 때문에**, 중간 계층이 뭘 도와줄 수 있을까요? 중간 계층은 쓸모없는 상관관계 한 무더기를 뒤섞습니다. 중간 계층에서 실제 필요한 것은 입력에 대해 선택적으로 상관관계를 가지는 거니까요.

우리는 중간 계층이 **가끔은** 입력과 상관관계가 있고, 가끔은 **상관관계가 없었으면 합니다**. 중간 계층은 스스로 상관관계를 부여합니다. 따라서 중간 계층이 어떤 입력에 대해 늘 **x**%만큼, 다른 입력에 대해 늘 **y**%만큼 상관관계를 가지는 것은 아니지요. 대신, 중간 계층은 자신이 원할 때 어떤 입력에 대해 **x**%만큼 상관관계를 가질 수 있지만, 다른 경우에는 상관관계를 전혀 가지지 않을 수 있습니다. 이것을 **조건부 상관관계**conditional correlation, 또는 **간헐적 상관관계**sometimes correlation 라고 부릅니다.

간헐적 상관관계의 비밀

값이 0 이하가 되면 노드를 끄세요.

이 메커니즘이 너무 단순해서 제대로 동작하지 않을 것 같다면, 이렇게 생각해보세요. 한 노드의 값이 0 밑으로 떨어지면, 대체로 해당 노드는 원래 입력에 대해 갖고 있던 상관관계를 그대로 유지할 겁니다. 그러면 해당 노드의 값은 음수로 변하고 말겠죠. 하지만 여러분이 해당 노드가 음수가 되려 할 때 해당 노드를 끈다면(0으로 설정한다면), 해당 노드가 음수일 때는 **어떤 입력과도 상관관계를 갖지 않게 되는 셈입니다**.

이게 무슨 뜻일까요? 노드는 이제 상관관계를 갖고자 할 때 그 대상을 선택적으로 고를 수 있습니다. 그러니까 "왼쪽 입력과는 완벽한 상관관계를 갖게 해줘. 단, 오른쪽 입력이 꺼졌을 때만"과 같이 말할 수 있다는 거죠. 어떻게 하냐고요? 왼쪽 입력으로부터의 가중치가 1.0이고 오른쪽 입력으로부터의 가중치가 매우 커다란 음수인 경우, 왼쪽과 오른쪽 입력 모두를 켜면 해당 노드를 항상 0으로 만들 겁니다. 하지만 왼쪽 입력만 켜 놓으면 해당 노드는 왼쪽 입력의 값을 취할 수 있습니다.

이 방법은 예전엔 사용할 수 없었습니다. 지금까지는 중간 노드는 항상 한 입력과 상관관계에 있거나 상관관계를 가지지 않거나 둘 중 하나였으니까요. 이제 상황은 조건부가 됐습니다. 노드가 자기 생각을 밝힐 수 있게 됐으니까요.

"노드가 음수로 될 때 0으로 설정해라"라는 논리는 **비선형적**nonlinear입니다. 이 옵션을 적용하지 않은 신경망은 **선형적**linear입니다. 이 기법 없이는 출력 계층은 2계층 신경망에서 가졌던 것과 같은 상관관계밖에 선택지를 가지지 못합니다. 입력 계층의 일부에 기여하기 때문에 새로운 신호등 데이터셋 문제를 풀 수 없다는 뜻이죠.

비선형성nonlinearity에는 종류가 많지만 이 책에서 다룰 비선형성은 가장 많이 사용되며 가장 간단한 relu입니다.

대부분의 다른 책이나 수업에서는 연속적인 행렬 곱이 선형 변환Linear Transformation이라고 말합니다. 저는 이 설명이 직관적이지 않다고 봅니다. 이렇게 설명하면 비선형성이 어떤 영향을 끼치며 왜 다른 것 대신 이것을 선택해야 하는지(나중에 다루겠습니다)를 이해하기 어렵게 만들죠. "비선형성 없이는 두 행렬의 곱은 1이 됩니다"라고 설명하는 것이 전부니까요. 제 설명이 세상에서 가장 간결하다고는 할 수 없어도, 최소한 독자들에게 비선형성이 왜 필요한지는 직관적으로 설명했다고 생각합니다.

짧은 휴식

마지막 부분이 조금 추상적으로 느껴졌어도 전혀 문제없습니다.

5장에서는 간단한 대수학으로 설명했기 때문에 모든 내용이 기본적이며 단순한 도구에 기반을 두었습니다. 이번 장에서는 앞서 배운 지식 위에 더 쌓아 올려 다음과 같은 지식을 얻었습니다.

> 오차와 한 가중치 사이의 관계를 계산할 수 있으며, 따라서 가중치의 갱신이 어떻게 오차를 변화시키는지를 이해할 수 있었습니다. 그리고 오차를 0으로 감소시킬 때 이 지식을 이용할 수 있습니다.

이것은 **굉장한 지식**이지만 우리는 이것을 뒤로한 채 앞으로 나아가고 있습니다. 우리는 이 메커니즘이 동작하는 이유를 몸소 경험했기 때문에, 이 지식을 그대로 믿을 수 있었습니다. 그리고 이다음 큰 지식은 이번 장의 서두에 등장했죠.

> 일련의 학습 예제에 걸친 오차 감소를 위한 가중치의 조정은 궁극적으로 입력 계층과 출력 계층 사이의 상관관계를 탐색합니다. 상관관계가 존재하지 않으면 오차는 절대 0에 도달하지 않을 겁니다.

이것이 훨씬 **더 큰 지식**입니다. 이 지식은 이제 지금까지 배운 것을 내려놓아도 된다는 것을 의미합니다. 이제 과거 지식은 필요 없습니다. 상관관계에 집중하세요. 모든 것을 동시에 꾸준히 생각할 수는 없습니다. 여기에서 배운 지식에 확신을 가지세요. 세분화된 학습 내용을 간결하게 요약(넓은 관점에서 한 추상화)했다면, 세분화된 학습 내용은 잠시 잊고 넓은 관점에서 추려낸 지식을 이해하는 데 집중하세요

수영 선수, 자전거 선수, 그 외에 다른 운동선수들도 이와 비슷한 방법으로 성장합니다. 일보 전진하려면 수많은 학습을 통해서 얻은 유동적인 지식이 필요합니다. 야구 선수는 수천 번의 배팅 연습(학습)을 통해 멋진 타법과 성적을 보여줍니다. 하지만 타자가 경기장에서 그 모든 훈련 과정을 떠올리지는 않습니다. 그저 물 흐르듯, 무의식적으로 배트를 휘두릅니다. 우리가 수학 개념을 공부하는 방식도 마찬가지입니다.

신경망은 입력과 출력 사이의 상관관계를 찾습니다. 여러분은 더는 어떻게 그 과정이 일어나는지 고민하지 않아도 됩니다. 그냥 신경망이 그렇게 동작한다는 것만 기억하세요. 이제 우리는 그 아이디어를 토대로 만들어나갈 겁니다. 편히 마음 먹고 지금까지 배운 것을 신뢰하세요.

첫 심층 신경망 만들기

예측하는 방법은 이렇습니다.

다음 코드는 가중치를 초기화하고 순전파를 수행합니다. 새로 추가된 코드는 **굵은 폰트**로 표시
했습니다.

```
import numpy as np

np.random.seed(1)

def relu(x):
    return (x > 0) * x          ◄────────── 이 함수는 모든 음수를 0으로 설정합니다.

alpha = 0.2
hidden_size = 4

streetlights = np.array( [[ 1, 0, 1 ],
                          [ 0, 1, 1 ],
                          [ 0, 0, 1 ],
                          [ 1, 1, 1 ] ] )

walk_vs_stop = np.array([[ 1, 1, 0, 0]]).T
                                                      방금 무작위로 초기화된
                                                      가중치 집합 2개가 3개
                                                      계층에 연결됩니다.
weights_0_1 = 2*np.random.random((3,hidden_size)) - 1
weights_1_2 = 2*np.random.random((hidden_size,1)) - 1

layer_0 = streetlights[0]
                                                  layer_1의 출력은 음수를 0으로 바꾸는
layer_1 = relu(np.dot(layer_0,weights_0_1))       relu를 거쳐 내보내 집니다. 이 출력은
layer_2 = np.dot(layer_1,weights_1_2)   ◄──────── 다음 계층인 layer_2의 입력이 됩니다.
```

다음 쪽의 그림을 통해 각 코드의 역할을 추적해보세요. 입력 데이터는 layer_0으로 들어갑니
다. 신호는 dot 함수를 통해 layer_0과 layer_1 사이의 가중치를 타고 (4개의 layer_1 노
드 각각에 대한 가중합을 수행하며) 이동합니다. 그리고 이들 layer_1의 가중합 결과는 모든
음수를 0으로 변환하는 relu 함수를 거칩니다. 이제 마지막 가중합이 수행되며 layer_2에 있
는 최종 노드에 그 결과가 입력됩니다.

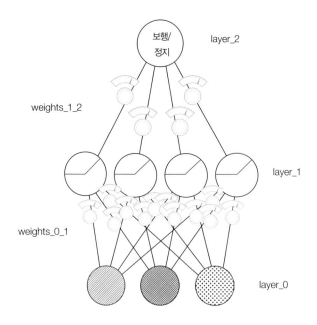

코드로 만나는 역전파

최종 오차에 각 가중치가 기여하는 양을 학습할 수 있습니다.

앞 장의 마지막 부분에서, 고급 개념에 대한 설명이 나올 때 빠르고 쉽게 떠올릴 수 있도록 2계층 신경망 코드를 외워두라고 강조했습니다. 지금이 바로 그 '기억'이 필요한 순간입니다.

다음의 새로운 학습 코드에서 앞 장에서 만들었던 부분을 반드시 인지하고 이해할 수 있어야합니다. 조금 헤맨다 싶으면 다시 5장으로 돌아가서 코드를 외우고 오세요. 코드를 외우는 것과 외우지 못한 것은 나중에 큰 차이를 가져옵니다.

```
import numpy as np

np.random.seed(1)

def relu(x):
    return (x > 0) * x   ◀──────── x > 0이면 x를 반환하고, 그렇지 않으면 0을 반환합니다.

def relu2deriv(output):
```

```
        return output>0  ◄──────── output 〉0이면 1을 반환하고, 그렇지 않은 경우에는 0을 반환합니다.

    alpha = 0.2
    hidden_size = 4

    weights_0_1 = 2*np.random.random((3,hidden_size)) - 1
    weights_1_2 = 2*np.random.random((hidden_size,1)) - 1

    for iteration in range(60):
        layer_2_error = 0
        for i in range(len(streetlights)):
            layer_0 = streetlights[i:i+1]
            layer_1 = relu(np.dot(layer_0,weights_0_1))
            layer_2 = np.dot(layer_1,weights_1_2)
            layer_2_error += np.sum((layer_2 - walk_vs_stop[i:i+1]) ** 2)

            layer_2_delta = (walk_vs_stop[i:i+1] - layer_2)
            layer_1_delta=layer_2_delta.dot(weights_1_2.T)*relu2deriv(layer_1)

            weights_1_2 += alpha * layer_1.T.dot(layer_2_delta)
            weights_0_1 += alpha * layer_0.T.dot(layer_1_delta)

        if(iteration % 10 == 9):
            print("Error:" + str(layer_2_error))
```

이 줄은 주어진 layer_2에 있는 델타에 대해 layer_2_delta를 취하고 그에 연결된 weights_1_2와 곱해서 layer_1에 있는 델타를 계산합니다.

믿거나 말거나 새로운 코드만 굵은 폰트로 표시했습니다[2]. 나머지는 이전 페이지의 내용과 같습니다. relu2deriv 함수는 output 〉0일 때 1을 반환하고 다른 경우에는 0을 반환합니다. 다시 말해, relu 함수의 **기울기(미분계수)**를 반환합니다. 여러분도 곧 보게 되겠지만, 이 함수는 중요한 목적을 달성하는 데 사용됩니다.

기억하세요, 우리의 목적은 **오차 귀착**error attribution입니다. 오차 귀착이란, 각 가중치가 최종 오차에 얼마나 기여했는지를 알아내는 것을 말합니다. 첫 신경망(2계층)을 만들 때, 여러분은 출력된 예측이 얼마나 높아지고 낮아져야 하는지를 말해주는 delta 변수를 계산했습니다. 이제 이 코드를 보세요. layer_2_delta를 똑같은 방법으로 계산하네요. 새로운 내용이 정말 없죠? 다시 강조합니다만, 이 부분이 어떻게 동작하는지 잊어버렸다면 5장을 다시 읽고 오세요.

이제 최종 예측이 얼마나 커져야 하는지 또는 작아져야 하는지(delta)를 알고 있으니, 각각의

---

2 **역자주_** 저런. 저자도 우리가 이 코드를 다 외우지 못할 거라고 생각하나 봅니다

중간(layer_1) 노드가 얼마나 커져야 하는지 또는 작아져야 하는지 알아낼 차례입니다. 중간 노드는 사실상 **중간 예측**intermediate predictions이라고 할 수 있습니다. 여러분이 일단 layer_1에 있는 delta를 확보하고 나면, 가중치를 갱신하기 전에 했던 것과 동일한 과정을 사용할 수 있습니다(각 가중치에 대해 입력을 출력 delta에 곱하고 그 결과만큼 해당 weight 값을 증가시킵니다).

layer_1에 대한 delta들은 어떻게 계산할까요? 먼저 자명한 것부터 해야겠죠? 출력 delta 와 그에 해당하는 가중치를 곱하세요. 이렇게 하면 각 가중치가 오차에 얼마나 기여하는지를 알 수 있습니다. 한 가지 더 고려해야 할 사항이 있습니다. 만약 relu가 layer_1 노드에 대한 출력을 0으로 만들었다면, 해당 가중치는 오차에 기여하지 않았다는 뜻입니다. 이것이 사실이라면, 해당 노드의 delta도 0으로 설정해야 합니다. 각 layer_1 노드를 relu2deriv 함수로 곱하면 해당 노드의 delta를 0으로 만들 수 있습니다. layer_1 값이 0보다 큰지에 따라 relu2deriv의 결과는 1 또는 0이 되니까요.

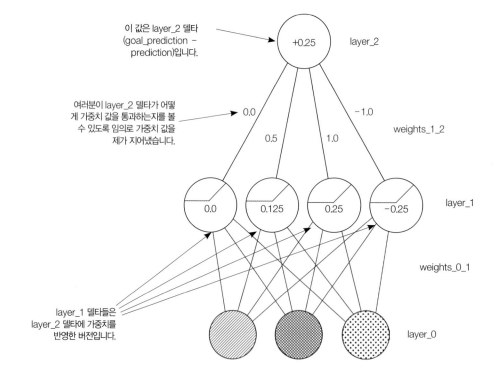

이 값은 layer_2 델타 (goal_prediction – prediction)입니다.

여러분이 layer_2 델타가 어떻게 가중치 값을 통과하는지를 볼 수 있도록 임의로 가중치 값을 제가 지어냈습니다.

layer_1 델타들은 layer_2 델타에 가중치를 반영한 버전입니다.

역전파의 한살이

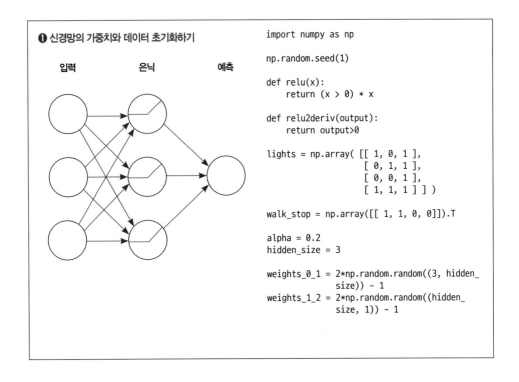

❶ 신경망의 가중치와 데이터 초기화하기

입력   은닉   예측

```python
import numpy as np

np.random.seed(1)

def relu(x):
    return (x > 0) * x

def relu2deriv(output):
    return output>0

lights = np.array( [[ 1, 0, 1 ],
                    [ 0, 1, 1 ],
                    [ 0, 0, 1 ],
                    [ 1, 1, 1 ] ] )

walk_stop = np.array([[ 1, 1, 0, 0]]).T

alpha = 0.2
hidden_size = 3

weights_0_1 = 2*np.random.random((3, hidden_
                size)) - 1
weights_1_2 = 2*np.random.random((hidden_
                size, 1)) - 1
```

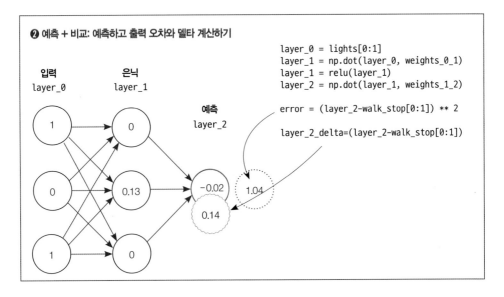

❷ 예측 + 비교: 예측하고 출력 오차와 델타 계산하기

입력   은닉
layer_0   layer_1

예측
layer_2

```python
layer_0 = lights[0:1]
layer_1 = np.dot(layer_0, weights_0_1)
layer_1 = relu(layer_1)
layer_2 = np.dot(layer_1, weights_1_2)

error = (layer_2-walk_stop[0:1]) ** 2

layer_2_delta=(layer_2-walk_stop[0:1])
```

1   0

0   0.13   −0.02   1.04
                0.14

1   0

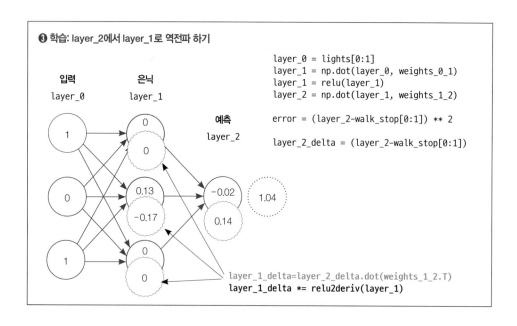

❸ 학습: layer_2에서 layer_1로 역전파 하기

```
layer_0 = lights[0:1]
layer_1 = np.dot(layer_0, weights_0_1)
layer_1 = relu(layer_1)
layer_2 = np.dot(layer_1, weights_1_2)

error = (layer_2-walk_stop[0:1]) ** 2

layer_2_delta = (layer_2-walk_stop[0:1])
```

입력 layer_0   은닉 layer_1   예측 layer_2

```
layer_1_delta=layer_2_delta.dot(weights_1_2.T)
layer_1_delta *= relu2deriv(layer_1)
```

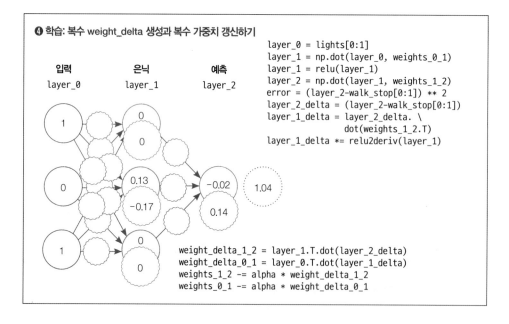

❹ 학습: 복수 weight_delta 생성과 복수 가중치 갱신하기

입력 layer_0   은닉 layer_1   예측 layer_2

```
layer_0 = lights[0:1]
layer_1 = np.dot(layer_0, weights_0_1)
layer_1 = relu(layer_1)
layer_2 = np.dot(layer_1, weights_1_2)
error = (layer_2-walk_stop[0:1]) ** 2
layer_2_delta = (layer_2-walk_stop[0:1])
layer_1_delta = layer_2_delta. \
                dot(weights_1_2.T)
layer_1_delta *= relu2deriv(layer_1)
```

```
weight_delta_1_2 = layer_1.T.dot(layer_2_delta)
weight_delta_0_1 = layer_0.T.dot(layer_1_delta)
weights_1_2 -= alpha * weight_delta_1_2
weights_0_1 -= alpha * weight_delta_0_1
```

보다시피, 역전파는 중간 계층에 대한 복수 delta를 계산함으로써 경사하강법을 수행합니다. 역전파를 하기 위해, (둘 사이의 가중치에 가중치를 반영하여) layer_1에 대해 layer_2상에

가중 평균 delta를 취합니다. 그다음엔 순방향 예측에 관여하지 않은 노드를 0으로 설정해서 끕니다. 이 노드들은 오차에 기여할 수 없었으니까요.

모두 합치기

실행 가능한 전체 프로그램과 결과

```
import numpy as np

np.random.seed(1)

def relu(x):
    return (x > 0) * x          ◄──────── x > 0이면 x를 반환하고, 다른 경우 0을 반환합니다.

def relu2deriv(output):
    return output>0          ◄──────── output > 0이면 1을 반환하고, 다른 경우 0을 반환합니다.

streetlights = np.array( [[ 1, 0, 1 ],
                          [ 0, 1, 1 ],
                          [ 0, 0, 1 ],
                          [ 1, 1, 1 ] ] )

walk_vs_stop = np.array([[ 1, 1, 0, 0]]).T

alpha = 0.2
hidden_size = 4

weights_0_1 = 2*np.random.random((3,hidden_size)) - 1
weights_1_2 = 2*np.random.random((hidden_size,1)) - 1

for iteration in range(60):
    layer_2_error = 0
    for i in range(len(streetlights)):
        layer_0 = streetlights[i:i+1]
        layer_1 = relu(np.dot(layer_0,weights_0_1))
        layer_2 = np.dot(layer_1,weights_1_2)

        layer_2_error += np.sum((layer_2 - walk_vs_stop[i:i+1]) ** 2)
```

```
        layer_2_delta = (layer_2 - walk_vs_stop[i:i+1])
        layer_1_delta=layer_2_delta.dot(weights_1_2.T)*relu2deriv(layer_1)

        weights_1_2 -= alpha * layer_1.T.dot(layer_2_delta)
        weights_0_1 -= alpha * layer_0.T.dot(layer_1_delta)

    if(iteration % 10 == 9):
        print("Error:" + str(layer_2_error))
```

```
Error:0.634231159844
Error:0.358384076763
Error:0.0830183113303
Error:0.0064670549571
Error:0.000329266900075
Error:1.50556226651e-05
```

심층 신경망이 왜 중요한가요?

상관관계를 가지는 '중간 데이터셋'을 만드는 이유는 뭘까요?

자, 여기 고양이 사진이 있군요. 그리고 제게 고양이가 있는 이미지와 고양이가 없는 이미지로 이루어진 (레이블링 작업도 마무리된) 데이터셋이 있다고 해보죠. 여러 픽셀값을 취해서 그림 안에 고양이가 있는지를 예측하도록 신경망을 훈련시키고 싶다면, 2계층 신경망으로는 어려움이 좀 있을 겁니다.

지난 신호등 데이터셋에서처럼, 어떤 개별 픽셀도 고양이 존재 여부와는 상관관계를 가지고 있지 않습니다. 픽셀들의 다른 형태만이 고양이 존재 여부와 상관관계를 가집니다.

이것이 딥러닝의 본질입니다. 딥러닝은 중간 계층(데이터셋)을 생성하는 것이 전부입니다. 이 중간 노드 안에 있는 각 노드가 입력에 다른 형상이 존재하는지 또는 존재하지 않는지를 나타냅니다.

이런 면에서, 고양이 이미지 데이터셋에 대해 어떤 개별 픽셀도 사진 속의 고양이 존재 여부와 상관관계를 가질 필요가 없습니다. 대신, 중간 계층이 고양이와 상관관계를 가질 수도 있는 (예를 들어 고양이의 귀, 눈, 털 같은) 여러 픽셀의 다른 형상을 식별하려 들 겁니다. 그리고 고양이를 닮은 형상이 많이 존재한다는 사실은 고양이의 존재 여부를 정확히 예측할 필요가 있다는 정보(상관관계)를 최종 계층에 줄 겁니다.

믿어질지 모르겠지만, 3계층 신경망 위에 더 많은 계층을 쌓을 수 있습니다. 어떤 신경망은 각 노드가 입력 데이터의 다른 형상을 탐지하는 계층을 수백 개씩 갖기도 합니다. 우리는 이 책의 나머지 부분에서 심층 신경망의 모든 능력을 탐구하기 위해 이들 계층 안에 있는 여러 가지 현상을 알아볼 계획입니다.

그래서 5장에서 했던 이야기를 반복하려 합니다. 이번 장에 등장한 코드를 모두 외우세요. 다음 장을 읽을 수 있으려면 코드 안에 있는 각 연산과 아주 친숙해져야 합니다. 기억에만 의존해서 3계층 신경망을 구현할 수 있나요? 그러면 이제 7장을 읽을 준비가 됐습니다.

## CHAPTER 7

신경망 사진 찍기

: 머릿속과 종이 위에

- 상관관계 요약
- 단순화한 시각화
- 신경망 예측 관찰하기
- 그림 대신 문자로 시각화하기
- 변수 연결하기
- 시각화 도구의 중요성

"숫자에게 전해주고 싶은 중요한 이야기가 있습니다. 이 숫자는 분명하고 확신에 찬 목소리를 자신들에게 부여해줄 여러분을 필요로 합니다."

— 스티븐 퓨, IT 혁신가, 교사, 컨설턴트

이제 단순하게 만들어야 합니다

늘 세부사항까지 고려하는 것은 비현실적입니다. 요약의 힘을 빌려봅시다.

6장은 꽤 인상적인 예제 코드로 마무리했습니다. 신경망을 매우 복잡한 코드 35줄로 작성했죠. 그 코드를 읽어보면 수많은 일이 벌어지고 있다는 사실을 분명히 알 수 있습니다. 뿐만 아니라 이 코드는 앞에서 읽은 100페이지 이상의 개념을 담고 있으며, 길을 건너도 안전한지를 예측하는 능력을 갖추고 있습니다(신호등 예제였죠).

저는 여러분이 기억을 더듬어 각 장의 예제 코드를 새로 작성하는 연습을 하길 바랍니다. 예제 코드의 덩치가 커질수록, 단순한 코드 암기보다는 개념 숙지와 이 개념에 기반한 코드 재구축 쪽으로 연습의 무게 중심이 이동할 테니까요.

이번 장에서는 이런 효율적인 개념을 세우는 것에 관해 이야기하고자 합니다. 아키텍처나 실험은 아니지만, 이 책에서 제가 전달할 수 있는 가장 중요하고 가치 있는 지식일 것입니다. 이 모든 조그마한 지식들을 효율적으로 요약함으로써 새로운 아키텍처를 구축하고, 실험을 디버깅하며, 새로운 문제와 새로운 데이터셋에 적합한 아키텍처를 사용하는 등의 일을 하는 방법을 보여드리고 싶습니다.

지금까지 배운 내용을 복습해봅시다.

이 책은 여러 개의 작은 지식으로 시작해서 나중에는 그 지식을 바탕으로 추상화 계층을 구축했습니다. 우리는 머신러닝 이면에 있는 보편적인 발상을 다루는 것부터 시작했죠. 그 후엔 개별 노드(노드는 뉴런Neuron이라고도 합니다)가 학습하는 방법을 다뤘고, 뒤이어 뉴런의 수평 그룹(계층)과 수직 그룹(계층 적층)을 다뤘습니다. 그 과정에서 학습은 그저 오차를 0으로 감소시키는 과정일 뿐이라는 사실에 대해 이야기했고, 오차가 0으로 향해 이동하도록 신경망 속의 각 가중치를 수정하는 방법을 찾기 위해 미적분학을 사용했습니다.

그다음 우리는 신경망이 입력 데이터셋과 출력 데이터셋 사이의 상관관계를 찾는 방법(그리고 때로는 생성하는 방법)에 대해 논의했습니다. 앞에서 얻은 지식을 간결하게 요약한 이 개념은 우리가 개별 뉴런이 동작하는 방법에 대한 지식을 잠시 잊을 수 있게 해주었습니다. 뉴런, 경사도, 계층 적층 모두가 합쳐져서 한 가지 개념이 만들어졌습니다. 바로 신경망은 상관관계를 찾고 생성한다는 것이죠.

딥러닝을 공부하는 데 있어, 지금까지 배운 자잘한 개념보다는 상관관계라는 개념에 집중하는 것이 훨씬 중요합니다. 그렇게 하지 않으면 신경망의 복잡함에 압도당하기 십상이거든요. 이 개념에 이름을 붙여봅시다. **'상관관계 요약**correlation summarization' 어떤가요?

상관관계 요약

상관관계 요약은 고급 신경망으로 들어가기 위한 열쇠입니다.

> ### 상관관계 요약
>
> 신경망은 입력 계층과 출력 계층 사이에서 입력 데이터셋과 출력 데이터셋에 의해 각각 결정되는 직접적 상관관계와 간접적 상관관계를 찾으려 노력합니다.

넓은 관점에서 보면, 모든 신경망이 상관관계 요약을 수행합니다. 신경망이 실제로는 계층에 의해 연결된 일련의 행렬에 불과하다는 사실을 고려해서, 이제 특정 가중치 행렬이 하는 일을 조금 더 가까이에서 들여다보겠습니다.

> ### 지역 상관관계 요약
>
> 모든 가중치 집합은 자신의 입력 계층과 출력 계층의 출력을 연관시키는 방법을 학습하기 위해 최적화합니다.

신경망에 입력과 출력, 이렇게 두 계층만 있을 때, 가중치 행렬은 출력 데이터셋에 근거해서 출력 계층이 어떤 답을 출력해야 하는지를 알고 있습니다. 이 가중치 행렬은 입력 계층과 출력 계층 사이에 포착된 입력 데이터셋과 출력 데이터셋 사이의 상관관계를 탐색합니다. 하지만 계층이 더 많아질 때는 미묘한 차이가 생깁니다. 기억하나요?

> ### 전역 상관관계 요약
>
> 앞 계층의 출력은 뒤 계층의 출력을 두 계층 사이의 가중치로 곱함으로써 결정될 수 있습니다. 같은 방식으로, 뒤에 있는 계층은 앞에 있는 계층에게 출력과의 상관관계를 찾기 위해 필요한 신호의 종류가 어떤 것인지 설명할 수 있습니다. 이러한 상호 소통을 일컬어 역전파라고 합니다.

전역 상관관계가 각 계층에 출력 정답을 가르칠 때, **지역 상관관계**는 가중치를 지역적으로 최적화할 수 있습니다. 최종 계층 안에 있는 뉴런이 "난 조금 더 커져야겠어"라고 말하면 해당 뉴런은 바로 앞 계층에 있는 모든 뉴런에게 "이봐요, 앞에 있는 계층씨, 저에게 더 높은 신호를 보내주세요"라고 말합니다. 이 말을 들은 뉴런들은 또다시 자기 앞에 있는 뉴런들에게 "저기요, 우리한테 더 높은 신호를 보내주세요"라고 말하죠. 이건 마치 거대한 '고요 속의 외침 게임'[1] 같습니다. 게임의 막바지에는 모든 계층이 자신의 뉴런이 더 커지거나 낮아져야 하는지를 알게 되며, 지역 상관관계 요약이 그에 따라 가중치를 갱신하는 임무를 넘겨받습니다.

미리 너무 복잡해져 버린 시각화

심상을 단순하게, 시각화도 단순하게

여기까지 공부한 여러분은 다음 그림과 같이 신경망을 그릴 수 있어야 합니다. 입력 데이터셋은 layer_0 안에 있고 가중치 행렬에 의해 (많은 선을 통해) layer_1에 연결되어 있으며, 그런 식으로 계속해서 계층 간의 연결을 형성하고 있습니다. 이 그림은 가중치와 계층이 함께 함수를 학습하는 방법의 기초를 배우는 데 유용하게 쓰였죠.

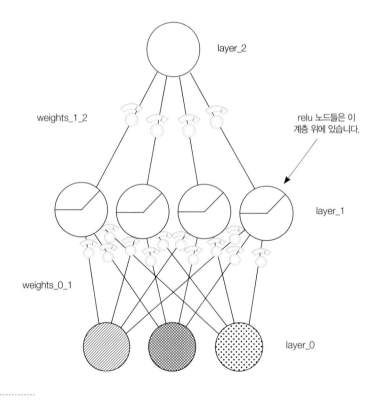

---

1 역자주_ 여러 명이 줄지어 헤드폰을 끼고 다음 사람에게 단어를 전달하는 그 전통적인 레이크레이션 게임 말이죠.

하지만 이 그림은 너무 많은 디테일을 담고 있습니다. 주어진 상관관계 요약에 관해서는 개별 가중치를 갱신하는 방법을 고려할 필요가 없다는 사실을 이미 알고 있는데 말이죠. 뒤쪽에 있는 계층은 앞에 있는 계층과 소통하는 방법을 알고 있습니다. "이봐요, 저는 더 높은 신호가 필요해요" 또는 "저기요, 저는 낮은 신호가 필요해요"라고 말하면 됩니다. 사실, 가중치가 제대로 움직이면서 일반화하는 방식으로 상관관계를 포착하기만 한다면 여러분은 가중치 값을 더는 신경 쓸 필요가 없습니다.

이 변화를 반영하기 위해, 그림 위에 나타난 시각화를 바꿔보겠습니다. 잠시 후에 우리는 이해를 돕기 위한 다른 몇 가지 작업도 할 겁니다. 아시다시피, 신경망은 일련의 가중지 행렬로 신경망을 사용한다는 것은 결국 각 계층에 해당하는 벡터를 생성한다는 의미이기도 합니다.

이 그림에서 노드와 노드 사이에 있는 직선은 가중치 행렬을 나타내며 노드 한 줄은 벡터를 나타냅니다. 예를 들어 `weights_1_2`는 행렬이고, `weights_0_1`도 행렬이며, `layer_1`은 벡터입니다.

이 장의 후반부에서 우리는 벡터와 행렬을 매우 창의적인 방식으로 정리할 겁니다. 그러니까 개별 가중치에 의해 연결된 각 노드를 일일이 보여주는 세부사항은 다른 곳에 치워 두고(예를 들어 `layer_1` 안에 500개 노드가 있다면 읽기 어려우므로), 흔하게 쓰이는 일반적인 용어로 생각해보는 겁니다. 이들을 임의의 크기로 이루어진 벡터와 행렬로 간주하는 거죠.

단순화한 시각화

신경망은 레고 블록과 같습니다. 벡터와 행렬은 신경망의 레고 블록입니다.

더 나아가서, 레고 블록을 조립하듯 새로운 신경망 아키텍처를 구축해보겠습니다. 상관관계 요약의 장점은 신경망의 모든 요소(역전파, 경사하강법, 알파, 드롭아웃, 미니 배치, 기타 등등)를 어떤 형태로 배치해야 할지를 요구하지 않는다는 점입니다. 일련의 행렬을 어떻게 조립하고 계층들을 붙이든 간에, 신경망은 입력 계층과 출력 계층 사이에 놓인 모든 가중치를 갱신하며 데이터 안에 있는 패턴을 배워나갑니다.

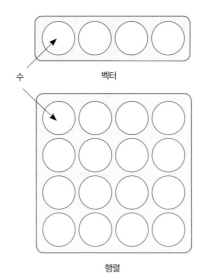

수

벡터

행렬

신경망을 레고 블록처럼 표현하기 위해, 우리는 오른쪽 그림과 같이 생긴 블록으로 이루어진 신경망을 만들 겁니다. 줄은 벡터이고 상자는 행렬이며, 원은 개별 가중치입니다. 상자는 수평적이든 수직적이든 '벡터의 벡터'로 간주할 수 있음을 유념하세요.

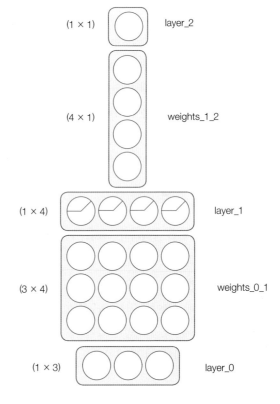

(1 × 1) layer_2

(4 × 1) weights_1_2

(1 × 4) layer_1

(3 × 4) weights_0_1

(1 × 3) layer_0

더 단순하게

행렬의 차원수는 계층에 의해 결정됩니다.

눈치가 빠른 독자라면 앞 절에서 한 가지 패턴을 알아챘을 겁니다. 각 행렬의 차원수(행과 열의 수)가 행렬의 앞과 뒤에 있는 계층의 차원수와 직접적인 관계를 맺고 있다는 사실을 말입니다. 따라서 더 단순한 시각화가 가능합니다.

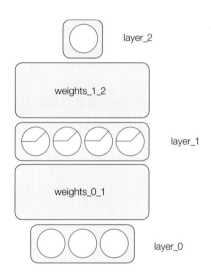

위의 그림을 보세요. 우리는 신경망 구축에 필요한 모든 정보를 가지고 있습니다. 앞 계층(layer_0)이 3차원, 다음 계층(layer_1)이 4차원이므로 우리는 **weights_0_1**이 (3×4) 행렬이라는 사실을 유추할 수 있습니다. 그러므로, 행렬이 **layer_0** 안의 각 노드를 **layer_1** 안에 있는 각 노드와 연결하는 단일 가중치를 가질 수 있을 정도로 충분히 크려면, 해당 행렬의 크기는 (3×4)이어야 합니다.

이 그림은 우리에게 상관관계 요약을 통해 신경망을 바라볼 수 있게 합니다. 신경망이 하는 일은 layer_0과 layer_2 사이의 상관관계를 찾기 위해 가중치들을 조정하는 것이 전부입니다. 신경망은 이 책에서 지금까지 언급한 모든 방법을 동원해서 이 일을 합니다. 하지만 입력 계층과 출력 계층사이의 가중치와 계층을 어떻게 구성하는 가는 신경망이 성공적으로 상관관계를 찾아낼 수 있는가(그리고/또는 얼마나 빨리 상관관계를 찾아낼 것인가)에 관해 커다란 영향을 가집니다.

신경망의 계층과 가중치의 배치 형태를 일컬어 아키텍처architecture라고 부르며, 이 책의 나머지 부분에서는 다양한 아키텍처의 장단점을 논할 겁니다. 상관관계 요약이 우리에게 보여주는 것처럼, 신경망은 입력 계층과 출력 계층 사이의 상관관계를 찾기 위해 가중치들을 조정하며 가끔은 은닉 계층 안에 상관관계를 만들기까지 합니다. **각종 신경망 아키텍처는 상관관계 탐색을 용이하게 하기 위해 신호를 전송합니다.**

요점 정리

우수한 신경망 아키텍처는 상관관계 탐색을 용이하게 하기 위해 신호를 전송합니다. 위대한 신경망 아키텍처는 과적합을 막을 수 있도록 잡음을 걸러 내기까지 합니다.

상관관계를 더 빨리 찾아내고 처음 보는 데이터에 대해 더욱 잘 일반화할 수 있는 새로운 아키텍처를 찾는 연구가 신경망 연구의 대부분을 차지합니다. 이러한 맥락에서 우리 역시 이 책의 나머지 분량 중 상당 부분을 새로운 아키텍처를 논의하는 데 할애할 겁니다.

이 신경망이 예측하는 모습을 관찰해봅시다

시스템을 통해 흐르는 신호등 예제 데이터를 그림으로 그려봅시다.

오른쪽 그림 1의 신호등 데이터셋에서 하나의 데이터 요소가 선택되었습니다. layer_0이 정확한 값으로 설정되었네요.

그림 2에서 layer_0에 대해 4개의 다른 가중합이 수행되었습니다. 이 가중합들은 weights_0_1에 의해 수행되었습니다. 기억을 돕기 위해 말씀드리자면, 이 절차는 **벡터-행렬 곱**vector-matrix multiplication입니다. 이들 4개의 값은 layer_1 내부의 네 곳에 놓이며 relu 함수를 (음수를 0으로 설정하며) 통과합니다. 그리고 layer_1 내부의 왼쪽으로부터 세 번째 값은 음수[2]였지만, relu 함수를 통과하면서 0으로 바뀌었습니다.

그림 3에 나타난 것처럼, 마지막 단계는 다시 벡터-행렬 곱 절차를 이용하여 layer_1의 가중 평균을 구합니다. 이를 통해 신경망은 최종 예측치인 숫자 0.9를 얻습니다.

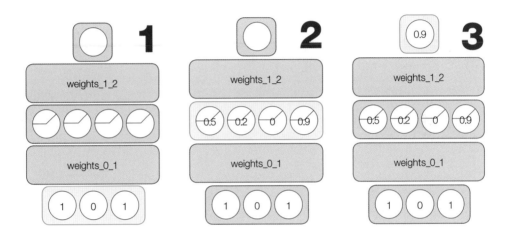

복습: 벡터-행렬 곱

벡터-행렬 곱은 벡터의 복수 가중합을 수행합니다. 이 계산에서 행렬이 반드시 벡터와 동일한 행 개수를 가지고 있어야 행렬의 각 열이 고유한 가중합을 수행할 수 있습니다. 따라서 행렬의 열 개수가 4개면, 가중합 역시 4개가 생성됩니다. 각 합에 가중치를 매기는 작업은 행렬의 값에 따라 이뤄집니다.

----

2 역자주_ 저자가 음수로 가정한 상황입니다.

그림 대신 문자로 시각화하기

이 모든 그림과 설명은 사실 대수의 한 조각입니다.

행렬과 벡터를 간단한 그림으로 나타냈던 것처럼 문자의 형태로도 똑같이 시각화할 수 있습니다.

어떻게 하면 수학을 이용해서 행렬을 시각화할 수 있을까요? 일단 대문자 하나를 고르세요. 저는 기억하기 좋게 가중치[weights]의 W를 골랐습니다. 조그맣게 표시한 0은 여러 W# 중에 하나라는 뜻입니다. 예제에서 신경망은 2개입니다. 저는 아무 대문자나 고를 수도 있었지만, 이 조그만 첨자 0 덕에 W 하나로 가중치 행렬을 모두 구별할 수 있게 됐습니다. 자신이 사용할 시각화니까 여러분도 나름대로 최대한 기억하기 좋게 해보세요.

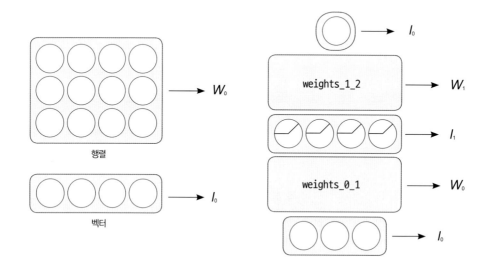

그럼 수학을 이용한 벡터의 시각화는 어떻게 할 수 있을까요? 소문자를 고르세요. 계층[layer]인 벡터가 잔뜩 있어서 l이 기억하는 데 도움이 될 거라고 생각해 책에는 l로 표기했습니다. 그리고 계층마다 새 이름을 붙이면 복잡하니 l 옆에 숫자로 번호를 붙였습니다. 정답 같은 건 없습니다.

수학을 이용한 행렬과 벡터의 시각화가 이렇다면, 신경망의 다른 부분은 어떻게 표현할 수 있을까요? 위 그림이 신경망의 각 부분을 가리키는 변수를 잘 정리한 그림입니다. 하지만 변수정의 자체가 어떻게 이들이 관계되어 있는지를 보여주진 않죠. 이제 벡터-행렬 곱을 통해 변수들을 결합해보겠습니다!

변수 연결하기

함수와 연산을 나타내도록 문자를 서로 결합할 수 있습니다.

벡터-행렬 곱은 단순합니다. 서로 곱하는 두 문자를 그냥 서로를 옆에 두기만 하면 시각화가 끝납니다. 아래는 그 예입니다.

수식	해석
$l_0 W_0$	계층 0 벡터를 취해서 가중치 행렬 0에 대해 벡터-행렬 곱을 수행합니다.
$l_1 W_1$	계층 1 벡터를 취해서 가중치 행렬 1에 대해 벡터-행렬 곱을 수행합니다.

파이썬 코드와 거의 동일해보이는 표기법을 이용해서 여기에 relu 같은 임의의 함수를 덧붙일 수도 있습니다. 놀랍도록 직관적이죠.

$l_1 = relu(l_0 W_0)$	계층 1 벡터를 생성하려면, 계층 0 벡터를 취해서 가중치 행렬 0에 대해 벡터-행렬곱을 수행합니다. 그리고 출력에 대해 (모든 음수를 0으로 바꾸는) relu 함수를 실행합니다.
$l_2 = l_1 W_1$	계층 2 벡터를 생성하려면, 계층 1 벡터를 취해서 가중치 행렬 1에 대해 벡터-행렬 곱을 수행합니다.

여러분도 눈치챘겠지만 계층 2 수식은 계층 1을 입력 변수로써 가지고 있습니다. 이로써 이 변수들을 서로 연결해서 **신경망 전체**를 식 하나로 표현할 수 있다는 사실을 알 수 있습니다.

$l_2 = relu(l_0 W_0)W_1$	그러므로 순전파 단계 안에 있는 모든 논리를 이 공식 하나에 담을 수 있습니다. 주의: 벡터와 행렬은 계산에 적합한 차원을 가지고 있다는 전제하에 이 식에 사용되었습니다.

모두 나란히

시각화, 대수공식, 파이썬 코드를 한 자리에

글보다는 다음 쪽의 코드와 수식, 그림을 보세요. 잠시 짬을 내서 순전파의 각 부분을 네 가지 방법으로 관찰해보세요. 여러 관점에서 관찰해보고 순전파와 아키텍처를 깊이 이해할 수 있기를 바랍니다.

`코드` `layer_2 = relu(layer_0.dot(weights_0_1)).dot(weights_1_2)`

`수식` $l_2 = relu(l_0 W_0) W_1$

`그림`

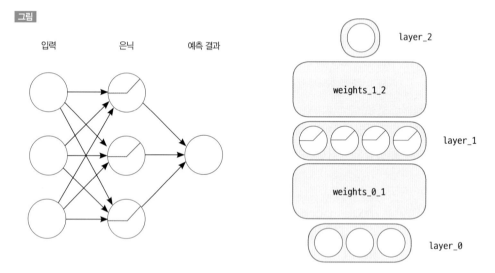

시각화 도구의 중요성

우리는 새로운 아키텍처를 공부할 겁니다.

이다음에는 벡터와 행렬을 창의적으로 결합하는 방법을 배울 겁니다. 각 아키텍처를 설명하는 제 능력은 독자 여러분이 지금까지 제가 설명한 내용(혹은 제 언어)을 얼마나 이해하고 있는가에 전적으로 달려있습니다. 그러므로 순전파가 벡터와 행렬을 다루는 방법과 다양한 형태로 순전파를 표현하는 방법을 분명하게 이해하기 전까지는 다음 장으로 넘어가면 안 됩니다.

핵심 요점

우수한 신경망 아키텍처는 상관관계 탐색을 용이하게 하기 위해 신호를 전송합니다. 위대한 신경망 아키텍처는 과적합을 막을 수 있도록 잡음을 걸러 내기까지 합니다.

앞에서 언급한 것처럼, 신경망 아키텍처는 신호가 신경망을 통해 흐르는 과정을 통제합니다. 이들 아키텍처를 생성하는 과정은 신경망이 상관관계를 감지하는 방법에 영향을 미칠 겁니다. 그리고 여러분은 의미 있는 상관관계가 존재하는 영역에 집중하는 능력을 최대화하고 잡음을 담고 있는 영역에 집중하는 능력을 최소화하는 신경망 아키텍처를 만들어내길 바라는 자신을 발견하게 될 겁니다.

하지만 각 데이터셋과 도메인은 저마다의 특징을 가집니다. 예를 들어 이미지 데이터에는 텍스트 데이터와는 다른 종류의 신호와 잡음이 있습니다. 신경망을 여러 가지 상황에서 사용할 수 있지만, 상관관계의 특정 형식을 알아내는 능력이 저마다 다르므로 문제의 종류가 달라지면 다른 종류의 아키텍처를 사용하는 것이 적합합니다. 그래서 이어지는 다음 몇 장에서는 여러분이 추구하는 상관관계 탐지에 신경망을 특화하는 방법을 다루려 합니다. 곧 다시 만나요!

## CHAPTER 8

신호 학습과 잡음 제거

: 정규화와 배치 소개

- 과적합
- 드롭아웃
- 배치 경사하강법

"변수 4개면 코끼리 모양의 그래프 수식을 만들 수 있고, 하나 더 추가하면 코끼리가 코를 흔드는 모양의 수식도 만들 수 있습니다."

– 존 폰 노이만, 수학자이자 물리학자, 컴퓨터 과학자, 박식가

3계층 신경망으로 MNIST 도전하기

새 신경망으로 MNIST 데이터셋에 다시 도전하세요.

지난 몇 개의 장에서 우리는 신경망이 상관관계를 모사한다는 사실을 배웠습니다. 은닉 계층 (3계층 신경망에서 중간에 있는 계층)은 문제 해결을 위해 중간 상관관계를 (공중에 떠 있는 것처럼) 형성하기까지 합니다. 그러면 신경망이 형성한 상관관계가 우수한지는 어떻게 판단할 수 있을까요?

복수 입력을 받는 확률적 경사하강법을 논의[127쪽]하면서, 우리는 가중치 하나를 동결한 채로 신경망을 계속 학습시키는 실험을 했습니다. 신경망이 학습 과정에서 그릇 밑바닥에 있는 점을

발견하고 오차를 최소화하면서 가중치를 조정하기도 했습니다.

가중치를 동결했을 때에도 동결된 가중치는 여전히 그릇의 밑바닥을 찾아냈습니다. 어떤 원인에 의해 동결된 가중치 값이 최적이 되도록 그릇이 이동했습니다. 사실, 추가 학습을 하려고 가중치를 동결 해제해도 신경망은 더 학습할 수 없었을 겁니다. 원인이요? 오차가 이미 0으로 떨어졌기 때문입니다. 신경망에 있어서는 더 이상 학습할 것이 없었던 겁니다.

이제 이런 질문이 나올 법합니다. 만약 동결된 가중치에 대한 입력 데이터가 실제 야구 경기 결과 예측에 중요하다면 무슨 일이 생길까요? 학습 데이터셋 안에서 승패를 정확하게 예측하는 방법을 찾아냈지만(오차를 최소화하는 것이 신경망이 하는 일이니까요) 어쩌다가 중요한 입력을 학습 데이터셋에 포함하는 것을 잊었다면요?

불행히도 이런 현상, 즉 과적합은 신경망에서 정말 흔하게 일어납니다. 과적합은 신경망에 있어 불구대천의 원수 같은 존재입니다. 더욱이 신경망의 표현 능력이 강해질수록(계층과 가중치가 많아질수록) 신경망은 과적합에 더 취약해집니다. 그래서 신경망 분야의 연구자들은 과적합과 끊임없는 사투를 벌이고 있습니다. 계속해서 더 강력한 계층이 필요한 과업을 찾아내는 동시에, 신경망이 과적합에 빠지지 않으려면 수많은 문제를 해결해야 하거든요.

이번 장에서는 **정규화**regularization의 기초를 설명합니다. 정규화는 과적합과의 싸움에서 승리를 위한 단초입니다. 이를 위해 가장 도전적인 과업(MNIST 숫자 분류)을 수행하는 강력한 신경망(relu 은닉 계층을 포함하는 3계층 신경망)부터 정규화를 시작해보겠습니다.

정규화를 시작하려면 먼저 다음에 나타난 신경망을 학습시키세요. 198쪽과 같은 결과가 나타나야 합니다. 오! 신경망이 학습 데이터를 완벽히 예측하도록 학습했군요. 그럼 우리는 축하해야 할까요?

```
# 역자주_ 케라스와 텐서플로를 설치해야 동작합니다. 다음 명령으로 설치하고 코드를 실행하세요.
import sys, numpy as np
from keras.datasets import mnist

(x_train, y_train), (x_test, y_test) = mnist.load_data()

images, labels = (x_train[0:1000].reshape(1000,28*28) / 255, y_train[0:1000])

one_hot_labels = np.zeros((len(labels),10))
for i,l in enumerate(labels):
```

```
        one_hot_labels[i][l] = 1
labels = one_hot_labels

test_images = x_test.reshape(len(x_test), 28 * 28) / 255
test_labels = np.zeros((len(y_test), 10))
for i,l in enumerate(y_test):
    test_labels[i][l] = 1

np.random.seed(1)
relu = lambda x:(x>=0) * x          ◄──────── x >= 0이면 x를 반환하며, 다른 경우엔 0을 반환합니다.
relu2deriv = lambda x: x>=0          ◄──────── x >= 0이면 1을 반환하며, 다른 경우엔 0을 반환합니다.
alpha, iterations, hidden_size, pixels_per_image, num_labels = (0.005, 350, 40, 784,
10)

weights_0_1 = 0.2*np.random.random((pixels_per_image, hidden_size)) - 0.1
weights_1_2 = 0.2*np.random.random((hidden_size, num_labels)) - 0.1

for j in range(iterations):
    error, correct_cnt = (0.0, 0)

    for i in range(len(images)):
        layer_0 = images[i:i+1]
        layer_1 = relu(np.dot(layer_0, weights_0_1))
        layer_2 = np.dot(layer_1, weights_1_2)

        error += np.sum((labels[i:i+1] - layer_2) ** 2)
        correct_cnt += int(np.argmax(layer_2) == \
                                    np.argmax(labels[i:i+1]))

        layer_2_delta = (labels[i:i+1] - layer_2)
        layer_1_delta = layer_2_delta.dot(weights_1_2.T)\
                                * relu2deriv(layer_1)
        weights_1_2 += alpha * layer_1.T.dot(layer_2_delta)
        weights_0_1 += alpha * layer_0.T.dot(layer_1_delta)

    sys.stdout.write("\r I:"+str(j)+ \
                " Train-Err:" + str(error/float(len(images)))[0:5] +\
                " Train-Acc:" + str(correct_cnt/float(len(images))))
```

```
....
I:349 Error:0.108 Correct:1.0
```

흠, 쉬운데요

신경망이 이미지 1,000개 모두를 예측하도록 완벽하게 학습했습니다.

어떻게 보면 이 실험에서 우리는 MNIST를 완전히 정복했다고 할 수 있습니다. 우리가 만든 신경망이 이미지 1,000개로 이루어진 데이터셋을 취해서 각 입력 이미지를 정답 레이블에 연관시킬 수 있도록 학습할 수 있었죠.

어떻게 이것이 가능했을까요? 신경망은 각 이미지를 반복해서 예측한 다음, 더 나은 예측을 할 수 있도록 각 가중치를 아주 조금씩 수정했습니다. 이 과정을 모든 이미지에 대해 충분히 오래 수행하면 결국에는 신경망이 모든 이미지를 정확히 예측할 수 있는 상태에 도달합니다.

여기에서 어려운 질문을 하나 하겠습니다. 신경망은 처음 본 이미지를 얼마나 잘 분류할 수 있을까요? 다시 말해, 학습에 사용했던 이미지 1,000개에 포함되지 않았던 이미지에 대해서 신경망은 얼마나 잘 예측할 수 있을까요? MNIST 데이터셋에는 여러분이 학습시켰던 1,000개 외에도 훨씬 더 많은 이미지가 포함되어 있습니다.

앞의 코드에는 변수 2개 `test_images`, `test_labels`가 있었습니다. 다음 코드는 신경망을 동작시켜서 이미지를 얼마나 잘 분류하는지를 평가할 겁니다.

```
if(j % 10 == 0 or j == iterations-1):
    error, correct_cnt = (0.0, 0)

    for i in range(len(test_images)):

        layer_0 = test_images[i:i+1]
        layer_1 = relu(np.dot(layer_0, weights_0_1))
        layer_2 = np.dot(layer_1,weights_1_2)

        error += np.sum((test_labels[i:i+1] - layer_2) ** 2)
        correct_cnt += int(np.argmax(layer_2) == np.argmax(test_labels[i:i+1]))

    sys.stdout.write(" Test-Err:" + str(error/float(len(test_images)))[0:5] +\
                    " Test-Acc:" + str(correct_cnt/float(len(test_images))))
    print()
```

```
Test-Err:0.653 Test-Acc:0.7073
```

끔찍합니다! 예측 정확도Test-Acc가 70.73%밖에 되지 않네요. 학습 데이터에서는 100% 예측 정확도가 나오도록 학습했던 신경망이 테스트 이미지를 만나서는 왜 이토록 실망스러운 결과를 보이는 걸까요? 정말 이상합니다.

이 70.73% 숫자를 일컬어 **테스트 정확도**test accuracy라고 합니다. 테스트 정확도는 신경망이 처음 보는 데이터에 대한 신경망의 예측 정확도를 말합니다. 이 숫자는 신경망이 (한 번도 보지 못했던 이미지만 주는) 실제 세계에서 사용됐을 때 얼마나 잘 동작할지를 미리 보여주는 중요한 척도입니다. 다시 말하지만, 테스트 정확도는 정말 중요한 점수입니다.

암기 vs 일반화

1,000개 이미지를 암기하는 것이 모든 이미지를 일반화하기보다 더 쉽습니다.

신경망이 학습하는 과정을 다시 한번 돌아봅시다. 신경망은 각 행렬 안에 있는 각 가중치를 조정함으로써, **특정 입력**을 취해 **특정 예측**을 수행합니다. 어쩌면 이런 식으로 질문을 던져볼 필요도 있겠습니다.

> "1,000개 이미지를 완벽하게 예측하도록 학습한 신경망이 처음 보는 이미지를 어떻게 조금이라도 예측할 수 있는 걸까요?"

여러분의 기대와 같이, 완전히 학습을 끝낸 신경망이 새 이미지를 만나면 그 이미지가 학습 데이터 중 하나와 거의 같아야만 정상적인 동작을 보장할 수 있습니다. 왜냐고요? 그 신경망은 **아주 특정한 입력 형상에 대해서만** 입력 데이터를 출력 데이터로 변환하도록 학습했기 때문입니다. 친숙하지 않은(학습과 무관한) 무언가를 입력하면 신경망은 자기 멋대로 예측할 겁니다.

이런 식이라면 신경망을 왜 써야 하는지 의문이 생깁니다. 학습한 데이터에 대해서만 동작한다면 신경망이 무슨 쓸모가 있죠? 굳이 신경망을 이용하지 않아도 우리는 1,000개 데이터 요소를 정확히 분류할 수 있는데 말입니다. 우리가 답을 모르는 데이터에 대해 답을 줄 수 있어야 신경망이 쓸모 있는 겁니다.

하지만 이 문제를 해결할 방법이 없는 것은 아닙니다. 다음 쪽에 신경망의 학습 정확도와 **테스트 정확도를 학습 수행 중**에 (매 10회 반복마다) 출력한 내용이 있습니다. 눈에 띄는 부분이 있나요? 더 진보한 신경망에 대한 실마리가 보이나요?

```
I:0   Train-Err:0.722 Train-Acc:0.537 Test-Err:0.601 Test-Acc:0.6488
I:10  Train-Err:0.312 Train-Acc:0.901 Test-Err:0.420 Test-Acc:0.8114
I:20  Train-Err:0.260 Train-Acc:0.93  Test-Err:0.414 Test-Acc:0.8111 ←——————— ㉮
I:30  Train-Err:0.232 Train-Acc:0.946 Test-Err:0.417 Test-Acc:0.8066
I:40  Train-Err:0.215 Train-Acc:0.956 Test-Err:0.426 Test-Acc:0.8019
I:50  Train-Err:0.204 Train-Acc:0.966 Test-Err:0.437 Test-Acc:0.7982
I:60  Train-Err:0.194 Train-Acc:0.967 Test-Err:0.448 Test-Acc:0.7921
I:70  Train-Err:0.186 Train-Acc:0.975 Test-Err:0.458 Test-Acc:0.7864
I:80  Train-Err:0.179 Train-Acc:0.979 Test-Err:0.466 Test-Acc:0.7817
I:90  Train-Err:0.172 Train-Acc:0.981 Test-Err:0.474 Test-Acc:0.7758
I:100 Train-Err:0.166 Train-Acc:0.984 Test-Err:0.482 Test-Acc:0.7706
I:110 Train-Err:0.161 Train-Acc:0.984 Test-Err:0.489 Test-Acc:0.7686
I:120 Train-Err:0.157 Train-Acc:0.986 Test-Err:0.496 Test-Acc:0.766
I:130 Train-Err:0.153 Train-Acc:0.99  Test-Err:0.502 Test-Acc:0.7622
I:140 Train-Err:0.149 Train-Acc:0.991 Test-Err:0.508 Test-Acc:0.758
....
I:210 Train-Err:0.127 Train-Acc:0.998 Test-Err:0.544 Test-Acc:0.7446
I:220 Train-Err:0.125 Train-Acc:0.998 Test-Err:0.552 Test-Acc:0.7416
I:230 Train-Err:0.123 Train-Acc:0.998 Test-Err:0.560 Test-Acc:0.7372
I:240 Train-Err:0.121 Train-Acc:0.998 Test-Err:0.569 Test-Acc:0.7344
I:250 Train-Err:0.120 Train-Acc:0.999 Test-Err:0.577 Test-Acc:0.7316
I:260 Train-Err:0.118 Train-Acc:0.999 Test-Err:0.585 Test-Acc:0.729
I:270 Train-Err:0.117 Train-Acc:0.999 Test-Err:0.593 Test-Acc:0.7259
I:280 Train-Err:0.115 Train-Acc:0.999 Test-Err:0.600 Test-Acc:0.723
I:290 Train-Err:0.114 Train-Acc:0.999 Test-Err:0.607 Test-Acc:0.7196
I:300 Train-Err:0.113 Train-Acc:0.999 Test-Err:0.614 Test-Acc:0.7183
I:310 Train-Err:0.112 Train-Acc:0.999 Test-Err:0.622 Test-Acc:0.7165
I:320 Train-Err:0.111 Train-Acc:0.999 Test-Err:0.629 Test-Acc:0.7133
I:330 Train-Err:0.110 Train-Acc:0.999 Test-Err:0.637 Test-Acc:0.7125
I:340 Train-Err:0.109 Train-Acc:1.0   Test-Err:0.645 Test-Acc:0.71
I:349 Train-Err:0.108 Train-Acc:1.0   Test-Err:0.653 Test-Acc:0.7073
```

신경망에서의 과적합

학습을 너무 많이 하면 오히려 신경망이 망가질 수 있습니다!

어떤 이유에선지, 신경망이 학습하는 첫 20회(㉮)까지만 **테스트** 정확도가 상승하고 그 이후로 **학습** 정확도는 계속 상승하는 반면, 테스트 정확도는 천천히 낮아졌습니다. 이런 현상은 신경 망에서 비일비재합니다. 비유를 통해 이 현상을 설명해보겠습니다.

수저통에서 세 갈래 포크를 꺼내어 이 포크의 형상을 본뜬 틀을 만든다고 생각해봅시다. 틀의 용도는 새 포크를 만드는 게 아니라 '특정 도구가 포크인지'를 식별하는 용도입니다. 어떤 물건 이 이 틀에 딱 들어맞으면 포크이고, 그렇지 않으면 포크가 아니라고 판단할 겁니다.

틀을 만들려면 점토에 포크를 눌러 넣어서 포크 윤곽을 만들어야겠죠. 여러 개 포크를 눌러 점 토에 정확히 찍히도록 합시다. 점토가 마르고 나면 포크는 전부 들어맞지만, 스푼이나 나이프 등 다른 도구는 이 틀에 들어맞지 않을 겁니다. 멋지네요! 여러분이 해냈습니다. 여러분은 포크 의 모양에만 딱 들어맞는 틀을 만들었어요.

그런데 네 갈래 포크가 주어지면 어떤 일이 생길까요? 우리가 만들었던 포크 틀을 한번 봅시 다. 틀 안에는 3개의 긴 갈래 윤곽이 있을 겁니다. 슬프게도 네 갈래 포크는 틀에 들어맞지 않 습니다. 왜죠? 네 갈래 포크도 포크인데 말입니다.

이유는 네 갈래 포크에 맞도록 틀을 만들지 않았기 때문입니다. 오로지 세 갈래 포크에만 맞춰 틀을 만들었거든요. 틀을 만드는 데 사용된 점토는 자신이 '학습한' 포크의 유형만 인식하도록 **과적합** 되었습니다.

이 광경은 신경망에서 우리가 목격한 바로 그 현상과 똑같습니다. 심지어 우리 생각보다 더 유 사합니다. 신경망이 가중치를 바라보는 한 가지 방법은 이것을 고차원 도형으로 간주하는 겁니 다. 신경망이 학습하는 동안, 패턴과 패턴을 구분하는 방법을 배우며 이 도형은 데이터의 모양 에 따라 포크 틀처럼 틀을 형성합니다. 불행히도, 테스트 데이터셋 안에 있는 이미지들은 학습 데이터셋의 이미지들과 패턴이 **아주 약간** 달랐습니다. 이 차이가 신경망이 테스트 예제에서 많 은 실패를 겪게 만든 겁니다.

과적합 신경망에 대한 더 공식적인 정의는 **진짜 신호**에만 기반해서 의사 결정을 하는 대신, 데 이터셋에서 **잡음**을 학습한 신경망을 말합니다.

오버피팅의 원인

무엇이 신경망을 과적합으로 이끌까요?

이야기를 조금 바꿔보죠. 포장지를 뜯은 새 점토를 떠올려보세요. 포크 하나를 살짝만 눌렀다면 어떻게 될까요? 점토가 아주 두껍다고 가정하면, (여러 차례 각인했던) 아까처럼 자세한 형상이 틀 위에 형성되진 않을 겁니다. 그러므로 이 틀은 **아주 일반적인 포크 형상**을 띠게 되겠죠. 아마 이 형상은 세 갈래 포크, 네 갈래 포크 모두와 호환될 겁니다. 흐릿하게 각인된 형상이니까요.

이런 정보를 감안해보면 포크를 여러 차례 각인할수록 틀은 테스트 데이터셋에서 나쁜 결과를 보였습니다. 틀이 본을 뜰 때 사용했던 학습 데이터셋으로부터 더 자세한 정보를 학습했기 때문입니다. 이러한 원인이 학습 데이터에서 반복적으로 관찰한 데이터와 살짝만 다른 이미지조차도 신경망이 거부하도록 만들었습니다.

테스트 데이터와 호환되지 않는 이미지의 **상세 정보**는 무엇일까요? 포크 비유에서는 포크의 갈래 수입니다. 이미지에서는 일반적으로 **잡음**이라고 합니다. 현실에서는 의미가 조금 더 미묘하게 다른데요, 아래의 두 강아지 사진을 같이 생각해보시죠.

'강아지'의 필수 특징을 넘어 각 사진을 독특하게 만드는 모든 것은 **잡음**이라는 단어로 표현할 수 있습니다. 왼쪽 그림에서는 베개와 배경 모두가 잡음입니다. 오른쪽 그림에서 공백과 가운데에 있는 강아지의 검은색이 잡음이고요. 이 그림들이 강아지임을 말해주는 것은 경계선입니다. 강아지 형상 내부의 검은색은 아무 정보도 갖고 있지 않습니다. 왼쪽 그림에서 강아지의 가운데 부분은 분류기가 강아지를 정확히 식별할 수 있도록 털 질감과 강아지 색에 대한 정보를 갖고 있습니다.

어떻게 하면 신경망이 **신호**(강아지의 본질)만 학습하고 잡음(분류와 관계없는 나머지 것들)은 무시하게 할 수 있을까요? 이 문제를 해결할 수 있는 한 가지 방법은 **조기 종료**early stopping입니다.

많은 잡음이 이미지의 세부 정보에서 나타나고 (물건에 대한) 신호 대부분은 보편적인 형상과 이미지의 색상에서 발견되니까요.

가장 단순한 정규화 : 조기 종료

신경망이 악화되기 시작할 때 학습을 멈추세요.

어떻게 해야 신경망이 작디작은 세부 정보는 무시하고 데이터 안에 존재하는 (깅아지나 MNIST 숫자의 일반적인 형상 같은) 일반적인 정보만 포착하도록 할 수 있을까요? 해답은 신경망을 너무 오래 학습시키지 않는 겁니다.

포크 틀 예제에서 세 갈래 포크의 완벽한 윤곽을 형성하기 위해 많은 포크를 수없이 많이 각인시켰습니다. 처음 몇 번 각인했을 때는 포크의 얇은 윤곽만 일반화해서 포착했죠. 신경망도 같은 원리로 설명할 수 있습니다. 결론적으로 **조기 종료**는 가장 비용 효율적인 정규화이며, 특히 여러분이 궁지에 몰려 있을 때는 특효약이 될 수 있습니다.

조기 종료는 이번 장의 주제와 관련이 있습니다. 바로 **정규화**regularization말입니다. 정규화는 (학습 데이터를 외우기만 하는 대신) 모델을 새 데이터 요소에 대해 **일반화**시키는 기법이자, 신경망으로 하여금 신호는 학습하고 잡음은 제거케 하는 기법의 일부입니다. 그리고 이러한 속성을 가지는 신경망을 구축할 때 여러분 마음대로 사용할 수 있는 도구 모음이기도 합니다.

> **정규화**
>
> 정규화는 모델이 학습 데이터의 세부 사항을 학습하는 난이도를 높임으로써 일반화를 독려하도록 사용하는 기법의 일부입니다.

아마도 다음 질문은 "학습을 언제 종료할지 어떻게 알지요?"일 겁니다. 종료 타이밍을 알 수 있는 유일한 방법은 학습 데이터셋에 존재하지 않는 데이터를 이용해서 모델을 실행해보는 겁니다. 이 과정은 **검증 셋**validation set이라 부르는 두 번째 데이터셋을 이용하여 수행합니다. 어떤 때는 종료할 시점을 파악하기 위해 테스트 셋을 사용하는 경우에 **테스트 셋에 대한 과적합**이 일어날 수 있습니다. 학습을 제어하는 용도로는 테스트 셋을 사용하지 않는 것이 일반적인 규칙입니다. 테스트 셋 대신 검증 셋을 사용해야 합니다.

산업 표준 정규화 : 드롭아웃

방법 : 학습 중에 뉴런을 무작위적으로 끄세요(0으로 설정하세요).

이 정규화 기법은 이름(드롭아웃Dropout: 중도 탈락)처럼 단순합니다. 학습 중에 여러분은 무작위로 선택한 뉴런을 신경망에서 0으로 설정합니다(보통은 역전파 할 때 해당 뉴런의 델타도 0으로 설정하지만 필수 사항은 아닙니다). 이렇게 하면 신경망이 자신의 **무작위 세부항목**random subsections을 이용해서 배타적으로 학습시키는 효과가 생깁니다.

다소 믿기 어렵겠지만, 드롭아웃은 대부분 신경망에서 최첨단 정규화 기법으로 받아들여지고 있습니다. 잘 동작하는 원인이 조금 복잡하긴 해도 드롭아웃은 단순하고 저렴합니다.

드롭아웃은 왜 효과가 있는가(어쩌면 너무 단순한 이유)

드롭아웃은 신경망의 작은 세부영역을 동시에 무작위적으로 학습시킴으로써 대형 신경망이 소형 신경망처럼 행동하도록 만듭니다. 소형 신경망에선 과적합이 일어나지 않는다는 사실을 이용하는 거죠.

알고 보니 신경망이 작을수록 과적합이 일어날 가능성은 더 적은 것으로 드러났습니다. 왜냐고요? 글쎄요, 소형 신경망은 표현 능력이 그다지 뛰어나지 않거든요. 소형 신경망은 과적합의 원인이 될 경향이 있는 조그마한 세부사항(잡음)에 집중하기 어렵습니다. 소형 신경망은 크고, 분명하며, 고수준의 특징만 포착할 수 있을 정도의 공간만 갖고 있습니다.

공간 또는 용량은 여러분이 염두에 두어야 할 정말 중요한 개념입니다. 이렇게 생각해보세요. 포크 틀 비유, 기억하고 있죠? 틀이 동전 크기의 끈적거리는 자갈로 이루어져 있다고 상상해보세요. 그럼 이 틀이 포크의 각인을 잘 떠낼 수 있을까요? 당연히 아니죠. 이 돌멩이가 가중치와 같은 역할을 합니다. 돌멩이(가중치)는 데이터 주변에 모양을 잡으면서 여러분이 관심을 두고 있는 패턴을 포착합니다. 큰 돌멩이 몇 개만으로는 미묘한 의미가 담긴 세부사항을 포착할 수 없지만, 포크의 큰 부분에 눌리는 작은 돌멩이들은 (미세한 주름과 모서리를 무시하며) 거의 평균적인 포크 모양을 형성할 겁니다.

이번에는 아주 고운 모래로 틀을 만든다고 상상해보세요. 1조 개의 고운 모래는 포크의 모든 구석과 틈에 꼭 들어맞을 겁니다. 바로 이런 식으로 대형 신경망은 데이터셋의 미묘한 세부 사항마저도 표현할 수 있는 뛰어난 표현 능력 때문에 데이터셋에 대해 과적합을 일으키게 됩니다.

그럼 어떻게 하면 소형 신경망의 과적합에 대한 저항력과 대형 신경망의 강력함을 모두 얻을 수 있을까요? 대형 신경망을 취해서 일부 노드를 무작위적으로 끄면 됩니다. 대형 신경망을 취해서 그중 일부만 사용하면 어떤 일이 벌어지냐고요? 대형 신경망이 소형 신경망처럼 동작합니다. 하지만 이 과정을 잠재적인 수백만 개의 하위 신경망에 대해 무작위적으로 수행함으로써 전체적으로는 대형 신경망의 표현 능력을 유지할 수 있습니다. 멋지지 않나요?

드롭아웃은 왜 효과가 있을까요 : 앙상블

드롭아웃은 수많은 신경망을 학습시키고 평균화하는 학습 방법입니다.

명심하세요. 신경망은 항상 무작위적으로 학습을 시작합니다. 왜 이것이 중요하냐고요? 글쎄요, 신경망이 시행착오를 통해 학습한다는 사실은 궁극적으로 모든 신경망이 조금씩은 다르게 학습한다는 것을 의미합니다. 학습 효과가 같은 수준에 있다 하더라도, 어떤 두 신경망도 (어떤 이유로든 완벽하게 똑같이 학습을 시작하지 않는다면) 절대 같지 않습니다.

여기에서 재미있는 속성이 드러납니다. 두 신경망을 일부러 과적합 시켜보면, 어떤 두 신경망도 완전히 같은 방식으로 과적합 되지 않습니다. 과적합은 'error == 0'이 되고 (반복이 계속되더라도) 학습이 정지하는, 모든 학습 이미지가 완벽하게 예측될 수 있을 때 일어납니다. 하지만 각 신경망이 무작위적으로 예측을 시작한 뒤에 가중치를 조정하기 때문에 각 신경망은 필연적으로 다른 실수를 하고 서로 다른 가중치 값으로 갱신합니다. 이 사실은 다음과 같은 핵심 개념으로 귀결됩니다.

> 정규화 기능이 없는 대형 신경망은 잡음 때문에 과적합이 발생할 가능성이 크지만, **똑같은** 잡음이 서로 다른 신경망에서 발생하는 과적합의 공통 원인이 될 가능성은 낮습니다.

어째서 신경망들은 동일한 잡음에 과적합 되지 않는 걸까요? 그 이유는 신경망이 무작위적으로 학습을 시작하고 학습 데이터셋 안의 모든 이미지 사이의 차이를 분명히 보여주기에 충분한 잡음을 학습하고 나면 학습을 종료하기 때문입니다. MNIST 신경망이 과적합을 하기 위해선 출력 레이블과 우연히 상관관계를 맺는 소수의 무작위 픽셀만 찾아야 합니다. 하지만 이 이야기는 어쩌면 더 중요한 다음의 개념과 대비를 이룰 수도 있습니다.

무작위로 생성되었다 하더라도 신경망은 잡음을 많이 배우기 전에, 여전히 가장 크고 광범위한 특징부터 학습합니다.

요점은 이렇습니다. (모두 무작위로 초기화된) 신경망 100개를 학습시킨다면, 각 신경망은 서로 유사하며 광범위한 **신호**를 포착하는 한편, 서로 다른 잡음 역시 받아들입니다. 따라서 신경망들이 실수를 저지른다면 종종 그 실수는 **차이를 만드는** 실수가 될 겁니다. 이 신경망들에 공평하게 투표권을 부여하면 신경망들은 모두가 학습한 내용, 즉 **신호**만을 드러내며 잡음은 상쇄하려는 경향을 보일 겁니다.

코드 속의 드롭아웃

실제로는 드롭아웃을 이렇게 사용합니다.

MNIST 분류 모델에서 학습 중에 노드 50%가 무작위로 꺼지도록 은닉 계층에 드롭아웃을 추가해보죠. 여러분은 아마 코드에서 세 줄만 바꾸면 된다는 사실에 놀랄 겁니다. 다음 코드는 이전 신경망 논리의 낯익은 코드 조각에 드롭아웃 차폐기가 추가된 버전입니다.

```
i = 0
layer_0 = images[i:i+1]
dropout_mask = np.random.randint(2, size=layer_1.shape)

layer_1 *= dropout_mask * 2
layer_2 = np.dot(layer_1, weights_1_2)

error += np.sum((labels[i:i+1] - layer_2) ** 2)

correct_cnt += int(np.argmax(layer_2) == np.argmax(labels[i+i+1]))

layer_2_delta = (labels[i:i+1] - layer_2)
layer_1_delta = layer_2_delta.dot(weights_1_2.T) * relu2deriv(layer_1)

layer_1_delta *= dropout_mask

weights_1_2 += alpha * layer_1.T.dot(layer_2_delta)
weights_0_1 += alpha * layer_0.T.dot(layer_1_delta)
```

한 계층(우리 예에선 layer_1) 상에 드롭아웃을 구현하기 위해선, layer_1 값에 1과 0으로 이루어진 난수 행렬을 곱해야 합니다. 이렇게 하면 layer_1에서 무작위로 선택한 노드를 0으로 설정해서 끄는 효과가 생기거든요. 여기에서 50%의 확률로 dropout_mask의 각 값이 1이고, 나머지(1−50% = 50%) 경우엔 각 값이 0인 **50% 베르누이 분포**[1]를 사용한다는 점에 유의하세요.

이다음에는 조금 특이하게 생긴 녀석이 따라옵니다. layer_1에 2를 곱하는데 왜 이 작업을 할까요? layer_2가 layer_1의 가중합을 수행한다는 사실을 기억하세요. 가중치가 반영되긴 했지만, 가중합은 여전히 layer_1의 값에 대한 **합**입니다. 여러분이 layer_1 노드 절반을 꺼버리면, 합 역시 절반으로 줄어들 겁니다. 따라서 볼륨이 낮을 때 잘 들으려고 라디오 쪽으로 몸을 기울이는 행동처럼 layer_2는 layer_1에 대한 민감도를 높입니다. 하지만 학습이 끝나고 테스트를 할 때, 드롭아웃을 사용하지 않으면 볼륨은 다시 정상으로 돌아갑니다. 이렇게 하면 layer_2는 layer_1을 듣는 능력이 떨어지게 되죠. 코드에서는 layer_1에 (1 / 켜진 노드의 퍼센트)를 곱함으로써 이 현상을 다룰 수 있습니다. 예제에서 (1 / 켜진 노드의 퍼센트)는 1/0.5, 즉 2입니다. 이렇게 하면 드롭아웃을 적용하더라도 layer_1의 볼륨은 학습할 때나 테스트할 때나 똑같아집니다.

```
import numpy, sys
np.random.seed(1)
def relu(x):
    return (x >= 0) * x          ◀─────── x >= 0이면 x를 반환하고 다른 경우엔 0을 반환합니다.

def relu2deriv(output):
    return output >= 0          ◀─────── output >= 0이면 1을 반환합니다.

alpha, iterations, hidden_size = (0.005, 300, 100)
pixels_per_image, num_labels = (784, 10)

weights_0_1 = 0.2*np.random.random((pixels_per_image, hidden_size)) - 0.1
weights_1_2 = 0.2*np.random.random((hidden_size, num_labels)) - 0.1

for j in range(iterations):
    error, correct_cnt = (0.0,0)
    for i in range(len(images)):
        layer_0 = images[i:i+1]
```

---

1 역자주_ 베르누이 분포에 대한 설명은 '데이터 사이언스 스쿨'을 참고하세요. http://bit.ly/referds

```
        layer_1 = relu(np.dot(layer_0, weights_0_1))
        dropout_mask = np.random.randint(2, size=layer_1.shape)
        layer_1 *= dropout_mask * 2
        layer_2 = np.dot(layer_1, weights_1_2)

        error += np.sum((labels[i:i+1] - layer_2) ** 2)
        correct_cnt += int(np.argmax(layer_2) == np.argmax(labels[i:i+1]))

        layer_2_delta = (labels[i:i+1] - layer_2)
        layer_1_delta = layer_2_delta.dot(weights_1_2.T) * relu2deriv(layer_1)
        layer_1_delta *= dropout_mask

        weights_1_2 += alpha * layer_1.T.dot(layer_2_delta)
        weights_0_1 += alpha * layer_0.T.dot(layer_1_delta)

    if(j%10 == 0):
        test_error = 0.0
        test_correct_cnt = 0

        for i in range(len(test_images)):
            layer_0 = test_images[i:i+1]
            layer_1 = relu(np.dot(layer_0, weights_0_1))
            layer_2 = np.dot(layer_1, weights_1_2)
            test_error += np.sum((test_labels[i:i+1] - layer_2) ** 2)
            test_correct_cnt += int(np.argmax(layer_2) == np.argmax(test_\
                                                        labels[i:i+1]))

        sys.stdout.write("\n" + \
                        "I:" + str(j) + \
                        " Test-Err:" + str(test_error/ float(len(test_images)))[0:5] +\
                        " Test-Acc:" + str(test_correct_cnt/ float(len(test_images)))+\
                        " Train-Err:" + str(error/ float(len(images)))[0:5] +\
                        " Train-Acc:" + str(correct_cnt/ float(len(images))))
```

MNIST에서 평가되는 드롭아웃

기억할지 모르겠지만, 앞에서 드롭아웃이 적용되지 않은 신경망이 학습을 마칠 때 정확도가 70.73%로 떨어지면서 학습을 끝내기 전에 81.14%의 테스트 정확도를 찍은 적이 있습니다. 드롭아웃을 적용하면 신경망은 다음과 같이 달라질 겁니다.

```
I:0    Test-Err:0.641 Test-Acc:0.6333 Train-Err:0.891 Train-Acc:0.413
I:10   Test-Err:0.458 Test-Acc:0.787  Train-Err:0.472 Train-Acc:0.764
I:20   Test-Err:0.415 Test-Acc:0.8133 Train-Err:0.430 Train-Acc:0.809
I:30   Test-Err:0.421 Test-Acc:0.8114 Train-Err:0.415 Train-Acc:0.811
I:40   Test-Err:0.419 Test-Acc:0.8112 Train-Err:0.413 Train-Acc:0.827
I:50   Test-Err:0.409 Test-Acc:0.8133 Train-Err:0.392 Train-Acc:0.836
I:60   Test-Err:0.412 Test-Acc:0.8236 Train-Err:0.402 Train-Acc:0.836  ←———— ㉮
I:70   Test-Err:0.412 Test-Acc:0.8033 Train-Err:0.383 Train-Acc:0.857
I:80   Test-Err:0.410 Test-Acc:0.8054 Train-Err:0.386 Train-Acc:0.854
I:90   Test-Err:0.411 Test-Acc:0.8144 Train-Err:0.376 Train-Acc:0.868
I:100  Test-Err:0.411 Test-Acc:0.7903 Train-Err:0.369 Train-Acc:0.864
I:110  Test-Err:0.411 Test-Acc:0.8003 Train-Err:0.371 Train-Acc:0.868
I:120  Test-Err:0.402 Test-Acc:0.8046 Train-Err:0.353 Train-Acc:0.857
I:130  Test-Err:0.408 Test-Acc:0.8091 Train-Err:0.352 Train-Acc:0.867
I:140  Test-Err:0.405 Test-Acc:0.8083 Train-Err:0.355 Train-Acc:0.885
I:150  Test-Err:0.404 Test-Acc:0.8107 Train-Err:0.342 Train-Acc:0.883
I:160  Test-Err:0.399 Test-Acc:0.8146 Train-Err:0.361 Train-Acc:0.876
I:170  Test-Err:0.404 Test-Acc:0.8074 Train-Err:0.344 Train-Acc:0.889
I:180  Test-Err:0.399 Test-Acc:0.807  Train-Err:0.333 Train-Acc:0.892
I:190  Test-Err:0.407 Test-Acc:0.8066 Train-Err:0.335 Train-Acc:0.898
I:200  Test-Err:0.405 Test-Acc:0.8036 Train-Err:0.347 Train-Acc:0.893
I:210  Test-Err:0.405 Test-Acc:0.8034 Train-Err:0.336 Train-Acc:0.894
I:220  Test-Err:0.402 Test-Acc:0.8067 Train-Err:0.325 Train-Acc:0.896
I:230  Test-Err:0.404 Test-Acc:0.8091 Train-Err:0.321 Train-Acc:0.894
I:240  Test-Err:0.415 Test-Acc:0.8091 Train-Err:0.332 Train-Acc:0.898
I:250  Test-Err:0.395 Test-Acc:0.8182 Train-Err:0.320 Train-Acc:0.899
I:260  Test-Err:0.390 Test-Acc:0.8204 Train-Err:0.321 Train-Acc:0.899
I:270  Test-Err:0.382 Test-Acc:0.8194 Train-Err:0.312 Train-Acc:0.906
I:280  Test-Err:0.396 Test-Acc:0.8208 Train-Err:0.317 Train-Acc:0.9
I:290  Test-Err:0.399 Test-Acc:0.8181 Train-Err:0.301 Train-Acc:0.908  ←——————— ㉯
```

신경망이 82.36%(㉮)를 찍었을 뿐 아니라 그렇게 크게 과적합 하지도 않았으며 테스트 정확도도 81.81%(㉯)를 기록하며 학습을 마쳤습니다. 예전에는 곧바로 100%를 기록하고 그 상태를 유지했던 **Training-Acc**의 속도 또한 드롭아웃이 늦췄습니다.

이것이 바로 드롭아웃의 진짜 모습입니다. 드롭아웃은 잡음입니다. 드롭아웃은 학습 데이터에 대한 학습을 어렵게 만듭니다. 드롭아웃은 마치 두 다리에 모래주머니를 채운 채 마라톤을 하는 것과 같습니다. 학습할 때는 힘들어도 중요한 경기를 위해 모래주머니를 벗어 던지면 훨씬 빠른 속도로 달릴 수 있게 되는 것처럼 말입니다.

배치 경사하강법

학습 속도와 수렴률을 향상시키는 방법이 있습니다.

몇 장 앞에서 배운 미니 배치 확률적 경사하강법을 지금까지 배운 내용에 간단히 적용해보겠습니다. 미니 배치 확률적 경사하강법은 신경망 학습에서 당연시되는 개념이라서 저는 깊이 들어가진 않을 계획입니다. 아무리 최첨단 신경망을 사용해도 더 발전하지 않는 단순한 개념이기도 하고요.

앞에서 우리는 학습 예제를 한 번에 하나씩 학습해서 각 가중치를 갱신했습니다. 이제, 한 번에 100개 예제를 학습하고 평균을 낸 다음 가중치를 갱신하겠습니다. 다음은 학습/테스트 출력 결과입니다. 학습 코드는 이다음에 등장합니다.

```
I:0    Test-Err:0.815 Test-Acc:0.3832 Train-Err:1.284 Train-Acc:0.165
I:10   Test-Err:0.568 Test-Acc:0.7173 Train-Err:0.591 Train-Acc:0.672
I:20   Test-Err:0.510 Test-Acc:0.7571 Train-Err:0.532 Train-Acc:0.729
I:30   Test-Err:0.485 Test-Acc:0.7793 Train-Err:0.498 Train-Acc:0.754
I:40   Test-Err:0.468 Test-Acc:0.7877 Train-Err:0.489 Train-Acc:0.749
I:50   Test-Err:0.458 Test-Acc:0.793  Train-Err:0.468 Train-Acc:0.775
I:60   Test-Err:0.452 Test-Acc:0.7995 Train-Err:0.452 Train-Acc:0.799
I:70   Test-Err:0.446 Test-Acc:0.803  Train-Err:0.453 Train-Acc:0.792
I:80   Test-Err:0.451 Test-Acc:0.7968 Train-Err:0.457 Train-Acc:0.786
I:90   Test-Err:0.447 Test-Acc:0.795  Train-Err:0.454 Train-Acc:0.799
I:100  Test-Err:0.448 Test-Acc:0.793  Train-Err:0.447 Train-Acc:0.796
I:110  Test-Err:0.441 Test-Acc:0.7943 Train-Err:0.426 Train-Acc:0.816
I:120  Test-Err:0.442 Test-Acc:0.7966 Train-Err:0.431 Train-Acc:0.813
I:130  Test-Err:0.441 Test-Acc:0.7906 Train-Err:0.434 Train-Acc:0.816
I:140  Test-Err:0.447 Test-Acc:0.7874 Train-Err:0.437 Train-Acc:0.822
I:150  Test-Err:0.443 Test-Acc:0.7899 Train-Err:0.414 Train-Acc:0.823
I:160  Test-Err:0.438 Test-Acc:0.797  Train-Err:0.427 Train-Acc:0.811
I:170  Test-Err:0.440 Test-Acc:0.7884 Train-Err:0.418 Train-Acc:0.828
I:180  Test-Err:0.436 Test-Acc:0.7935 Train-Err:0.407 Train-Acc:0.834
I:190  Test-Err:0.434 Test-Acc:0.7935 Train-Err:0.410 Train-Acc:0.831
I:200  Test-Err:0.435 Test-Acc:0.7972 Train-Err:0.416 Train-Acc:0.829
I:210  Test-Err:0.434 Test-Acc:0.7923 Train-Err:0.409 Train-Acc:0.83
I:220  Test-Err:0.433 Test-Acc:0.8032 Train-Err:0.396 Train-Acc:0.832
I:230  Test-Err:0.431 Test-Acc:0.8036 Train-Err:0.393 Train-Acc:0.853
I:240  Test-Err:0.430 Test-Acc:0.8047 Train-Err:0.397 Train-Acc:0.844
I:250  Test-Err:0.429 Test-Acc:0.8028 Train-Err:0.386 Train-Acc:0.843
I:260  Test-Err:0.431 Test-Acc:0.8038 Train-Err:0.394 Train-Acc:0.843
I:270  Test-Err:0.428 Test-Acc:0.8014 Train-Err:0.384 Train-Acc:0.845
```

```
I:280 Test-Err:0.430 Test-Acc:0.8067 Train-Err:0.401 Train-Acc:0.846
I:290 Test-Err:0.428 Test-Acc:0.7975 Train-Err:0.383 Train-Acc:0.851
```

학습 정확도가 예전보다 매끄러운 추세를 보여줍니다. 학습 중에 지속적으로 평균 가중치를 갱신한 덕에 이러한 현상이 일어났습니다. 개별 학습 예제는 가중치 갱신 측면에서 매우 잡음이 큰 것으로 드러났으며 결과적으로 이들을 평균화하면 매끄러운 학습 과정을 얻을 수 있습니다.

```
import numpy as np
np.random.seed(1)

def relu(x):
    return (x >= 0) * x  ◀─────── x >= 0이면 x를 반환합니다.

def relu2deriv(output):
    return output >= 0  ◀─────── output >= 0이면 1을 반환합니다.

batch_size = 100
alpha, iterations = (0.001, 300)
pixels_per_image, num_labels, hidden_size = (784, 10, 100)

weights_0_1 = 0.2*np.random.random((pixels_per_image, hidden_size)) - 0.1
weights_1_2 = 0.2*np.random.random((hidden_size, num_labels)) - 0.1

for j in range(iterations):
    error, correct_cnt = (0.0, 0)
    for i in range(int(len(images) / batch_size)):
        batch_start, batch_end = ((i * batch_size),((i+1) * batch_size))

        layer_0 = images[batch_start:batch_end]
        layer_1 = relu(np.dot(layer_0, weights_0_1))
        dropout_mask = np.random.randint(2,size=layer_1.shape)
        layer_1 *= dropout_mask * 2
        layer_2 = np.dot(layer_1,weights_1_2)

        error += np.sum((labels[batch_start:batch_end] - layer_2) ** 2)
        for k in range(batch_size):
            correct_cnt += nt(np.argmax(layer_2[k:k+1]) == np.argmax(labels[batch_\
                        start+k:batch_start+k+1]))

        layer_2_delta = (labels[batch_start:batch_end]-layer_2) /batch_size
        layer_1_delta = layer_2_delta.dot(weights_1_2.T) * relu2deriv(layer_1)
        layer_1_delta *= dropout_mask
```

```
            weights_1_2 += alpha * layer_1.T.dot(layer_2_delta)
            weights_0_1 += alpha * layer_0.T.dot(layer_1_delta)

    if(j%10 == 0):
        test_error = 0.0
        test_correct_cnt = 0

        for i in range(len(test_images)):
            layer_0 = test_images[i:i+1]
            layer_1 = relu(np.dot(layer_0,weights_0_1))
            layer_2 = np.dot(layer_1, weights_1_2)
```

여기서 알아야 할 첫 번째 사실은 이 코드가 예전 버전보다 훨씬 빠르게 동작한다는 점입니다. **np.dot** 함수가 이제는 한 번에 100 벡터 내적을 수행하기 때문이죠. 이렇게 일괄적으로 내적을 수행하면 CPU가 훨씬 빠르게 동작합니다.

두 번째는 **alpha**가 예전보다 20배 더 커졌다는 점입니다. 이 값을 증가시킨 이유를 이렇게 설명할 수 있습니다. 흔들리는 나침반을 이용해서 도시를 찾는다고 생각해보세요. 나침반을 딱 한 번만 쳐다보고 방향을 측정한 뒤 2km를 달리면 경로에서 벗어날 공산이 크겠죠. 하지만 100번 방향을 측정해서 평균을 낸 다음에 2km를 달리면 보통은 올바른 방향으로 갈 수 있을 겁니다.

학습 예제가 잡음이 많은 신호의 평균(100개 학습 예제에 대한 평균 가중치 변화)을 취함으로써, 신경망은 더 큰 보폭으로 학습할 수 있습니다. 앞으로 보통 8부터 256까지 범위를 갖는 배치를 보게 될 텐데, 보통 신경망을 연구할 때는 잘 동작하는 **batch_size/alpha** 쌍을 찾을 때까지 무작위로 수를 선택합니다.

요약

이번 장에서는 거의 모든 신경망 아키텍처에서 정확도와 학습 속도를 향상시키기 위해 가장 널리 사용되고 있는 두 가지 기법, 조기 종료와 드롭아웃을 다뤘습니다. 9장에서는 거의 모든 신경망에 적용할 수 있는 일련의 도구로부터 방향을 바꿔, 데이터 안에서 특정 유형의 현상을 모델링하는 데 도움을 주는 특수 목적 아키텍처를 알아보겠습니다.

## CHAPTER 9

확률과 비선형성 모델링하기

: 활성화 함수

- 활성화 함수란 무엇일까요?
- 표준 은닉 활성화 함수
  - sigmoid
  - tanh
- 표준 출력 활성화 함수
  - softmax
  - 신경망 계층에 활성화 함수를 추가하는 방법

"2와 2로 4를 만든다는 수식을 증명할 수 있다면 기쁠 겁니다. 어떤 방법으로든 2와 2로 5를 만들 수 있다면 더 기쁘겠지만 말입니다."

— 조지 고든 바이런[1], 〈1813년 11월 10일에 아나벨라 밀뱅크에게 보낸 편지〉 중

----

1 역자주_ 영국 낭만주의 시인으로 알려진 바이런은 1815년 밀뱅크와 결혼했으며, 둘 사이에 태어난 딸이 최초의 프로그래머인 에이다 러브레이스입니다. 밀뱅크는 수학에 관심이 많았습니다.

활성화 함수란 무엇일까요?

학습 과정에서 계층 안에 있는 뉴런에 적용되는 함수입니다.

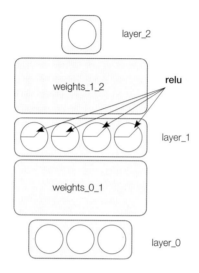

활성화 함수는 예측 과정에서 계층 안에 있는 뉴런에 적용되는 함수입니다. 3계층 신경망에서 선보인 활성화 함수 relu를 계속 사용한 터라 아마 활성화 함수 개념은 꽤 친숙할 겁니다. relu 함수는 모든 음수를 0으로 바꾸는 효과를 가졌죠.

간단히 말하면, 활성화 함수는 1개의 수를 취해서 다른 수를 반환하는 함수 전부를 일컫습니다. 우주에는 무한한 종류의 함수가 존재하지만 활성화 함수만큼 쓸모 있는 함수는 몇 되지 않습니다.

어떤 함수가 활성화 함수이기 위해선 몇 가지 제약조건이 있는데, 이 제약조건을 벗어나는 함수를 사용하는 것은 그리 좋은 생각이 아닙니다. 그 이유는 곧 알게 될 겁니다.

제약조건 1 : 활성화 함수는 정의역 안에서 연속이며 무한해야 합니다.

활성화 함수를 성립시키는 첫 번째 제약조건은 **모든** 입력에 대해 출력을 가진다는 겁니다. 다른 말로 하면 어떤 이유로도 출력을 가질 수 없는 수를 함수에 입력할 수 있으면 안 됩니다.

과장된 예이지만 왼쪽 함수(끊어진 선 4개)가 모든 x값에 대한 y값을 갖지 못하는 이유가 보이나요? 이렇게 4개 지점에서만 정의한 함수가 활성화 함수라면 끔찍하겠죠. 반대로 오른쪽 함수는 정의역[2] 안에서 연속적이며 무한합니다. 이 함수에는 출력(y)을 계산할 수 없는 입력(x)은 없습니다.

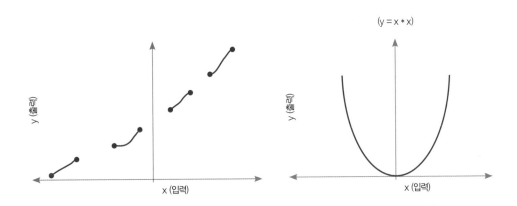

제약조건 2 : 좋은 활성화 함수는 단조함수이며, 방향을 바꾸지 않습니다.

두 번째 제약조건은 활성화 함수가 1:1이어야 한다는 겁니다. 활성화 함수는 절대 방향을 바꾸지 않습니다. 다른 말로 하면 활성화 함수는 항상 증가하거나 항상 감소해야 합니다. 이처럼 증가 또는 감소만 하는 함수를 단조함수라고 합니다.

예를 들어 다음 쪽의 두 함수를 보시죠. 두 함수의 그래프 모두 "입력으로 주어진 x값에 대해 활성화 함수의 y값은 얼마인가?"라는 물음에 답하고 있습니다. 하지만 왼쪽 활성화 함수 (y = x * x)는 항상 증가하거나 항상 감소하지 않으므로 이상적인 활성화 함수가 아닙니다.

어떻게 아냐고요? x의 두 값이 하나의 y값을 갖는 수많은 경우가 존재하니까요(0을 제외하면 이는 모든 값에 대해 참입니다). 이에 반해 오른쪽 함수는 쭉 증가하기만 합니다! 2개의 x값이 하나의 동일한 y값을 갖는 지점도 없고 말입니다.

---

2 함수에서 입력이 가능한 값의 범위나 집합을 말합니다.

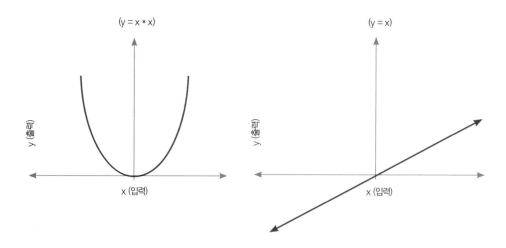

엄밀히 말해 제약사항 2(단조함수)는 필요조건이 아닙니다. 빠진 값이 있는 (불연속) 함수와는 달리, 단조함수가 아닌 함수도 최적화가 가능하긴 합니다. 하지만 하나의 출력값에 대응하는 입력값이 복수일 때 생기는 영향을 생각해봐야 합니다.

신경망을 학습시킬 때 여러분은 특정 출력을 제공하기에 적합한 가중치 형상을 찾습니다. 이 때 정답이 여러 개라면 일이 상당히 어려워집니다. 동일한 출력을 얻는 방법이 여러 가지라면, 신경망 또한 여러 개의 적합한 가중치 형상을 찾아야 하니까요.

낙관론자는 이렇게 말할지도 모르죠. "오 정말 대단한데! 여러 곳에서 정답을 찾을 수 있으니 정답을 찾을 확률이 더 높아지는 거잖아!" 그리고 비관론자는 이렇게 말하겠죠. "끔찍해! 이제 어느 쪽으로나 갈 수 있고 이론적으로는 계속 전진할 수 있으니 오차를 줄일 수 있는 정확한 방향을 알 길이 사라져 버렸어."

불행히도, 비관론자의 발언에 좀 더 무게를 둬야 합니다. 이 주제를 좀 더 깊이 있게 알고 싶다면 볼록convex 최적화와 비볼록non-convex 최적화를 알아보세요. 온라인이든 오프라인(대학)이든 이런 종류의 질문을 다루는 강의가 있을 겁니다.

제약조건 3 : 좋은 활성화 함수는 비선형입니다(구불거리거나 방향을 바꿉니다).

세 번째 제약조건을 이해하려면 6장의 내용을 조금 기억하고 있어야 합니다. **간헐적 상관관계** sometimes correlation를 기억하나요?[168쪽] 간헐적 상관관계를 형성하려면 한 입력에서 다른 뉴런으로 향하는 음의 신호가 (relu의 경우 뉴런이 0으로 떨어지도록 강제함으로써) 모든 입력에 대해 상관관계의 크기를 줄일 수 있도록 뉴런이 입력 뉴런에 대해 선택적인 상관관계를 갖도록 해야 했습니다.

결국 이 현상은 **꺾인 선을 그리는 모든 함수**에 의해 일어나는 것으로 드러났습니다. 이와는 달리, 직선을 그리는 함수들은 입력되는 가중 평균의 크기를 바꿉니다. (2와 같은 상수로 곱하는 등) 뭔가의 크기를 바꾸는 것 자체는 한 뉴런이 다양한 입력에 대해 맺고 있는 상관관계에 영향을 주지 않습니다. 다만 더 커지고 부드러워진 총체적인 상관관계를 형성하지요. 하지만 활성화는 한 가중치가 다른 가중치들에 대해 뉴런이 갖는 상관관계에 영향을 주는 것을 허용하지 않습니다. 우리에게 **진정** 필요한 것은 **선택적** 상관관계입니다. 활성화 함수를 갖춘 뉴런이 주어졌을 때, 뉴런이 다른 모든 입력 신호에 대해 갖는 연관도를 하나의 입력 신호로 높이거나 낮출 수 있어야 합니다. (앞으로 보게 되겠지만 다양한 수준으로) 모든 꺾인 선은 이 일을 합니다.

따라서 다음 그림의 오른쪽 함수가 대체로 더 나은 활성화 함수를 만드는 비선형 함수로 간주되는 데 반해(나중에 논의하겠지만 몇 가지 예외가 있긴 합니다), 왼쪽 함수는 선형 함수로 간주됩니다.

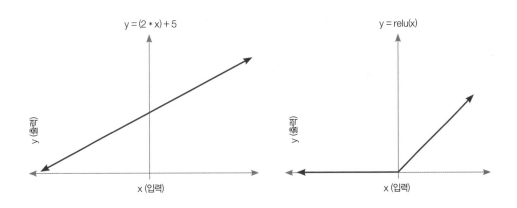

제약조건 4 : 좋은 활성화 함수는(그리고 이들의 파생형 역시) 계산 효율이 좋아야 합니다.

이 제약조건은 아주 간단합니다. 신경망에서 활성화 함수를 굉장히 여러 차례 (어떤 때는 수십 억 차례) 사용할 텐데, 이 함수 때문에 컴퓨터가 느려지면 안 되겠죠. 최근의 여러 활성화 함수의 인기가 높아졌는데, 그 이유는 표현성을 희생해서 계산을 아주 쉽게 할 수 있도록 만들었기 때문입니다(relu가 아주 좋은 예입니다).

표준 은닉 계층 활성화 함수

무한한 종류의 함수 중에서 가장 일반적으로 쓰이는 것은 무엇일까요?

이러한 제약조건으로 걸러낸다 하더라도 무한한 (어쩌면 초한적인?) 종류의 함수가 활성화 함수로 사용될 수 있습니다. 지난 몇 년간 최첨단 활성화 함수들이 등장했습니다만, 그중에서도 여전히 일부만이 활성화 함수의 대다수 요구를 처리하고 있고, 대부분의 경우 그 발전이라는 것이 미치는 영향은 사소했습니다.

sigmoid는 가장 중요한 활성화 함수입니다.

무한한 수의 입력을 0과 1 사이의 출력으로 매끄럽게 변환해서 출력하는 `sigmoid` 함수가 있습니다. 굉장하죠. `sigmoid`는 수많은 상황 속에서 모든 개별 뉴런의 출력을 확률로써 해석할 수 있습니다. 은닉 계층과 출력 계층 모두에 이 비선형 함수를 채용하는 이유가 여기에 있습니다.

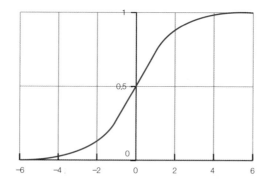

이미지 : 위키피디아

은닉 계층에서는 sigmoid보다 tanh이 더 좋습니다.

`tanh`[3]이 멋진 이유를 말씀드리죠. 선택적 상관관계 모델링을 기억하나요? `sigmoid`는 다양한 범위로 양의 상관관계를 제공합니다. 멋진 속성이죠. `tanh`도 `sigmoid`와 같은 속성을 가집니다. 상관관계를 -1에서 1 사이의 범위로 제공한다는 점을 제외하면 말입니다!

즉, `tanh`은 **음의 상관관계**도 함께 제공합니다. (여러분이 예측하는 데이터가 -1과 1 사이에 존재하지 않는 한) 출력 계층에는 그다지 유용하지 않을지 몰라도 은닉 계층에서 사용될 때 음의

---

3 역자주_ 탄, 탠, 탠에이치 등 다양하게 발음하는데 이 책에서는 [θæn]을 기준 삼았습니다.

상관관계의 이 양상은 아주 강력한 힘을 발휘합니다. 은닉 계층 속에서 tanh은 많은 문제에서 sigmoid보다 더 좋은 성능을 보여줍니다.

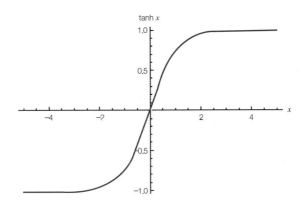

이미지 : 울프람 알파

표준 출력 계층 활성화 함수

무엇을 예측하느냐에 따라 최선의 선택이 달라집니다.

은닉 계층을 위한 최고의 활성화 함수는 출력 계층을 위한 최고의 활성화 함수와는 거리가 꽤 먼 것으로 밝혀졌습니다. 특히 분류 작업에 있어선 말이죠. 대체로 출력 계층에는 다음과 같은 세 가지 유형이 있습니다.

유형 1 : 일반 데이터값 예측하기(활성화 함수 미적용)

이 유형은 아마도 가장 단순하면서도 희소한 유형의 출력 계층일 겁니다. 출력의 범위(최젓값과 최곳값의 차)가 확률 외의 값인 경우, 사람들은 신경망을 학습시켜서 수로 이루어진 행렬을 또 다른 행렬로 변환시키고 싶어 합니다. 주변 주State의 온도가 주어졌을 때 콜로라도주의 평균 온도를 예측하는 것이 한 예가 될 수 있겠습니다.

여기에서 집중할 부분은 출력 비선형 함수가 적절한 답을 예측할 수 있음을 보장하는 것입니다. 이 경우 sigmoid 또는 tanh은 모든 예측이 0과 1 사이[4]로 들어올 것을 강제하기 때문에

---

4 역자주_ tanh은 −1에서 1 사이

온도 예측에 사용하기에는 부적절합니다(우리는 온도를 예측하는 중입니다. 0과 1 사이의 숫자가 아니고요). 제가 이렇게 예측하도록 신경망을 학습시켜야 했다면 출력에 활성화 함수를 적용하지 않았을 가능성이 매우 큽니다.

유형 2 : 서로 무관한 예/아니오 확률 예측하기(sigmoid)

종종 하나의 신경망 안에서 복수 개의 이진 확률을 만들어야 할 때가 있습니다. 우리는 5장의 〈복수 입력을 받아 복수 출력을 하는 경사하강법〉132쪽에서 입력 데이터에 대해 팀이 이길지, 부상당하는 선수가 생길지, 팀 사기(기쁠지/슬플지)에 대해 예측하며 복수 개의 이진 확률을 생성했습니다.

여담으로 신경망에 은닉 계층이 있을 때 동시에 수행하는 복수 예측은 예기치 못한 유익을 제공하기도 합니다. 신경망은 레이블 하나를 예측할 때 다른 레이블에 쓸모 있는 뭔가를 종종 학습하기도 하거든요. 예를 들어 신경망이 야구 경기의 승리 여부를 예측하는 데 능하다면, 여기에 사용된 은닉 계층은 팀이 행복한지 슬픈지를 예측하는 데에도 쓸모 있을 가능성이 큽니다. 이러한 외부 신호가 없다면 신경망은 행복과 슬픔을 예측할 때 곤란을 겪을 수도 있습니다. 문제에 따라 정도가 많이 달라지기는 하지만 이 현상은 알아 두는 편이 좋습니다.

이들 사례에서는, 각 출력 노드에 대해 별도로 개별 확률을 모델링하므로 sigmoid 활성화 함수를 사용하는 것이 제일 좋습니다.

유형 3 : 개중 하나의 확률 예측하기(softmax)

신경망은 많은 레이블 중 하나를 예측하는 작업에 가장 많이 사용됩니다. 예를 들어 MNIST 숫자 분류기를 통해 이미지 안에 **어떤** 숫자가 있는지를 예측하려 한다고 해보죠. 우리는 이미지가 한 가지 수만 나타낼 수 있고 그 수가 아닌 다른 수를 나타낼 수 없다는 사실을 미리 알고 있습니다. 우리는 이 신경망을 sigmoid 활성화 함수로 학습시켜서 예측을 수행한 뒤, 확률이 가장 높다고 출력된 레이블을 해당 이미지가 담고 있는 숫자라고 선언할 수 있습니다. 이렇게 학습시킨 신경망은 제법 잘 동작할 겁니다. 하지만 이럴 때는 sigmoid보다 "이 레이블에 해당하는 숫자일 가능성이 가장 크지만 다른 레이블에 해당하는 숫자일 가능성은 좀 더 작습니다" 같은 개념을 모델링하는 활성화 함수가 훨씬 좋습니다.

왜 이런 활성화 함수가 좋냐고요? 가중치가 어떻게 갱신되는지를 한번 생각해보세요. MNIST

숫자 분류기가 어떤 이미지를 9로 예측해야 한다고 가정하겠습니다. 여기에 (활성화 함수를 적용하기 전) 최종 계층으로 입력되는 원천 가중합이 다음과 같은 값을 가진다고 합니다.

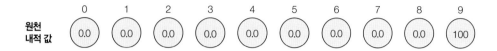

신경망의 마지막 계층에 대한 원천 입력이 9 노드에 대해선 100으로 예측했지만, 다른 모든 노드에 대해서는 0으로 예측했습니다. 완벽한 예측 아니냐고요? 이 숫자들이 sigmoid 활성화 함수를 통과하면 무슨 일이 벌어지는지 한번 보시죠.

이상하게도, 이제는 이전보다 신경망의 확신이 낮아졌습니다. 9가 여전히 가장 크긴 하지만, 신경망은 해당 이미지가 다른 숫자일 가능성도 50%는 된다고 생각하는 것 같거든요. 이상하네요! 반면에 softmax는 이와는 다르게 이 입력을 해석합니다.

해석이 마음에 듭니다. 9가 가장 높은 데다가 신경망은 해당 이미지가 나머지 다른 MNIST 숫자일 수 있다는 의심조차 하지 않습니다. 이것이 그저 sigmoid의 이론상 결함에 그친다고 보일 수도 있겠지만, 역전파 시에는 매우 심각한 결과가 뒤따를 수 있습니다. sigmoid 출력에 대해 평균제곱오차를 어떻게 구할지 생각해보세요. 이론적으로 신경망은 거의 완벽하게 예측합니다. 그렇죠? 그렇다면 분명히 오차를 많이 역전파 하지는 않을 테고요. sigmoid를 사용하면 다음과 같이 오차를 제대로 역전파 하지 못하는 문제를 겪습니다.

sigmoid MSE	0.25	0.25	0.25	0.25	0.25	0.25	0.25	0.25	0.25	0.00

이 오차 좀 보세요! 신경망이 완벽하게 예측했음에도 불구하고, 가중치들은 크게 갱신될 운명에

처해 있습니다. 왜 그럴까요? `sigmoid`가 오차 0에 이르도록 하기 위해서는 가장 높은 양수가 참을 나타낸다고 예측하는 것만으로는 충분하지 않거든요. 다른 나머지를 모두 0이라고 예측해야 하죠. "어떤 숫자가 이 입력에 가장 잘 맞을까요?"라고 `softmax`가 물으면, `sigmoid`는 "9만 그 입력에 들어맞고 나머지 MNIST 숫자들과는 공통점이 전혀 없다고 봐야 할 겁니다"라고 대답합니다.

핵심 사안 : 입력에 유사성이 있는 경우

숫자들은 특징을 공유합니다. 신경망이 이 사실을 믿도록 하는 것이 좋습니다.

MNIST 숫자들이 서로 완전히 다른 건 아닙니다. 숫자들끼리 서로 겹치는 픽셀값이 있습니다. 2와 3은 꽤 많은 공통점이 있습니다.

왜 이 사실이 중요할까요? 대체로 유사한 입력이 유사한 출력을 생성하기 때문입니다. 우리가 어떤 숫자를 취해서 행렬과 곱할 때, 시작하는 수가 상당히 유사하다면 끝나는 수 역시 꽤 비슷할 겁니다.

다음 손글씨 2와 3을 보세요. 2를 순전파 하고 우연히 작은 확률이 레이블 3(손글씨 3)으로 향할 때, 신경망은 이를 큰 실수(오류)로 간주하고 가중치를 크게 갱신합니다. 이것은 무슨 의미일까요? 이것은 곧 2에만 있는 고유한 특징 외의 다른 특징을 근거로 2로 인식하는 신경망에 불이익을 준다는 겁니다. 가령 상단의 곡선만 보고 신경망이 2라고 인식했다면 불이익을 주는 거죠. 왜냐고요? 다시 그림을 보세요. 2와 3의 상단 곡선은 매우 유사합니다. 따라서 `sigmoid`로 학습할 때 상단 곡선을 근거로 2를 예측하면 신경망에 불이익을 줍니다. 이 입력은 신경망이 3을 예측할 때도 동일하기 때문입니다(상단 곡선은 아무리 봐도 같죠?). 3의 일부가 나타나면 레이블 2(손글씨 2)일 확률도 어느 정도 생기는 겁니다.

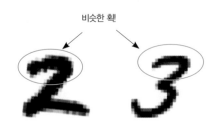

비슷한 획!

이제 부작용에 관해 이야기해보겠습니다. 이미지는 대부분 가운데에 있는 많은 픽셀을 공유하므로 신경망은 가장자리에 초점을 맞추기 시작할 겁니다. 아래 그림에 있는 2를 탐지하는 노드의 가중치를 생각해보세요.

이미지 한 가운데가 얼마나 엉망진창인지 보이나요? 가장 큰 가중치는 이미지의 가장자리 쪽에 있는 2의 끝점들입니다. 한편으로 이들 각각이 2에 대한 최고의 개별 식별자일 수도 있겠지만, 결국 최고의 식별자는 전반적인 모양을 알아보는 신경망입니다. 이 개별 식별자들은 중앙에서 살짝 멀어져 있거나 잘못된 방향으로 기울어진 3에 의해 우연히 발동될 수도 있습니다. 신경망은 1도 아니고, 3도 아니고, 4도 아니고, 다른 수도 아닌 2를 학습해야 하기 때문에 가장자리의 개별 식별자를 학습하지 않습니다.

우리는 유사한 레이블에 불이익을 주지 않는 출력 활성화 함수가 필요합니다. 잠재적인 입력을 나타낼 수 있는 모든 정보에 주의를 기울여야 하죠. 이런 점에서 볼 때 softmax의 확률의 합이 언제나 1이라는 점은 참 멋집니다. 개별 예측 결과를 전체 레이블 중 특정 레이블에 해당할 확률로 해석할 수도 있습니다. softmax는 이론과 실무 양면에서 다른 활성화 함수보다 더 잘 동작합니다.

softmax 계산하기

softmax는 각 입력값을 지수적으로 확대시킨 뒤에 해당 계층의 총합으로 나눕니다.

앞에서 본 신경망의 가상 출력값에 대한 softmax 계산을 살펴보죠. softmax에 대한 입력을 확인하기 전에 다음의 원천 내적 값을 다시 보세요.

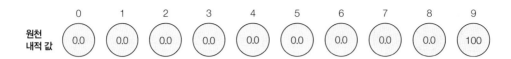

전체 계층에 대해 softmax를 계산하려면 먼저, 각 값을 지수적으로 키워야 합니다. 각 x값에 대해 e의 x 제곱을 계산하세요(e는 ~2.71828…의 값을 가지는 특별한 수입니다). e^x값은 오른쪽에 나타나 있습니다.

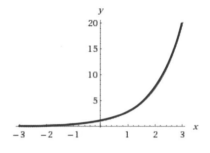

주의하세요. e^x는 음수를 매우 작은 양수로 바꾸고 큰 수는 매우 큰 수로 바꿔서 모든 예측을 양수로 바꿉니다. (여러분이 지수적 증가에 대해 들어봤다면 이 함수 또는 비슷한 함수에 대한 이야기였을 공산이 큽니다.)

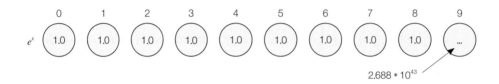

한 마디로, 0은 전부 1로 바꾸고(1이 e^x의 y 절편이므로), 100은 엄청 큰 수(2로 시작하며 0이 43개인 수)로 바꿉니다. 다음으로 우리가 할 일은 해당 계층의 모든 노드의 총합을 구한 뒤, 각 노드의 값을 그 총합으로 나누는 겁니다. 이렇게 하면 레이블 9에 대한 값을 제외한 나머지 노드의 값을 사실상 0으로 만듭니다.

softmax가 멋진 점은 신경망이 어떤 한 값을 높게 예측하면 나머지에 대해서는 낮게 예측한다는 데 있습니다. softmax는 **감쇠 선명성**sharpness of attenuation이라고 불리는 현상을 증가시킵니다. 그리고 한 가지 결과에 대해 아주 높은 확률로 예측하도록 신경망을 독려합니다.

softmax가 이런 일을 적극적으로 하도록 조정하려면 지수화를 할 때 e보다 살짝 크거나 작은 수를 이용하시기 바랍니다. 작은 수를 이용하면 감쇠도가 낮아지며, 큰 수를 이용하면 감쇠도가 높아집니다. 하지만 대부분 사람은 그냥 e를 사용하는 편입니다.

신경망 계층에 활성화 함수 추가하기

즐겨 사용하는 활성화 함수를 어떻게 신경망 계층에 추가할 수 있을까요?

지금까지는 다양한 활성화 함수를 다뤘고 이들이 신경망의 은닉 계층과 출력 계층에서 유용함을 설명했으니, 이제는 신경망에 활성화 함수를 추가하는 방법을 이야기할 때입니다. 다행히도, 우리는 한번 해본 일입니다. 첫 심층 신경망에서 비선형성을 어떻게 사용했는지 기억나요? 비선형성을 순전파에 추가하는 과정은 꽤 간단했습니다. (활성화 함수가 없었던) layer_1을 취해서 relu 함수를 각 값에 적용했죠.

```
layer_0 = images[i:i+1]
layer_1 = relu(np.dot(layer_0, weights_0_1))
layer_2 = np.dot(layer_1, weights_1_2)
```

여기에서 기억해야 할 게 있습니다. **계층에 대한 입력**은 비선형성 이전의 값을 가리킵니다. 우리 예제에선 layer_1에 대한 입력은 np.dot(layer_0,weights_0_1)입니다. 이전 계층인 layer_0과는 헷갈리지 마세요.

순전파에서 계층에 활성화 함수를 추가하는 것은 상대적으로 단순합니다. 하지만 역전파에서 활성화 함수에 대해 적절히 보상하는 과정은 보다 복잡하고 미묘합니다.

6장에서 우리는 layer_1_delta 변수를 생성하기 위해 재미있는 연산을 수행했습니다. layer_1의 값이 0이 되도록 강제하는 곳이면 어디든 relu가 delta에 0을 곱했습니다. 그때 근거는 "0인 layer_1의 값은 출력 예측 결과에 아무 영향도 주지 않으므로 layer_1의 값은 가중치 갱신에도 어떤 영향을 줘서는 안 되며, 오차에 대한 책임 또한 지지 않는다"였습니다. 이것은 미묘한 속성의 극단적인 형태입니다. relu 함수의 모양을 생각해보세요.

양수에 대한 relu의 기울기는 정확히 1입니다. 음수에 대한 relu의 기울기는 정확히 0이고요. 이 함수에 대한 입력을 (극소량으로) 수정하면 양의 값을 예측할 때는 1:1 효과를 낳겠지만 음의 값을 예측할 때는 0:1 효과(아무것도 없음)를 낳을 겁니다. 이 기울기는 입력의 변화량이 주어졌을 때 relu의 출력이 얼마나 변하는가를 나타내는 척도입니다.

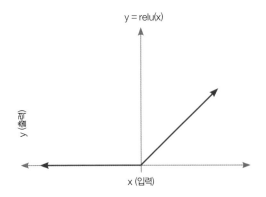

이 지점에 있는 delta의 목적은 앞에 있는 계층에게 "다음번엔 내 입력을 높이거나 낮춰주세요"라고 말하는 것입니다. 그래서 아주 유용하죠. 이 delta는 노드의 오차에 대한 기여 여부를 계산에 반영하기 위해 뒤에 있는 계층으로부터 역전파된 delta를 수정합니다.

따라서 역전파를 할 때는 layer_1_delta를 생성하기 위해 layer_2(layer_2_delta.dot(weights_1_2.T))로부터 역전파된 delta에 **순전파를 할 때 예측된 점에서의 relu 기울기**를 곱해야 합니다. 몇몇 delta들에 대해서는 기울기가 1 (양수)이 되며 그리고 나머지 delta에 대해서는 기울기가 0 (음수)이 됩니다.

```
error += np.sum((labels[i:i+1] - layer_2) ** 2)

correct_cnt += int(np.argmax(layer_2) == np.argmax(labels[i:i+1]))

layer_2_delta = (labels[i:i+1] - layer_2)
layer_1_delta = layer_2_delta.dot(weights_1_2.T) * relu2deriv(layer_1)

weights_1_2 += alpha * layer_1.T.dot(layer_2_delta)
weights_0_1 += alpha * layer_0.T.dot(layer_1_delta)

def relu(x):
    return (x >= 0) * x      ◀——————— x >= 0이면 x를, 다른 경우엔 0을 반환합니다.

def relu2deriv(output):
    return output >= 0      ◀——————— output >= 0이면 1을, 다른 경우엔 0을 반환합니다.
```

relu2deriv는 relu의 출력을 취해서 해당 점에서 relu 기울기를 계산할 수 있는 특별한 함수입니다(출력 벡터에 있는 모든 값에 대해 이 계산을 수행합니다). 이런 질문을 할 수 있겠군요. relu가 아닌 다른 모든 비선형성에 대해서는 어떻게 유사한 조정을 수행할 수 있을까요? relu와 sigmoid를 생각해보세요.

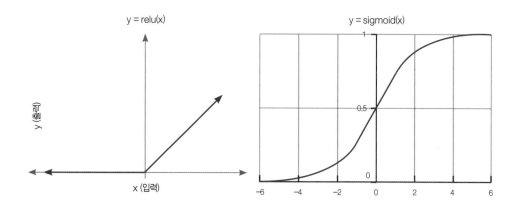

이 두 그림은 기울기가 입력에 대한 **사소한** 변화가 출력에 영향을 미친 크기를 나타내는 지표라는 사실을 알려줍니다. 후속 계층에서 입력되는 delta를 수정해서 해당 노드 앞에서의 가중치 갱신이 효과가 있는지를 반영하고 싶죠? 기억하세요. 우리의 최종 목적은 오차를 감소시키기 위한 가중치 조정입니다. 이 단계는 가중치를 조정한 효과가 사소하거나 아예 없는 경우, 신경망이 가중치를 그냥 놔두도록 장려합니다. 이 작업은 delta에 기울기를 곱해서 이루어집니다. 이것은 sigmoid도 마찬가지입니다.

delta에 기울기 곱하기

layer_delta를 계산하려면 역전파된 delta에 계층의 기울기를 곱하세요.
layer_1_delta[0]은 (특정 학습 예제에 대해) 신경망의 오차를 줄이려면 layer 1의 첫 은닉 노드를 얼마나 높이거나 낮춰야 하는지를 알려줍니다. 비선형성이 없는 경우엔 layer_1_delta[0]이 layer_2의 가중 평균 delta입니다.

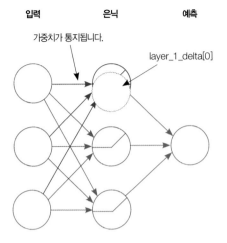

입력　　　　　　　은닉　　　　　　　예측

가중치가 통지됩니다.

layer_1_delta[0]

뉴런 상에 있는 **delta**의 최종 목표는 가중치에 이동 여부를 알려주는 것입니다. 가중치를 이동시켜서 아무런 효과가 없다면 가중치 그룹은 그 자리에 계속 머물러야 하겠죠. 이 일은 켜거나 끄는 일만 하는 **relu**에겐 너무 뻔하지만, **sigmoid**에게 있어서는 조금 다릅니다.

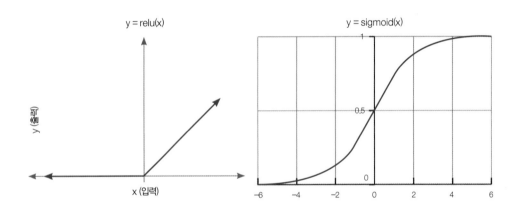

단일 **sigmoid** 뉴런을 생각해보세요. 입력의 변화에 대한 **sigmoid**의 민감도는 입력이 0에 접근함에 따라 천천히 증가합니다. 하지만 극도의 음이나 양의 입력값은 거의 0에 가까운 기울기에 접근하죠. 그러므로 입력이 극도의 음이나 양의 값을 가지면, 입력되는 가중치에 대한 작은 변화는 이 학습 예제에서 뉴런의 오차와 관련성이 낮아집니다. 간단히 말해서, 많은 은닉 노드가 2를 정확하게 예측하는 일에는 관련이 없다는 겁니다(어쩌면 이 은닉 노드들은 8을 예측하는 데에만 사용되었을 수도 있습니다). 이런 이유로, 다른 곳에서 유용하게 사용될 수도 있는 값을 오염시킬 우려가 있기 때문에 은닉 노드의 가중치를 너무 많이 건드려선 안 됩니다.

반대로, 극단의 입력에 관한 **sigmoid**의 이러한 성질은 **고착도**stickiness라는 개념을 이끌어 냅니다. (비슷한 학습 예제에 대해) 한 방향으로 많이 갱신된 가중치들은 자신 있게 높은 값이나 낮은 값을 예측합니다. 이 비선형성들은 꾸준히 강화되어 온 지능을 우연히 잘못된 학습 예제 하나가 오염시키기 어렵게 만듭니다.

출력을 기울기로 변환하기(미분계수)

대부분의 정말 좋은 활성화 함수는 출력을 기울기로 변환할 수 있습니다(효율이 승리합니다!).
계층에 활성화 함수를 추가하면 해당 계층에 대한 **delta**를 계산하는 방법이 바뀐다는 사실을 알았으니, 이제부터는 산업계에서 효율적으로 활성화 함수를 다루는 방법을 이야기해보겠습니다. 우리에게 필요한 새 연산은 모든 비선형성의 미분계수를 계산하는 것입니다.

대부분의 (인기 있는 모든) 비선형성은 미적분학에 친숙한 독자에게는 다소 놀랍게 다가올 미분계수 계산 방법을 이용합니다. 곡선 위의 어떤 점에서 평범하게 미분계수를 계산하는 대신, 대부분의 위대한 활성화 함수들은 (순전파를 할 때) 해당 계층의 **출력**을 이용해서 미분계수를 계산하는 방법을 제공합니다. 이 기법은 신경망에서 미분계수를 구하는 표준 관행이 되었는데, 제법 편리합니다.

지금까지 배운 함수와 미분계수를 다음 표에 정리해두었습니다. **input**은 (계층의 입력에 상응하는) NumPy 벡터이고 **output**은 해당 계층의 예측 결과입니다. **deriv**는 각 노드에서 활성화 함수의 미분계수에 해당하는 활성화 미분계수 벡터의 미분계수입니다. **true**는 참값의 벡터입니다(보통은 정답 레이블 위치에 1을, 나머지 위치에는 0을 지정합니다).

함수	순전파	역전파 delta
relu	ones_and_zeros = (input > 0) output = input*ones_and_zeros	mask = output > 0 deriv = output * mask
sigmoid	output = 1/(1 + np.exp(−input))	deriv = output*(1−output)
tanh	output = np.tanh(input)	deriv = 1 − (output**2)
softmax	temp = np.exp(input) output /= np.sum(temp)	temp = (output − true) output = temp/len(true)

softmax를 위한 delta 계산은 최종 계층에서만 사용되기 때문에 특별합니다. 우리가 여기에서 논의하는 것보다 (이론적으로는) 진행되고 있는 일들이 더 많습니다. 하지만 지금은 더 나은 몇 가지 활성화 함수를 MNIST 분류 신경망에 설치해보겠습니다.

MNIST 신경망 업그레이드하기

지금까지 배운 것을 반영해서 MNIST 신경망을 업그레이드해봅시다.

이론적으로 tanh 함수는 은닉 계층에, softmax는 출력 계층에 적합한 활성화 함수입니다. 실제로 테스트를 해봐도 softamax와 tanh이 좋은 점수를 기록합니다. 하지만 속사정은 겉보기처럼 간단하지만은 않습니다.

저는 예제 코드를 테스트하면서 새로운 활성화 함수들이 설치된 신경망을 적절히 튜닝하기 위해 몇 가지 조정을 수행해야 했습니다. tanh을 위해 입력 가중치의 표준 편차를 감소시켜야 했죠. 가중치가 무작위적으로 초기화된다는 사실, 기억나지요? np.random.random은 0과 1 사이에 무작위적으로 흩어져 있는 숫자로 이루어진 난수 행렬을 생성합니다. 여기에 0.2를 곱하고 0.1만큼 빼면 난수 범위를 −0.1에서 0.1의 범위로 수정할 수 있습니다.

이러한 난수 초기화는 relu에서는 정말 잘 작동했지만 tanh에서는 최적이 아닌 것으로 드러났습니다. tanh은 보다 좁은 범위의 난수 초기화를 선호합니다. 그래서 범위를 −0.01과 0.01 사이로 조정해야 했습니다.

그리고 오차 계산 부분도 제거했습니다. 우리는 아직 오차를 계산할 준비가 안돼 있습니다. 기술적으로, softamax는 교차 엔트로피cross entropy라는 오차 함수와 함께 사용하는 것이 가장 좋습니다. 우리 신경망은 layer_2_delta를 적절히 계산하지만, 이 오차 함수가 좋은 이유를 아직 분석(설명)하지 않은 터라 관련 계산 코드를 제거했습니다.

마지막으로, 여느 신경망 수정 작업을 할 때처럼, 알파 튜닝을 다시 해야 했습니다. 300회 반복 이내에 좋은 점수에 도달할 수 있으려면 훨씬 높은 알파가 필요하다는 사실을 찾아냈습니다.

그리고 기대한 그대로, 이 신경망은 더 높은 테스트 정확도인 87%를 기록했습니다.

```
import numpy as np, sys
np.random.seed(1)

from keras.datasets import mnist
(x_train, y_train), (x_test, y_test) = mnist.load_data()

images, labels = (x_train[0:1000].reshape(1000,28*28) / 255, y_train[0:1000])
one_hot_labels = np.zeros((len(labels),10))
for i,l in enumerate(labels):
    one_hot_labels[i][l] = 1
labels = one_hot_labels

test_images = x_test.reshape(len(x_test), 28 * 28) / 255
test_labels = np.zeros((len(y_test), 10))
for i,l in enumerate(y_test):
    test_labels[i][l] = 1

def tanh(x):
    return np.tanh(x)

def tanh2deriv(output):
    return 1 - (output ** 2)

def softmax(x):
    temp = np.exp(x)
    return temp / np.sum(temp, axis=1, keepdims=True)

alpha, iterations, hidden_size = (2, 300, 100)
pixels_per_image, num_labels = (784, 10)
batch_size = 100

weights_0_1 = 0.02*np.random.random((pixels_per_image, hidden_size))-0.01
weights_1_2 = 0.2*np.random.random((hidden_size, num_labels)) - 0.1

for j in range(iterations):
    correct_cnt = 0
    for i in range(int(len(images) / batch_size)):
        batch_start, batch_end=((i * batch_size),((i+1)*batch_size))
        layer_0 = images[batch_start:batch_end]
        layer_1 = tanh(np.dot(layer_0, weights_0_1))
        dropout_mask = np.random.randint(2,size=layer_1.shape)
        layer_1 *= dropout_mask * 2
        layer_2 = softmax(np.dot(layer_1, weights_1_2))
```

```python
    for k in range(batch_size):
        correct_cnt += int(np.argmax(layer_2[k:k+1]) == np.argmax(labels[batch_\
                       start+k:batch_start+k+1]))
    layer_2_delta = (labels[batch_start:batch_end]-layer_2) / (batch_size * \
                    layer_2.shape[0])
    layer_1_delta = layer_2_delta.dot(weights_1_2.T) * tanh2deriv(layer_1)
    layer_1_delta *= dropout_mask

    weights_1_2 += alpha * layer_1.T.dot(layer_2_delta)
    weights_0_1 += alpha * layer_0.T.dot(layer_1_delta)
test_correct_cnt = 0

for i in range(len(test_images)):
    layer_0 = test_images[i:i+1]
    layer_1 = tanh(np.dot(layer_0, weights_0_1))
    layer_2 = np.dot(layer_1, weights_1_2)
    test_correct_cnt += int(np.argmax(layer_2) == np.argmax(test_labels[i:i+1]))

if(j % 10 == 0):
    sys.stdout.write("\n"+ "I:" + str(j) + \
                    " Test-Acc:"+str(test_correct_cnt/float(len(test_images)))+\
                    " Train-Acc:" + str(correct_cnt/float(len(images))))
```

```
I:0   Test-Acc:0.394  Train-Acc:0.156
I:10  Test-Acc:0.6867 Train-Acc:0.723
I:20  Test-Acc:0.7025 Train-Acc:0.732
I:30  Test-Acc:0.734  Train-Acc:0.763
I:40  Test-Acc:0.7663 Train-Acc:0.794
I:50  Test-Acc:0.7913 Train-Acc:0.819
I:60  Test-Acc:0.8102 Train-Acc:0.849
I:70  Test-Acc:0.8228 Train-Acc:0.864
I:80  Test-Acc:0.831  Train-Acc:0.867
I:90  Test-Acc:0.8364 Train-Acc:0.885
I:100 Test-Acc:0.8407 Train-Acc:0.88
I:110 Test-Acc:0.845  Train-Acc:0.891
I:120 Test-Acc:0.8481 Train-Acc:0.90
I:130 Test-Acc:0.8505 Train-Acc:0.90
I:140 Test-Acc:0.8526 Train-Acc:0.90
I:150 Test-Acc:0.8555 Train-Acc:0.914
I:160 Test-Acc:0.8577 Train-Acc:0.925
I:170 Test-Acc:0.8596 Train-Acc:0.918
I:180 Test-Acc:0.8619 Train-Acc:0.933
I:190 Test-Acc:0.863  Train-Acc:0.933
```

```
I:200 Test-Acc:0.8642 Train-Acc:0.926
I:210 Test-Acc:0.8653 Train-Acc:0.931
I:220 Test-Acc:0.8668 Train-Acc:0.93
I:230 Test-Acc:0.8672 Train-Acc:0.937
I:240 Test-Acc:0.8681 Train-Acc:0.938
I:250 Test-Acc:0.8687 Train-Acc:0.937
I:260 Test-Acc:0.8684 Train-Acc:0.945
I:270 Test-Acc:0.8703 Train-Acc:0.951
I:280 Test-Acc:0.8699 Train-Acc:0.949
I:290 Test-Acc:0.8701 Train-Acc:0.94
```

## CHAPTER 10

가장자리와 모서리를 학습하는 신경망
: CNN 소개

- 여러 장소에서 가중치 재사용하기
- 합성곱 계층

"합성곱 신경망에서 사용되는 풀링 연산은 큰 실수이며, 그것이 매우 잘 작동한다는 사실 또한 재난입니다."

– 제프리 힌튼, Reddit에서 "무엇이든 물어보세요"에 답변하며

여러 장소에서 가중치 재사용하기

동일한 특징을 여러 장소에서 탐지해야 한다면 가중치를 재사용하세요!

신경망에서 가장 큰 난제challenge는 신경망이 처음 보는 데이터를 학습할 때 일반화하는 추상적 개념을 학습하지 않고 데이터셋을 외워버리면서 발생하는 과적합입니다. 달리 말해서, 신경망이 (본질적이고도 핵심적인) 기본 신호에 의존하지 않고 데이터셋 안에 있는 잡음에 기반해서 예측하도록 학습한다는 겁니다. 마치 점토 안에 세 갈래 포크를 찍어 누르듯 말이죠.

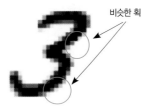

비슷한 획

과적합은 특정 데이터셋을 학습하는 데 필요보다 많은 매개변수가 있을 때 종종 발생합니다. 신경망이 너무 많은 매개변수를 가지고 있으면 넓은 시야에서의 추상화를 학습하는 대신 데이터셋 안에 있는 모든 미세한 세부사항을 기억하게 됩니다. 매개변수가 많지만 학습 예제 수는 적을 때 신경망은 과적합을 피하기가 어려워집니다.

"흠, 위쪽은 경사가 급하고 왼쪽 아래엔 곡선이 있으며 오른쪽에 꼬리가 보이는 군요. 2가 틀림없네요."

넓은 시야에서 추상화를 하는 신경망

세부사항을 외우는 신경망

"아, 또 363번 이미지예요? 이건 2잖아요."

우리는 8장에서 과적합에 대한 대응책으로써 정규화를 살펴보았습니다. 하지만 정규화만이 과적합을 방지하는 유일한 기법은 아니었죠(게다가 이상적인 기법은 따로 있습니다).

과적합은 모델의 가중치 개수와 이 가중치를 학습해야 하는 데이터 요소 개수 간의 비율과 관련이 있습니다. 그래서 과적합에 대처하는 더 나은 방법이 존재하는 거죠. 과적합 방지에는 **구조**structure를 이용하는 방법이 선호됩니다.

구조는 한 패턴을 여러 장소에서 탐지할 필요가 있을 때, 신경망에서 여러 목적으로 가중치를 재사용하기 위해 선별적으로 가중치를 선택하는 기법입니다. 곧 다루겠지만, 구조는 데이터 대비 가중치 비율을 줄이므로, 구조를 사용하면 과적합을 현저히 감소시켜서 더 정확한 모델 구축을 가능하게 합니다.

일반적으로 매개변수를 제거하면 모델의 표현 능력과 패턴 학습 능력이 떨어집니다. 하지만 적절하게 가중치를 재사용하면 모델의 표현력을 그대로 유지하면서도 과적합에 대한 저항력을 얻을 수 있습니다. 놀랍게도, 이 구조 기법은 (저장할 실제 매개변수가 더 적으므로) 모델의 크기를 작게 만드는 경향이 있습니다. 가장 유명하고도 폭넓게 사용되는 신경망 구조는 **합성곱**convolution이며 계층으로써 사용될 때에는 **합성곱 계층**convolutional layer이라고 불립니다.

합성곱 계층

하나의 커다란 계층 대신, 여러 개의 아주 작은 선형 계층이 모든 장소에서 재사용됩니다.

앞에서 다뤘던 신경망에서는 모든 입력에서 모든 출력으로의 연결이 높은 밀도로 구성되는 커다란 선형 계층을 가졌습니다. 합성곱 계층에 깔린 핵심 아이디어는 주로 25개 미만의 입력과 단일 출력으로 이루어진, 모든 입력 위치에서 사용되는 아주 작은 선형 계층에 있습니다. 여기에서 말하는 아주 작은 선형 계층을 **합성곱 커널**convolutional kernel이라고 하는데요, 이름이 거창해서 그렇지 이 합성곱 커널은 소수의 (복수) 입력과 단일 출력을 가지는 아기 선형 계층에 지나지 않습니다.

이 그림은 3 × 3 합성곱 커널을 보여줍니다. 이 합성곱 커널은 현재 위치에서 예측을 수행한 후에, 오른쪽으로 한 픽셀을 옮겨 다시 예측하고, 또다시 오른쪽으로 한 픽셀 옮겨 예측하는 일을 반복합니다. 첫 줄을 한차례 이미지를 가로질러 한번 스캔을 마치고 나면, 합성곱 커널은 아래로 한 픽셀 이동해서 이번에는 왼쪽으로 스캔을 시작합니다. 다음 계층의 입력으로 사용되는 합성곱 커널 스캔 결과는 커널 예측 결과로 이루어진 작은 사각형을 형성하게 됩니다. 합성곱 계층은 대체로 아주 많은 커널을 가집니다.

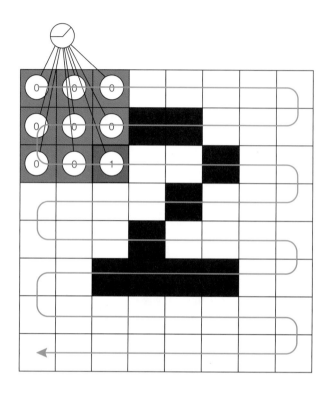

오른쪽의 그림 ❸에 숫자 2가 담긴 8 × 8 크기 이미지를 처리하는 합성곱 커널 4개가 있습니다. 각 커널의 결과물은 6 × 6 예측 행렬입니다. 따라서 3 × 3 커널 4개를 가지는 합성곱 계층은 6 × 6 행렬 4개를 만들게 됩니다. 이 행렬들을 이용해서 요소별로 총합(합 풀링$^{sum pooling}$)을 구할 수도 있고, 요소별 평균(평균 풀링$^{mean pooling}$)을 구할 수도 있으며, 요소별 최댓값(최대 풀링$^{max pooling}$)을 계산할 수도 있습니다.

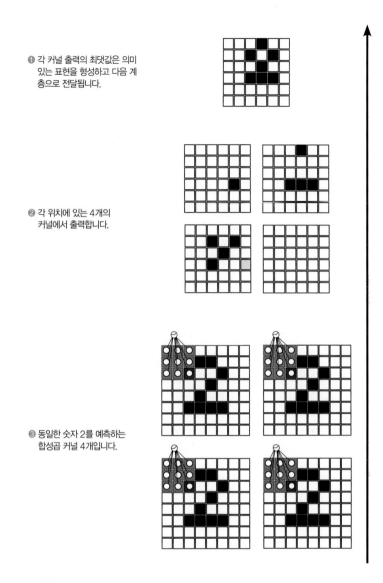

❶ 각 커널 출력의 최댓값은 의미 있는 표현을 형성하고 다음 계층으로 전달됩니다.

❷ 각 위치에 있는 4개의 커널에서 출력합니다.

❸ 동일한 숫자 2를 예측하는 합성곱 커널 4개입니다.

이 중에서 마지막 버전인 최대 풀링이 가장 인기가 많습니다. 이 예제에서 최대 풀링은 각 위치에 대해 4개 커널의 출력을 조사해서 최댓값을 찾고, 그림 ❶과 같이 6 × 6 최종 행렬에 복사합니다. 그리고 이 최종 행렬(그리고 오직 이 행렬만)을 다음 계층으로 순전파합니다.

그림 ❷에서 눈 여겨 봐야 할 사항이 몇 가지 있습니다. 우선, 우하단 커널은 수평선분에만 초점을 두고 있을 때 1을 순전파 합니다. 좌하단 커널은 우상향으로 향하는 대각선에만 초점을 맞추고 있을 때 1을 순전파 하고요. 마지막으로 우하단 커널은 예측하도록 학습한 그 어떤 패턴도 식별하지 못했습니다.

이 기법이 각 커널에 특정 패턴을 학습시켜서 그 패턴이 이미지 어디에 있는지를 탐색하도록 한다는 사실에 주목해야 합니다. 데이터셋은 그대로지만 각 데이터 조각에 대해 각 미니 커널이 여러 차례 순전파되면서 데이터 요소에 대한 가중치의 비율을 변경하기 때문에 소규모의 개별 가중치 집합은 훨씬 규모가 큰 학습 예제를 학습할 수 있습니다. 이 변화는 신경망에 강력한 영향을 미칩니다. 학습 데이터에 대한 과적합은 감소시키지만 일반화하는 능력은 향상시킵니다.

NumPy로 간단하게 구현하기

미니 선형 계층을 떠올려보세요. 이미 필요한 것을 알고 있습니다.

순전파부터 시작해보죠. 다음의 **get_image_section** 메소드는 NumPy를 이용해서 이미지 묶음의 하위영역을 선택하는 방법을 보여줍니다. 이 메소드가 전체 이미지 묶음에 걸쳐 동일한 하위영역을 선택한다는 사실을 주목하세요.

```
def get_image_section(layer,row_from, row_to, col_from, col_to):
    sub_section = layer[:,row_from:row_to,col_from:col_to]
    return subsection.reshape(-1,1,row_to-row_from, col_to-col_from)
```

이제 이 메소드를 사용하는 방법을 보겠습니다. 이 메소드는 입력 이미지 묶음의 하위 영역을 선택하므로, (이미지 내부의 모든 위치에 대해) 여러 차례 호출해야 합니다. 이 작업을 하는 **for** 반복문은 다음과 같습니다.

```
layer_0 = images[batch_start:batch_end]
layer_0 = layer_0.reshape(layer_0.shape[0], 28, 28)
layer_0.shape

sects = list()
for row_start in range(layer_0.shape[1]-kernel_rows):
    for col_start in range(layer_0.shape[2] - kernel_cols):
        sect = get_image_section(layer_0,
```

```
                                    row_start,
                                    row_start+kernel_rows,
                                    col_start,
                                    col_start+kernel_cols)
            sects.append(sect)

    expanded_input = np.concatenate(sects, axis=1)
    es = expanded_input.shape
    flattened_input = expanded_input.reshape(es[0]*es[1], -1)
```

이 코드에서 `layer_0`은 28×28 모양의 이미지 묶음입니다. `for` 반복문은 이미지 내의 모든 (`kernel_rows` $\times$ `kernel_cols`) 하위 영역을 순회하면서 이들을 `sects` 리스트에 입력합니다. 이 영역 리스트는 곧 서로 결합되어 독특한 방식으로 모양이 변경됩니다.

(지금 당장은) 개별 하위 영역이 고유한 개별 이미지라고 생각합시다. 이렇게 생각하면 크기가 8인 이미지 묶음이 있고 각 이미지가 100개의 하위영역을 갖고 있을 때, 해당 이미지 묶음을 작은 이미지로 이루어진 800개 묶음으로 간주할 수 있습니다. 하나의 출력 뉴런을 가진 선형 계층을 통해 작은 이미지 묶음을 순전파시키는 것은 모든 이미지 묶음 안의 모든 하위 영역에 걸쳐 선형 계층을 예측하는 것과 같습니다(여기서 잠깐 멈추고 이 부분을 제대로 이해했는지 점검하세요).

단일 출력 뉴런 대신 n개 출력 뉴런을 가진 선형 계층을 이용해서 순전파를 하면 이미지의 모든 입력 위치에서 n개 선형 계층(커널)을 예측하는 것과 동일한 출력이 생성될 겁니다. 단일 뉴런으로 출력하도록 해야 코드를 단순하고 빠르게 만들 수 있습니다.

```
    kernels = np.random.random((kernel_rows*kernel_cols, num_kernels))
    ...
    kernel_output = flattened_input.dot(kernels)
```

다음은 전체 NumPy 구현 코드를 보여줍니다.

```
import numpy as np, sys
np.random.seed(1)

from keras.datasets import mnist

(x_train, y_train), (x_test, y_test) = mnist.load_data()
```

```python
images, labels = (x_train[0:1000].reshape(1000,28*28) / 255, \
                  y_train[0:1000])

one_hot_labels = np.zeros((len(labels), 10))
for i,l in enumerate(labels):
    one_hot_labels[i][l] = 1
labels = one_hot_labels

test_images = x_test.reshape(len(x_test), 28*28) / 255
test_labels = np.zeros((len(y_test), 10))
for i,l in enumerate(y_test):
    test_labels[i][l] = 1

def tanh(x):
    return np.tanh(x)

def tanh2deriv(output):
    return 1 - (output ** 2)

def softmax(x):
    temp = np.exp(x)
    return temp / np.sum(temp, axis=1, keepdims=True)

alpha, iterations = (2, 300)
pixels_per_image, num_labels = (784, 10)
batch_size = 128

input_rows = 28
input_cols = 28

kernel_rows = 3
kernel_cols = 3
num_kernels = 16

hidden_size = ((input_rows - kernel_rows) * \
               (input_cols - kernel_cols)) * num_kernels

kernels = 0.02*np.random.random((kernel_rows*kernel_cols, num_kernels))-0.01

weights_1_2 = 0.2*np.random.random((hidden_size, num_labels)) - 0.1
```

```
def get_image_section(layer, row_from, row_to, col_from, col_to):
    section = layer[:, row_from:row_to, col_from:col_to]
    return section.reshape(-1, 1, row_to-row_from, col_to-col_from)

for j in range(iterations):
    correct_cnt = 0
    for i in range(int(len(images) / batch_size)):
        batch_start, batch_end=((i * batch_size), ((i+1)*batch_size))
        layer_0 = images[batch_start:batch_end]
        layer_0 = layer_0.reshape(layer_0.shape[0], 28, 28)
        layer_0.shape

        sects = list()
        for row_start in range(layer_0.shape[1]-kernel_rows):
            for col_start in range(layer_0.shape[2] - kernel_cols):
                sect = get_image_section(layer_0, \
                                        row_start, \
                                        row_start+kernel_rows, \
                                        col_start, \
                                        col_start+kernel_cols)
                sects.append(sect)

        expanded_input = np.concatenate(sects, axis=1)
        es = expanded_input.shape
        flattened_input = expanded_input.reshape(es[0]*es[1], -1)

        kernel_output = flattened_input.dot(kernels)
        layer_1 = tanh(kernel_output.reshape(es[0], -1))
        dropout_mask = np.random.randint(2, size=layer_1.shape)
        layer_1 *= dropout_mask * 2
        layer_2 = softmax(np.dot(layer_1, weights_1_2))

        for k in range(batch_size):
            labelset = labels[batch_start+k:batch_start+k+1]
            _inc = int(np.argmax(layer_2[k:k+1]) == \
                            np.argmax(labelset))
            correct_cnt += _inc

        layer_2_delta = (labels[batch_start:batch_end]-layer_2)\
                    / (batch_size * layer_2.shape[0])
        layer_1_delta = layer_2_delta.dot(weights_1_2.T) * \
                    tanh2deriv(layer_1)
        layer_1_delta *= dropout_mask
        weights_1_2 += alpha * layer_1.T.dot(layer_2_delta)
```

```
        l1d_reshape = layer_1_delta.reshape(kernel_output.shape)
        k_update = flattened_input.T.dot(l1d_reshape)
        kernels -= alpha * k_update

    test_correct_cnt = 0

    for i in range(len(test_images)):

        layer_0 = test_images[i:i+1]
        layer_0 = layer_0.reshape(layer_0.shape[0],28,28)
        layer_0.shape

        sects = list()
        for row_start in range(layer_0.shape[1]-kernel_rows):
            for col_start in range(layer_0.shape[2] - kernel_cols):
                sect = get_image_section(layer_0, \
                                         row_start, \
                                         row_start+kernel_rows, \
                                         col_start, \
                                         col_start+kernel_cols)
                sects.append(sect)

        expanded_input = np.concatenate(sects,axis=1)
        es = expanded_input.shape
        flattened_input = expanded_input.reshape(es[0]*es[1], -1)

        kernel_output = flattened_input.dot(kernels)
        layer_1 = tanh(kernel_output.reshape(es[0],-1))
        layer_2 = np.dot(layer_1, weights_1_2)

        test_correct_cnt += int(np.argmax(layer_2) == \
                                np.argmax(test_labels[i:i+1]))
    if(j % 1 == 0):
        sys.stdout.write("\n"+ \
         "I:" + str(j) + \
         " Test-Acc:"+str(test_correct_cnt/float(len(test_images)))+\
         " Train-Acc:" + str(correct_cnt/float(len(images))))
```

```
I:0   Test-Acc:0.0288 Train-Acc:0.055
I:1   Test-Acc:0.0273 Train-Acc:0.037
I:2   Test-Acc:0.028  Train-Acc:0.037
I:3   Test-Acc:0.0292 Train-Acc:0.04
```

```
I:4    Test-Acc:0.0339 Train-Acc:0.046
I:5    Test-Acc:0.0478 Train-Acc:0.068
I:6    Test-Acc:0.076  Train-Acc:0.083
I:7    Test-Acc:0.1316 Train-Acc:0.096
I:8    Test-Acc:0.2137 Train-Acc:0.127
....
I:297 Test-Acc:0.8774 Train-Acc:0.816
I:298 Test-Acc:0.8774 Train-Acc:0.804
I:299 Test-Acc:0.8774 Train-Acc:0.814
```

보다시피 9장에서 만들었던 신경망의 첫 계층을 합성곱 계층으로 교체해서 약간 오차를 감소시켰습니다. 합성곱 계층의 출력 계층(kernel_output)은 그 자체로 일련의 2차원 이미지(각 입력 위치에서 각 커널의 출력)입니다.

마치 합성곱 계층이 앞 계층을 하나의 입력 이미지로 다루듯 합성곱 계층 여러 개를 계속 쌓아 올리는 것이 가장 흔한 합성곱의 적용 형태입니다. 따로 설명하지는 않겠지만 합성곱 쌓기를 직접 해보기를 권합니다. 신경망 정확도가 높아지는 것을 확인할 수 있을 겁니다.

여러 층으로 포개진 합성곱 계층은 아주 깊은 심층 신경망의 개발을 가능하게 한 그리고 더 나아가서는 **딥러닝**을 유행시킨 중요한 기법 중 하나입니다. 합성곱 계층의 발명은 딥러닝 분야의 역사적인 사건이라고 해도 과언이 아닙니다. 합성곱 계층이 아니었다면 인공지능 분야는 지금도 AI 겨울[1]을 보내고 있었을 겁니다.

요약

가중치 재사용은 딥러닝에서 가장 중요한 혁신 중 하나입니다.

합성곱 신경망은 딥러닝에 있어 체감보다 훨씬 더 전반적으로 영향을 미치는 성과입니다. 정확도를 향상시키기 위해 가중치를 재사용한다는 개념은 매우 중요하며 직관적인 근거를 가지고 있습니다. 이미지 안에 고양이가 있는지 탐지하려면 무엇을 이해해야 하는지 생각해보세요. 사람은 일단 색, 선과 모서리, 모서리와 작은 도형 그리고 마지막엔 고양이와 관련된 세부 특징의 결합을 이해해야 합니다. 신경망도 고양이를 탐지하기 위해선 이러한 (선과 모서리 같은) 세

---

1 역자 주_ 요즘처럼 AI가 빛을 보기 전까지는 관심과 자금에 굶주리던 긴 시기가 있었는데, 이 시기를 AI 겨울이라고 합니다.

부 특징과 선과 모서리를 탐지하는 지능을 가중치 내부에 학습해야 합니다.

하지만, 이미지 내 다른 부분의 분석에 다른 가중치를 사용할 때, 각 영역의 가중치는 '선'이 무엇인지를 독립적으로 학습해야 합니다. 왜냐고요? 흠, 이미지의 어떤 부분을 찾는 가중치 집합 하나가 선이 무엇인지를 학습했다고 해서 다른 영역의 가중치도 어찌어찌 해당 정보를 사용할 수 있는 능력을 갖추게 되리라고 생각할 근거는 없거든요. 그 정보는 신경망의 다른 부분 안에 있습니다.

합성곱은 학습 속성의 유리한 이용에 관한 겁니다. 가끔은 동일한 아이디어나 지능의 일부를 여러 장소에서 사용할 필요가 있습니다. 그러기 위해선 신경망 내부의 여러 장소에서 같은 가중치를 여러 번 사용해야 합니다. 이 책에서 설명하는 가장 중요한 개념 중 하나가 바로 이것입니다. 다른 건 몰라도 이것만은 꼭 알아 둬야 합니다.

구조에 관한 비책

신경망이 여러 장소에서 같은 정보를 사용해야 할 때, 동일 가중치를 모든 장소에서 사용하도록 노력하세요. 더불어 학습 샘플을 더 많이 제공하고 일반화를 향상시키면 가중치들은 더욱 똑똑해질 겁니다.

딥러닝에서 지난 5년간 가장 큰 성과들은 솔직히 대부분은 이 아이디어를 재탕한 것들이었습니다. 합성곱, 순환 신경망RNN: Recurrent Neural Networks, 단어 임베딩, 최근에 발표된 캡슐 신경망 모두 가중치 재사용 관점에서 이해할 수 있습니다. 신경망 내부의 여러 장소에서 같은 정보가 필요하면 같은 가중치를 여러 장소에서 사용하세요. 신경망이 여러 아키텍처 전반에 걸쳐 거듭 사용할 수 있는 새로운 아이디어를 발견하는 것은 정말 어렵기 때문에, 저는 앞으로 딥러닝에 관한 많은 발전이 가중치 재사용에 기반할 것이라고 기대하고 있습니다.

## CHAPTER 11

언어를 이해하는 신경망

: 왕−남자+여자 == ?

- 자연어 처리(NLP : Natural Language Processing)
- 지도(Supervised) NLP
- 입력 데이터 내부의 단어 상관관계 포착하기
- 임베딩 계층 기초
- 신경 아키텍처
- 단어 임베딩 비교하기
- 공란 채우기
- 의미는 손실에서 파생됩니다
- 단어 유추(Word analogy)

"인간은 느리고, 게으르며, 뛰어난 사색가입니다.

컴퓨터는 빠르고, 정확하며, 멍청하죠."

— 존 파이퍼, 〈Problems, Too, Have Problems〉(Fortune, 1962)[1]

----

1 **역자주_** 저자는 1961년 10월에 존 파이퍼가 미국 경제 전문지(Fortune)에 기고한 〈Problems, Too, Have Problems〉의 일부를 인용했습니다. 그런데 실은 존 파이퍼 또한 인용한 문장이며, 흔히 아인슈타인의 말로 알려져 있으나 이 또한 정확한 출처는 아니라고 합니다. 참고 사이트 http://bit.ly/qutoe

언어를 이해한다는 것은 무엇을 의미할까요?

사람들은 언어에 대해 어떤 예측을 할까요?

지금까지 우리는 이미지 데이터를 모델링하는 예제로 신경망을 학습했습니다만, 신경망은 이미지 외에도 훨씬 폭넓은 종류의 데이터셋을 이해할 수 있습니다. 새로운 데이터셋을 탐구해보면 신경망 전반에 대해 많은 것을 알 수 있습니다. 새 데이터가 품고 있는 새로운 문제가 신경망으로 하여금 새로운 방법으로 학습하게 만들기 때문입니다.

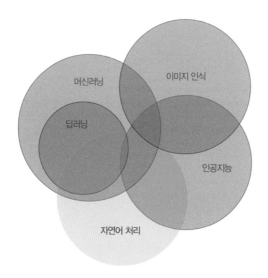

이번 장은 딥러닝과 공통점이 많은 어떤 분야를 살펴보며 시작하려 합니다. 이 분야는 딥러닝보다 훨씬 오래된 역사를 갖고 있습니다. 바로 **자연어 처리**[NLP2]가 그 주인공입니다. NLP는 인간 언어 이해의 자동화를 추구하는 분야입니다. NLP는 과거에 딥러닝을 사용하지 않았지만 우리는 지금부터 딥러닝을 이용한 NLP의 기초를 알아볼 계획입니다.

---

2   역자주_ Natural Language Processing. 이후부터는 NLP라고 하겠습니다.

NLP : 자연어 처리

NLP는 과업 또는 문제를 기준으로 분류할 수 있습니다.

NLP 커뮤니티가 풀고자 하는 많은 문제 중에서 몇 가지를 고민해보면 NLP를 좀 더 빨리 이해할 수 있을 겁니다. 다음은 NLP에서 흔하게 마주치는 문제를 몇 가지 유형으로 분류한 목록입니다.

- 문서 내의 문자를 이용해서 단어의 시작과 끝 위치 예측하기
- 문서 내의 단어를 이용해서 문장의 시작과 끝 위치 예측하기
- 문장 내의 단어를 이용해서 각 단어의 품사 예측하기
- 문장 내의 단어를 이용해서 절의 시작과 끝 위치 예측하기
- 문장 내의 단어를 이용해서 개체명(인물, 장소, 물건) 참조의 시작과 끝 위치 예측하기
- 문서 내의 문장을 이용해서 어떤 대명사가 동일 인물/장소/물건을 가리키는지 예측하기
- 문장 내의 단어를 이용해서 문장의 감정 예측하기

이번엔 과업 관점에서 분류해볼까요? NLP 과업은 다음과 같이 크게 세 가지로 분류할 수 있습니다.

1. 텍스트 영역 분리하기: 품사 태깅, 감정 분류, 개체명 인식 등
2. 둘 또는 그 이상의 텍스트 영역 연결하기: 예를 들면 실세계 사물이 일반적으로 인물, 장소, 또는 다른 명명된 개체일 때, 실세계 사물에 관한 두 언급이 사실은 동일한 실세계 사물을 가리키고 있는지를 답하는 동일 지시어인 경우
3. 맥락에 근거해서 누락된 정보(누락된 단어) 채우기

이렇게 보니 머신러닝과 NLP, 이 두 분야가 서로 얼마나 깊이 얽혀 있는지도 분명해 보입니다. 얼마 전까지만 해도 최첨단 NLP 알고리즘은 고급, 확률적, 비모수적 모델(딥러닝 아님)이었습니다. 하지만 최근에는 진일보한 동시에 대중화된 두 가지 신경망 알고리즘이 NLP 분야를 집어삼켰죠. 신경망 단어 임베딩과 순환 신경망^{RNN: Recurrent Neural Network}이 바로 그 주인공입니다.

이번 장에서는 단어 임베딩 알고리즘을 구축해보고, 왜 이 단어 임베딩이 NLP 알고리즘의 정확도를 향상시키는지를 실습을 통해 확인할 겁니다. 순환 신경망은 12장에서 다루겠습니다. 12장에서는 순환 신경망을 만들어 실행해보고, 이 아키텍처가 연속 데이터에 걸쳐 예측하는 문제를 그토록 효과적으로 풀어내는 비결이 무엇인지를 살펴보겠습니다.

인공지능 발전에 (어쩌면 딥러닝을 이용한) NLP가 중요한 역할을 하고 있다는 사실을 말하지 않을 수 없네요. AI 분야는 사람처럼 (그리고 사람의 능력을 넘어) 생각하고 세상과 소통하는 기계를 개발하는 것을 목적으로 삼습니다. 언어는 인간의 의식과 의사소통의 바탕을 이루기 때문에, NLP는 AI 연구에서 굉장히 특별한 역할을 합니다. 이처럼 기계가 언어를 사용하고 이해할 수 있게 하는 기법은 기계 속에 인간을 닮은 논리의 기초를 형성합니다. 다시 말해, 기계에게 생각의 기초를 마련하는 겁니다.

지도 NLP

단어가 들어가면 예측이 나옵니다.

다음 그림이 기억나나요? 2장에서 본 그림입니다. 그림이 나타내는 것처럼 지도 학습은 '아는 것'을 '알고 싶은 것'으로 변환하는 것이 전부입니다. 지금까지는 '아는 것'에 해당하는 데이터가 이런저런 숫자뿐이었습니다. 하지만 NLP는 텍스트를 입력으로 받아들이는데, 신경망에 어떻게 텍스트를 입력할 수 있을까요?

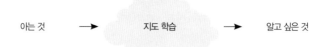

신경망은 그저 입력 숫자를 출력 숫자로 매핑할 뿐입니다. 따라서 첫 번째 단계는 텍스트를 수 형태로 바꾸는 것입니다. 신호등 데이터셋을 변환했던 것처럼 이번에도 실세계 데이터(텍스트)를 신경망이 소비할 수 있는 형태인 **행렬**로 변환해야 합니다. 이 과정은 정말 중요합니다.

어떻게 하면 텍스트를 숫자로 바꿀 수 있을까요? 이 질문에 답할 수 있으려면 문제를 좀 더 생각해봐야 합니다. 기억하세요, 신경망은 입력 계층과 출력 계층 사이의 상관관계를 찾는다는 사실을요. 그러므로 우리는 입력과 출력 사이의 상관관계가 신경망에게 **가장 또렷하게 드러날 수 있는** 방법을 이용해서 텍스트를 숫자로 바꿔야 합니다. 이렇게 하면 빠른 학습과 향상된 일반화를 얻을 수 있습니다.

입력/출력 상관관계를 가장 또렷하게 만드는 입력 형식이 무엇인지 알려면 입력/출력 데이터셋이 어떻게 생겼는지를 알아야 합니다. 이를 위해 **주제 분류**topic classification를 살펴보겠습니다.

IMDB 영화 리뷰 데이터셋

사람들이 긍정적인 리뷰를 남길지 부정적인 리뷰를 남길지 예측할 수 있습니다.

IMDB 영화 리뷰 데이터셋은 보통 다음(예로 작성한 리뷰)과 같은 리뷰 → 평점 쌍의 집합으로 이루어집니다.

> "This movie was terrible! The plot was dry, the acting unconvincing, and I spilled popcorn on my shirt." 이 영화는 끔찍하다! 건조한 줄거리, 확신 없는 연기, 심지어 셔츠에 쏟아진 내 팝콘까지.
>
> Rating: 1 (stars) 평점:1(별)

전체 데이터셋은 이와 같이 몇 문장으로 이루어진 입력 리뷰와 별 1개와 5개 사이의 출력 평점 쌍으로 구성된 데이터를 약 50,000개 정도 갖고 있습니다. 평점이 영화 리뷰의 전체적인 감정에 대한 지표가 되기 때문에 사람들은 이 데이터셋을 '감정Sentiment 데이터셋'으로 간주합니다. 하지만 이 감정 데이터셋이 제품 리뷰나 병원 환자 리뷰와 같은 다른 감정 데이터셋과는 매우 다르다는 사실을 분명히 해두겠습니다.

우리의 목적은 입력 텍스트를 사용해서 출력 평점을 정확히 예측하도록 신경망을 학습시키는 겁니다. 이 일을 해내려면, 입력 데이터셋과 출력 데이터셋을 행렬로 바꾸는 방법부터 결정해야 합니다. 출력 데이터셋이 숫자라는 점이 재미있네요. 여기서 시작하는 게 쉬워 보입니다. 1과 5 사이의 점수로 이루어진 평점을 0과 1 사이 범위로 들어오도록 조정해서 이진 softmax를 사용하겠습니다. 출력에 필요한 것은 이게 전부입니다. 코드는 254쪽에서 보여 드리겠습니다.

반면에 입력 데이터를 다루는 데는 요령이 약간 필요합니다. 시작하기에 앞서 원본 데이터가 문자의 목록이라는 점을 지적하고 싶네요. 입력 데이터가 숫자가 아닌 텍스트인 데다, **가변 길이**variable-length 텍스트라는 점이 문제입니다. 이 문제를 해결해야 합니다.

자, 숫자가 아니니 원본 입력은 그대로 사용할 수 없습니다. 이제 우리가 답해야 할 질문은 바로, "이 데이터가 출력과 상관관계를 가진다면?"입니다. 상관관계는 잘 표현될 겁니다. 하지만 저는 (문자 리스트 안에 있는) 문자와 감정은 상관관계가 없다고 생각합니다.

그렇다면 단어는 어떨까요? 데이터셋의 여러 단어는 평점과 어느 정도 상관관계가 있을 겁니다. 일례로 저는 'terrible끔찍하다'과 평점 사이, 'unconvincing확신 없이'과 평점 사이에는 상당한 음의 상관관계가 있으리라 확신합니다. 모든 입력 데이터 요소에서 (즉, 모든 리뷰에서) 이들 단어의 빈도가 올라갈수록 평점은 내려가는 경향을 보일 겁니다.

어쩌면 이 속성은 생각보다 보편적인지도 모릅니다. 단어 자체가 (심지어 맥락과는 별개로) 감정과 상당한 상관관계를 가졌는지도 모르죠. 이 부분을 더 깊이 살펴보겠습니다.

입력 데이터 안에서 단어 상관관계 포착하기

단어주머니Bag of words **: 주어진 리뷰어의 어휘에 대해 감정을 예측하세요.**

IMDB 리뷰의 어휘와 평점 사이의 상관관계를 관찰하고 나면, 이제 다음 단계로 나아갈 수 있습니다. 다음 단계는 바로 영화 리뷰의 어휘Vocabulary를 표현하는 입력 행렬을 만드는 겁니다.

보통 입력 행렬을 만들 때, 행은 각 영화 리뷰를, 열은 리뷰가 어휘 내의 특정 단어를 포함하는지를 나타내도록 합니다. 리뷰에 대한 벡터를 생성하기 위해 리뷰의 어휘를 계산해서 해당 리뷰에 해당하는 각 열에 1을 입력하고 나머지 열에는 0을 입력합니다. 그런데 벡터의 크기는 어느 정도가 적당할까요? 글쎄요, 어휘 안에 단어가 이천 개 있다고 가정하면 벡터는 한 단어에 요소를 하나씩 할당해야 하니까, 각 벡터는 2,000개 차원을 가져야 합니다.

원핫 인코딩one-hot encoding이라 불리는 이런 저장 방식은 (입력 데이터 요소의 어휘에 입력 데이터 요소가 존재하는지 여부를 나타내는) 이진 인코딩 데이터에 사용하는 가장 일반적인 형식입니다. 어휘 안에 단어가 4개만 있다면, 원핫 인코딩은 다음과 같은 모습을 할 겁니다.

```
import numpy as np

onehots = {}
onehots['cat'] = np.array([1,0,0,0])
onehots['the'] = np.array([0,1,0,0])
onehots['dog'] = np.array([0,0,1,0])
onehots['sat'] = np.array([0,0,0,1])

sentence = ['the','cat','sat']
x = onehots[sentence[0]] + \
    onehots[sentence[1]] + \
    onehots[sentence[2]]
print("Sent Encoding:" + str(x))
```

cat 1 0 0 0

the 0 1 0 0

dog 0 0 1 0

sat 0 0 0 1

코드에서 볼 수 있듯이, (한 문장 내의 단어들에 대응하는 부분집합과 같이) 어휘 내의 각 단어에 대한 벡터를 생성하면 전체 어휘의 부분집합을 나타내는 벡터를 생성할 때 필요한 벡터의 덧셈이 가능해집니다.

"the cat sat"

Sent Encoding:[1 1 0 1]

1 1 0 1

여러 단어("the cat sat" 같은)에 대한 임베딩을 생성할 때, 한 단어가 여러 번 등장하는 경우는 여러 가지 방법으로 처리가 가능합니다. "cat cat cat"과 같은 구절에 대해, "cat"을 위한 벡터를 세 번 더하거나([3,0,0,0]의 결과를 낳습니다), 고유의 "cat"을 한 번만 취할 수도 있습니다([1,0,0,0]의 결과를 낳습니다). 보통은 후자가 더 나은 성능을 보여줍니다.

영화 리뷰 예측하기

예전 신경망에 새 인코딩 전략을 추가하면 감정을 예측할 수 있습니다.

방금 우리가 고안한 전략을 이용하면, 감정 데이터셋의 각 단어에 대한 벡터를 구축해서 예전에 만든 2계층 신경망을 감정 예측에 활용할 수 있습니다. 이어지는 코드는 눈으로만 읽지 말고 직접 실행하고 책을 보지 않고도 입력할 수 있을 정도로 암기하길 바랍니다. 새 주피터 노트북을 열어 데이터셋을 읽어 들이고 원핫 벡터를 생성한 다음, 신경망을 구축해 각 영화 리뷰의 평점(긍정적 또는 부정적)을 예측해보세요.

전처리 단계에서 하는 일은 다음과 같습니다.

```python
import sys

f = open('reviews.txt')
raw_reviews = f.readlines()
f.close()

f = open('labels.txt')
raw_labels = f.readlines()
f.close()

tokens = list(map(lambda x:set(x.split(" ")), raw_reviews))

vocab = set()
for sent in tokens:
    for word in sent:
        if(len(word)>0):
            vocab.add(word)
vocab = list(vocab)

word2index = {}
for i,word in enumerate(vocab):
    word2index[word]=i

input_dataset = list()
for sent in tokens:
    sent_indices = list()
    for word in sent:
        try:
            sent_indices.append(word2index[word])
        except:
            ""
    input_dataset.append(list(set(sent_indices)))

target_dataset = list()
for label in raw_labels:
    if label == 'positive\n':
        target_dataset.append(1)
    else:
        target_dataset.append(0)
```

임베딩 계층 기초

신경망을 더 빠르게 만드는 비결이 있습니다.

오른쪽은 여러분이 감정을 예측할 때 사용할 예전 신경망을 나타내는 다이어그램입니다. 하지만 그 전에, 저는 각 계층의 이름을 설명하고 싶네요. 가장 첫 번째 계층의 이름은 데이터셋(layer_0)입니다. 이 계층에는 **선형 계층**(weights_0_1)이라고 하는 계층이 뒤따릅니다. 이 계층 뒤에는 relu 계층(layer_1)과 또 다른 선형 계층(weights_1_2), 마지막으로는, 예측 계층인 출력이 따라옵니다. 그리고 임베딩 계층으로 첫 번째 선형 계층(weights_0_1)을 치환하면 layer_1로 향하는 조그만 지름길을 이용할 수 있는 것으로 드러났습니다.

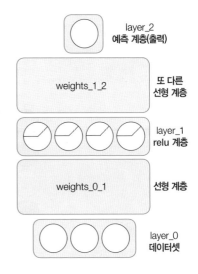

1과 0으로 이루어진 벡터를 취하는 것은 행렬의 여러 행을 합산하는 것과 수학적으로 동일합니다. 따라서 대형 벡터-행렬 곱을 수행하는 것보다는 weights_0_1의 관련 행들을 선택해서 합산하는 것이 훨씬 더 효율적입니다. 감정 어휘에는 약 70,000개에 이르는 단어가 담겨 있기 때문에, 총합을 구하기 전에 하는 '행렬의 각 행과 입력 벡터 안의 0을 곱하는' 계산이 벡터-행렬 곱의 대부분을 차지합니다. 그래서 행렬에서 각 단어에 해당하는 행을 선택해서 합산하는 것이 훨씬 더 효율적인 겁니다.

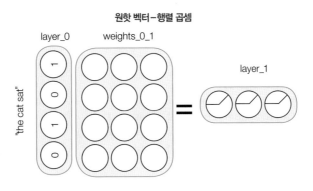

원핫 벡터-행렬 곱셈

행을 선택해서 합산(또는 평균)을 수행하는 계산 과정을 활용한다는 것은 첫 번째 선형 계층 (`weights_0_1`)을 임베딩 계층으로서 다룬다는 뜻입니다. 구조적으로 이 둘은 동일합니다 (`layer_1`은 순전파를 위해 어떤 방법을 이용해도 완전히 동일합니다). 유일한 차이라면 적은 수의 행을 합산하는 것이 훨씬 빠르다는 사실 정도입니다.

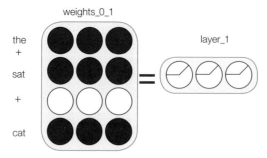

행렬 행 합산

예전 코드를 실행한 다음 이 코드를 실행하세요.

```
import numpy as np
np.random.seed(1)

def sigmoid(x):
    return 1/(1 + np.exp(-x))

alpha, iterations = (0.01, 2)
hidden_size = 100

weights_0_1 = 0.2*np.random.random((len(vocab), hidden_size)) - 0.1
weights_1_2 = 0.2*np.random.random((hidden_size, 1)) - 0.1

correct,total = (0,0)
for iter in range(iterations):
    for i in range(len(input_dataset)-1000):     ◄──────── 첫 24,000개 리뷰에 대해 학습합니다.
        x, y = (input_dataset[i], target_dataset[i])
        layer_1 = sigmoid(np.sum(weights_0_1[x], axis=0))   ◄──────── 임베딩 + sigmoid
        layer_2 = sigmoid(np.dot(layer_1, weights_1_2))     ◄──────── 선형 + softmax

        layer_2_delta = layer_2 - y               ◄──────── 예측 결과와 참값을 비교합니다.
        layer_1_delta = layer_2_delta.dot(weights_1_2.T)   ◄──────── 역전파
```

```
        weights_0_1[x] -= layer_1_delta * alpha
        weights_1_2 -= np.outer(layer_1, layer_2_delta) * alpha

        if(np.abs(layer_2_delta) < 0.5):
            correct += 1
        total += 1
        if(i % 10 == 9):
            progress = str(i/float(len(input_dataset)))
            sys.stdout.write('\rIter:'+str(iter)\
                        +' Progress:'+progress[2:4]\
                        +'.'+progress[4:6]\
                        +'% Training Accuracy:'\
                        + str(correct/float(total)) + '%')
    print()

correct,total = (0,0)
for i in range(len(input_dataset)-1000,len(input_dataset)):
    x = input_dataset[i]
    y = target_dataset[i]

    layer_1 = sigmoid(np.sum(weights_0_1[x], axis=0))
    layer_2 = sigmoid(np.dot(layer_1, weights_1_2))

    if(np.abs(layer_2 - y) < 0.5):
        correct += 1
    total += 1

print("Test Accuracy:" + str(correct / float(total)))
```

출력 해석하기

신경망은 학습하면서 뭘 배웠을까요?

다음은 영화 리뷰 신경망의 출력 결과입니다. 어떻게 보면 이것은 우리가 앞에서 논의한 상관
관계 요약과 동일합니다.

```
Iter:0 Progress:95.99% Training Accuracy:0.832%
Iter:1 Progress:95.99% Training Accuracy:0.8663333333333333%
Test Accuracy:0.849
```

신경망은 입력 데이터 요소와 출력 데이터 요소 간의 상관관계를 찾고 있었습니다. 이들 데이터 요소는 우리에게 친숙한 특징(특히 언어의 특징)을 가지고 있습니다. 게다가 언어의 어떤 패턴이 상관관계 요약을 통해 탐지될 수 있는지, 어떤 패턴은 탐지되지 않을지를 고려해서 얻는 장점이 꽤 큽니다. 하지만 신경망이 입력과 출력 데이터셋 사이의 상관관계를 찾아낼 수 있다고 해서 신경망이 언어의 모든 유용한 패턴을 이해한다는 것을 의미하지는 않습니다.

이와 더불어 현재 형상에서 신경망이 '학습할 수 있는 것'과 '언어를 잘 이해하는 데 필요한 것'의 차이점을 이해하려는 사고방식은 아주 유익합니다. 이 분야의 최전선에 선 연구자들도 이런 부분을 고민합니다. 당연히 우리도 고민할 필요가 있고요.

영화 리뷰 신경망은 언어에 관해 어떤 것을 학습했을까요? 먼저 신경망에 주어진 것부터 생각해보죠. 오른쪽 위의 다이어그램에 나타나 있는 것처럼 각 리뷰의 어휘를 입력으로 제시하고 두 레이블(긍정적 또는 부정적) 중 하나를 예측해달라고 신경망에 요청했습니다. 상관관계 요약이 입력과 출력 데이터셋 사이의 상관관계를 신경망이 찾을 것이라고 말한다는 점을 고려하면, 신경망이 최소한 (단어 자체로) 긍정적 상관관계나 부정적 상관관계를 갖는 단어들은 알아볼 거라 기대할 수 있습니다.

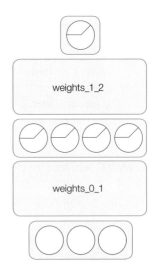

상관관계는 상관관계 요약으로부터 자연스럽게 도출됩니다. 단어의 존재/부재 여부를 제공하면 상관관계 요약은 존재/부재와 이들 두 레이블(긍정/부정) 사이의 직접적 상관관계를 찾을 겁니다. 하지만 이것이 전부는 아닙니다.

신경 아키텍처

아키텍처 선택은 신경망 학습 내용에 어떤 영향을 미쳤을까요?

지금까지 신경망이 학습한 정보 중 첫 번째이자 가장 뻔한 유형에 대해 이야기했습니다. 바로 입력 데이터와 출력 데이터셋 사이의 직접적인 상관관계 말입니다. 이 관찰 결과는 대체로 신경 지능의 흠잡을 데 없는 커리어를 그대로 보여줍니다(신경망이 입력과 출력 데이터 사이에서 어떠한 직접적인 상관관계도 발견하지 못한다면, 그건 어딘 가가 고장 났기 때문입니다). 보다 정교한 아키텍처 개발은 직접적인 상관관계보다는 더욱 복잡한 패턴 탐색 요구에 기반하며, 이 신경망도 예외는 아닙니다.

직접적인 상관관계를 식별하기 위해 필요한 최소한의 아키텍처는 입력 계층으로부터 출력 계층을 직접 연결하며 단일 가중치 행렬을 가지는 2계층 신경망입니다. 그러나 우리는 은닉 계층을 보유하는 신경망을 사용했죠. 여기에서 질문이 생깁니다. 은닉 계층이 하는 일은 뭘까요?

근본적으로 은닉 계층이 하는 일은 이전 계층으로부터 넘겨받은 데이터 요소를 n개의 그룹(n은 은닉 계층의 뉴런 개수)으로 묶는 겁니다. 각 은닉 뉴런은 데이터 요소를 취한 다음 "이 데이터 요소는 내 그룹 소속인가?"라는 물음에 답합니다. 은닉 계층이 학습을 하면서 신경망은 입력에 유용한 분류 방법을 모색합니다. 그렇다면 유용한 그룹 분류는 어떤 걸까요?

입력 데이터 요소의 그룹 분류는 다음 두 가지 조건을 충족하면 유용하다고 할 수 있습니다.

조건 1. 그룹 분류는 반드시 출력 레이블에 대한 예측에 활용할 수 있어야 합니다.

그룹 분류를 출력 예측에 사용할 수 없다면 **상관관계 요약은 신경망이 그룹을 찾도록 도울 수 없습니다.** 이 사실은 아주 중요합니다. 상당수의 신경망 연구가 학습 데이터(또는 인위적인 예측을 하는 신경망을 위해 가공된 신호)를 찾아서 각 과업(영화 리뷰 평점 예측 등)에 유용한 그룹 분류 방법을 찾는 작업에 관한 것이기 때문입니다. 여기에 대해선 잠시 후에 다시 논의하겠습니다.

조건 2. 그룹 분류는 데이터 안에 발생하고 있는 실제 현상일 때 유용합니다.

나쁜 그룹 분류는 그저 데이터를 기억하기만 할 뿐이지만, 좋은 그룹 분류는 언어적으로 유용한 현상을 골라냅니다.

예를 들어 영화 리뷰가 긍정적인지 또는 부정적인지를 예측하려 할 때, 'terrible끔찍한', 'not terrible끔찍하지 않은'의 차이를 이해하면 분류 능력이 아주 강해집니다. 'awful지독한'을 볼 때 **꺼지고**, 'not awful지독하지 않은'을 볼 때 **켜지는** 뉴런을 가지고 있으면 정말 좋을 겁니다. 이렇게 동작하면 다음 계층이 최종 예측 수행에 사용할 수 있는 아주 강력한 그룹 분류가 될 겁니다. 하지만 신경망에 대한 입력이 리뷰의 어휘이기 때문에, "it was great, not terrible끔찍하지 않고, 훌륭했어요"은 "it was terrible, not great훌륭하진 않고, 끔찍했어요"와 완전히 똑같은 layer_1 값을 생성합니다. 안타깝지만 이런 이유로, 신경망은 부정을 이해하는 은닉 계층을 생성할 공산(가능성)이 매우 낮습니다.

어떤 언어 패턴에 근거해서 한 계층의 동일 여부를 알아보는 것은 어떤 아키텍처가 상관관계 요약을 이용해서 해당 패턴을 찾아낼 수 있는지를 파악하기 위한 훌륭한 첫 단추입니다. 동일한 은닉 계층에 대해 두 예제를 만들 때, 둘 중 한 예제에는 관심을 갖고 있는 패턴이 있고 나머지 하나엔 그런 패턴이 없다면 그 신경망은 해당 패턴을 파악할 수 있는 가능성이 낮습니다.

우리가 방금 알게 된 것처럼 은닉 계층은 이전 계층의 데이터를 그룹으로 묶습니다. 미시적 관점에서 보면 각 뉴런은 자신과 같은 그룹의 소속 여부로 데이터 요소를 분류합니다. 거시적 관점에서 보면 같은 그룹에 가입된 두 데이터 요소(영화 리뷰)는 유사합니다. 마지막으로, 단어들을 여러 은닉 뉴런에 연결하고 있는 가중치들이 유사한 경우에도 두 입력(단어)이 유사하다고 판단합니다. 이러한 정보를 고려했을 때, 단어에서 은닉 계층으로 향하는 예전 신경망의 가중치로부터 여러분은 무엇을 관찰해야 할까요?

단어와 은닉 뉴런을 연결하는 가중치에서 무엇을 관찰해야 할까요?

힌트를 드리죠. 예측 능력이 유사한 단어들은 유사한 그룹(은닉 뉴런 형상)에 가입되어야 합니다. 각 단어를 각 은닉 뉴런에 연결하는 가중치에 있어 이 사실은 무엇을 의미할까요?

답은 이렇습니다. 유사한 레이블(긍정적 또는 부정적)과 상관관계가 있는 단어들은 여러 은닉 뉴런에 연결되는 유사한 가중치를 가집니다. 그 이유는 신경망이 이 가중치들을 유사한 은닉 뉴런에 나르도록 학습함으로써 최종 계층(weights_1_2)이 긍정적 또는 부정적 예측을 정확히 할 수 있게 하기 때문입니다.

아주 긍정적이거나 아주 부정적인 단어를 취한 다음, 가장 유사한 가중치 값을 가지는 다른 단어들을 탐색해보면 이 현상을 관찰할 수 있습니다. 즉, 각 단어를 취해서 각 은닉 뉴런(각 그룹)에 연결하는 가중치 값이 가장 유사한 다른 단어들을 관찰할 수 있다는 거죠.

유사한 그룹에 가입된 단어들은 긍정적 또는 부정적 레이블에 대해 유사한 예측 능력을 가질 겁니다. 이처럼 유사한 그룹에 가입되어 있는 단어들은 유사한 가중치 값, 유사한 의미를 가집니다. 신경망 관점에서, 한 뉴런이 다른 뉴런과 유사한 의미를 가지는 경우는 다음 계층과 예전 계층을 연결하는 가중치가 유사한 경우밖에 없습니다.

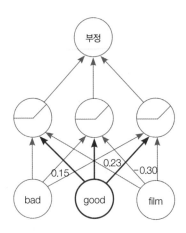

파란 선으로 표시된 'good'의 가중치들은 'good'을 위한 임베딩을 형성합니다. 이들은 'good'이라는 단어가 각 그룹(은닉 뉴런)에 어느 정도로 소속되어 있는지를 나타냅니다. 유사한 예측 능력을 가지는 단어들은 유사한 단어 임베딩(가중치)을 가집니다.

단어 임베딩 비교하기

가중치 유사도를 어떻게 시각화할 수 있을까요?

`weights_0_1`에서 각 입력 단어에 대해 상응하는 행을 선택함으로써 여러 은닉 뉴런으로 향하는 가중치 목록을 선택할 수 있습니다. 한 행의 각 항목은 해당 행의 단어에서 각 은닉 뉴런으로 향하는 가중치를 나타냅니다. 따라서 어떤 단어가 목표 용어와 가장 유사한지를 알아내기 위해선 각 단어의 벡터(행렬의 행)를 목표 단어의 벡터와 비교해야 합니다. 여기에서 사용하는 비교 방법은 **유클리드 거리**Euclidean distance[3]입니다. 유클리드 거리를 계산하는 코드는 다음 쪽에 나타나 있습니다.

----

3   역자주_ 유클리디안 거리라고도 합니다. n차원에서 두 점 간의 거리를 구하는 공식입니다.

```
from collections import Counter
import math

def similar(target='beautiful'):
    target_index = word2index[target]
    scores = Counter()

    for word,index in word2index.items():
        raw_difference = weights_0_1[index] - (weights_0_1[target_index])
        squared_difference = raw_difference * raw_difference
        scores[word] = -math.sqrt(sum(squared_difference))

    return scores.most_common(10)
```

유클리드 거리를 이용해 신경망 관점에서 가장 유사한 단어(뉴런)를 쉽게 질의할 수 있습니다.

```
print(similar('beautiful'))
```

```
print(similar('terrible'))
```

```
[('beautiful', -0.0),
 ('atmosphere', -0.70542101298),
 ('heart', -0.7339429768542354),
 ('tight', -0.7470388145765346),
 ('fascinating', -0.7549291974),
 ('expecting', -0.759886970744),
 ('beautifully', -0.7603669338),
 ('awesome', -0.76647368382398),
 ('masterpiece', -0.7708280057),
 ('outstanding', -0.7740642167)]
```

```
[('terrible', -0.0),
 ('dull', -0.760788602671491),
 ('lacks', -0.76706470275372),
 ('boring', -0.7682894961694),
 ('disappointing', -0.768657),
 ('annoying', -0.78786389931),
 ('poor', -0.825784172378292),
 ('horrible', -0.83154121717),
 ('laughable', -0.8340279599),
 ('badly', -0.84165373783678)]
```

기대했던 것처럼 각 단어와 가장 유사한 단어는 바로 자기 자신이며, 목표 단어와 유사하게 사용되는 단어들이 그 뒤를 따릅니다. 다시 한번, 기대했던 것처럼, 신경망은 오직 2개의 레이블(**positive**긍정적 그리고 **negative**부정적)만 가지고 있기 때문에 입력 단어는 신경망이 어떤 레이블을 예측하려는가에 따라 각 그룹으로 분류됩니다.

레이블에 따라 이뤄지는 그룹 분류는 상관관계 요약에서 표준적인 현상입니다. 상관관계 요약은 예측되는 레이블에 근거해서 신경망 안에서 유사한 표현(layer_1 값들)을 생성하여 올바른 레이블을 예측할 수 있게 하죠. 이 예제에서는 layer_1로 공급되는 가중치가 출력 레이블에 따라 그룹으로 묶이는 부작용이 있습니다.

상관관계 요약에서 나타나는 이러한 현상에 대한 직감을 갖는 것이 중요합니다. 상관관계 요약은 예측되어야 하는 레이블에 근거해서 은닉 계층이 유사해지도록 은닉 계층을 계속해서 설득합니다.

뉴런이 가지는 의미는 뭘까요?

예측하는 목표 레이블에 따라 의미가 완전히 달라집니다.

단어의 의미가 단어 분류 방법을 나타내진 않는다는 사실에 주의하세요. 'beautiful^{아름다운}'과 가장 유사한 단어는 'atmosphere^{운치, 분위기}'입니다. 이런 정보는 가치가 있습니다. 영화 리뷰가 긍정/부정 여부를 예측한다는 목적에서 보면 이 단어들은 거의 동일한 의미를 가집니다. 하지만 실세계에서 이들의 의미는 상당히 다르죠(예를 들면 하나는 형용사, 다른 하나는 명사입니다).

```
print(similar('beautiful'))
```

```
[('beautiful', -0.0),
 ('atmosphere', -0.70542101298),
 ('heart', -0.7339429768542354),
 ('tight', -0.7470388145765346),
 ('fascinating', -0.7549291974),
 ('expecting', -0.759886970744),
 ('beautifully', -0.7603669338),
 ('awesome', -0.76647368382398),
 ('masterpiece', -0.7708280057),
 ('outstanding', -0.7740642167)]
```

```
print(similar('terrible'))
```

```
[('terrible', -0.0),
 ('dull', -0.760788602671491),
 ('lacks', -0.76706470275372),
 ('boring', -0.7682894961694),
 ('disappointing', -0.768657),
 ('annoying', -0.78786389931),
 ('poor', -0.825784172378292),
 ('horrible', -0.83154121717),
 ('laughable', -0.8340279599),
 ('badly', -0.84165373783678)]
```

이 사실은 아주 중요하기 때문에 잘 알아 둬야 합니다. 신경망 안에서 (뉴런의) 의미는 목표 레이블에 기반을 둡니다. 신경망의 모든 것은 정확하게 예측하려는 상관관계 요약에 기반해서 맥락화^{Contextualize}됩니다. 따라서 우리가 아무리 이 단어들에 관한 정보를 많이 알고 있어도 신경망은 자기가 다루고 있는 과업과 관련이 없으면 아는 정보가 없습니다.

그럼 어떻게 해야 뉴런(이 경우, 단어 뉴런?)에 뉘앙스가 포함된 정보를 학습하도록 신경망을 설득할 수 있을까요? 흠... 입력과 언어의 뉘앙스를 같이 이해해야 하는 목표 데이터를 함께 신경망에 제공하면, 신경망은 다양한 단어의 뉘앙스가 담긴 해석을 배울 이유가 생깁니다.

신경망이 단어 뉴런에 대해 더 흥미로운 가중치를 학습하도록 예측하게 하려면 어떤 것이 필요할까요? 더 흥미로운 가중치 학습을 위한 영광스러운 과업은 바로 '공란 채우기'입니다. 왜 공란 채우기냐고요? 첫 번째 이유는 단어 뉘앙스 학습에 사용할 수 있는 거의 무한한 학습 데이터(인터넷)가 있기 때문입니다. 이런 학습 데이터는 신경망에게 거의 무한한 신호를 의미하죠. 두 번째 이유는 공란 채우기를 정확히 할 수 있으려면 실세계 맥락에 관한 개념이 최소한 어느 정도 필요하기 때문입니다.

예를 들어 다음 예제에서 공란을 정확하게 채우려면 'anvil^{대장간에서 사용하는 쇠받침대}'과 'wool^털' 중에 무엇이 와야 할까요? 신경망이 알아낼 수 있는지 한번 보겠습니다.

Mary had a little lamb whose _____ was white as snow.

공란 채우기

풍부한 신호를 통해 단어의 풍부한 의미를 학습시키세요.

이 예제는 예전 신경망과 완전히 동일한 신경망을 사용합니다. 뭐, 소소한 수정을 제외하면요. 첫 번째로, 주어진 영화 리뷰에 대한 단일 레이블을 예측하는 대신 각 구절(다섯 단어)을 취해서 한 단어(초점 단어)를 제거할 겁니다. 그리고 남아 있는 단어들을 이용해서 빠진 단어가 무엇인지 알아내도록 신경망을 학습시킬 겁니다. 두 번째로, **네거티브 샘플링**(negative sampling)이라고 하는 트릭을 이용해서 신경망이 학습하는 속도를 높일 겁니다.

어떤 단어가 빠졌는지 예측하려면 가능한 각 단어마다 레이블이 필요하다고 생각해보세요. 이러면 레이블이 수천 개가 필요로 할 것이고 신경망이 학습하는 속도도 느려지겠죠. 이 문제를 해결하기 위해 각 순전파 단계에 대해 무작위로 레이블 대부분을 (아예 존재하지 않는 것처럼) 무시해보겠습니다. 일견 조잡해보여도, 실전에서 제법 잘 통하는 기법입니다. 다음은 데이터를 전처리하는 코드입니다.

```
import sys, random, math
from collections import Counter
import numpy as np
```

```
np.random.seed(1)
random.seed(1)
f = open('reviews.txt')
raw_reviews = f.readlines()
f.close()

tokens = list(map(lambda x:(x.split(" ")), raw_reviews))
wordcnt = Counter()
for sent in tokens:
    for word in sent:
        wordcnt[word] -= 1
vocab = list(set(map(lambda x:x[0],wordcnt.most_common())))

word2index = {}
for i,word in enumerate(vocab):
    word2index[word]=i

concatenated = list()
input_dataset = list()
for sent in tokens:
    sent_indices = list()
    for word in sent:
        try:
            sent_indices.append(word2index[word])
            concatenated.append(word2index[word])
        except:
            ""
    input_dataset.append(sent_indices)
concatenated = np.array(concatenated)

random.shuffle(input_dataset)
alpha, iterations = (0.05, 2)
hidden_size,window,negative = (50,2,5)

weights_0_1 = (np.random.rand(len(vocab), hidden_size) - 0.5) * 0.2
weights_1_2 = np.random.rand(len(vocab), hidden_size)*0

layer_2_target = np.zeros(negative+1)
layer_2_target[0] = 1

def similar(target='beautiful'):
    target_index = word2index[target]

    scores = Counter()
```

```
    for word,index in word2index.items():
        raw_difference = weights_0_1[index] - (weights_0_1[target_index])
        squared_difference = raw_difference * raw_difference
        scores[word] = -math.sqrt(sum(squared_difference))
    return scores.most_common(10)

def sigmoid(x):
    return 1/(1 + np.exp(-x))

for rev_i,review in enumerate(input_dataset * iterations):
    for target_i in range(len(review)):
        target_samples = [review[target_i]]+list(concatenated \
            [(np.random.rand(negative)*len(concatenated)).astype('int').tolist()])


        left_context = review[max(0,target_i-window):target_i]
        right_context = review[target_i+1:min(len(review), target_i+window)]

        layer_1 = np.mean(weights_0_1[left_context+right_context], axis=0)
        layer_2 = sigmoid(layer_1.dot(weights_1_2[target_samples].T))
        layer_2_delta = layer_2 - layer_2_target
        layer_1_delta = layer_2_delta.dot(weights_1_2[target_samples])

        weights_0_1[left_context+right_context] -= layer_1_delta * alpha
        weights_1_2[target_samples] -= np.outer(layer_2_delta,layer_1) * alpha

    if(rev_i % 250 == 0):
        sys.stdout.write('\rProgress:'+str(rev_i/float(len(input_dataset) \
                        *iterations)) + " " + str(similar('terrible')))
    sys.stdout.write('\rProgress:'+str(rev_i/float(len(input_dataset) \
                    *iterations)))


print(similar('terrible'))
```

모든 어휘를 예측하기엔 비용이 너무
비싸지므로 무작위 부분집합만 예측합니다.

```
Progress:0.99998 [('terrible', -0.0), ('horrible', -2.846300248788519),
('brilliant', -3.039932544396419), ('pathetic', -3.4868595532695967),
('superb', -3.6092947961276645), ('phenomenal', -3.660172529098085),
('masterful', -3.6856112636664564), ('marvelous', -3.9306620801551664)]
```

의미는 손실에서 유래합니다.

이 새로운 신경망을 통해, 여러분은 단어 임베딩이 새로운 방식으로 군집화되는 모습을 각자 바라볼 수 있습니다. 예전에는 positive^{긍정적} 또는 negative^{부정적}로 예측될 가능도에 따라 군집화되었던 단어들이 이제는 같은 구절 내에서 (가끔은 감정과는 관계없이) 발견될 가능도에 기반해서 군집화됩니다.

긍정적/부정적 예측하기	공란 채우기

```
print(similar('terrible'))
```

```
print(similar('terrible'))
```

```
[('terrible', -0.0),
 ('dull', -0.760788602671491),
 ('lacks', -0.76706470275372),
 ('boring', -0.7682894961694),
 ('disappointing', -0.768657),
 ('annoying', -0.78786389931),
 ('poor', -0.825784172378292),
 ('horrible', -0.83154121717),
 ('laughable', -0.8340279599),
 ('badly', -0.84165373783678)]
```

```
[('terrible', -0.0),
 ('horrible', -2.79600898781),
 ('brilliant', -3.3336178881),
 ('pathetic', -3.49393193646),
 ('phenomenal', -3.773268963),
 ('masterful', -3.8376122586),
 ('superb', -3.9043150978490),
 ('bad', -3.9141673639585237),
 ('marvelous', -4.0470804427),
 ('dire', -4.178749691835959)]
```

```
print(similar('beautiful'))
```

```
print(similar('beautiful'))
```

```
[('beautiful', -0.0),
 ('atmosphere', -0.70542101298),
 ('heart', -0.7339429768542354),
 ('tight', -0.7470388145765346),
 ('fascinating', -0.7549291974),
 ('expecting', -0.759886970744),
 ('beautifully', -0.7603669338),
 ('awesome', -0.76647368382398),
 ('masterpiece', -0.7708280057),
 ('outstanding', -0.7740642167)]
```

```
[('beautiful', -0.0),
 ('lovely', -3.0145597243116),
 ('creepy', -3.1975363066322),
 ('fantastic', -3.2551041418),
 ('glamorous', -3.3050812101),
 ('spooky', -3.4881261617587),
 ('cute', -3.592955888181448),
 ('nightmarish', -3.60063813),
 ('heartwarming', -3.6348147),
 ('phenomenal', -3.645669007)]
```

여기서 핵심은 신경망이 아주 유사한 아키텍처(3계층, 교차 엔트로피, 시그모이드^{sigmoid} 비선형)로 동일한 데이터셋을 학습했다 하더라도, 신경망이 예측하는 대상을 바꿈으로써 가중치 안에 학습되는 내용에 영향을 끼칠 수 있다는 점입니다. 신경망이 똑같은 통계적 정보를 보고 있어도, 입력과 목푯값을 바탕으로 학습 목표를 바꿀 수 있습니다. 당장은 이렇게 신경망 학습 대상을 선정하는 절차를 **지능표적화**intelligence targeting라고 부르겠습니다.

입력-목푯값의 조절만이 지능표적화를 수행하는 유일한 방법이 아닙니다. 여러분은 신경망이 오차를 측정하는 방법, 신경망이 가지는 계층의 크기와 유형, 적용할 정규화 유형을 조정함으로써 지능표적화를 수행할 수 있습니다. 딥러닝 연구에서 이 모든 기법은 **손실 함수**loss function 구축 기법에 해당합니다.

신경망이 실제로 데이터를 학습하는 것은 아닙니다. 손실 함수를 최소화할 뿐이죠.

4장에서 학습은 신경망 내의 각 가중치를 조정해서 오차 함수를 0으로 감소시키는 과정이라고 설명했습니다. 이번 절에서는 동일한 현상을 다른 관점에서 설명하고자 합니다. 오차를 선택함으로써 신경망으로 하여금 우리가 관심을 갖고 있는 패턴을 학습하게 하는 것이죠. 다음 내용을 혹시 기억하고 있나요?

학습의 왕도
정확한 방법과 정확한 크기로 각 가중치를 조정해서 오차를 0(error == 0)으로 감소시킵니다.

비결
모든 input(입력)과 goal_pred(예측 목표)에 대해, prediction(예측 결과)과 error(오차) 공식을 결합함으로써 error(오차)와 weight(가중치) 사이의 정확한 관계가 정의됩니다.

```
error = ((0.5 * weight) - 0.8) ** 2
```

아마 여러분도 이 공식을 단일 가중치 신경망에서 본 것을 기억할 겁니다. 그 신경망에서는 순전파(0.5 * weight)를 한 다음 목표(0.8)와 비교함으로써 오차를 평가할 수 있었습니다. 이제 두 단계(순전파에 이은 오차 평가)를 별개로 생각하지 말고, (순전파를 포함한) 전체 공식을 오차 값 평가 단계로 생각해보세요. 왜 서로 다른 단어 임베딩 군집화가 이루어지는지 그 이유가 드러날 겁니다. 신경망과 데이터셋은 유사했지만 오차 함수가 근본적으로 달랐으며, 각 오차 함수는 각 신경망 안에서 서로 다른 단어 군집화를 유도했습니다.

긍정적/부정적 예측하기	공란 채우기
`print(similar('terrible'))`	`print(similar('terrible'))`

```
[('terrible', -0.0),
 ('dull', -0.760788602671491),
 ('lacks', -0.76706470275372),
 ('boring', -0.7682894961694),
 ('disappointing', -0.768657),
 ('annoying', -0.78786389931),
 ('poor', -0.825784172378292),
 ('horrible', -0.83154121717),
 ('laughable', -0.8340279599),
 ('badly', -0.84165373783678)]
```

```
[('terrible', -0.0),
 ('horrible', -2.79600898781),
 ('brilliant', -3.3336178881),
 ('pathetic', -3.49393193646),
 ('phenomenal', -3.773268963),
 ('masterful', -3.8376122586),
 ('superb', -3.9043150978490),
 ('bad', -3.9141673639585237),
 ('marvelous', -4.0470804427),
 ('dire', -4.178749691835959)]
```

손실 함수 선택이 신경망의 지식을 결정합니다.

손실 함수loss function는 실은 **오차 함수**error function를 좀 더 공식적으로는 표현한 용어입니다. 또는 **목적 함수**objective function라고도 합니다. (순전파를 포함하는) 손실 함수를 최소화하는 과정이 학습의 전부라고 생각해보면 신경망이 학습하는 방법에 대한 시야가 훨씬 넓어집니다. 두 신경망은 똑같은 시작 가중치를 가지고, 동일한 데이터셋을 학습하며, 궁극적으로는 다른 손실 함수를 선택함으로써 매우 다른 패턴을 학습할 수 있습니다. 두 영화 리뷰 신경망의 경우에는 여러분이 서로 다른 두 가지 목푯값(긍정적 또는 부정적 vs 공란 채우기)을 선택했기 대문에 손실 함수 또한 달랐습니다.

다른 종류의 아키텍처, 계층, 정규화 기법, 데이터셋, 비선형이 실제로는 그렇게 아주 다르지 않습니다. 이들은 여러분이 손실 함수를 구축하기 위해 선택할 수 있는 방법들입니다. 신경망이 제대로 학습하지 못할 때는 이 방법들 속에서 해답을 구할 수 있습니다.

예를 들어 신경망이 과적합을 하고 있다면, 더 단순한 비선형, 더 작은 계층 크기, 더 얕은 아키텍처, 더 큰 데이터셋 또는 더 공격적인 정규화 기법을 선택함으로써 손실 함수를 강화시킬 수 있습니다. 이 모든 기법의 선택은 결국 손실 함수에는 근본적으로 유사한 효과를, 신경망 동작에는 유사한 결과를 가져올 것입니다. 이 기법들은 모두 상호작용하기 때문에 한 부분에 수정을 가해보면 다른 부분의 성능에 영향을 주는 방법을 천천히 알 수 있습니다. 하지만 지금 당장은 손실 함수를 구축하고 최소화하는 것이 중요합니다.

신경망이 어떤 패턴을 학습하게 하고 싶을 때마다 알아야 할 모든 것은 손실 함수 안에 담겨 있습니다. 여러분이 기억하는 것처럼 단일 가중치를 갖고 있으면 손실 함수를 단순하게 만들 수 있습니다.

```
error = ((0.5 * weight) - 0.8) ** 2
```

많은 수의 복잡한 계층을 함께 엮을수록 손실 함수는 더 복잡해질 겁니다. 하지만 괜찮습니다. 그냥 이것만 기억하세요. 뭔가가 잘못된다면 전방 예측과 원천 오차 평가(평균제곱오차 또는 교차 엔트로피 등)를 모두 포함하는 손실 함수 안에 해결책이 있다는 사실을 말입니다.

King – Man + Woman ~= Queen

단어 유추는 예전 신경망의 흥미로운 결과물입니다.

이번 장을 마무리하기에 앞서 이 글을 쓰고 있는 시점에서 신경망 단어 임베딩(우리가 조금 전에 생성했던 것과 같은 단어 벡터)의 가장 유명한 속성을 논의해보죠. 공란 채우기 과업은 **단어 유추**word analogies라고 알려진 현상과 더불어 단어 임베딩을 형성합니다. 이 단어 임베딩에 다른 단어에 대한 벡터를 취해서 기본적인 대수 연산을 할 수 있습니다.

예를 들어 여러분이 충분히 큰 말뭉치로 예전 신경망을 학습한다면 king에 대한 벡터를 취해 그 벡터에서 man에 대한 벡터를 차감하고, 다시 woman에 대한 벡터를 더한 후 (질의에 사용된 그 벡터가 아닌) 가장 유사한 벡터를 찾아보세요. 결과적으로 가장 유사한 벡터는 'queen'인 것으로 드러날 겁니다. 심지어 영화 리뷰 데이터셋으로 학습한 공란 채우기 신경망에서도 유사한 현상이 나타납니다.

```python
def analogy(positive=['terrible','good'],negative=['bad']):

    norms = np.sum(weights_0_1 * weights_0_1,axis=1)
    norms.resize(norms.shape[0],1)

    normed_weights = weights_0_1 * norms

    query_vect = np.zeros(len(weights_0_1[0]))
```

```
for word in positive:
    query_vect += normed_weights[word2index[word]]
for word in negative:
    query_vect -= normed_weights[word2index[word]]

scores = Counter()
for word,index in word2index.items():
    raw_difference = weights_0_1[index] - query_vect
    squared_difference = raw_difference * raw_difference
    scores[word] = -math.sqrt(sum(squared_difference))

return scores.most_common(10)[1:]
```

terrible − bad + good ∼=	elizabeth − she + he ∼=
analogy(['terrible','good'],['bad'])	analogy(['elizabeth','he'],['she'])
[('superb', -223.3926217861), ('terrific', -223.690648739), ('decent', -223.7045545791), ('fine', -223.9233021831882), ('worth', -224.03031703075), ('perfect', -224.125194533), ('brilliant', -224.2138041), ('nice', -224.244182032763), ('great', -224.29115420564)]	[('christopher', -192.7003), ('it', -193.3250398279812), ('him', -193.459063887477), ('this', -193.59240614759), ('william', -193.63049856), ('mr', -193.6426152274126), ('bruce', -193.6689279548), ('fred', -193.69940566948), ('there', -193.7189421836)]

단어 유추

데이터 안에 존재하는 속성의 선형 압축

단어 유추가 처음 발견됐을 때, 사람들은 이 기술의 온갖 응용 사례를 상상하며 온통 흥분의 도가니였습니다. 단어 유추는 그 자체로 놀라워서 다양한 단어 임베딩을 만들기 위한 나름의 파생 연구 분야를 형성하기도 했습니다. 하지만 단어 유추는 그 이후로 별다른 발전이 없었으며 이제는 언어 관련 작업 대부분이 순환 아키텍처(여기에 대해서는 12장에서 다룹니다)에 초점을 두고 있습니다.

그런 까닭에, 선택한 손실 함수의 결과인 단어 임베딩 안에서 어떤 일이 벌어지고 있는지에 관해 제대로 된 직관을 갖는 것은 굉장히 의미 있는 일입니다. 여러분은 이미 어떤 손실 함수를 선택하는가가 단어 분류에 어떤 영향을 미치는지를 배웠지만, 이 단어 유추 현상은 좀 다릅니다. 새로운 손실 함수가 단어 유추를 유발한다면 어떤 일이 생길까요?

2개 차원을 갖는 단어 임베딩을 생각해보면, 단어 유추 작동의 의미를 더 쉽게 머릿속으로 정확히 그려볼 수 있을 겁니다.

```
king = [0.6 , 0.1]
man = [0.5 , 0.0]
woman = [0.0 , 0.8]
queen = [0.1 , 1.0]
king - man = [0.1 , 0.1]
queen - woman = [0.1 , 0.2]
```

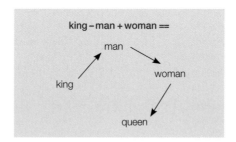

'king'/ 'man'과 'queen'/ 'woman'이 최종 예측에 기여하는 유용성은 비슷합니다. 이유요? 'king왕'과 'man남자' 사이의 차이는 royalty왕족 벡터를 남기니까요. 한쪽 그룹에 male- 과 female- 관련 단어들이 잔뜩 있는 한편, royalty왕족 방향으로 분류되는 또 다른 그룹도 존재합니다.

이는 선택된 손실 함수 이야기로 거슬러 올라갑니다. 단어 'king'이 한 구절 안에 나타나면 다른 단어가 어떤 방법으로 나타날지에 대한 확률을 바꿔 놓습니다. 'man'에 관련된 단어가 나타날 확률과 왕족과 관련된 단어가 나타날 확률을 증가시킵니다. 단어 'queen'은 구절 안에 'woman'과 관련된 단어가 등장할 확률과 (그룹으로써) 왕족과 관련된 단어들이 나타날 가능성을 높입니다. 그러므로 출력 확률에 대한 일종의 벤 다이어그램 효과로 인해, 이 단어들은 결국 유사한 그룹 조합에 소속됩니다.

간단히 말해서, 'king'은 은닉 계층의 male^{남성}과 royal^{왕족} 차원에 위치해 있으며 반면에 'queen'은 은닉 계층의 female^{여성}과 royal^{왕족} 차원에 위치하고 있습니다. 'king'에 대한 벡터를 취해서 male^{남성} 차원의 어떤 근사를 차감한 뒤, female^{여성} 차원의 근사를 더하면 'queen'에 가까운 뭔가를 얻습니다. 여기에서 가장 중요한 사실은 이것이 딥러닝에 관한 속성이라기보다는 언어의 속성에 대한 것이라는 겁니다. 이러한 동시 발생 통계의 선형 압축^{linear compression}은 모두 유사하게 동작할 겁니다.

요약

단어 임베딩과 손실 함수가 학습에 미치는 효과에 대해 배웠습니다.

이번 장에서 우리는 언어 연구에 신경망을 적용하기 위한 기본 원칙을 살펴봤습니다. NLP에 관한 주요 문제를 둘러보는 것으로 시작해서 신경망이 단어 임베딩을 이용해서 단어 수준에서 언어를 모델링하는 방법을 알아봤습니다. 손실 함수의 선택이 단어 임베딩에 의해 포착되는 속성의 종류를 바꿔 놓을 수도 있다는 사실 또한 배웠습니다. 그리고 이 우주에서 가장 마법 같을지도 모르는 신경 현상에 대한 논의로 이번 장을 마무리했습니다. 바로 단어 유추 말입니다.

다른 장에서처럼 이번 장의 예제 코드를 처음부터 여러분 스스로 만들어볼 것을 권합니다. 이번 장이 이 책의 다른 부분과 많이 다른 것 같아도, 여기에서 다룬 손실 함수 생성과 튜닝에 관한 지식은 아주 귀중합니다. 여러분이 이 책의 나머지 부분에서 점점 더 복잡해지는 전략을 다루다 보면 여기에서 배운 내용이 굉장히 중요해질 겁니다. 행운을 빕니다!

## CHAPTER 12

셰익스피어처럼 글쓰기

: 순환 계층으로 가변 데이터 다루기

- 임의 길이를 향한 도전
- 평균 단어 벡터의 놀라운 능력
- 단어주머니 벡터의 한계
- 단위행렬을 이용해서 단어 임베딩 총합하기
- 전이행렬에 대하여
- 유용한 문장 벡터를 만드는 법
- 파이썬으로 순전파 하기
- 임의 길이로 하는 순전파와 역전파
- 임의 길이로 하는 가중치 갱신

"순환 신경망에는 특별한 뭔가가 있어요."

– 안드레이 카패시, 〈순환 신경망의 턱없는 효율성〉, http://mng.bz/VqPW

임의의 길이를 향한 도전

신경망으로 임의의 길이 데이터 시퀀스를 모델링해보세요!

이번 내용은 NLP와 긴밀히 연결되어 있어서 11장에서 설명한 NLP의 개념과 기법을 제대로 이해하고 있어야 12장을 잘 읽어 나갈 수 있습니다. 물론 정보의 특정 패턴을 가중치가 학습할 수 있도록 손실 함수를 수정하는 방법도 포함해서요. 11장에서 단어 임베딩이 무엇인지 그리고 단어 임베딩 간에 유사성의 미묘한 차이를 어떻게 나타낼 수 있는지에 대한 직관을 키웠습니다. 이번 장에서는 가변 길이^{Variable Length} 구절과 문장의 의미를 전달하는 임베딩을 생성함으로써 개별 단어의 의미를 전달하는 임베딩의 직관적 지식에 대해 한층 자세히 설명합니다.

다음 문제부터 같이 볼까요? 단어 임베딩이 단어에 대한 정보를 저장하는 방법으로 콘텐츠 안에 있는 기호의 전체 시퀀스를 담는 벡터를 생성하려면 어떻게 해야 할까요? 가장 간단한 방법부터 시도해보겠습니다. 이론적으로는 단어 임베딩을 이어 붙이거나 적층하면 기호의 전체 시퀀스를 담는 벡터를 얻을 수 있습니다.

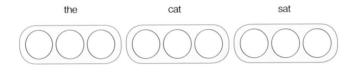

하지만 이 접근법은 썩 만족스럽지 못합니다. 각 문장이 저마다 다른 길이의 벡터를 가질 테니까요. 따라서 종종 어떤 벡터는 밖으로 돌출될 수도 있어서 두 벡터를 비교하기가 어렵습니다. 다음 문장을 보시죠.

눈으로 보기에도 비슷한 이 두 문장은, 서로 비교했을 때 이론적으로는 높은 유사도를 보여야 합니다. 하지만 'the cat sat' 벡터가 더 짧기 때문에 이 벡터의 어느 부분과 'the cat sat still' 벡터의 어느 부분을 비교해야 할지 결정해야 합니다. 왼쪽으로 맞추면 이 벡터는 ('the cat sat still'이 실제로는 다른 문장이라는 사실을 무시하며) 동일한 것으로 나타날 겁니다. 하지만 오른쪽으로 맞추면 이야기가 달라집니다. 벡터는 전체 단어의 4분의 3가량이 같은 데다 동일한 순서로 되어 있음에도 불구하고 완전히 의미가 다른 것으로 나타날 겁니다. 이 간단한 접근법이 작은 희망을 보여주고 있긴 하지만 쓸만한 수준으로 문장의 의미를 나타내기에는 턱없이 부족합니다.

비교가 정말 중요할까요?

왜 두 문장의 벡터를 비교할 수 있는지를 신경 써야 할까요?

두 벡터의 비교는 신경망이 무엇을 관찰하는지에 대한 근사를 제공해주기 때문에 유용합니다. 두 벡터로 변환된 문장은 읽지 못하겠지만, 이 두 벡터가 비슷한지 또는 다른지는 11장에서 만든 함수[1]를 이용해서 판단할 수 있습니다. 문장 벡터를 생성하는 방법이 여러분이 두 문장 사이에서 발견한 유사성을 반영하지 않는다면, 신경망은 두 문장이 유사한 경우를 인지하기 어려울 겁니다. 신경망은 문장이 아닌 벡터를 다루니까요!

문장 벡터를 계산하기 위한 다양한 기법을 계속해서 살펴보고 평가하는 동안, 이 작업을 하는 목적을 잊으면 안 됩니다. 우리는 신경망 관점에서 모든 것을 보기 위해 노력하고 있습니다. "상관관계 요약이 예측 목표 레이블과 비슷한 문장 벡터 사이의 상관관계를 찾아낼까? 아니면 거의 똑같은 두 문장이 문장 벡터와 예측 목표 레이블 사이에 아주 작은 상관관계를 가지는 완전히 다른 벡터를 생성할까?" 같은 물음에 대한 답을 얻고자 합니다. 문장에 관해 예측할 때 활용할 수 있는 문장 벡터를 만들고 싶은 거죠. 즉, 비슷한 문장들은 비슷한 벡터를 생성해야 합니다.

문장 벡터를 생성하는 이전 방법(이어 붙이기)은 다소 임의적인 정렬 방법 때문에 문제가 있었으니, 이번엔 그보다 조금 복잡한 방법으로 넘어가 보겠습니다. 한 문장 안에 있는 각 단어를 위한 벡터를 취해서 평균을 내보면 어떨까요? 오, 모든 문장 벡터의 길이가 같아졌으니 이젠 정렬 때문에 걱정하지 않아도 되네요!

행렬 행 평균

단어 벡터

the
+
sat
+
cat

문장 벡터

---

1 역자주_ 유클리드 거리를 구현한 similar 함수

게다가 'the cat sat'과 'the cat sat still'은 비슷한 문장 벡터를 가질 겁니다. 이들 안에 들어가는 단어가 비슷하기 때문이죠. 더 좋은 점은 'a dog walked'가 'the cat sat'과 비슷해질 공산이 크다는 겁니다. 어떤 단어도 겹치지 않지만 사용된 단어들이 비슷하기 때문입니다.

단어 임베딩 평균화는 단어 임베딩을 생성하는 데 있어 놀라울 정도로 효과적인 방법인 것으로 드러났습니다. 곧 여러분도 확인하겠지만 단어 임베딩 평균화가 완벽한 것만은 아닙니다. 하지만 단어 임베딩 평균화는 여러분이 단어 사이의 복잡한 관계라고 이해할만한 무언가를 잘 포착하죠. 더 진행하기에 앞서 11장에서 공부한 단어 임베딩을 취해서 이 평균화 전략을 테스트해보면 아주 유익할 것 같네요.

평균 단어 벡터의 놀라운 힘

평균 단어 벡터는 신경망 예측에 놀랍도록 유용한 도구입니다.

저는 앞 절에서 단어 시퀀스 의미 전달을 위해 벡터를 생성하는 두 번째 방법을 제시했습니다. 문장 안에서 단어들에 해당하는 벡터들의 평균을 취하는 방식이었죠. 우리는 새 평균 문장 벡터가 여러 가지 바람직한 방향으로 동작하기를 기대하고 있습니다.

앞 장에서 임베딩을 이용해 생성한 문장 벡터를 갖고 놀아볼까요? 11장에서 코드를 가져와 예전에 했던 것처럼 IMDB 말뭉치에 대해 임베딩을 학습하고 평균 문장 임베딩으로 테스트해봅시다.

다음은 단어 임베딩을 비교할 때 수행된 것과 동일한 정규화를 구현한 코드입니다. 하지만 이번엔, `normed_weights` 행렬에 모든 단어 임베딩을 사전정규화해보겠습니다. 그런 다음 `make_sent_vect` 함수를 만들고 평균화를 이용하여 이 함수를 통해 각 리뷰(단어 목록)를 임베딩으로 변환합니다. 변환 결과는 `reviews2vectors` 행렬에 저장됩니다.

그 다음 입력 리뷰와 말뭉치 안에 있는 다른 모든 리뷰 벡터 사이의 내적을 수행함으로써 주어진 입력 리뷰와 가장 유사한 리뷰에 대한 질의를 하는 함수를 작성합니다. 이 내적 유사도 측정 지표는 4장에서 복수 입력을 받아 예측하는 방법을 공부할 때 간단히 논의했던 그 지표입니다.

```
import numpy as np
norms = np.sum(weights_0_1 * weights_0_1, axis=1)
norms.resize(norms.shape[0], 1)
normed_weights = weights_0_1 * norms

def make_sent_vect(words):
    indices = list(map(lambda x:word2index[x],\
                   filter(lambda x:x in word2index, words)))
    return np.mean(normed_weights[indices], axis=0)

reviews2vectors = list()
for review in tokens:  ◄──────── 토큰으로 분리한 리뷰
    reviews2vectors.append(make_sent_vect(review))
reviews2vectors = np.array(reviews2vectors)

def most_similar_reviews(review):
    v = make_sent_vect(review)
    scores = Counter()
    for i,val in enumerate(reviews2vectors.dot(v)):
        scores[i] = val
    most_similar = list()
    for idx,score in scores.most_common(3):
        most_similar.append(raw_reviews[idx][0:40])

    return most_similar

most_similar_reviews(['boring','awful'])
```

```
['I am amazed at how boring this film',
 'This is truly one of the worst dep',
 'It just seemed to go on and on and.]
```

놀랍게도, 두 단어 'boring지루한'과 'awful끔찍한'의 평균 벡터와 가장 유사한 리뷰에 대해 질의를 던질 때 아주 부정적인 리뷰 3개를 응답받습니다. 부정적인 임베딩과 긍정적인 임베딩이 군집을 이루는 것처럼 흥미로운 통계적 정보가 이들 벡터 안에 있는 것 같습니다.

임베딩은 어떻게 정보를 저장할까요?

단어 임베딩을 평균화할 때, 평균 모양은 유지됩니다.

신경망 안에서 벌어지는 일을 이해하려면 약간의 추상적 사고가 필요합니다. 그동안 익숙해져 있던 것과는 조금은 다른 지식이므로 시간을 두고 소화하도록 합시다. 앞으로 한동안은 단어 벡터를 다음과 같은 **구불구불한 선**처럼 시각적으로 관찰할 수 있다고 생각하세요.

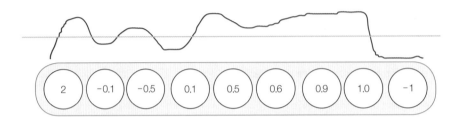

벡터를 숫자의 목록이라고 생각하는 대신, 벡터 안에 있는 각 위치에 있는 높고 낮은 값에 해당하는 높은 점, 낮은 점으로 이어진 선이라고 생각해보세요. 말뭉치에서 단어 몇 개를 선택하면 각 단어에 대한 벡터는 다음 그림과 같이 표현될 겁니다.

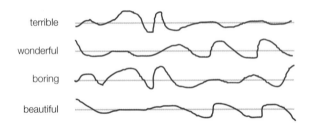

다양한 단어 사이의 유사성을 생각해보세요. 각 벡터에 해당하는 모양이 독특하다는 점에 유의하고요. 하지만 'terrible'과 'boring'의 벡터에 해당하는 모양 사이에는 어떤 유사성이 존재합니다. 'beautiful'과 'wonderful'의 벡터 사이에도 모양의 유사성이 존재하지만, 다른 단어 사이의 그것과는 다릅니다. 우리가 이 구부러진 선들을 군집화하면 비슷한 뜻을 가진 단어들끼리 군집을 이룰 겁니다. 더 중요한 점은, 구부러진 선들의 각 부분은 그들 자체로 의미를 가진다는 사실입니다.

예를 들어 부정적인 단어에 대해서는 왼쪽에서 40% 지점에서 선이 아래로 내려가다가 위로 급

등하는 스파이크spike가 나타납니다. 각 단어에 해당하는 선을 계속해서 그렸다면, 스파이크가 확연하게 드러났을 겁니다. '부정'을 의미하는 스파이크에 특별한 마법이 있는 것은 아닙니다. 신경망을 다시 학습시키면 스파이크가 다른 어딘가에서 나타날 공산이 큽니다. 모든 부정적인 단어가 스파이크를 갖고 있기 때문에 이 스파이크는 부정성을 식별하는 용도로 사용할 수 있습니다.

따라서 학습 과정에서 여러 위치에서 휘어지며 여러 모양shape이 자리를 잡습니다. 그리고 각 모양은 나름의 의미를 전달하지요. 한 문장 내에서 단어에 대한 평균 곡선을 취하면 문장의 가장 지배적인 의미만 유효하며, 특정 단어에 의해 생성된 잡음은 평균화에 의해 떨어져 나갑니다.

신경망은 임베딩을 어떻게 활용할까요?

신경망은 대상 레이블과의 상관관계를 가진 곡선을 탐지합니다.

독특한 특징(곡선)이 있는 곡선으로써 단어 임베딩을 바라보는 새로운 방법을 조금 전에 설명했습니다. 그리고 이들 곡선이 목표를 달성하기 위한 학습 과정에서 만들어진다는 사실도 설명했습니다. 비슷한 의미를 가지는 단어들의 곡선에서는 종종 공통으로 나타나는 독특한 굴곡이 있습니다. 가중치 사이의 고-저high-low 패턴의 조합이 바로 그것입니다. 이번 절에서는 상관관계 요약이 어떻게 이들 곡선을 입력으로 처리하는지를 생각해보려 합니다. 이들 곡선을 입력으로 받아들인다는 것은 계층에게 어떤 의미일까요?

사실, 신경망은 그저 우리가 앞에서 봤던 신호등 데이터셋을 다루듯 임베딩을 다룹니다. 신경망은 은닉 계층과 예측하고자 하는 목표 레이블 안에 있는 다양한 요철과 곡선 사이의 상관관계를 찾습니다. 이것이 바로 특정한 유사성을 보이는 단어들이 비슷한 요철과 곡선을 공유하는 이유입니다. 학습을 수행하는 어느 중간 지점에서 신경망은 다른 단어들의 모양 사이에 존재하는 독특한 특징을 형성하기 시작하며, 정확한 예측을 위해 (이들 모양에 비슷한 요철과 곡선을 부여하며) 이 특징들을 묶어 나갑니다. 하지만 이것은 11장의 마지막 부분에서 얻은 지식을 요약하는 또 다른 방법일 뿐입니다. 우리는 더 나아질 수 있는 방법을 원합니다.

이번 장에서 우리는 이들 임베딩을 문장 임베딩으로 합쳐 넣는 것이 어떤 의미인지를 생각해보겠습니다. 총합한Summed 벡터는 어떤 종류의 분류 작업에 유용할까요? 우리는 문장의 단어 임베딩에 걸쳐 평균을 취하면 그 안에 있는 단어들의 특징에 대한 평균을 가지는 벡터를 얻는 다는 사실을 알았습니다. 긍정적인 단어가 많이 있으면 최종 임베딩은 (다른 단어로부터의 잡음은 상쇄시키면서) 어느 정도 긍정적인 모습을 보일 겁니다. 하지만 이 접근법은 그렇게 정확하진 않습니다. 충분히 많은 단어가 공급되면 각 물결 모양을 한 선들이 서로 평균화하면서 직선이 되기 때문입니다.

이 부분이 이 접근법의 첫 번째 약점입니다. 긴 정보 시퀀스(문장)를 고정 길이 벡터에 저장할 때 너무 많이 저장하려 들면 결국 문장 벡터(아주 많은 단어 벡터의 평균)는 직선(0에 가까운 수로 이루어진 벡터)으로 평균화합니다.

한마디로 단어 임베딩을 평균화하는 방식은 우아하지 않다는 겁니다. 너무 많은 단어를 한 벡터에 넣으려 들면 거의 아무것도 저장하지 못할 겁니다. 하지만 대부분의 문장은 몇 안 되는 단어로 구성됩니다. 게다가 한 문장이 반복되는 패턴을 가지고 있으면 총합 단어 벡터에 걸쳐 존재하는 가장 지배적인 패턴(예: 앞 절에서 등장한 스파이크)이 문장 벡터 안에 유지됩니다. 문장 벡터가 유용한 이유가 바로 여기에 있습니다.

단어주머니 벡터의 한계

단어 임베딩을 평균화하면 순서는 무의미해집니다.

평균 임베딩의 가장 큰 문제는 순서 개념이 없다는 겁니다. 예를 들어, 다음 두 문장을 생각해 보세요.

- Yankees defeat Red Sox. (양키스가 레드 삭스에 승리를 거두다.)
- Red Sox defeat Yankees. (레드 삭스가 양키스에 승리를 거두다.)

평균화를 이용해서 이 두 문장에 대한 문장 벡터를 생성하면 동일한 벡터가 나올 겁니다. 이 두 문장은 정확히 반대의 정보를 전달하는 데 말이죠! 게다가, 이 접근법은 문법을 무시합니다. 그래서 "Sox Red Yankees defeat." 역시 동일한 문장 임베딩을 얻습니다.

구절이나 문장의 임베딩을 형성하기 위해 단어 임베딩을 모두 합하거나 평균화하는 접근법은 전통적으로 **단어주머니**bag-of-words **접근법**으로 알려져 있습니다. 이 방법은 가방 안에 단어를 마구 던져 넣는 것과 아주 비슷하기 때문에 순서가 유지되지 않습니다. 여기에서 주목해야 할 한계는 어떤 문장이든 취해서 단어들을 마구 섞은 다음에 문장 벡터를 생성할 수 있으며, 단어를 어떻게 뒤섞어 놓든 상관없이 벡터는 똑같다는 점입니다(덧셈에는 결합 법칙이 적용되기 때문이죠: a + b == b + a).

이번 장의 진짜 주제는 **순서**를 정말 중요하게 여기는 방식으로 문장 벡터를 생성하는 것입니다. 순서를 뒤섞었을 때 다른 벡터가 나오는, 그런 벡터를 만들고 싶은 거죠. 여기에서 중요한 점은 순서가 의미를 가지는 방식(다른 말로 하자면, 순서가 벡터를 바꾸는 방법)이 학습되어야 한다는 겁니다. 이렇게 하면 언어 관련 과업을 해결하는 방식을 이용해서 신경망의 순서 표현이 가능하며, 더 나아가서는 언이의 순서에 대한 본질을 포착할 수도 있습니다. 책에서는 언이를 예로 들었지만, 여러분은 이들 문장을 어떤 시퀀스로도 바꿔서 일반화할 수 있습니다. 제가 언어를 선택한 이유는 여전히 도전적이면서도 모두에게 알려진 영역이기 때문입니다.

시퀀스(예: 문장)에 대한 벡터를 생성하는 가장 유명하고 성공적인 방법 중 하나는 **순환 신경망**RNN : recurrent neural network입니다. RNN이 어떻게 동작하는지를 보려면 우리는 낯설면서도 일견 쓸모없어 보이는 **단위행렬**identity matrix로 평균 단어 임베딩을 수행하는 방법부터 시작해야 합니다. 단위행렬은 그저 임의의 커다란 정방행렬(행수 == 열수)입니다. 단위행렬은 모두 0으로 채워져 있으며, 좌상단 구석에서부터 우하단 구석으로 향하는 대각선 위로 1이 채웁니다. 다음은 단위행렬의 예입니다.

```
[1,0]
[0,1]

[1,0,0]
[0,1,0]
[0,0,1]

[1,0,0,0]
[0,1,0,0]
[0,0,1,0]
[0,0,0,1]
```

이 세 행렬은 모두 단위행렬입니다. 그리고 모두 같은 목적을 가지고 있죠. 단위행렬은 어떤 벡터와 벡터-행렬 곱셈을 수행해도 원본 벡터를 반환합니다. 벡터 [3, 5]를 첫 번째 단위행렬과 곱하면 결과는 [3, 5]가 나옵니다.

단위행렬을 이용해서 단어 임베딩 총합하기

다른 접근법을 이용해서 같은 논리를 구현해봅시다.

단위행렬이 쓸모없다는 생각이 들 수도 있습니다. 벡터 하나를 취해서 똑같은 벡터를 출력하는 행렬을 쓰는 이유가 뭘까요? 이 예제에서 우리는 더 복잡한 단어 임베딩 총합 방식을 구성해서 신경망이 최종 문장 임베딩을 생성할 때 순서를 계산에 포함하도록 하는 방법을 보여주는 교보재로써 단위행렬을 사용할 겁니다. 그럼 임베딩을 총합하는 또 다른 방법을 알아보겠습니다.

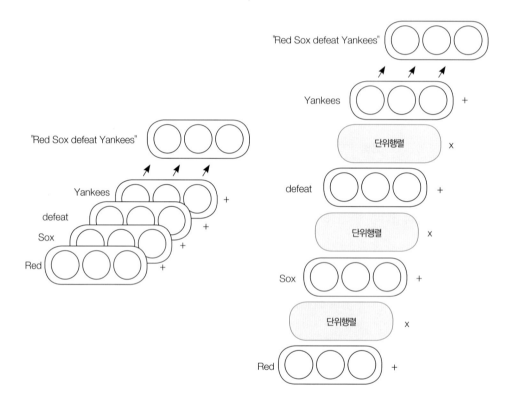

이것이 문장 임베딩을 형성하기 위해 단어 임베딩을 총합하는 표준 기법입니다(단어의 수로 나누면 평균 문장 임베딩이 나옵니다). 오른쪽 예제는 각 총합 단계 사이에 단위행렬을 이용해서 벡터-행렬 곱을 수행하는 단계를 추가합니다.

'Red'에 해당하는 벡터를 단위행렬로 곱한 후, 그 결과를 'Sox'에 해당하는 벡터와 더합니다. 그 결과에 다시 단위행렬로 벡터-행렬곱을 수행하고, 'defeat'에 해당하는 벡터와 더합니다.

그리고 문장 전반에 걸쳐 이 과정을 반복합니다. 단위행렬을 이용한 벡터-행렬 곱이 원본 벡터와 동일한 벡터를 반환하기 때문에, 오른쪽 예제의 과정은 왼쪽 예제의 과정과 정확히 같은 문장 임베딩을 내놓습니다.

네, 쓸데없는 계산입니다. 하지만 곧 바뀔 겁니다. 여기서 가장 중요하게 고려해야 하는 부분은 단위행렬이 아닌 다른 어떤 행렬을 사용할 때, 단어 순서를 바꾸면 임베딩 역시 바뀔 거라는 점입니다. 파이썬으로 확인해보죠.

정말 아무것도 바꾸지 않는 행렬

파이썬과 단위행렬을 이용해서 문장 임베딩을 만들어봅시다.

이번 절은 파이썬으로 단위행렬을 다루는 법을 보여주며, 궁극적으로는 앞 절에서 다뤘던 새로운 문장 벡터 기법을 구현할 겁니다(동시에 이 기법이 동일한 문장 임베딩을 생성함을 증명할 겁니다).

다음에서 우리는 처음에 길이가 3인 벡터 4개(a, b, c, d)와 행과 열 개수가 3(모든 단위행렬은 행과 열의 개수가 같습니다)인 단위행렬을 초기화합니다. 단위행렬에는 좌상단에서 우하단으로 향하는 대각선(참고로, 단위행렬은 대각행렬이기도 합니다) 위에 연속하는 1이 존재한다는 특징에 유의하세요. 모든 요소가 0이고 대각선을 따라 1을 가지고 있는 모든 정방행렬은 단위행렬입니다.

```python
import numpy as np

a = np.array([1,2,3])
b = np.array([0.1,0.2,0.3])
c = np.array([-1,-0.5,0])
d = np.array([0,0,0])

identity = np.eye(3)
print(identity)
```

```
[[ 1. 0. 0.]
 [ 0. 1. 0.]
 [ 0. 0. 1.]]
```

```
print(a.dot(identity))
print(b.dot(identity))
print(c.dot(identity))
print(d.dot(identity))
```

```
[ 1. 2. 3.]
[ 0.1 0.2 0.3]
[-1. -0.5 0. ]
[ 0. 0. 0. ]
```

그리고 NumPy의 **dot** 함수를 이용해서 각 행렬과 단위행렬의 벡터-행렬 곱을 수행합니다. 여러분도 볼 수 있듯이 이 과정의 출력으로 탄생한 새 벡터는 입력 벡터와 동일합니다.

단위행렬을 이용한 벡터-행렬 곱은 우리가 입력한 벡터와 동일한 벡터를 내놓기 때문에 문장 임베딩 안에 이 과정을 통합하는 것은 시시해 보일 겁니다. 다음과 같이 말입니다.

```
this = np.array([2,4,6])
movie = np.array([10,10,10])
rocks = np.array([1,1,1])

print(this + movie + rocks)
print((this.dot(identity) + movie).dot(identity) + rocks)
```

```
[13 15 17]
[ 13. 15. 17.]
```

문장 벡터를 생성하는 양쪽 방법 모두 동일한 벡터를 낳습니다. 순전히 단위행렬이 특별한 행렬이기 때문입니다. 그런데 우리가 단위행렬을 사용하지 않았다면 어떤 일이 생겼을까요? 다른 행렬을 사용하면 어떤 결과가 생겼을지 궁금합니다. 사실, 단위행렬은 벡터-행렬 곱을 계산했을 때 동일한 벡터를 반환할 것을 보장하는 **유일한** 행렬입니다. 다른 행렬은 이런 보장을 할 수 없습니다.

전이행렬

손실을 최소화하도록 단위행렬을 바꾸면 어떨까요?

우리의 목표를 상기해봅시다. 문장의 의미에 따라 군집을 이루는 문장 임베딩을 생성하고, 벡터를 이용해서 주어진 문장과 비슷한 의미를 갖는 문장을 찾는 것이 우리의 목표입니다. 특히, 여기에서 문장 임베딩은 단어 순서를 고려해야 합니다.

우리는 앞에서 단어 임베딩 총합을 시도했습니다. 하지만 단어 임베딩 총합은 'Red Sox defeat Yankees'가 'Yankees defeat Red Sox'와 동일한 벡터를 가지게 만들었죠. 이 두 문장은 완전히 반대의 의미를 가지는데도 말입니다. 우리는 문장 임베딩을 형성하되 이들 두 문장에 대해 (여전히 의미에 근거해 군집을 이루는 한편) **다른 임베딩**을 만들고 싶습니다. 이론적으로는 단위행렬을 이용했던 방식으로 (단, 단위행렬이 아닌 다른 행렬을 사용해서) 문장 임베딩을 생성하면 동일한 단어로 이루어져 있지만 다른 순서로 이루어진 문장은 서로 다른 문장 임베딩을 갖게 됩니다.

이제 뻔한 질문을 하겠습니다. 단위행렬 대신 어떤 행렬을 사용해야 할까요? 무한한 선택지가 있긴 하지만 딥러닝에서는 이런 질문에 대한 모범 답안은 "신경망 안에서 다른 모든 행렬을 학습하는 것처럼 이 행렬 역시 학습할 겁니다"입니다. 좋습니다. 신경망은 이제 이 행렬을 학습합니다. 하지만 어떻게요?

무언가를 알아내기 위해 신경망을 학습시킬 때는 늘 과업이 필요합니다. 그리고 이 과업은 유용한 단어 벡터와 단위행렬에 대한 수정을 학습함으로써 문장 임베딩을 생성해야 합니다. 어떤 과업에 도전해야 할까요?

지금 목표는 공란 채우기에 유용한 단어 임베딩을 생성할 때와 비슷합니다. 그렇다면 유사한 과업에 도전해보는 건 어떨까요? 신경망을 학습시켜서 입력받은 단어 목록 다음에 따라올 단어를 예측하도록 말입니다.

["This", "movie", "was"] ⟶ 신경망 ⟶ ["great"]

유용한 문장 벡터 생성하는 법 학습하기

문장 벡터를 생성하고, 예측하고, 그 일부를 이용해서 문장 벡터를 수정하세요.

다음 실험을 하는 동안은 여러분이 앞서 다뤄온 신경망에 대해 생각하지 않았으면 좋겠습니다. 대신, 문장 임베딩을 생성하는 것, 다음 단어를 예측하기 위해 문장 임베딩을 사용하는 것, 예측을 더 정확하게 만들기 위해 문장 임베딩을 형성했던 각 부분을 수정하는 것에만 집중하세요. 단어 예측을 할 때는 현재까지 관측된 문장의 앞부분을 이용해서 문장 임베딩을 형성합니다. 그리고 신경망은 다음 그림처럼 보일 겁니다.

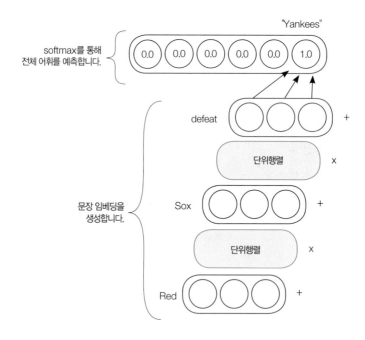

이 신경망은 2단계로 구성됩니다. 먼저 문장 임베딩을 만들고, 어떤 단어가 다음에 올지를 예측할 때 해당 임베딩을 사용합니다. 이 신경망에 입력되는 텍스트는 "Red Sox defeat," 이며, 예측할 단어는 "Yankees"입니다.

저는 단어 벡터 사이의 박스 안에 **단위행렬**을 작성해 넣었습니다. 이 행렬은 처음엔 단위행렬로 **시작**합니다. 학습 과정에서 신경망은 이들 행렬 안에 경사도를 역전파 하며 더 나은 예측을 할 수 있도록 (신경망의 가중치들에 대해 하듯) 이 경사도를 갱신할 겁니다.

신경망은 이렇게 해서 **단어 임베딩의 단순 총합보다 더 많은 정보를 통합할 수 있는 방법을 학습**합니다. 행렬(최초에는 단위행렬)을 수정할 수 있게 함으로써, (그리고 단위행렬이 **아닌** 행렬이 되게 함으로써) 문장 내 단어의 순서에 근거해서 임베딩을 생성하는 방법을 신경망이 학습하게 만듭니다. 하지만 행렬을 임의로 수정하진 않습니다. 신경망은 **다음 단어를 예측하는 과업에 유용하도록** 단어의 순서를 포함하는 방법을 학습해서 행렬을 수정할 겁니다.

이어서, **전이행렬**(원래 단위행렬이었던 행렬)이 모두 동일해지도록 제한을 둘 겁니다. 다른 말로 하자면, "Red" → "Sox"에서 얻은 행렬을 "Sox" → "defeat." 전이에 재사용한다는 겁니다. 신경망이 일단 한 차례 전이에서 학습한 논리는 다음 전이에 재사용 되며, 나중에는 모든 예측 단계에서 유용한 논리만이 남아 신경망 속안에 학습될 겁니다.

파이썬으로 순전파 하기

이 개념을 이용해서 간단한 순전파를 수행하는 방법을 관찰해봅시다.

이제 무엇을 만들지에 대한 아이디어가 있으니 파이썬으로 시험 버전을 만들어보죠. 먼저 가중치를 준비해야 합니다(저는 9개 단어로 이루어진 제한된 어휘를 사용합니다).

```python
import numpy as np

def softmax(x_):
    x = np.atleast_2d(x_)
    temp = np.exp(x)
    return temp / np.sum(temp, axis=1, keepdims=True)
```

```
word_vects = {}
word_vects['yankees'] = np.array([[0.,0.,0.]])
word_vects['bears'] = np.array([[0.,0.,0.]])
word_vects['braves'] = np.array([[0.,0.,0.]])
word_vects['red'] = np.array([[0.,0.,0.]])
word_vects['sox'] = np.array([[0.,0.,0.]])          단어 임베딩
word_vects['lose'] = np.array([[0.,0.,0.]])
word_vects['defeat'] = np.array([[0.,0.,0.]])
word_vects['beat'] = np.array([[0.,0.,0.]])
word_vects['tie'] = np.array([[0.,0.,0.]])

sent2output = np.random.rand(3,len(word_vects))  ◄─── 분류 가중치를 출력하기
                                                      위한 문장 임베딩

identity = np.eye(3)  ◄────── 전이 가중치
```

이 코드는 가중치 3개 세트를 생성합니다. 단어 임베딩의 파이썬 딕셔너리, 단위행렬(전이행렬), 분류 계층이 바로 그것입니다. 분류 계층 **sent2output**은 길이가 3인 문장 벡터가 주어지면 다음 단어를 예측하기 위해 사용되는 가중치 행렬입니다. 이들 도구와 함께라면 순전파는 간단해집니다. 아래에 "red sox defeat" → "yankees" 문장과 함께 순전파가 동작하는 과정이 나타나 있습니다.

```
layer_0 = word_vects['red']
layer_1 = layer_0.dot(identity) + word_vects['sox']     │ 문장 임베딩을 생성합니다.
layer_2 = layer_1.dot(identity) + word_vects['defeat']  │

pred = softmax(layer_2.dot(sent2output))     │ 모든 어휘에 걸쳐 예측을 수행합니다.
print(pred)
```

```
[[ 0.11111111 0.11111111 0.11111111 0.11111111 0.11111111
   0.11111111 0.11111111 0.11111111 0.11111111]]
```

어떻게 여기에 역전파를 넣을까요?

일견 까다로워 보이지만, 이미 배운 내용과 다르지 않습니다.

여러분은 방금 이 신경망에서 전방 예측을 수행하는 방법을 보았습니다. 처음에는 역전파가 어떻게 이루어지는지 분명히 이해되지 않을 수도 있지만 알고 보면 이 과정은 단순합니다. 다음 코드를 보시죠.

```
                        보통의 신경망(1장~5장)
                                              약간의 이상한 추가 조각
layer_0 = word_vects['red']
layer_1 = layer_0.dot(identity) + word_vects['sox']
layer_2 = layer_1.dot(identity) + word_vects['defeat']

pred = softmax(layer_2.dot(sent2output))      다시 보통의 신경망(9장 내용)
print(pred)
```

지금까지 공부한 내용이 있으니 `layer_2_delta`라고 불리는 `layer_2`의 경사도를 얻기까지 이뤄지는 손실 계산과 역전파를 편하게 느낄 수 있어야 합니다. 이쯤에서 '어떤 방향으로 역전파를 해 넣어야 하지?' 같은 내용이 궁금할지도 모르겠네요. 경사도는 단위행렬 곱을 통해 뒤로 이동하여 `layer_1`으로 들어갈 수 있습니다. 아니면 `word_vects['defeat']`로 들어갈 수도 있고요.

순전파를 하면서 벡터 2개를 더할 때, 덧셈의 양쪽으로 같은 경사도가 역전파 됩니다. `layer_2_delta`를 생성할 때는 역전파가 두 번 이루어집니다. 한 번은 `layer_1_delta`를 생성하는 단위행렬을 가로질러서, 또 한번은 `word_vects['defeat']`쪽으로요.

```
y = np.array([1,0,0,0,0,0,0,0,0])       ◄───────  "yankees"에 대한 원핫 벡터를 목표로 합니다.

pred_delta = pred - y
layer_2_delta = pred_delta.dot(sent2output.T)
defeat_delta = layer_2_delta * 1        ◄───────  11장에서 그랬듯이 "1"은 무시할 수 있습니다.
layer_1_delta = layer_2_delta.dot(identity.T)
sox_delta = layer_1_delta * 1           ◄───────  다시 한번, "1"은 무시할 수 있습니다.
layer_0_delta = layer_1_delta.dot(identity.T)
alpha = 0.01
word_vects['red'] -= layer_0_delta * alpha
word_vects['sox'] -= sox_delta * alpha
```

```
word_vects['defeat'] -= defeat_delta * alpha
identity -= np.outer(layer_0,layer_1_delta) * alpha
identity -= np.outer(layer_1,layer_2_delta) * alpha
sent2output -= np.outer(layer_2,pred_delta) * alpha
```

학습시켜 봅시다!

모든 도구를 갖췄으니 장난감 말뭉치로 신경망을 학습시켜봅시다.

여기에서 벌어지는 일에 대한 통찰을 얻고 싶으면, 일단 Babi라고 부르는 장난감 데이터셋으로 새로운 신경망을 학습시켜보세요. 이 데이터셋은 인공적으로 만들어진 문답 말뭉치로써 환경에 관한 간단한 질문에 답을 할 수 있도록 컴퓨터를 학습시키기 위해 제작되었습니다. 여러분은 (아직) 이 데이터셋을 문답에 이용하진 않지만 과업이 단순하기 때문에 단위행렬을 학습할 때 생기는 영향을 더 잘 관찰할 수 있을 겁니다. 먼저, Babi 데이터셋을 내려받으세요. 데이터셋을 내려받는 bash 명령어는 다음과 같습니다.

```
$ wget http://www.thespermwhale.com/jaseweston/babi/tasks_1-20_v1-1.tar.gz
$ tar -xvf tasks_1-20_v1-1.tar.gz
```

데이터셋을 내려받고 나면 다음과 같이 간단한 파이썬 코드로 데이터셋을 열고 다듬어서 신경망을 학습시키는 데 사용할 수 있습니다.

```
import sys,random,math
from collections import Counter
import numpy as np

f = open('tasksv11/en/qa1_single-supporting-fact_train.txt','r')
raw = f.readlines()
f.close()

tokens = list()
for line in raw[0:1000]:
    tokens.append(line.lower().replace("\n","").split(" ")[1:])

print(tokens[0:3])
```

```
[['Mary', 'moved', 'to', 'the', 'bathroom'],
 ['John', 'went', 'to', 'the', 'hallway'],
 ['Where', 'is', 'Mary', 'bathroom']]
```

보다시피 이 데이터셋은 (마침표가 제거된) 간단한 문장과 질문을 여럿 담고 있습니다. 각 질문 뒤에는 정답이 있습니다. 이 데이터셋이 QA의 맥락에서 사용될 때, 신경망은 문장을 순서대로 읽고 최근 읽은 문장에 담긴 정보에 기반해서 질문에 (정확하든 부정확하든 간에) 답변합니다.

당장은 하나 또는 그 이상의 시작 단어를 주면 각 문장을 완성하도록 신경망을 학습시킬 겁니다. 이 과정에서 여러분은 (앞에서 단위행렬이라고 했던) 순환 행렬이 학습하도록 만드는 일의 중요성을 확인할 겁니다.

준비하기

행렬을 생성하기 전에 매개변수 개수를 알아야 합니다.

단어 임베딩 신경망에서 그랬던 것처럼 먼저 예측, 비교, 학습 과정에 적용하기 위한 몇 가지 셀 변수와 리스트 객체 그리고 유틸리티 함수를 만들어야 합니다. 다음 코드가 유틸리티 함수와 객체들입니다. 제법 친숙하죠?

```
vocab = set()
for sent in tokens:
    for word in sent:
        vocab.add(word)

vocab = list(vocab)

word2index = {}
for i,word in enumerate(vocab):
    word2index[word]=i
```

```
def words2indices(sentence):
    idx = list()
    for word in sentence:
        idx.append(word2index[word])
    return idx


def softmax(x):
    e_x = np.exp(x - np.max(x))
    return e_x / e_x.sum(axis=0)
```

왼쪽 코드에선 간단한 어휘 리스트와 함께 단어 텍스트와 인덱스 사이를 왔다 갔다 할 수 있게 해주는 색인 딕셔너리를 만듭니다. 어휘 리스트 내부의 인덱스를 이용하면 임베딩의 어떤 특정 행과 열 그리고 예측 행렬이 어떤 단어에 상응하는지를 골라낼 수 있습니다. 오른쪽 코드에서는 단어 리스트를 색인 목록으로 변환하는 유틸리티 함수가 있으며 다음 단어를 예측하는 데 사용할 softmax를 위한 함수도 있습니다.

다음 코드는 난수 시드$^{Random\ seed}$를 초기화하고 임베딩 크기를 10으로 설정합니다. 여기에서는 단어 임베딩, 순환 임베딩, 초기 start^{시작} 임베딩을 생성합니다. start는 빈 구절을 모델링하는 임베딩이며, 문장이 어떻게 시작하려 하는지를 모델링하는 데 있어 신경망에 아주 중요한 요소입니다. 마지막으로, 이 코드에는 (임베딩에서와 같은) decoder 행렬과 one_hot 유틸리티 행렬이 있습니다.

```
np.random.seed(1)
embed_size = 10

embed = (np.random.rand(len(vocab),embed_size) - 0.5) * 0.1        ◀────────── 단어 임베딩

recurrent = np.eye(embed_size)    ◀─────────── 임베딩 → 임베딩(초기엔 단위행렬)

start = np.zeros(embed_size)      ◀─────────── 빈 문장을 위한 문장 임베딩

decoder = (np.random.rand(embed_size, len(vocab)) - 0.5) * 0.1  ◀── 원핫 색인(손실 함수용)

one_hot = np.eye(len(vocab))      ◀─────────── 임베딩 → 출력 가중치
```

임의 길이로 순전파 하기

앞에서 설명한 논리를 이용해서 순전파를 해보겠습니다.

다음 코드는 순전파와 더불어 다음 단어 예측에 대한 논리를 담고 있습니다. 낯설게 느껴지는 구성에도 불구하고, 단위행렬을 이용하는 동안 임베딩을 총합하기 위해 따르는 절차는 예전과 동일합니다. 여기에서 단위행렬은 모두 0으로 초기화되는 recurrent^{순환}라고 불리는 행렬로 대체됩니다. 이 행렬은 학습을 통해 새로운 값을 얻게 됩니다.

또한 마지막 단어만 예측하는 데서 그치지 않고 앞 단어에 의해 생성된 임베딩에 기초해서 매 시간 단계마다 layer['pred']를 예측합니다. 이렇게 하면 새로운 단어를 예측하려고 할

때마다 구절의 처음부터 순전파를 새로 하는 것보다 훨씬 효율이 높아집니다.

```python
def predict(sent):

    layers = list()
    layer = {}
    layer['hidden'] = start
    layers.append(layer)

    loss = 0

    preds = list()        ◀────────── 순전파
    for target_i in range(len(sent)):

        layer = {}
        layer['pred'] = softmax(layers[-1]['hidden'].dot(decoder))   ◀──── 다음 단어를 예측
                                                                            하려 합니다.

        loss += -np.log(layer['pred'][sent[target_i]])

        layer['hidden'] = layers[-1]['hidden'].dot(recurrent) +\     ◀──── 다음 은닉 상태를
                            embed[sent[target_i]]                           생성합니다.
        layers.append(layer)
    return layers, loss
```

이전보다 특별히 새로운 내용은 없지만, 앞으로 계속 이 책을 읽으려면 여러분이 꼭 알고 넘어가야 할 사실이 있습니다. layers 리스트가 바로 순전파를 위한 새로운 방법이라는 사실 말입니다.

sent의 길이가 커지면 더 많은 순전파를 하게 된다는 사실을 유념하세요. 결과적으로 예전처럼 정적 계층 변수를 사용할 수 없습니다. 이제 계층이 얼마나 나 필요한지에 따라 이 목록에 새 계층을 계속해서 붙여 나가야 합니다. 이 리스트의 각 요소에서 어떤 일이 벌어지고 있는지를 숙지하기 바랍니다. 순전파 전달에 익숙해지지 않으면, 역전파와 가중치 갱신이 이뤄지는 과정에서 생기는 일을 파악하기가 매우 어려워지기 때문입니다.

임의의 길이로 역전파 하기

앞서 설명한 논리를 이용해서 역전파를 해보겠습니다.

"Red Sox defeat Yankees" 예제로 설명했던 것처럼, 앞에서 구현한 함수가 반환한 순전파 객체에 접근할 수 있다고 가정하며 임의 길이 시퀀스에 걸친 역전파를 구현해보겠습니다. 여기에서 가장 중요한 객체는 두 벡터 layer['state']와 layer['previous->hidden']을 가지는 layers 리스트입니다.

역전파를 위해 출력 경사도를 취하고 layer['state_delta'] 리스트에 새 객체를 추가할 겁니다. 이 출력 경사도는 해당 계층의 경사도를 나타내게 됩니다. 이 리스트는 "Red Sox defeat Yankees" 예제에서 sox_delta, layer_0_delta, defeat_delta에 해당합니다. 이 코드는 순전파 논리에서 나온 가변길이 시퀀스를 소비할 수 있는 방식과 같은 논리를 구축합니다.

```
for iter in range(30000):                ◀──────── 순전파
    alpha = 0.001
    sent = words2indices(tokens[iter%len(tokens)][1:])
    layers,loss = predict(sent)

    for layer_idx in reversed(range(len(layers))): ◀──────── 역전파
        layer = layers[layer_idx]
        target = sent[layer_idx-1]

        if(layer_idx > 0):              ◀──────── 첫 계층이 아니면
            layer['output_delta'] = layer['pred'] - one_hot[target]
            new_hidden_delta = layer['output_delta']\
                            .dot(decoder.transpose())
                                                       마지막 계층이면 마지막
            if(layer_idx == len(layers)-1):  ◀──────  요소가 존재하지 않으니
                layer['hidden_delta'] = new_hidden_delta    꺼내려 하지 마세요.
            else:
                layer['hidden_delta'] = new_hidden_delta + \
                                  layers[layer_idx+1]['hidden_delta']\
                                  .dot(recurrent.transpose())
        else: # if the first layer
            layer['hidden_delta'] = layers[layer_idx+1]['hidden_delta']\
                              .dot(recurrent.transpose())
```

다음 절로 넘어가기 전에 이 코드를 읽고 친구에게, 아니면 최소한 스스로에게 설명할 수 있는 지 점검해보세요. 이 코드에는 새로운 내용이 없습니다. 하지만 구성은 조금 낯설어 보일 수 있습니다. 시간을 투자해서 "Red Sox defeat Yankees" 예제 코드와 이 코드를 한 줄 한 줄 연결해보세요. 다음 절과 역전파된 경사도를 이용한 가중치 갱신에 대해 준비가 되어 있어야 합니다.

임의의 길이로 가중치 갱신하기

앞에서 설명한 논리를 이용해서 가중치를 갱신해보겠습니다.

순전파 및 역전파 논리처럼 이 가중치 갱신 논리도 새로운 것이 아닙니다. 하지만 이론적 복잡성을 (바라건대) 깊이 이해한 상태에서 공학적 복잡성에 집중할 수 있도록 앞에서 설명을 마친 후에 여러분에게 선보이는 겁니다.

```python
for iter in range(30000):      ←————— 순전파
    alpha = 0.001
    sent = words2indices(tokens[iter%len(tokens)][1:])

    layers,loss = predict(sent)

    for layer_idx in reversed(range(len(layers))):   ←————— 역전파
        layer = layers[layer_idx]
        target = sent[layer_idx-1]

        if(layer_idx > 0):
            layer['output_delta'] = layer['pred'] - one_hot[target]
            new_hidden_delta = layer['output_delta'].dot(decoder.transpose())

            if(layer_idx == len(layers)-1):   ←————— 마지막 계층이면 마지막
                layer['hidden_delta'] = new_hidden_delta          요소가 존재하지 않으니
            else:                                                 꺼내려 하지 마세요.
                layer['hidden_delta'] = new_hidden_delta + \
                                        layers[layer_idx+1]['hidden_delta']\
                                        .dot(recurrent.transpose())
        else:
            layer['hidden_delta'] = layers[layer_idx+1]['hidden_delta']\
                                    .dot(recurrent.transpose())
```

```
        start -= layers[0]['hidden_delta'] * alpha / float(len(sent))    ◀─────┐
        for layer_idx,layer in enumerate(layers[1:]):                    가중치를 갱신합니다.

            decoder -= np.outer(layers[layer_idx]['hidden'],\
                                layer['output_delta']) * alpha / float(len(sent))

            embed_idx = sent[layer_idx]
            embed[embed_idx] -= layers[layer_idx]['hidden_delta'] * \
                                alpha / float(len(sent))
            recurrent -= np.outer(layers[layer_idx]['hidden'],\
                                  layer['hidden_delta']) * alpha / float(len(sent))

    if(iter % 1000 == 0):
        print("Perplexity:" + str(np.exp(loss/len(sent))))
```

실행과 출력 분석

앞에서 설명한 논리를 이용해서 가중치를 갱신해보겠습니다.

진실의 순간이 왔습니다. 이 코드를 실행하면 무슨 일이 벌어질까요? 글쎄요, 제가 이 코드를 실행하면 **혼란도**perplexity라는 지표에서 상대적으로 꾸준한 하강추세를 얻습니다. 기술적으로 혼란도는 로그 함수를 거쳐 전달된, 부정되고negated, 지수화(e^x)된 정답 레이블(단어)의 확률입니다.

하지만 혼란도가 이론적으로 나타내는 바는 두 함수 분포의 차이입니다. 우리 예제에서 완벽한 확률 분포는 정확한 단어에 대해서는 100%, 나머지엔 0%가 될 겁니다.

혼란도는 두 함수 분포가 일치하지 않을 때 높고, 일치할 때는 낮습니다(1에 근접합니다). 그러므로 확률적 경사하강법에서 사용되었던 모든 손실 함수처럼, 감소하는 혼란도는 좋은 겁니다! 그뿐 아니라 감소하는 혼란도는 데이터와 일치하는 예측 확률을 학습하고 있다는 것을 의미합니다.

```
Perplexity:82.09227500075585
Perplexity:81.87615610433569
Perplexity:81.53705034457951
....
Perplexity:4.132556753967558
```

```
Perplexity:4.071667181580819
Perplexity:4.0167814473718435
```

그러나 혼란도는 가중치 안에서 무슨 일이 진행되고 있는지는 거의 아무것도 설명해주지 않습니다. 그래서 혼란도는 수년 동안 (특히 언어 모델링 커뮤니티에서) 지표로써 과용되고 있다는 비판에 직면해왔습니다. 예측에 조금 더 가까이 다가가 살펴보겠습니다.

```
sent_index = 4

l,_ = predict(words2indices(tokens[sent_index]))

print(tokens[sent_index])

for i,each_layer in enumerate(l[1:-1]):
    input = tokens[sent_index][i]
    true = tokens[sent_index][i+1]
    pred = vocab[each_layer['pred'].argmax()]
    print("Prev Input:" + input + (' ' * (12 - len(input))) +\
          "True:" + true + (" " * (15 - len(true))) + "Pred:" + pred)
```

이 코드는 문장을 취해서 해당 모델이 가장 가능성이 높다고 생각하는 단어를 예측합니다. 모델이 어떤 특징을 취하는지 알 수 있기 때문에 제법 유용하죠. 무엇이 이 모델을 제대로 동작하게 할까요? 그리고 이 모델은 어떤 실수를 저지를까요? 이어서 설명하겠습니다.

예측을 관찰하면 무슨 일이 벌어지는지 이해할 수 있습니다.

신경망이 학습하는 과정에서 출력된 예측 결과를 살펴보면 어떤 패턴을 고르는지 뿐만 아니라, 어떤 순서로 학습하는지도 알 수 있습니다. 신경망이 학습을 100단계 진행한 후의 출력은 다음과 같습니다.

```
['sandra', 'moved', 'to', 'the', 'garden.']
Prev Input:sandra     True:moved       Pred:is
Prev Input:moved      True:to          Pred:kitchen
Prev Input:to         True:the         Pred:bedroom
Prev Input:the        True:garden.     Pred:office
```

신경망은 무작위적으로 시작하려는 경향이 있습니다. 이 예제에서 신경망은 자신이 시작한 첫 무작위 상태의 단어를 향해 편향될 가능성이 높습니다. 학습을 계속 진행해보죠.

```
['sandra', 'moved', 'to', 'the', 'garden.']
Prev Input:sandra    True:moved     Pred:the
Prev Input:moved     True:to        Pred:the
Prev Input:to        True:the       Pred:the
Prev Input:the       True:garden.   Pred:the
```

10,000단계 학습을 하고 나면 신경망은 가장 흔한 단어('the')를 고르고 매시간 단계마다 이 단어를 예측합니다. 이것은 순환 신경망에서 아주 흔히 생기는 오류입니다. 순환 신경망이 크게 왜곡된 데이터셋 안의 자세한 세부 사항을 익히기 위해선 많은 학습을 거쳐야 합니다.

```
['sandra', 'moved', 'to', 'the', 'garden.']
Prev Input:sandra    True:moved     Pred:is
Prev Input:moved     True:to        Pred:to
Prev Input:to        True:the       Pred:the
Prev Input:the       True:garden.   Pred:bedroom.
```

이 실수들은 참으로 흥미롭습니다. 'sandra'라는 단어를 보자마자, 신경망은 'is'를 예측합니다. 'moved'와 같은 단어는 아니지만, 그리 나쁘지 않은 추측이죠. 아무튼 틀린 동사를 골랐습니다. 다음, 'to'와 'the'는 정확하다는 사실에 주목하세요. 데이터셋 안에서 가장 흔한 단어에 해당할 뿐 아니라, 신경망은 동사 'moved' 다음에 'to the'라는 구절을 예측하도록 많이 학습해 왔을 터라 그리 놀라운 결과는 아닙니다. 마지막 실수 역시 눈을 뗄 수 없네요. 'garden' 대신에 'bedroom'을 예측했습니다.

신경망이 이 과업을 완벽하게 하도록 만드는 방법은 거의 없다는 사실을 알아 두는 것이 매우 중요합니다. 그도 그럴 것이, 제가 여러분에게 'sandra moved to the,'라는 단어를 드리면 여러분은 다음에 올 단어를 정확히 얘기해줄 수 있나요? 이 과업을 해결하려면 더 많은 맥락 정보가 필요합니다.

요약

순환 신경망은 임의의 길이 시퀀스에 대해 예측을 합니다.

이번 장에서 여러분은 임의의 길이 시퀀스를 표현하는 벡터를 생성하는 방법을 배웠습니다. 마지막 실습에서는 선형 순환 신경망을 학습시켜서 주어진 앞 구절에 대해 다음 단어를 예측했습니다. 이를 위해, 순환 신경망은 여러 단어로 이루어진 가변 길이 문자열을 고정 크기 벡터로 정확히 표현해 넣는 임베딩을 생성하는 방법을 학습해야 했습니다.

조금 전 마지막 문장은 이런 질문을 일으킵니다. 신경망이 어떻게 고정 크기 상자 안으로 가변량 정보를 맞춰 집어넣을 수 있을까? 사실, 문장 벡터는 문장 안에 있는 모든 것을 인코딩하지 않습니다. 순환 신경망에서 이뤄지는 게임의 이름은 단지 '이들 벡터가 기억하는 것'일 뿐 아니라, '그들이 잊는 것'이기도 합니다. 다음 단어를 예측하는 경우, 대부분 RNN은 마지막 몇 개 단어만 꼭 필요하다[2]는 사실을 학습하며, 이력에서 훨씬 뒤에 있는 단어들은 잊어버리도록 (달리 표현하면, 벡터 내에 고유한 패턴을 형성하지 않도록) 학습합니다.

하지만 이들 표현의 생성 과정에서 어떠한 비선형성도 없다는 사실을 주목하세요. 비선형성이 없으면 어떤 한계가 생길 수 있을까요? 13장에서 우리는 이 질문과 비선형성을 더 이용하는 것 그리고 **장/단기 기억 신경망**LSTM: long short-term memory network 신경망을 형성하는 게이트gate에 대해 알아보려 합니다. 하지만 일단 자리에 앉아 순수하게 기억에만 의지해서 수렴하는 선형 RNN 코드를 작성해보세요. 이들 신경망의 역학과 흐름 제어가 조금 벅찰 수도 있고, 복잡성도 꽤 큰 폭으로 높아졌을 겁니다. 다음 장으로 넘어가기 전에, 이번 장에서 배운 내용을 제대로 숙지하도록 하세요.

그러고 나서 LSTM 속으로 뛰어드는 겁니다!

---

2 Michał Daniluk 그 외, 『Frustratingly Short Attention Spans in Neural Language Modeling』 (ICLR, 2017), https://arxiv.org/abs/1702.04521. 논문을 참고하세요.

## CHAPTER 13

자동 최적화를 소개합니다

: 딥러닝 프레임워크를 만들어봅시다

- 딥러닝 프레임워크란?

- 텐서를 소개합니다

- 자동 미분(autograd)을 소개합니다

- 덧셈 역전파는 어떻게 이루어질까?

- 프레임워크는 어떻게 익혀야 하나

- 비선형 계층

- 임베딩 계층

- 교차 엔트로피(Cross Entropy) 계층

- 순환 계층

"탄소 기반이냐 실리콘 기반이냐가 근본적인 차이를 빚진 않소. 우리 모두가 각각 상응하는 존중심으로서 대우받아야 해요."

– 아서 C. 클라크, 『2010 스페이스 오디세이』(황금가지, 2017) 중

딥러닝 프레임워크란?

좋은 도구는 오류를 줄이고, 개발 속도를 높이며, 실행 성능을 향상시킵니다.

딥러닝에 관심이 있다면 파이토치PyTorch, 텐서플로TensorFlow, 케라스Keras, 라자냐Lasagne, 다이넷DyNet 그리고 개발이 중단된 테아노Theano 같은 주요 프레임워크 중 하나는 들어봤을 겁니다. 딥러닝의 주요 프레임워크는 지난 몇 년간 굉장히 빠르게 발전했습니다. 모든 프레임워크는 무료오픈소스 소프트웨어입니다. 영리를 추구하지 않는 오픈 소스 프로젝트이긴 해도 이들 프레임워크 사이에는 가벼운 경쟁심과 동료애가 공존합니다.

지금까지 프레임워크 관련 주제를 피해왔는데 무엇보다도 바닥(프레임워크 이면)부터 NumPy로 알고리즘을 스스로 구현하며 딥러닝의 동작 과정을 이해하는 것이 아주 중요하기 때문입니다. 하지만 이제부터는 프레임워크를 사용하는 단계로 진입하려 합니다. 지금부터 학습시킬 신경망은 매우 복잡하며 이를 NumPy 코드로 구현하면 읽기도 어려울뿐더러 사용하기도, 디버깅하기도 어렵습니다(경사도가 여기저기 날라 다닐 겁니다).

딥러닝 프레임워크가 만들어진 이유는 바로 코드 복잡도를 완화시키기 위해서입니다. 특히 신경망을 GPU 상에서 (10배에서 100배 정도 빠른 학습이 가능) 학습시키고 싶을 때, 딥러닝 프레임워크는 실행 성능를 향상시켜주면서도 코드 복잡도(오류는 줄이고 개발 속도는 향상시킴)는 현저히 감소시켜줍니다. 이런 이유로 딥러닝 연구 커뮤니티에서는 보편적으로 딥러닝 프레임워크를 사용합니다. 뿐만 아니라 딥러닝 사용자나 연구자로 일하기 위해서라도 딥러닝 프레임워크를 반드시 이해하고 있어야 합니다.

하지만 이 책에서는 여러분이 한 번 쯤은 들어봤을 법한 그런 딥러닝 프레임워크는 사용하지 않습니다. 그랬다가는 LSTM 같은 복잡한 모델이 내부적으로 어떻게 동작하는지 배울 수 있는 기회를 놓칠 테니까요. 대신 우리는 최신 딥러닝 프레임워크 개발 트렌드를 따르는 작은 딥러닝 프레임워크를 직접 만들 겁니다.

작은 딥러닝 프레임워크를 만들어서 복잡한 아키텍처를 구축해보면 프레임워크 내부가 어떻게 동작하는지 이해할 수 있을 겁니다. 뿐만 아니라 텐서플로나 파이토치 같은 실제 딥러닝 프레임워크를 사용해야 할 때도 어려움 없이 적응할 수 있습니다. 이미 API와 그 내부 기능에 대해 친숙해져 있기 때문이죠. 저에겐 이런 학습 방법이 꽤 유용했습니다. 나만의 프레임워크를 만들면서 학습한 지식이 복잡한 모델을 디버깅 할 때 특히 유용했거든요.

딥러닝 프레임워크가 어떻게 코드를 단순하게 만들어줄까요? 딥러닝 프레임워크를 사용하면 반복되는 코드를 중복으로 작성하지 않아도 됩니다. 구체적으로 말하면, 딥러닝 프레임워크는 자동 역전파와 자동 최적화를 처리해주기 때문에 코드를 단순하게 만들어줍니다. 덕분에 우리가 모델의 순전파 코드만 작성하면, 딥러닝 프레임워크는 역전파와 가중치 갱신을 알아서 처리해줍니다. 대부분의 딥러닝 프레임워크는 일반적인 계층과 손실 함수에 대한 고수준 인터페이스를 제공하므로 순전파 코드마저 작성하기 쉽습니다.

텐서를 소개합니다

텐서는 벡터와 행렬의 추상적 형태입니다.

우리는 지금까지 딥러닝을 위한 기본 자료 구조로서 벡터와 행렬을 이용해왔습니다. 행렬은 벡터의 리스트, 벡터는 스칼라(단일 숫자)의 리스트입니다. 마찬가지로, **텐서**tensor는 숫자의 중첩된 리스트를 이러한 형태로 추상화한 버전입니다. 그러니까 벡터는 1차원 텐서, 행렬은 2차원 텐서인 셈입니다. 이보다 더 많은 차원으로 이루어지는 자료구조는 n-차원 텐서라고 합니다. 따라서 새로운 딥러닝 프레임워크에 관한 이야기는 Tensor라는 이름의 데이터 형식을 구축하는 것에서부터 시작됩니다.

```python
import numpy as np

class Tensor (object):
    def __init__(self, data):
        self.data = np.array(data)
    def __add__(self, other):
        return Tensor(self.data + other.data)
    def __repr__(self):
        return str(self.data.__repr__())
    def __str__(self):
        return str(self.data.__str__())

x = Tensor([1,2,3,4,5])
print(x)
```

```
[1 2 3 4 5]
```

```
y = x + x
print(y)
```

```
[ 2  4  6  8 10]
```

이 코드는 Tensor 클래스의 첫 번째 버전입니다. Tensor 클래스가 모든 수치 정보를 NumPy 배열(self.data)에 담고, 한 가지 텐서 연산(덧셈)을 지원한다는 사실에 유의하세요. 추가적인 연산을 지원하도록 하는 것은 생각보다 간단합니다. 적절한 기능을 갖춘 함수를 Tensor 클래스에 추가하기만 하면 됩니다.

자동 미분, autograd를 소개합니다

지금까지 여러분은 수동으로 역전파를 해왔습니다. 이젠 자동화해보세요!

4장에서 미분계수를 배웠습니다[103쪽]. 그 이후 여러분은 신경망을 학습시키기 위한 미분계수를 직접 계산해왔죠. 미분 계산을 위해 신경망을 거꾸로 타고 움직여야 했던 기억, 아직 생생하죠? 일단 신경망 출력에서 기울기를 계산한 뒤, 이 계산 결과를 끝에서 두 번째 구성요소의 미분계수 계산에 이용합니다. 그리고 아키텍처 내부의 모든 가중치가 정확한 기울기를 갖게 될 때까지 이 과정을 반복합니다. 기울기 계산을 하는 이 과정도 텐서 객체에 추가할 수 있습니다. 무슨 뜻인지 코드를 통해 보여드릴게요. 새로 추가된 코드는 **굵은 글꼴**로 표시해뒀습니다.

```
import numpy as np

class Tensor (object):
    def __init__(self, data, creators=None, creation_op=None):
        self.data = np.array(data)
        self.creation_op = creation_op
        self.creators = creators
        self.grad = None

    def backward(self, grad):
        self.grad = grad
```

```
        if(self.creation_op == "add"):
            self.creators[0].backward(grad)
            self.creators[1].backward(grad)

    def __add__(self, other):
        return Tensor(self.data + other.data,
                      creators=[self,other],
                      creation_op="add")

    def __repr__(self):
        return str(self.data.__repr__())

    def __str__(self):
        return str(self.data.__str__())

x = Tensor([1,2,3,4,5])
y = Tensor([2,2,2,2,2])

z = x + y
z.backward(Tensor(np.array([1,1,1,1,1])))
```

이 메소드는 두 가지 새로운 개념을 소개합니다. 이 개념을 설명하기 전에 각 텐서가 갖는 두 가지 새로운 특성[attribute]을 이야기하겠습니다. creators는 현재 텐서를 생성할 때 사용된 텐서를 담는 기본값이 None인 리스트입니다. 따라서 두 텐서 x와 y를 서로 더하면, 그 결과인 z는 두 creators(x와 y)를 가집니다. creation_op는 생성 과정에서 사용된 creators가 사용한 명령어들을 저장합니다. 따라서 z = x + y를 수행하면 x, y, z 이렇게 노드 3개와 간선 2개 (z → x, z → y)로 이루어진 계산 그래프[computation graph]가 생성됩니다. 각 간선엔 creation_op add 레이블이 붙고요. 이 그래프를 이용하면 경사도를 재귀적으로 역전파 할 수 있습니다.

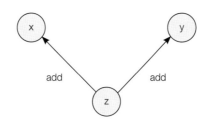

이 구현 코드에서 새롭게 등장한 첫 번째 개념은 수학 연산을 수행할 때마다 이 그래프를 자동으로 생성한다는 겁니다. 여러분이 z를 취해서 추가적인 연산을 수행하면 그래프는 z를 가리키는 새로운 변수를 추가하며 계속 자라나갈 겁니다.

두 번째 새로운 개념은 경사도 계산을 위한 그래프 활용 능력입니다. z.backward() 메소드를 호출하면 이 메소드는 z 생성에 사용된 함수(add)에 x와 y에 대한 정확한 경사도를 보냅니다. 이 그래프를 보면 경사도 벡터(np.array([1,1,1,1,1]))를 z에 배치한 후, 그들의 부모에 적용합니다. 4장에서 공부했듯이, 덧셈을 통한 역전파는 역전파를 할 때 덧셈을 적용한다는 사실도 의미합니다. 예제에선 x 또는 y로의 덧셈에 대한 경사도가 하나만 존재하므로 z의 경사도를 x와 y로 복사해서 넣습니다.

```
print(x.grad)
print(y.grad)
print(z.creators)
print(z.creation_op)
```

```
[1 1 1 1 1]
[1 1 1 1 1]
[array([1, 2, 3, 4, 5]), array([2, 2, 2, 2, 2])]
add
```

이와 같은 형태의 자동 미분autograd에서 가장 멋진 부분은 각 벡터가 자신의 모든 self.creators에 대해 .backward()를 호출하기 때문에 재귀적으로 동작한다는 사실일 겁니다.

```
a = Tensor([1,2,3,4,5])
b = Tensor([2,2,2,2,2])
c = Tensor([5,4,3,2,1])
d = Tensor([-1,-2,-3,-4,-5])
e = a + b
f = c + d
g = e + f
g.backward(Tensor(np.array([1,1,1,1,1])))
print(a.grad)
```

```
[1 1 1 1 1]
```

간단히 점검해보기

여러분은 이미 텐서에 대해 알고 있습니다. 형태만 다를 뿐이죠.

진도를 더 나가기 전에 여러분에게 이야기하고 싶은 것이 있습니다. 그래프를 타고 흐르는 경사도에 대해 생각하는 것만으로도 괴롭겠지만, 알고 보면 여태 공부해온 내용과 비교해서 새로운 건 없습니다. 앞 장에서 여러분이 RNN을 다룰 때는 한쪽으로 순전파를 한 다음 활성화의 (가상 그래프)를 가로질러 역전파를 했습니다.

여러분은 그래프 자료 구조의 노드와 간선을 명시적으로 인코딩하지 않았을 뿐입니다. 그 대신 계층(사전)의 목록을 갖고 있었고, 정확한 순서로 순전파, 역전파 과정을 하드 코딩했습니다. 이제 여러분은 그때처럼 많은 코드가 필요하지 않은 훌륭한 인터페이스를 구축하고 있습니다. 이 인터페이스는 복잡한 역전파 코드를 작성하지 않아도 재귀적으로 역전파를 할 수 있게 해줍니다.

이번 장은 아주 일부만 이론을 다룹니다. 나머지 대부분은 심층 신경망을 배우기 위해 자주 사용되는 기술적인 실습이 차지합니다. 순전파 과정에서 구축되는 그래프는 순전파를 통해 즉석에서 만들어진다고 해서 **동적 계산 그래프**dynamic computation graph라고 불립니다. 이런 유형의 자동 미분은 다이넷이나 파이토치 같은 신형 딥러닝 프레임워크에서도 제공하고 있습니다. 테아노나 텐서플로 같은 구형 프레임워크는 **정적 계산 그래프**static computation graph를 갖고 있는데요, 이 그래프는 순전파를 하기 전에 구축됩니다.

대체로 동적 계산 그래프가 정적 계산 그래프보다 작성하기도 쉽고 실험하기도 용이합니다. 정적 계산 그래프는 멋진 논리를 탑재하고 있는 덕에 빠른 실행 성능을 보입니다. 하지만 (빠른 성능을 위해) 동적 그래프를 정적 그래프로 컴파일하거나, (실험을 용이하도록 하기 위해) 정적 그래프를 동적으로 구축하도록 하는 등 최근에는 각 프레임워크가 서로의 장점을 취하는 방향으로 나아가고 있다는 사실은 알아 두면 좋을 것 같습니다. 장기적으로 이들 프레임워크는 양쪽 방식 모두를 지원하는 쪽으로 귀결될 가능성이 높습니다. 아무튼 이들의 가장 주요한 차이점은 순전파가 그래프 생성 과정에서 이루어지는가 아니면 그래프가 이미 정의된 상태에서 이루어지는가 하는 것입니다. 단, 이 책은 동적 그래프만 다룰 계획입니다.

이번 장의 주목적은 새로운 아이디어를 떠올리는 데는 시간의 10%도 사용 못 하고 나머지 시간은 프레임워크가 잘 돌아가게 하는 방법을 파악하는 데 쓰는 실세계에서의 딥러닝을 위한 준비를 돕는 겁니다. 가끔 상용 프레임워크를 디버깅하는 것이 너무 어려울 때가 있습니다. 대부분의 버그가 예외를 일으키지 않고 스택 트레이스를 출력하지도 않기 때문입니다. 대부분의 버그는 코드 안에 숨어버리고, 당연히 학습을 잘 수행해야 할 신경망은 (뭔가 학습하는 것처럼 보임에도 불구하고) 학습이 되지 않은 상태로 방치되고 맙니다.

그러니까 제가 하고 싶은 말은, 이번 장에 제대로 몰입해보자는 겁니다. 최고 점수 획득에 방해가 되는 최적화 버그를 추적한 끝에 새벽 2시에 잡아냈다고 생각해보세요. 굉장히 기쁠 겁니다.

여러 번 재사용되는 텐서

기본 버전의 자동 미분에는 꽤 귀찮은 버그가 있습니다. 버그를 박살 내봅시다!

Tensor의 현재 버전은 변수로의 역전파를 1회만 지원합니다. 하지만 여러분은 순전파를 하는 동안 텐서(신경망의 가중치) 하나를 여러 번 재사용해야 하고 그래프의 각 부분은 경사도를 동일 텐서 안으로 역전파 합니다. 그러나 코드는 현재 여러 번 사용된 (여러 자식의 부모인) 변수로 역전파 하면 경사도를 정확히 계산할 수 없습니다. 제가 말하려고 하는 내용은 아래와 같습니다.

```
a = Tensor([1,2,3,4,5])
b = Tensor([2,2,2,2,2])
c = Tensor([5,4,3,2,1])
d = a + b
e = b + c
f = d + e
f.backward(Tensor(np.array([1,1,1,1,1])))
print(b.grad.data == np.array([2,2,2,2,2]))
```

```
array([False, False, False, False, False])
```

이 예제 코드에서 변수 b는 f를 생성하기 위해 두 번 사용되었습니다. 그러므로 b의 경사도는 두 미분계수의 총합이 되어야 합니다. [2, 2, 2, 2, 2] 말입니다. 다음 쪽 상단의 그래프는 연속된 연산에 의해 생성된 결과 그래프입니다. 여기에서 b로 향하는 2개의 화살표가 있음에 주목하세요. 그래서 b가 e와 d로부터 들어오는 경사도의 총합이어야 하는 겁니다.

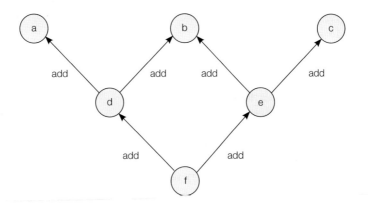

하지만 Tensor의 현재 구현 코드는 그저 각 미분계수를 예전 값으로 덮어쓰기만 합니다. 먼저 d가 자신의 경사도를 적용하고, 그다음 e의 경사도가 덮어씁니다. 우리는 경사도가 수정되는 방식을 바꿀 필요가 있습니다.

텐서 재사용을 위한 자동 미분 업그레이드

함수를 하나 새로 추가하고, 기존 함수 3개를 수정합니다.

이번에는 Tensor 객체에 새로운 기능 두 가지를 추가합니다. 첫 번째는 경사도를 누적해서 변수가 한 번 이상 사용될 때 해당 변수가 모든 자식으로부터 경사도를 수신할 수 있도록 하는 기능입니다.

```python
import numpy as np

class Tensor (object):
    def __init__(self, data, \
                 autograd=False, \
                 creators=None, \
                 creation_op=None, \
                 id=None):
        self.data = np.array(data)
        self.creators = creators
        self.creation_op = creation_op
        self.grad = None
        self.autograd = autograd
```

```python
        self.children = {}
        if(id is None):
            id = np.random.randint(0, 100000)
        self.id = id

        if(creators is not None):
            for c in creators:
                if(self.id not in c.children):    # 텐서가 얼마나 많은
                    c.children[self.id] = 1          # 자식을 가지고 있는지
                else:                                # 계속해서 추적합니다.
                    c.children[self.id] += 1

    def all_children_grads_accounted_for(self):    # 텐서가 각 자식으로부터
        for id,cnt in self.children.items():          # 수신한 경사도 개수가
            if(cnt != 0):                             # 정확한지 확인합니다.
                return False
        return True

    def backward(self,grad=None, grad_origin=None):
        if(self.autograd):                            # 역전파가 가능한지 또는 경사
            if(grad_origin is not None):              # 도를 기다리고 있는 상태인지
                if(self.children[grad_origin.id] == 0):  # 를 확인하여 후자라면 카운터
                    raise Exception("cannot backprop more than once")  # 를 감소시킵니다.
                else:
                    self.children[grad_origin.id] -= 1

            if(self.grad is None):
                self.grad = grad                      # 여러 자식의 경사도를 누적합니다.
            else:
                self.grad += grad

            if(self.creators is not None and \
               (self.all_children_grads_accounted_for() or \
                grad_origin is None)):
                if(self.creation_op == "add"):
                    self.creators[0].backward(self.grad, self)
                    self.creators[1].backward(self.grad, self)
                                                      # 실제 역전파를 시작합니다.
    def __add__(self, other):
        if(self.autograd and other.autograd):
            return Tensor(self.data + other.data, \
                          autograd=True, \
                          creators=[self,other], \
                          creation_op="add")
```

```
            return Tensor(self.data + other.data)

        def __repr__(self):
            return str(self.data.__repr__())

        def __str__(self):
            return str(self.data.__str__())

a = Tensor([1,2,3,4,5], autograd=True)
b = Tensor([2,2,2,2,2], autograd=True)
c = Tensor([5,4,3,2,1], autograd=True)

d = a + b
e = b + c
f = d + e

f.backward(Tensor(np.array([1,1,1,1,1])))

print(b.grad.data == np.array([2,2,2,2,2]))
```

```
[ True True True True True]
```

또한 역전파 과정에서 각 자식으로부터 수신한 경사도의 개수를 나타내는 self.children 카운터를 생성합니다. 이렇게 하면 의도치 않게 같은 자식에서 두 번 이루어지는 역전파로부터 변수를 보호할 수 있습니다.

추가된 두 번째 기능은 all_children_grads_accounted_for() 함수입니다. 다소 유난스러운 이름을 가진 이 함수의 목적은 텐서가 그래프 내의 모든 자식으로부터 경사도를 수신했는지를 계산하는 것입니다. 보통은 한 그래프 안에서 중간 변수에 대해 .backward() 메소드가 호출될 때마다 해당 변수의 부모에 대해 .backward() 메소드가 즉시 호출됩니다. 하지만 어떤 변수는 여러 부모로부터 경사도를 수신하므로 각 변수는 지역적으로 최종 경사도를 가질 때까지 부모에 대해 .backward() 메소드를 호출할 때까지 기다려야 합니다.

앞에서 언급한 것처럼 이 중에서 어떤 것도 딥러닝 이론 관점에서는 새로운 개념이 아닙니다. 이들은 딥러닝 프레임워크가 도전하는 공학적 문제들입니다. 이 문제가 중요한 이유 또 한 가지는 여러분이 표준 프레임워크에서 신경망을 디버깅할 때도 마주할 문제이기 때문입니다. 다음 절로 넘어가기 전에, 이 코드와 친숙해질 때까지 코드를 가지고 천천히 놀아보세요. 곳곳의 코드를 삭제해서 다양한 방식으로 망가뜨리기도 하고요. 특히 .backward()을 두 번 호출해보기를 추천합니다.

덧셈 역전파는 어떻게 이루어질까요?

더 많은 함수를 지원하는 방법을 배우기 위해 추상화를 공부합시다.

이제 우리의 프레임워크는 흥미진진한 곳에 도착했습니다! Tensor 클래스에 함수를 추가하고 .backward() 메소드에 미분계수를 더해서 임의의 연산을 지원할 수 있게 됐습니다. 가령 덧셈 메소드는 다음과 같이 구현됩니다.

```
def __add__(self, other):
    if(self.autograd and other.autograd):
        return Tensor(self.data + other.data,
                      autograd=True,
                      creators=[self,other],
                      creation_op="add")
    return Tensor(self.data + other.data)
```

덧셈 함수를 통해 역전파를 하려면 다음과 같이 .backward() 메소드 안에서 경사도 전파를 수행합니다.

```
if(self.creation_op == "add"):
    self.creators[0].backward(self.grad, self)
    self.creators[1].backward(self.grad, self)
```

이 클래스 내부 어디에서도 덧셈이 처리되지 않았음에 주목하세요. 일반화 역전파 논리가 추상화되어 제거되었으므로 덧셈에 필요한 모든 것은 위의 두 코드에 정의되어 있습니다. 역전파 논리가 .backward()를 덧셈에 사용되는 두 변수에 대해 각 한 번씩(총 두 번) 호출한다는 사실도 유념하시기 바랍니다. 하지만 해당 변수가 자동 미분을 꺼 놓는 경우(self.autograd == False) 역전파를 한 번씩 거르기도 합니다. 이 검사는 다음과 같이 .backward() 메소드 안에서 이루어집니다.

```
def backward(self,grad=None, grad_origin=None):
    if(self.autograd):
        if(grad_origin is not None):
            if(self.children[grad_origin.id] == 0):
                raise Exception("cannot backprop more than once")


                  ......
```

덧셈을 위한 역전파 논리가 덧셈에 기여한 모든 변수 안으로 경사도를 역전파 해 넣음에도 불구하고 해당 변수(self.creators[0] 또는 self.creators[1])에 대해 autograd가 True로 설정되어 있지 않으면 역전파는 실행되지 않을 겁니다. 또 하나, 텐서가 생성되는 __add__()의 첫 번째 줄에서 self.autograd == other.autograd == True일 때만 self.autograd == True라는 사실도 유념하세요.

부정 연산 지원하기

덧셈 지원 코드를 수정해서 부정 연산 지원을 구현해봅시다.

이제 덧셈은 잘 동작하니까 여러분은 덧셈 코드를 복사 & 붙여넣기 하고, 몇 가지 수정을 가하면 부정 연산에 대한 자동 미분 지원 기능을 추가할 수 있을 겁니다. 한번 해볼까요? __add__ 함수에서 수정한 부분은 **굵은 글꼴**로 표시해뒀습니다.

```
def __neg__(self):
    if(self.autograd):
        return Tensor(self.data * -1, \
                      autograd=True, \
                      creators=[self], \
                      creation_op="neg")
    return Tensor(self.data * -1)
```

거의 대부분이 똑같죠? 매개변수는 받아들일 필요가 없기 때문에 여러 위치에서 쓰이던 'other' 매개변수는 삭제됐습니다. 이번엔 .backward()에 추가해야 하는 역전파 논리를 살펴보죠. __add__ 함수의 역전파 논리에서 수정한 부분은 **굵은 글꼴**로 표시했습니다.

```
if(self.creation_op == "neg"):
    self.creators[0].backward(self.grad.__neg__())
```

__neg__ 함수는 creator를 하나만 갖고 있기 때문에 .backward()가 한 번만 호출됩니다 (역전파하기 위한 정확한 경사도를 구하는 방법이 궁금하다면 4, 5, 6장을 다시 읽어보세요). 이제 새 코드를 테스트할 준비가 끝났습니다.

```
a = Tensor([1,2,3,4,5], autograd=True)
b = Tensor([2,2,2,2,2], autograd=True)
c = Tensor([5,4,3,2,1], autograd=True)

d = a + (-b)
e = (-b) + c
f = d + e

f.backward(Tensor(np.array([1,1,1,1,1])))

print(b.grad.data == np.array([-2,-2,-2,-2,-2]))
```

```
[ True True True True True]
```

여러분이 b 대신 −b를 이용해서 순전파 할 때, 역전파되는 경사도 또한 뒤집힌 부호를 갖습니다. 더욱이 일반 역전파 체계는 이 메커니즘이 작동하도록 하기 위해 아무것도 바꾸지 않아도 됩니다. 필요할 때마다 새 함수를 작성할 수 있게 된 거죠. 내친김에 함수 몇 개만 더 만들어보 겠습니다!

몇 가지 함수 더 지원하기

뺄셈, 곱셈, 총합, 전개, 전치 그리고 행렬 곱셈

덧셈과 부정 연산을 구현할 때 배운 개념을 바탕으로 다른 함수에 사용할 순전파와 역전파 논 리를 추가해봅시다.

```python
def __sub__(self, other):
    if(self.autograd and other.autograd):
        return Tensor(self.data - other.data, \
                      autograd=True, \
                      creators=[self,other], \
                      creation_op="sub")
    return Tensor(self.data - other.data)

def __mul__(self, other):
    if(self.autograd and other.autograd):
        return Tensor(self.data * other.data, \
                      autograd=True, \
                      creators=[self,other], \
                      creation_op="mul")
    return Tensor(self.data * other.data)

def sum(self, dim):
    if(self.autograd):
        return Tensor(self.data.sum(dim), \
                      autograd=True, \
                      creators=[self], \
                      creation_op="sum_"+str(dim))
    return Tensor(self.data.sum(dim))

def expand(self, dim,copies):
    trans_cmd = list(range(0,len(self.data.shape)))
    trans_cmd.insert(dim,len(self.data.shape))
    new_shape = list(self.data.shape) + [copies]
    new_data = self.data.repeat(copies).reshape(new_shape)
    new_data = new_data.transpose(trans_cmd)

    if(self.autograd):
        return Tensor(new_data, \
                      autograd=True, \
                      creators=[self], \
                      creation_op="expand_"+str(dim))
    return Tensor(new_data)

def transpose(self):
    if(self.autograd):
        return Tensor(self.data.transpose(), \
                      autograd=True, \
                      creators=[self], \
                      creation_op="transpose")
```

```
        return Tensor(self.data.transpose())

    def mm(self, x):
        if(self.autograd):
            return Tensor(self.data.dot(x.data),
                          autograd=True,
                          creators=[self,x],
                          creation_op="mm")
        return Tensor(self.data.dot(x.data))
```

sum과 expand는 이름 때문에 낯설어 보이긴 하지만, 사실 이들 함수의 미분계수에 대해서는 진작에 논의했습니다. sum은 텐서의 한 차원 전체에 대한 덧셈을 수행합니다. 예를 들어 다음과 같이 x라는 2 × 3 행렬이 있다고 해보죠.

```
x = Tensor(np.array([[1,2,3], [4,5,6]]))
```

.sum(dim) 메소드는 한 차원에 대한 총합을 구합니다. x.sum(1)의 결과가 2 × 1 행렬(길이가 2인 벡터)인 반면에, x.sum(0)의 결과는 1 × 3 행렬(길이가 3인 벡터)이 됩니다.

```
x.sum(0) → array([5, 7, 9])              x.sum(1) → array([ 6, 15])
```

expand는 .sum()을 통해 역전파를 할 때 사용합니다. expand는 차원을 따라 데이터를 복사하는 함수입니다. 행렬 x에 대해 첫 번째 차원을 따라 복사를 수행하면 텐서 사본이 2개 나옵니다.

```
                                              array([[[1, 2, 3],
                                                      [4, 5, 6]],
                                                     [[1, 2, 3],
      x.expand(dim=0, copies=4)   ─────────→         [4, 5, 6]],
                                                     [[1, 2, 3],
                                                      [4, 5, 6]],
                                                     [[1, 2, 3],
                                                      [4, 5, 6]]])
```

조금 더 구체적으로 설명하자면 .sum()은 차원을 제거하고(2 × 3 → 2 또는 3) expand는 차원을 추가합니다. 2 × 3 행렬은 4 × 2 × 3이 되죠. 여러분은 이것을 2 × 3 텐서가 4개 있는 리스트라고 생각할 수 있습니다. 하지만 마지막 차원으로 전개하면, 마지막 차원을 따라 복사가 이루어지기 때문에 원본 텐서의 각 항목은 이제 항목의 리스트로 바뀝니다.

x.expand(dim=2, copies=4)   ⟶

```
array([[[1, 1, 1, 1],
        [2, 2, 2, 2],
        [3, 3, 3, 3]],
       [[4, 4, 4, 4],
        [5, 5, 5, 5],
        [6, 6, 6, 6]]])
```

따라서 여러분이 해당 차원에 항목 4개를 가진 텐서에 대해 .sum(dim=1)을 수행할 때, 역전파를 하는 경사도에 대해서는 expand(dim=1, copies=4)를 실행해야 합니다.

이제 .backward() 메소드에 해당 역전파 논리를 추가할 수 있습니다.

```
if(self.creation_op == "sub"):
    new = Tensor(self.grad.data)
    self.creators[0].backward(new, self)
    new = Tensor(self.grad.__neg__().data)
    self.creators[1].backward(new, self)

if(self.creation_op == "mul"):
    new = self.grad * self.creators[1]
    self.creators[0].backward(new , self)
    new = self.grad * self.creators[0]
    self.creators[1].backward(new, self)

if(self.creation_op == "mm"):
    act = self.creators[0]          ◀─────── 보통은 활성화
    weights = self.creators[1]      ◀─────── 보통은 가중치 행렬
    new = self.grad.mm(weights.transpose())
    act.backward(new)
    new = self.grad.transpose().mm(act).transpose()
    weights.backward(new)

if(self.creation_op == "transpose"):
    self.creators[0].backward(self.grad.transpose())

if("sum" in self.creation_op):
    dim = int(self.creation_op.split("_")[1])
    ds = self.creators[0].data.shape[dim]
```

```
        self.creators[0].backward(self.grad.expand(dim,ds))

    if("expand" in self.creation_op):
        dim = int(self.creation_op.split("_")[1])
        self.creators[0].backward(self.grad.sum(dim))
```

이 기능이 잘 이해되지 않을 때는 6장에서 공부했던 역전파 수행 과정을 되돌아보는 것이 가장 좋습니다. 6장에서 역전파의 각 단계를 나타내는 그림을 몇 장 보여줬는데요, 그중 일부를 여기에서 다시 보여드리겠습니다.

경사도는 신경망의 마지막 끝에서 출발합니다. 이제 여러분은 **신경망을 따라 앞으로** 활성화를 이동시킬 때 사용했던 함수에 해당하는 함수를 호출함으로써 **신경망을 따라 뒤로** 오차 신호를 이동시킵니다. 예를 들어 마지막 연산이 행렬 곱인 경우, 전치 행렬에 대해 행렬 곱(dot)을 수행해서 역전파를 합니다.

다음 그림에서, 이 과정은 layer_1_delta=layer_2_delta.dot(weights_1_2.T) 코드에서 일어납니다. 앞 코드에서는 if(self.creation_op == "mm") 에서 이루어졌죠. 코드에서 **굵은 글꼴**로 표시한 부분을 보세요. 이 코드는 종전(순전파의 역순으로)과 완전히 같은 연산을 처리하고 있지만 훨씬 더 깔끔해졌습니다.

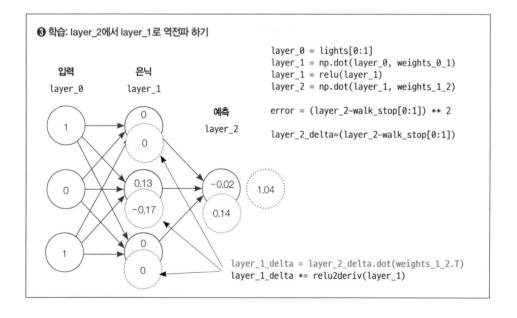

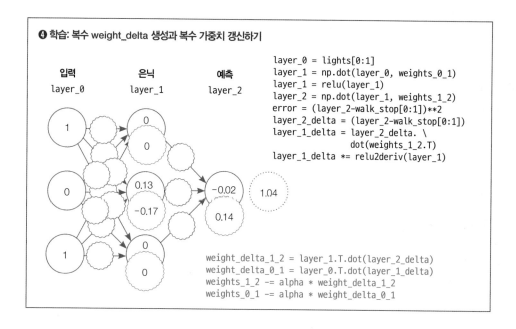

❹ 학습: 복수 weight_delta 생성과 복수 가중치 갱신하기

입력
layer_0

은닉
layer_1

예측
layer_2

```
layer_0 = lights[0:1]
layer_1 = np.dot(layer_0, weights_0_1)
layer_1 = relu(layer_1)
layer_2 = np.dot(layer_1, weights_1_2)
error = (layer_2-walk_stop[0:1])**2
layer_2_delta = (layer_2-walk_stop[0:1])
layer_1_delta = layer_2_delta. \
                dot(weights_1_2.T)
layer_1_delta *= relu2deriv(layer_1)
```

```
weight_delta_1_2 = layer_1.T.dot(layer_2_delta)
weight_delta_0_1 = layer_0.T.dot(layer_1_delta)
weights_1_2 -= alpha * weight_delta_1_2
weights_0_1 -= alpha * weight_delta_0_1
```

자동 미분을 이용해서 신경망 학습하기

더 이상 역전파 코드를 작성하지 않아도 됩니다!

지금까지의 작업이 조금은 단순 노동처럼 느껴질 수도 있겠지만, 이제 곧 그 노력이 빛을 발할 겁니다. 이제는 신경망을 학습시킬 때 역전파 코드를 직접 작성하지 않아도 되거든요! 다음은 수동으로 역전파를 하는 신경망의 장난감 예제입니다.

```
import numpy
np.random.seed(0)

data = np.array([[0,0],[0,1],[1,0],[1,1]])
target = np.array([[0],[1],[0],[1]])

weights_0_1 = np.random.rand(2,3)
weights_1_2 = np.random.rand(3,1)

for i in range(10):
    layer_1 = data.dot(weights_0_1)    ◀────── 예측
```

```
layer_2 = layer_1.dot(weights_1_2)

diff = (layer_2 - target)          ◄──────── 비교
sqdiff = (diff * diff)
loss = sqdiff.sum(0)               ◄──────── 평균제곱오차 손실

layer_1_grad = diff.dot(weights_1_2.transpose())   ◄──── 학습: 여기가 역전파를 하는
weight_1_2_update = layer_1.transpose().dot(diff)        코드 조각입니다.
weight_0_1_update = data.transpose().dot(layer_1_grad)

weights_1_2 -= weight_1_2_update * 0.1
weights_0_1 -= weight_0_1_update * 0.1
print(loss[0])
```

```
0.4520108746468352
0.33267400101121475
0.25307308516725036
0.1969566997160743
0.15559900212801492
0.12410658864910949
0.09958132129923322
0.08019781265417164
0.06473333002675746
0.05232281719234398
```

이 코드에서는 layer_1, layer_2, diff를 변수로 유지할 수 있는 방식으로 순전파를 수행해야 합니다. 나중에 이 변수들을 다시 사용해야 하기 때문입니다. 순전파를 하고 나면 각 경사도를 적절한 가중치 행렬로 역전파를 하고 적절히 가중치 갱신을 수행해야 합니다.

```
import numpy
np.random.seed(0)

data = Tensor(np.array([[0,0],[0,1],[1,0],[1,1]]), autograd=True)
target = Tensor(np.array([[0],[1],[0],[1]]), autograd=True)

w = list()
w.append(Tensor(np.random.rand(2,3), autograd=True))
w.append(Tensor(np.random.rand(3,1), autograd=True))

for i in range(10):
    pred = data.mm(w[0]).mm(w[1])     ◄──────── 예측
```

```
loss = ((pred - target)*(pred - target)).sum(0)      ◄————— 비교

loss.backward(Tensor(np.ones_like(loss.data)))       ◄————— 학습

for w_ in w:
    w_.data -= w_.grad.data * 0.1
    w_.grad.data *= 0

print(loss)
```

하지만 우리의 새롭고 멋진 자동 미분 체계와 함께라면 이 코드를 더 단순하게 만들 수 있습니다. 여러분은 이제 임시 변수를 붙들고 씨름하지 않아도 됩니다(동적 그래프가 이들을 계속 추적하기 때문입니다). 역전파 코드를 구현할 필요도 없어졌고요(.backward() 메소드가 처리하기 때문이죠). 자동 미분은 편리할 뿐만 아니라 역전파를 구현하느라 저지르는 어리석은 실수와 버그를 양산할 가능성을 줄여줍니다!

```
[0.58128304]
[0.48988149]
[0.41375111]
[0.34489412]
[0.28210124]
[0.2254484]
[0.17538853]
[0.1324231]
[0.09682769]
[0.06849361]
```

진도를 더 나가기 전에 이 새로운 코드 스타일에 대해 한마디 하고 싶어요. 제가 모든 매개변수를 리스트에 넣은 것은 가중치 갱신을 수행할 때 순회하기에 편하도록 만들고 싶었기 때문입니다. 다음 기능을 구현할 때도 같은 방식을 사용합니다. 자동 미분 체계가 있으면 확률적 경사하강법은 구현하기가 굉장히 쉬워집니다(종국엔 for 반복문일 뿐이니까요). 이번에는 이것을 클래스로 만들어보겠습니다.

자동 최적화 추가하기

확률적 경사하강법 최적화기를 만들어봅시다!

겉보기에 '확률적 경사하강법 최적화기$^{SGD Optimizer}$'를 구현하기가 굉장히 어려워 보이지만, 알고 보면 앞 예제에서 코드를 복사해서 멋진 객체 지향 프로그래밍 스타일로 붙여넣는 것이 전부입니다.

```python
class SGD(object):
    def __init__(self, parameters, alpha=0.1):
        self.parameters = parameters
        self.alpha = alpha

    def zero(self):
        for p in self.parameters:
            p.grad.data *= 0

    def step(self, zero=True):
        for p in self.parameters:
            p.data -= p.grad.data * self.alpha

            if(zero):
                p.grad.data *= 0
```

예전 신경망은 다음과 같이 더 간단하게 변했습니다. 당연히 실행 결과도 완전히 같습니다.

```python
import numpy as np
np.random.seed(0)

data = Tensor(np.array([[0,0],[0,1],[1,0],[1,1]]), autograd=True)
target = Tensor(np.array([[0],[1],[0],[1]]), autograd=True)

w = list()
w.append(Tensor(np.random.rand(2,3), autograd=True))
w.append(Tensor(np.random.rand(3,1), autograd=True))

optim = SGD(parameters=w, alpha=0.1)

for i in range(10):
    pred = data.mm(w[0]).mm(w[1])    ◀──────── 예측
```

```
loss = ((pred - target)*(pred - target)).sum(0)      ◄─────── 비교

loss.backward(Tensor(np.ones_like(loss.data)))       ◄─────── 학습
optim.step()
```

계층 형식 지원하기

상용 프레임워크가 지원하는 계층 형식을 우리 프레임워크에 추가해봅시다.

조금 전에 여러분은 새 딥러닝 프레임워크에서 가장 복잡한 부분을 완성했습니다. 이제 남은
작업은 텐서에 새로운 함수를 추가하고 편의를 위한 고차$^{higher-order}$ 클래스와 함수를 작성하는
것뿐입니다. 거의 모든 프레임워크에서 가장 일반적인 추상화는 계층 추상화일 겁니다. 계층
추상화$^{layer\ abstraction}$란, 자주 사용되는 순전파 기법들을 보다 간단한 API(예: .forward()) 안
에 모아 놓은 API 집합입니다. 다음은 간단한 선형 계층의 예제입니다.

```
class Layer(object):
    def __init__(self):
        self.parameters = list()

    def get_parameters(self):
        return self.parameters

class Linear(Layer):
    def __init__(self, n_inputs, n_outputs):
        super().__init__()
        W = np.random.randn(n_inputs, n_outputs)*np.sqrt(2.0/(n_inputs))
        self.weight = Tensor(W, autograd=True)
        self.bias = Tensor(np.zeros(n_outputs), autograd=True)

        self.parameters.append(self.weight)
        self.parameters.append(self.bias)

    def forward(self, input):
        return input.mm(self.weight)+self.bias.expand(0,len(input.data))
```

Linear 클래스에 특별히 도입된 새로운 개념은 없습니다. 가중치가 클래스 내부의 변수로

들어왔고(그리고 편향 가중치를 추가했습니다. 이것은 진짜 선형 계층이니까요), 가중치와 편향이 정확한 값으로 초기화되고 항상 정확한 순전파 논리가 사용될 수 있도록 계층을 초기화할 수 있는 코드가 추가되었습니다.

코드 위쪽에 단일 게터[getter]를 갖는 추상 클래스인 Layer가 보이죠? 이 클래스는 더 복잡한 유형의 계층(예: 다른 계층을 포함하는 계층)을 고려해서 작성되었습니다. 이제 새로운 계층 유형을 추가하고 싶으면 최적화기(앞 절에서 생성한 SGD 클래스)로 전달되는 텐서를 제어할 수 있도록 get_parameters()를 오버라이드[1]하기만 하면 됩니다.

계층을 포함하는 계층

계층은 다른 계층을 포함할 수 있습니다.

계층들의 리스트를 순전파 하는 순차적[Sequential] 계층은 딥러닝에서 가장 인기 있는 계층입니다. 순전파 계층이 실어 나르는 리스트 안에 담긴 각 계층의 출력은 그다음 계층의 입력이 됩니다.

```python
class Sequential(Layer):
    def __init__(self, layers=list()):
        super().__init__()
        self.layers = layers

    def add(self, layer):
        self.layers.append(layer)

    def forward(self, input):
        for layer in self.layers:
            input = layer.forward(input)
        return input

    def get_parameters(self):
        params = list()
        for l in self.layers:
            params += l.get_parameters()
        return params
```

---

1 역자주_ OOP에서 기반 클래스 버전의 메소드가 실행되지 않도록 파생 클래스에서 재정의하는 과정

```
data = Tensor(np.array([[0,0],[0,1],[1,0],[1,1]]), autograd=True)
target = Tensor(np.array([[0],[1],[0],[1]]), autograd=True)

model = Sequential([Linear(2,3), Linear(3,1)])

optim = SGD(parameters=model.get_parameters(), alpha=0.05)

for i in range(10):
    pred = model.forward(data)   ◄─────── 예측

    loss = ((pred - target)*(pred - target)).sum(0)   ◄─────── 비교

    loss.backward(Tensor(np.ones_like(loss.data)))   ◄─────── 학습
    optim.step()
    print(loss)
```

손실 함수 계층

어떤 계층에는 가중치가 하나도 없습니다.

입력상에 '함수'인 계층을 생성하는 것도 가능합니다. 이런 유형의 계층에서 가장 인기 있는 버전은 손실 함수 계층입니다. 대표적인 예로는 '평균제곱오차 계층'이 있습니다.

```
class MSELoss(Layer):
    def __init__(self):
        super().__init__()

    def forward(self, pred, target):
        return ((pred - target)*(pred - target)).sum(0)

import numpy
np.random.seed(0)

data = Tensor(np.array([[0,0],[0,1],[1,0],[1,1]]), autograd=True)
target = Tensor(np.array([[0],[1],[0],[1]]), autograd=True)

model = Sequential([Linear(2,3), Linear(3,1)])
criterion = MSELoss()
optim = SGD(parameters=model.get_parameters(), alpha=0.05)
```

```
for i in range(10):
    pred = model.forward(data)      ◄───────── 예측

    loss = criterion.forward(pred, target)       ◄───────── 비교

    loss.backward(Tensor(np.ones_like(loss.data)))   ◄───────── 학습
    optim.step()
    print(loss)
```

```
[2.33428272]
[0.06743796]
...
[0.01153118]
[0.00889602]
```

같은 말을 반복하는 듯하지만, 여기에도 특별히 새로운 것은 없습니다. 마지막 몇몇 코드 예제
는 내부적으로 완전히 동일한 계산을 수행합니다. 자동 미분이 모든 역전파를 처리하고 순전파
과정에서 올바른 순서로 각 기능이 동작할 수 있도록 클래스 안을 보기 좋게 패키징했을 뿐입
니다.

프레임워크 배우기

한마디로, 프레임워크는 '자동 미분 + 기본 제공 계층 + 최적화기'입니다.

여러분은 임의의 계층과 기능을 쉽게 조합할 수 있게 해주는 내장 자동 미분 시스템을 이용해
서 다양하고 새로운 유형의 계층을 더욱 빠르게 작성할 수 있게 되었습니다. 사실, 순전파와 역
전파를 위한 수학 연산을 일일이 코딩하는 수고를 제거해주는 일이 오늘날 프레임워크의 주요
기능입니다. 프레임워크를 사용하면 아이디어 구상에서 실험까지 진행하는 속도를 획기적으로
향상시킬 뿐 아니라 코드에 유입되는 버그의 수도 줄일 수 있습니다.

프레임워크를 '계층'과 '최적화기'의 거대한 목록과 결합된 '자동 미분 시스템'이라고 생각하면 공
부가 수월해집니다. 이번 장에서 만든 프레임워크를 이해하고 사용할 수 있다면 다른 프레임워
크로 전환하는 것은 아주 쉽습니다. 참고로 우리 프레임워크는 그중에서도 파이토치의 API와

가장 비슷합니다. 아무튼 시간을 잠시 내서 주요 프레임워크가 제공하는 계층과 최적화기의 목록을 참고삼아 들여다보세요.

- **파이토치:** https://pytorch.org/docs/stable/nn.html
- **케라스:** https://keras.io/layers/about-keras-layers
- **텐서플로:** https://www.tensorflow.org/api_docs/python/tf/layers

보통 새로운 프레임워크를 배우려면 가장 먼저 간단한 코드 예제를 찾고, 그 코드를 수정하며 자동 미분 체계의 API를 파악한 다음, 여러분이 관심을 갖고 있는 실험을 할 수 있게 되기까지 코드의 이곳저곳을 수성해보는 것이 좋습니다.

```
def backward(self,grad=None, grad_origin=None):
    if(self.autograd):
        if(grad is None):
            grad = Tensor(np.ones_like(self.data))
```

다음 내용으로 나아가기 전에 할 이야기가 한 가지 더 있습니다. 저는 Tensor.backward()에 편의 함수를 하나 추가하고 있습니다. .backward()를 처음 호출할 때 1로 이루어진 경사도를 전달하지 않아도 되도록 말입니다. 엄밀히 말하면 이 함수가 꼭 필요하지는 않지만 있어서 나쁠 것은 없습니다. 꽤 편리하거든요.

비선형 계층

Tensor에 비선형 함수를 추가하고 몇 가지 유형의 계층을 만들어보겠습니다.

다음 장을 읽어 나가려면 .sigmoid()와 .tanh()가 필요할 겁니다. Tensor 클래스에 이 함수들을 추가해보죠. 꽤 오래전에 두 함수의 미분계수를 공부했으니까 그리 낯설지 않을 겁니다.

```
def sigmoid(self):
    if(self.autograd):
        return Tensor(1 / (1 + np.exp(-self.data)), \
                        autograd=True, \
                        creators=[self], \
                        creation_op="sigmoid")
```

```
        return Tensor(1 / (1 + np.exp(-self.data)))

    def tanh(self):
        if(self.autograd):
            return Tensor(np.tanh(self.data), \
                          autograd=True, \
                          creators=[self], \
                          creation_op="tanh")
        return Tensor(np.tanh(self.data))
```

다음 코드는 `Tensor.backward()` 메소드에 추가된 역전파 논리를 보여줍니다.

```
    if(self.creation_op == "sigmoid"):
        ones = Tensor(np.ones_like(self.grad.data))
        self.creators[0].backward(self.grad * (self * (ones - self)))

    if(self.creation_op == "tanh"):
        ones = Tensor(np.ones_like(self.grad.data))
        self.creators[0].backward(self.grad * (ones - (self * self)))
```

이젠 여러분이 이런 역전파 논리를 일상이라고 여기면 좋겠습니다. 자, 여러분이 다음 비선형 함수들도 만들 수 있는지 확인해보세요. HardTanh이나 relu에 도전해보면 좋겠군요.

```
class Tanh(Layer):                          class Sigmoid(Layer):
    def __init__(self):                         def __init__(self):
        super().__init__()                          super().__init__()

    def forward(self, input):                   def forward(self, input):
        return input.tanh()                         return input.sigmoid()
```

구현이 끝났나요? 그러면 여러분이 만든 새 비선형 함수를 시험해보세요. 추가된 부분은 **굵은 글꼴**로 표시했습니다.

```
import numpy as np
np.random.seed(0)

data = Tensor(np.array([[0,0],[0,1],[1,0],[1,1]]), autograd=True)
target = Tensor(np.array([[0],[1],[0],[1]]), autograd=True)
```

```
model = Sequential([Linear(2,3), Tanh(), Linear(3,1), Sigmoid()])
criterion = MSELoss()

optim = SGD(parameters=model.get_parameters(), alpha=1)

for i in range(10):
    pred = model.forward(data)        ◄─────── 예측

    loss = criterion.forward(pred, target)      ◄─────── 비교

    loss.backward(Tensor(np.ones_like(loss.data)))    ◄─────── 학습
    optim.step()
    print(loss)
```

```
[1.06372865]
[0.75148144]
[0.57384259]
[0.39574294]
[0.2482279]
[0.15515294]
[0.10423398]
[0.07571169]
[0.05837623]
[0.04700013]
```

보다시피 Tanh() 계층과 Sigmoid() 계층을 Sequential()의 입력 매개변수 안에 포함시킬 수 있습니다. 그리고 신경망은 이 계층들을 어떻게 사용하는지 잘 알고 있죠. 쉽네요!

앞 장에서 여러분은 순환 신경망을 배웠습니다. 특히, 주어진 몇 개 단어 뒤에 등장할 단어를 예측하는 모델을 학습시켰었죠. 이번 장을 마무리하기 전에, 저는 여러분이 순환 신경망을 배울 때 작성했던 코드를 새로운 프레임워크로 옮겼으면 합니다. 이 작업을 하기 위해선 세 가지 새로운 계층이 필요한데요, 단어 임베딩을 학습하는 임베딩 계층, 입력의 시퀀스 모델링을 학습하는 RNN 계층, 복수 레이블 상의 확률 분포를 예측할 수 있는 softmax 계층이 바로 그들입니다.

임베딩 계층

임베딩 계층은 색인을 활성화로 변환합니다.

11장에서는 단어를 신경망으로 순전파가 가능하도록 매핑한 벡터인 단어 임베딩을 설명했습니다. 따라서 200개 단어를 담은 어휘가 있으면 200개 임베딩을 얻습니다. 여기에서 임베딩계층을 생성하기 위해 필요한 기초 사양을 알 수 있습니다. 우선 (적정한 크기의) 단어 임베딩의 (적정한 길이의) 리스트를 초기화합시다.

```
class Embedding(Layer):
    def __init__(self, vocab_size, dim):
        super().__init__()

        self.vocab_size = vocab_size
        self.dim = dim

        weight = (np.random.rand(vocab_size, dim) - 0.5) / dim
```

이 초기화 스타일은 word2vec에서 가져온 겁니다.

지금까지는 꽤 좋습니다. 이 행렬은 어휘 안에 있는 각 단어별로 행(벡터)을 가집니다. 그럼 순전파는 어떻게 해야 할까요? 순전파는 "입력을 어떻게 인코딩하지?"를 묻는 것에서 시작해야 합니다. 단어 임베딩의 경우엔 단어 자체를 순전파시킬 순 없습니다. 단어는 self.weight 안에 있는 행에서 어떤 것을 순전파 해야 하는지 알려주지 않기 때문입니다. 대신에 여러분이 기억하고 있는 11장의 내용처럼, 색인은 순전파가 가능합니다. 다행히도 NumPy가 이 연산을 지원합니다.

```
identity = np.eye(5)
print(identity)
```
→
```
array([[1., 0., 0., 0., 0.],
       [0., 1., 0., 0., 0.],
       [0., 0., 1., 0., 0.],
       [0., 0., 0., 1., 0.],
       [0., 0., 0., 0., 1.]])
```

```
                                                      [[[0. 1. 0. 0. 0.]
                                                        [0. 0. 1. 0. 0.]
                                                        [0. 0. 0. 1. 0.]
                                                        [0. 0. 0. 0. 1.]]
print(identity[np.array([[1,2,3,4],
                         [2,3,4,0]])])     ───────▶    [[0. 0. 1. 0. 0.]
                                                        [0. 0. 0. 1. 0.]
                                                        [0. 0. 0. 0. 1.]
                                                        [1. 0. 0. 0. 0.]]]
```

언제, 어떻게 정수 행렬을 NumPy 행렬에 전달하는지에 유의하세요. NumPy는 동일한 행렬을 반환하지만, 각 정수는 정수가 특정하고 있는 행으로 치환됩니다. 따라서 색인의 2D 행렬은 임베딩(행)의 3D 행렬로 변환되는 거죠. 이거 완벽하네요!

자동 미분에 색인화 추가하기

임베딩 계층을 구축할 수 있으려면 자동 미분이 색인화를 지원해야 합니다.

단어들이 인덱스의 행렬로써 전파된다고 간주하는 새로운 임베딩 전략을 지원하기 위해서는 자동 미분^{autograd}이 반드시 색인화를 지원해야 합니다. 굉장히 간단한 아이디어죠. 역전파가 진행되는 동안, 순전파를 할 때 색인화되었던 행에 경사도가 배치되었음을 확인해야 합니다. 이 작업을 하려면 간단한 **for** 반복문으로 역전파를 하는 동안 각 경사도를 적절한 위치에 배치할 수 있도록, 넘겨받은 색인들을 유지하고 있어야 합니다.

```
def index_select(self, indices):
    if(self.autograd):
        new = Tensor(self.data[indices.data],
                    autograd=True,
                    creators=[self],
                    creation_op="index_select")
        new.index_select_indices = indices
        return new
    return Tensor(self.data[indices.data])
```

먼저, 앞 절에서 배운 NumPy 사용법을 이용해서 올바른 행을 선택하세요.

```
if(self.creation_op == "index_select"):
    new_grad = np.zeros_like(self.creators[0].data)
    indices_ = self.index_select_indices.data.flatten()
    grad_ = grad.data.reshape(len(indices_), -1)
    for i in range(len(indices_)):
        new_grad[indices_[i]] += grad_[i]
    self.creators[0].backward(Tensor(new_grad))
```

그다음 backward() 안에서 정확한 크기(색인화되는 원본 행렬의 크기)로 새 경사도를 초기화합니다. 그리고 순회가 용이하도록 이 색인들을 평탄화합니다. 이어서 grad_를 행을 요소로 가지는 간단한 리스트로 접으세요. (indices_ 속의 색인 리스트와 와 grad_의 벡터 리스트는 순서가 일치합니다.) 그다음 색인 리스트를 순회하면서 각 색인을 여러분이 생성하는 새로운 경사도의 행에 추가하고 self.creators[0]로 역전파 해 넣으세요.

여러분도 보다시피, grad_[i]는 색인이 사용된 횟수에 따라 각 행을 정확하게 갱신합니다(이 예제에서는 1로 이루어진 벡터를 추가합니다). **굵은 글꼴**로 표시된 색인 2와 3은 두 번 갱신합니다.

```
x = Tensor(np.eye(5), autograd=True)
x.index_select(Tensor([[1,2,3],
                       [2,3,4]])).backward()
print(x.grad)
```

$\longrightarrow$

```
[[0. 0. 0. 0. 0.]
 [1. 1. 1. 1. 1.]
 [2. 2. 2. 2. 2.]
 [2. 2. 2. 2. 2.]
 [1. 1. 1. 1. 1.]]
```

임베딩 계층 다시 생각하기

새로 작성한 .index_select() 메소드를 이용하면 순전파를 끝낼 수 있습니다.

순전파를 하려면 .index_select()를 호출하세요. 나머지는 자동 미분이 처리할 겁니다.

```
class Embedding(Layer):
    def __init__(self, vocab_size, dim):
        super().__init__()

        self.vocab_size = vocab_size
```

```
        self.dim = dim

        weight = (np.random.rand(vocab_size, dim) - 0.5) / dim    ◄──── 이 초기화 스타일은
        self.weight = Tensor(weight, autograd=True)                       word2vec에서
                                                                          가져온 겁니다.

        self.parameters.append(self.weight)

    def forward(self, input):
        return self.weight.index_select(input)

data = Tensor(np.array([1,2,1,2]), autograd=True)
target = Tensor(np.array([[0],[1],[0],[1]]), autograd=True)

embed = Embedding(5,3)
model = Sequential([embed, Tanh(), Linear(3,1), Sigmoid()])
criterion = MSELoss()

optim = SGD(parameters=model.get_parameters(), alpha=0.5)

for i in range(10):
    pred = model.forward(data)    ◄──────── 예측

    loss = criterion.forward(pred, target)    ◄─────── 비교

    loss.backward(Tensor(np.ones_like(loss.data)))    ◄──────── 학습
    optim.step()
    print(loss)
```

```
[0.98874126]
[0.6658868]
[0.45639889]
...
[0.08731868]
[0.07387834]
```

이 신경망은 예측 결과 0, 1이 입력 색인 1, 2에 대해 상관관계를 가지도록 학습합니다. 이론적
으로는 색인 1과 2는 단어(또는 다른 입력 객체)에 대응 가능하며 최종 예제에서는 실제로 그
렇게 하게 할 겁니다. 이 예제의 목적은 임베딩이 동작한다는 것을 보여주는 것이었습니다.

교차 엔트로피 계층

자동 미분에 교차 엔트로피를 추가해서 계층을 만들어보겠습니다.

제 바람일 뿐이지만, 지금쯤은 여러분이 새로운 유형의 계층을 만드는 작업을 편하게 느끼고 있으면 좋겠습니다. 교차 엔트로피는 여러분이 이 책을 통해 여러 차례 봐온 꽤 표준적인 기법입니다. 이미 여러 유형의 계층을 작성하는 방법을 많이 다뤄왔으므로 참고 자료로써 코드를 남겨두겠습니다. 먼저 여러분 혼자 힘으로 코드를 작성해보세요. 그래도 안 되면 이 코드를 참고하길 권합니다.

> **WARNING_** 저자는 친절하게 모든 코드를 나열한 게 아닙니다. 여러분이 직접 코드를 작성하다가 필요한 순간에 사용할 수 있는 코드 조각만 모아두었습니다. 이 코드를 순서대로 나열한다고 해서 뭔가가 될 거라는 기대를 하면 안 됩니다.

```
# 역자주_ 다음 코드는 Tensor 클래스 멤버인 cross_entropy()입니다.

    def cross_entropy(self, target_indices):
        temp = np.exp(self.data)
        softmax_output = temp / np.sum(temp, \
                                    axis=len(self.data.shape)-1, \
                                    keepdims=True)

        t = target_indices.data.flatten()
        p = softmax_output.reshape(len(t),-1)
        target_dist = np.eye(p.shape[1])[t]
        loss = -(np.log(p) * (target_dist)).sum(1).mean()

        if(self.autograd):
            out = Tensor(loss,
                        autograd=True,
                        creators=[self],
                        creation_op="cross_entropy")
            out.softmax_output = softmax_output
            out.target_dist = target_dist
            return out

        return Tensor(loss)
```

```
# 역자주_Tensor 클래스의 backward() 메소드 중 일부입니다.

    if(self.creation_op == "cross_entropy"):
        dx = self.softmax_output - self.target_dist
        self.creators[0].backward(Tensor(dx))
```

```
# 역자주_ CrossEntropyLoss 클래스 중 일부입니다.

class CrossEntropyLoss(object):
    def __init__(self):
        super().__init__()

    def forward(self, input, target):
        return input.cross_entropy(target)
```

```
# 역자주_ 앞의 코드 조각을 하나의 코드로 완성했다면 이제 이 코드도 실행될 겁니다.

import numpy as np
np.random.seed(0)

# data indices
data = Tensor(np.array([1,2,1,2]), autograd=True)

# target indices
target = Tensor(np.array([0,1,0,1]), autograd=True)

model = Sequential([Embedding(3,3), Tanh(), Linear(3,4)])
criterion = CrossEntropyLoss()

optim = SGD(parameters=model.get_parameters(), alpha=0.1)

for i in range(10):
    pred = model.forward(data)    ◀─────── 예측

    loss = criterion.forward(pred, target)        ◀─────── 비교

    loss.backward(Tensor(np.ones_like(loss.data)))  ◀─────── 학습
    optim.step()
    print(loss)
```

```
1.3885032434928422
0.9558181509266037
0.6823083585795604
0.5095259967493119
0.39574491472895856
0.31752527285348264
0.2617222861964216
0.22061283923954234
0.18946427334830068
0.16527389263866668
```

과거 여러 신경망에 탑재했던 교차 엔트로피 논리를 그대로 활용한 새로운 손실 함수가 생겼습니다. 이 손실 함수가 다른 손실 함수와 다른 점은 바로 최종 softmax와 손실 계산 모두, 손실 클래스[2] 안에 위치한다는 사실입니다. 손실 클래스 안에서 이런 계산을 수행하는 것이 심층 신경망에서는 평범한 관례입니다. 거의 모든 프레임워크가 이런 방식으로 동작합니다. 신경망을 종료하고 교체 엔트로피로 학습시키고자 할 때는 순전파 단계에서 softmax를 제외하고, 손실 함수의 일부로써 softmax를 자동으로 실행하는 교차 엔트로피 클래스를 호출할 수 있습니다.

이들을 이토록 일관적으로 결합하는 이유는 바로 성능 때문입니다. 이 방법은 2개의 다른 모듈 안에서 순전파와 역전파를 분리할 때보다 교차−엔트로피 함수 내부에서 softmax의 경사도와 음의 로그 가능도 모두를 훨씬 빨리 계산해냅니다. 이 기법은 경사도를 빠르게 구하는 계산법shortcut for math과 관련이 있습니다.

순환 신경망 계층

여러 계층을 결합하면 시계열을 학습할 수 있습니다.

이번 장의 마지막 수업으로써, 조그만 유형의 계층 여럿을 결합하는 계층을 하나 더 만들어보겠습니다. 12장의 마지막 부분에서 다뤘던 과업을 학습하는 것이 이 계층의 목적이 될 겁니다. 이 계층은 바로 **순환 계층**recurrent layer입니다. 순환 계층은 3개의 선형 계층을 이용해서 구축하며 .forward() 메소드는 이전 은닉 상태에서 나온 출력과 현재 학습 데이터에서 나온 입력 모두

---

2 역자주_ 여기에선 CrossEntropyLoss

를 취할 겁니다.

```python
class RNNCell(Layer):
    def __init__(self, n_inputs,n_hidden,n_output,activation='sigmoid'):
        super().__init__()

        self.n_inputs = n_inputs
        self.n_hidden = n_hidden
        self.n_output = n_output

        if(activation == 'sigmoid'):
            self.activation = Sigmoid()
        elif(activation == 'tanh'):
            self.activation == Tanh()
        else:
            raise Exception("Non-linearity not found")

        self.w_ih = Linear(n_inputs, n_hidden)
        self.w_hh = Linear(n_hidden, n_hidden)
        self.w_ho = Linear(n_hidden, n_output)

        self.parameters += self.w_ih.get_parameters()
        self.parameters += self.w_hh.get_parameters()
        self.parameters += self.w_ho.get_parameters()

    def forward(self, input, hidden):
        from_prev_hidden = self.w_hh.forward(hidden)
        combined = self.w_ih.forward(input) + from_prev_hidden
        new_hidden = self.activation.forward(combined)
        output = self.w_ho.forward(new_hidden)
        return output, new_hidden

    def init_hidden(self, batch_size=1):
        return Tensor(np.zeros((batch_size, self.n_hidden)), autograd=True)
```

이 장의 목표를 다소 벗어나긴 해도 친숙해져야 하는 개념 몇 가지를 짚어보는 의미에서 RNN을 소개합니다. RNN은 시간 단계에서 시간 단계로 전해지는 상태 벡터를 갖고 있습니다. 이 예제에서는 hidden이라는 변수가 바로 상태 벡터입니다. hidden은 forward() 함수에 대한 입력 매개변수이자, 출력 변수이기도 합니다.

RNN 역시 여러 가지 가중치 행렬을 가집니다. 그중 어떤 가중치 행렬은 입력 벡터를 은닉 벡터에 매핑(입력 데이터 처리)하고, 어떤 가중치 행렬은 은닉 벡터에서 은닉 벡터로 매핑(이전 은닉 벡터에 기반해서 각 은닉 벡터를 갱신)합니다. 은닉-출력 계층은 은닉 벡터에 기반해서 예측하는 법을 학습합니다. RNNCell 구현은 이 세 가지를 모두 포함합니다. self.w_ih 계층은 입력-은닉 계층, self.w_hh는 은닉-은닉 계층, self.w_ho는 은닉-출력 계층입니다. 각 계층의 차원수에도 유념할 필요가 있습니다. self.w_ih의 입력 크기와 self.w_ho의 출력 크기는 모두 어휘의 크기와 같습니다. 다른 나머지 차원수는 n_hidden 매개변수를 이용해서 조정할 수 있습니다.

마지막으로, activation 입력 매개변수는 어떤 비선형성이 어떤 시간 단계에서 은닉 벡터에 적용되었는지를 정의합니다. 저는 두 가지 옵션(Sigmoid와 Tanh)을 추가했지만, 이 외에도 많은 선택지가 존재합니다. 이제 신경망을 학습시켜보겠습니다.

```python
import sys,random,math
from collections import Counter
import numpy as np

f = open('tasksv11/en/qa1_single-supporting-fact_train.txt','r')
raw = f.readlines()
f.close()

tokens = list()
for line in raw[0:1000]:
    tokens.append(line.lower().replace("\n","").split(" ")[1:])

new_tokens = list()
for line in tokens:
    new_tokens.append(['-'] * (6 - len(line)) + line)
tokens = new_tokens

vocab = set()
for sent in tokens:
    for word in sent:
        vocab.add(word)

vocab = list(vocab)

word2index = {}
for i,word in enumerate(vocab):
    word2index[word]=i
```

```
def words2indices(sentence):
    idx = list()
    for word in sentence:
        idx.append(word2index[word])
    return idx

indices = list()
for line in tokens:
    idx = list()
    for w in line:
        idx.append(word2index[w])
    indices.append(idx)

data = np.array(indices)
```

앞 장에서 수행했던 과업에 맞게 신경망을 학습시킬 수 있습니다.

이제 여러분은 임베딩 입력으로 순환 계층을 초기화하고 앞 장에서와 동일한 과업을 해결할 수 있도록 신경망을 학습시킬 수 있습니다. 우리의 작은 프레임워크 덕분에 코드가 아주 간단해지긴 했지만, 여전히 조금은 복잡합니다(계층을 하나 더 가지고 있습니다).

```
embed = Embedding(vocab_size=len(vocab),dim=16)
model = RNNCell(n_inputs=16, n_hidden=16, n_output=len(vocab))

criterion = CrossEntropyLoss()
params = model.get_parameters() + embed.get_parameters()
optim = SGD(parameters=params, alpha=0.05)
```

먼저, 입력 임베딩을 정의하고 순환 셀^{cell}을 정의하세요. **셀**은 순환 계층이 단일 순환만 구현하고 있을 때 주어지는 관용적 이름입니다. 여러분이 임의 개수의 셀을 함께 설정할 수 있는 능력을 제공하는 어떤 계층을 만들어냈다면, 그 계층은 RNN이라는 이름을 얻게 되고 n_layers는 입력 매개변수가 되었을 겁니다.

```
for iter in range(1000):
    batch_size = 100
    total_loss = 0
```

```python
        hidden = model.init_hidden(batch_size=batch_size)

        for t in range(5):
            input = Tensor(data[0:batch_size,t], autograd=True)
            rnn_input = embed.forward(input=input)
            output, hidden = model.forward(input=rnn_input, hidden=hidden)

        target = Tensor(data[0:batch_size,t+1], autograd=True)
        loss = criterion.forward(output, target)
        loss.backward()
        optim.step()
        total_loss += loss.data
        if(iter % 200 == 0):
            p_correct = (target.data == np.argmax(output.data,axis=1)).mean()
            print_loss = total_loss / (len(data)/batch_size)
            print("Loss:", print_loss,"% Correct:", p_correct)
```

```
Loss: 0.47631100976371393 % Correct: 0.01
Loss: 0.17189538896184856 % Correct: 0.28
Loss: 0.1460940222788725 % Correct: 0.37
Loss: 0.13845863915406884 % Correct: 0.37
Loss: 0.135574472565278 % Correct: 0.37
```

```python
batch_size = 1
hidden = model.init_hidden(batch_size=batch_size)
for t in range(5):
    input = Tensor(data[0:batch_size,t], autograd=True)
    rnn_input = embed.forward(input=input)
    output, hidden = model.forward(input=rnn_input, hidden=hidden)

target = Tensor(data[0:batch_size,t+1], autograd=True)
loss = criterion.forward(output, target)

ctx = ""
for idx in data[0:batch_size][0][0:-1]:
    ctx += vocab[idx] + " "
print("Context:", ctx)
print("Pred:", vocab[output.data.argmax()])
```

```
Context: - mary moved to the
Pred: office.
```

보다시피, 신경망은 37% 정도의 정확도로(장난감 과업에 대해선 거의 완벽한 수준) 학습 데이터셋 예제 첫 100개를 예측할 수 있도록 학습합니다. 12장에서와 거의 비슷하게 신경망은 Mary가 이동할 장소를 그럴듯하게 예측합니다.

요약

프레임워크는 순전파와 역전파 논리의 효율적이며 간편한 추상화입니다.

이번 장의 수업을 통해 프레임워크를 이용할 때 얻을 수 있는 편리함을 깨달았나요? 프레임워크는 코드에 관해 읽기는 수월하게, 작성은 빠르게, 실행도 빠르게(내장 최적화 기능을 통해), 버그는 적게 만들어줍니다. 더 중요한 점은 이번 장을 학습한 여러분은 이제 파이토치와 텐서플로 같은 산업 표준 프레임워크를 사용하고 확장할 수 있다는 점입니다. 이미 존재하는 유형의 계층을 디버깅하든 새로운 프로토타입을 만들든, 이번 장에서 설명한 기술은 이 책에서 얻을 수 있는 가장 중요한 지식이 될 겁니다. 이 기술들이 지금까지 배웠던 딥러닝에 관한 **추상적 지식**과 모델을 구현할 때 사용할 **실전 도구의 설계** 사이에 다리를 놓아주기 때문입니다.

우리가 구현한 프레임워크와 가장 비슷한 프레임워크는 파이토치입니다. 여러분이 이 책을 마치면 꼭 파이토치를 깊이 공부하길 강력히 권합니다. 파치토치가 다른 프레임워크보다 가장 친숙하게 느껴질 테니까요.

셰익스피어처럼 글쓰기
: LSTM

- 문자 언어 모델링
- 부분 역전파(Truncated Backpropagation)
- 소멸(Vanishing)하는 기울기, 폭발(Exploding)하는 기울기
- RNN 역전파의 장난감 예제
- 장/단기 기억(LSTM) 셀

"주인님, 인간은 정말 바보 같아요!"

– 윌리엄 셰익스피어, 『한여름 밤의 꿈』 2막, 요정 퍽이 오버론 왕에게

문자 언어 모델링

RNN으로 더 매력적인 문제를 풀어봅시다.

12장과 13장의 마지막에서 단순한 연속 예측 문제를 학습하는 바닐라[1] 순환 신경망을 학습시 켰습니다. 하지만 이때 사용한 장난감 데이터셋은 규칙을 이용해서 인공적으로 생성한 구절들 로 이루어졌습니다.

---

1 역자주_ 바닐라(Vanilla)는 오리지널 RNN을 지칭하기 위해 붙이는 수식어입니다. RNN에는 LSTM, GRU(Gated Recurrent Unit) 와 같은 다양한 파생형이 있습니다.

이번 장에선 더 흥미로운 데이터셋을 이용해서 언어 모델링을 시도해보려 합니다. 바로 셰익스피어의 작품을 이용하려 합니다. 이전 장에서는 주어진 몇 단어 뒤에 나타날 단어 예측을 학습했지만, 이번 모델은 문자에 대해 학습을 수행합니다. 다시 말해, 이 모델은 자신에게 제공된 선행 문자 뒤에 어떤 문자가 올지를 예측하도록 학습해야 합니다.

```
import sys, random, math
from collections import Counter
import numpy as np
import sys

np.random.seed(0)

f = open('shakespear.txt','r')
raw = f.read()        http://karpathy.github.io/2015/05/21/rnn-effectiveness/에서 내려받으세요.
f.close()

vocab = list(set(raw))
word2index = {}
for i,word in enumerate(vocab):
    word2index[word]=i
indices = np.array(list(map(lambda x:word2index[x], raw)))
```

데이터셋 안의 단어를 이용해서 어휘를 만들었던 12장과 13장에서와는 다르게, 이번 어휘는 데이터셋 안의 문자(글자 하나)를 이용해 만들어집니다. 그러므로 데이터셋 또한 단어가 아닌 문자에 상응하는 인덱스의 리스트로 변환됩니다. 앞의 코드에서 NumPy 배열인 `indices`가 바로 그 리스트입니다.

```
embed = Embedding(vocab_size=len(vocab),dim=512)
model = RNNCell(n_inputs=512, n_hidden=512, n_output=len(vocab))

criterion = CrossEntropyLoss()
optim = SGD(parameters=model.get_parameters() + embed.get_parameters(), alpha=0.05)
```

어디서 본 코드 같나요? 12에서 13장까지 살펴본 RNN 기본 코드입니다. 이 코드는 차원수를 8로, RNN 은닉 상태의 크기를 512로 해서 임베딩을 초기화하며, 출력 가중치는 0으로 초기화합니다(규칙은 아니지만 제 경우엔 이렇게 했을 때 더 잘 동작했습니다). 마지막으로, 교차 엔트로피 손실 함수와 확률적 경사하강법 최적화기를 초기화합니다.

부분 역전파의 필요성

문자 100,000개는 역전파 하기 어렵습니다.

RNN 코드에서 가장 어려운 부분 중 하나는 바로 데이터를 공급하는 미니 배치 논리입니다. 앞에서 만들었던 (단순한) 신경망은 다음과 같은 내장 for 반복문을 갖고 있었습니다(**굵은 글꼴**로 표시한 부분).

```
for iter in range(1000):
    batch_size = 100
    total_loss = 0

    hidden = model.init_hidden(batch_size=batch_size)

    for t in range(5):
        input = Tensor(data[0:batch_size,t], autograd=True)
        rnn_input = embed.forward(input=input)
        output, hidden = model.forward(input=rnn_input, hidden=hidden)

    target = Tensor(data[0:batch_size,t+1], autograd=True)
    loss = criterion.forward(output, target)
    loss.backward()
    optim.step()
    total_loss += loss.data
    if(iter % 200 == 0):
        p_correct = (target.data == np.argmax(output.data,axis=1)).mean()
        print_loss = total_loss / (len(data)/batch_size)
        print("Loss:",print_loss,"% Correct:",p_correct)
```

"왜 하필 5회 반복하죠?"라는 의문이 있을 수 있습니다. 실은 제가 미리 확인해봤는데 앞의 데이터셋의 가장 긴 예제도 6개 단어로 이루어져 있었습니다. 그래서 단어 5개를 읽고 여섯 번째 단어를 예측하도록 5회 반복하는 겁니다.

역전파 단계는 더 중요합니다. MNIST 숫자를 분류하는 신경망에 대해 단순 순전파를 하는 경우를 고려해보시죠. 경사도는 항상 신경망을 통해 역전파됩니다, 그렇죠? 경사도는 입력 데이터에 도달할 때까지 계속해서 역전파를 합니다. 이 과정을 통해 신경망은 모든 가중치를 수정하고 전체 입력 예제에 대해 정확하게 예측하는 방법을 학습합니다.

순환 신경망 예제도 다르지 않습니다. 5개 입력 예제를 통해 순전파 하고, `loss.backward()`를 나중에 호출하면, 이 예제는 입력 데이터 요소에 닿을 때까지 신경망을 통해 경사도를 역전파 합니다. 이런 일이 가능한 이유는 동시에 많은 입력 데이터 요소를 공급하지 않기 때문입니다. 하지만 셰익스피어 데이터셋은 문자가 무려 100,000개나 됩니다! 예측할 때마다 일일이 역전 파 하기엔 너무 많은 숫자죠. 어떻게 해야 할까요?

안 합니다! 안 해요! 대신 고정된 단계만큼만 과거로 역전파 하고 그대로 멈춥니다. 이것을 **부분 역전파**truncated backpropagation라고 합니다. 부분 역전파는 산업 표준이기도 합니다. 얼마나 역전 파를 할지를 나타내는 길이는 또 하나의 조정 가능한 매개변수가 됩니다(배치 크기나 알파처 럼요).

부분 역전파

기술적으로 부분 역전파는 신경망을 약화시킵니다.

부분 역전파의 단점은 신경망이 무언가를 기억하기 위해 학습할 수 있는 거리를 줄인다는 겁니 다. 기본적으로 다섯 타임스탬프 이후에 경사도를 끊어낸다는 것은 신경망이 과거 다섯 타임스 탬프보다 긴 이벤트 기억에 필요한 학습을 할 수 없다는 의미입니다.

엄밀히 말해 부분 역전파는 이보다 더 미묘한 차이를 만듭니다. RNN 은닉 계층 안에 우연히 5개 이상의 과거 타임스탬프에서 생긴 잔여 정보가 있을 수도 있지만, 신경망은 현재 예측을 위해 과거 6개 타임스탬프 언저리에서 획득한 정보를 모델이 유지하도록 요청하기 위해 경사 도를 사용할 수 없습니다. 따라서 신경망은 실제로 (5개 타임스탬프에서 자르도록 설정되었다 면) 과거 5개 타임스탬프를 초과하는 입력 신호에 기반한 예측은 학습할 수 없습니다. 언어 모 델링에 대한 절단truncation 변수는 bptt라고 이름 지었으며 이 변수의 값은 대개 16과 64 사이 의 크기로 설정합니다.

```
batch_size = 32
bptt = 16
n_batches = int((indices.shape[0] / (batch_size)))
```

부분 역전파의 또 다른 단점은 미니 배치 논리를 복잡하게 만든다는 것입니다. 부분 역전파 를 사용하기 위해선 커다란 데이터셋 1개가 아닌, bptt 크기의 작은 데이터셋 여러 개를 갖고 있다고 생각해야 합니다. 그런 이유로 데이터셋을 다음과 같이 묶어야 합니다.

```
trimmed_indices = indices[:n_batches*batch_size]          ①
batched_indices = trimmed_indices.reshape(batch_size, n_batches)
batched_indices = batched_indices.transpose()            ②

input_batched_indices = batched_indices[0:-1]
target_batched_indices = batched_indices[1:]

n_bptt = int(((n_batches-1) / bptt))
input_batches = input_batched_indices[:n_bptt*bptt]
input_batches = input_batches.reshape(n_bptt,bptt,batch_size)
target_batches = target_batched_indices[:n_bptt*bptt]
target_batches = target_batches.reshape(n_bptt, bptt, batch_size)
```

여기서 많은 일이 벌어집니다. 가장 윗줄(①)은 데이터셋을 batch_size와 n_batches 간의 배수로 만듭니다. 이렇게 하면 텐서로 그룹화해 넣을 때 데이터셋이 정방형이 됩니다(대신 정사각형으로 만들기 위해 데이터셋을 0으로 채워 넣을 수도 있습니다). 두 번째, 세 번째 줄 (②)은 데이터셋의 모양을 바꿔서 각 열이 초기 indices 배열의 일부가 되도록 합니다. 이어 지는 내용에서는 (가독성을 위해서) batch_size가 8로 설정된 것으로 간주합니다.

잠시 shakespear.txt 파일의 첫 다섯 줄을 보고 설명하겠습니다. 파일은 이미 모두 받았 겠죠?

```
shakespear.txt
That, poor contempt, or claim'd thou slept so faithful,
I may contrive our father; and, in their defeated queen,
Her flesh broke me and puttance of expedition house,
And in that same that ever I lament this stomach,
And he, nor Butly and my fury, knowing everything
```

뭐 더 자세한 건 직접 파일을 열어서 확인하고, 이제 설명을 이어가겠습니다.

```
print(raw[0:5])
print(indices[0:5])
```

```
'That,'
array([ 9, 14, 2, 10, 57])
```

이들은 셰익스피어 데이터셋의 처음 다섯 문자입니다. 이 다섯 문자가 문자열 "That,"을 구성합니다. 다음은 batched_indices에 담긴 변환 출력 결과의 처음 다섯 행입니다.

```
print(batched_indices[0:5])
```

```
array([[ 9, 43, 21, 10, 10, 23, 57, 46],
       [14, 44, 39, 21, 43, 14,  1, 10],
       [ 2, 41, 39, 54, 37, 21, 26, 57],
       [10, 39, 57, 48, 21, 54, 38, 43],
       [57, 39, 43,  1, 10, 21, 21, 33]])
```

출력 결과의 첫 번째 열은 굵은 글꼴로 표시해뒀습니다. "That," 구절에 대한 색인이 왼쪽 첫 번째 컬럼 안에 자리 잡고 있는 것이 보이나요? 이것이 표준 구조입니다. 열 개수가 8개인 이유는 batch_size가 8이기 때문입니다. 이제 이 텐서는 각 길이가 bptt인 소형 데이터셋의 리스트를 구축하는 데 사용됩니다.

여기에서 입력과 목표가 어떻게 구성되는지 확인할 수 있습니다. 목표 색인이 한 행씩 차감된다는 점에 유념하세요(이래야 신경망이 다음 문자를 예측합니다). 아차, batch_size가 8이어서 출력 결과를 읽기 편하지만, 실제로는 이 값을 32로 설정해야 한다는 사실 또한 잊어선 안 됩니다.

```
print(input_batches[0][0:5])
print(target_batches[0][0:5])
```

```
array([[ 9, 43, 21, 10, 10, 23, 57, 46],
       [14, 44, 39, 21, 43, 14,  1, 10],
       [ 2, 41, 39, 54, 37, 21, 26, 57],
       [10, 39, 57, 48, 21, 54, 38, 43],
       [57, 39, 43,  1, 10, 21, 21, 33]])
array([[14, 44, 39, 21, 43, 14,  1, 10],
       [ 2, 41, 39, 54, 37, 21, 26, 57],
       [10, 39, 57, 48, 21, 54, 38, 43],
```

```
        [57, 39, 43,  1, 10, 21, 21, 33],
        [43, 43, 41, 60, 52, 12, 54,  1]]])
```

아직 이해하지 못한 부분이 있어도 너무 걱정하지 마세요. 딥러닝 이론과는 큰 관련이 없거든
요. 여러분이 이따금씩 부딪히게 될 RNN 설정 중에서 유난히 복잡한 일부분을 살펴봤을 뿐입
니다. 저는 부분 역전파를 설명하려면 몇 페이지는 필요할 거라고 생각했습니다.

부분 역전파를 이용해서 반복하는 방법을 살펴봅시다.

다음 코드는 실전 부분 역전파를 보여줍니다. 13장에서 봤던 반복 논리와 닮지 않았나요? 그때
의 코드와 이 코드의 차이점은 각 단계마다 batch_loss를 생성한다는 것 뿐입니다. 또한 매
bptt 단계 후에, 역전파를 수행하고 가중치를 갱신합니다. 그 후 아무 일도 일어나지 않았던
것처럼 (심지어는 앞에서와 동일한, 각 에폭^{epoch}마다 리셋되는 은닉 상태를 이용해서) 계속해
서 데이터셋을 읽습니다.

```
def train(iterations=100):
    for iter in range(iterations):
        total_loss = 0
        n_loss = 0

        hidden = model.init_hidden(batch_size=batch_size)
        for batch_i in range(len(input_batches)):

            hidden = Tensor(hidden.data, autograd=True)
            loss = None
            losses = list()
            for t in range(bptt):
                input = Tensor(input_batches[batch_i][t], autograd=True)
                rnn_input = embed.forward(input=input)
                output, hidden = model.forward(input=rnn_input, hidden=hidden)
                target = Tensor(target_batches[batch_i][t], autograd=True)
                batch_loss = criterion.forward(output, target)
                losses.append(batch_loss)
                if(t == 0):
                    loss = batch_loss
                else:
                    loss = loss + batch_loss
            for loss in losses:
                ""
            loss.backward()
```

```
            optim.step()
            total_loss += loss.data
            log = "\r Iter:" + str(iter)
            log += " - Batch "+ str(batch_i+1)+"/" + str(len(input_batches))
            log += " - Loss:" + str(np.exp(total_loss / (batch_i+1)))
            if(batch_i == 0):
                log += " - " + generate_sample(70,'\n').replace("\n"," ")
            if(batch_i % 10 == 0 or batch_i-1 == len(input_batches)):
                sys.stdout.write(log)
        optim.alpha *= 0.99
        print()
train()
```

```
Iter:0 - Batch 191/195 - Loss:148.00388828554404
Iter:1 - Batch 191/195 - Loss:20.588816924127116 mhnethet tttttt t t t
....
Iter:99 - Batch 61/195 - Loss:1.0533843281265225 I af the mands your
```

출력의 샘플

모델의 예측 결과를 샘플링하면 셰익스피어처럼 글을 쓸 수 있습니다!

다음 코드는 모델을 이용해서 예측을 수행하는 학습 논리의 일부를 사용합니다. 문자열 안에 예측 결과를 저장하고 문자열 버전의 출력을 함수에 반환하지요. 생성된 샘플은 제법 셰익스피어 작품 같습니다. 심지어 등장인물 대사도 포함되어 있네요.

```
def generate_sample(n=30, init_char=' '):
    s = ""
    hidden = model.init_hidden(batch_size=1)
    input = Tensor(np.array([word2index[init_char]]))
    for i in range(n):
        rnn_input = embed.forward(input)
        output, hidden = model.forward(input=rnn_input, hidden=hidden)
        output.data *= 10      ◄─────────  샘플링 강도: 높음 = 탐욕적 샘플링
        temp_dist = output.softmax()
        temp_dist /= temp_dist.sum()
```

```
        m = (temp_dist > np.random.rand()).argmax()  ◄──────── pred로부터의 샘플
        c = vocab[m]
        input = Tensor(np.array([m]))
        s += c
    return s
print(generate_sample(n=2000, init_char='\n'))
```

```
I war ded abdons would.
CHENRO:
Why, speed no virth to her,
Plirt, goth Plish love,
Befion
hath if be fe woulds is feally your hir, the confectife to the nightion
As rent Ron my hath iom
the worse, my goth Plish love,
Befion
Ass untrucerty of my fernight this we namn?
ANG, makes:
That's bond confect fe comes not commonour would be forch the conflill
As poing from your jus eep of m look o perves, the worse, my goth
Thould be good lorges ever word
DESS:
Where exbinder: if not conflill, the confectife to the nightion
As co move, sir, this we namn?
ANG VINE PAET:
There was courter hower how, my goth Plish lo res
Toures
ever wo formall, have abon, with a good lorges ever word.
```

소멸하는 기울기, 폭발하는 기울기

바닐라 RNN은 기울기의 소멸과 폭발에 고통받습니다.

처음으로 RNN을 조립했을 때, 어쩌면 아래의 그림을 떠올렸을지도 모르겠습니다. 이 아이디어는 단어의 순서가 가지는 의미를 유지시키면서 단어 임베딩을 결합하도록 했습니다. 각 임베딩을 다음 시간 단계로 변환하는 행렬을 학습함으로써 이 아이디어를 구현했죠. 이로써 순전파는 2단계 과정을 거쳤습니다. 1단계로, 처음 단어 임베딩으로 시작해서(다음 예제에서 "Red"

에 해당하는 임베딩), 가중치 행렬로 곱하고, 다음 임베딩을 더합니다("Sox"). 2단계로, 그다음에 결과 벡터를 취해서 동일한 가중치 행렬에 곱하고, 다음 단어에 더하며, 이 과정을 단어 전체를 읽어 들일 때까지 반복합니다.

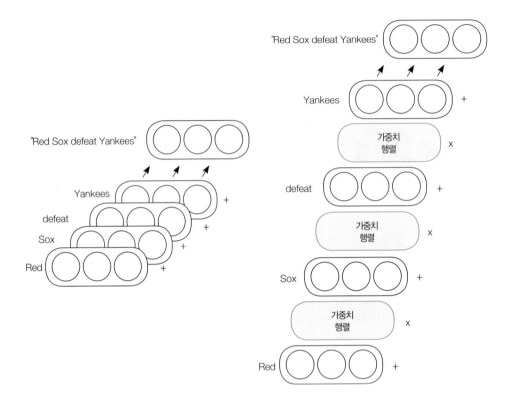

하지만 여러분이 알고 있는 것처럼 추가적인 비선형성이 은닉 상태 생성 절차에 추가되었습니다. 그러므로 순전파는 다음 3단계 절차를 거칩니다.

- **1단계**: 이전 은닉 상태와 가중치 행렬과의 행렬 곱
- **2단계**: 다음 단어의 임베딩과의 덧셈
- **3단계**: 비선형성 적용

이 비선형성이 신경망의 안정성에 중요한 역할을 한다는 사실에 주목하세요. 단어 시퀀스의 길이와 관계없이 (이론적으로는 시간이 지날수록 계속 커지는) 은닉 상태는 비선형성의 값 (**sigmoid**의 경우 0과 1) 사이에 머물도록 강제당합니다. 하지만 이렇게 좋은 속성을 가지지 못한 역전파는 순전파와는 약간 다른 방식으로 일어납니다. 역전파는 극단적으로 크거나

극단적으로 작은 값으로 이어지는 경향이 있습니다. 큰 값은 발산^{divergence}(수많은 not-a-number[NaN])을 유발하며, 반면에 극도로 작은 값은 신경망이 학습하지 못하게 만듭니다. 이제 RNN 역전파를 자세히 들여다보겠습니다.

RNN 역전파의 장난감 예제

경사의 소멸/폭발을 직접 관찰할 수 있는 예제를 하나 만들어봅시다.

다음 코드는 sigmoid와 relu에 대한 순환 역전파 반복문을 보여줍니다. sigmoid/relu 각각에 대해 기울기가 아주 작아지거나/커지는지 잘 살펴보길 바랍니다. 역전파 과정에서 이 기울기들은 행렬 곱의 결과로써 커지며, sigmoid 활성화 함수의 결과로써 꼬리 부분에서 아주 평평한 미분계수를 가지며 작아집니다(많은 비선형 함수에서 흔히 생기는 일입니다).

```python
(sigmoid,relu)=(lambda x:1/(1+np.exp(-x)), lambda x:(x>0).astype(float)*x)
weights = np.array([[1,4],[4,1]])
activation = sigmoid(np.array([1,0.01]))

print("Sigmoid Activations")
activations = list()
for iter in range(10):
    activation = sigmoid(activation.dot(weights))
    activations.append(activation)
    print(activation)
print("\nSigmoid Gradients")
gradient = np.ones_like(activation)
for activation in reversed(activations):
    gradient = (activation * (1 - activation) * gradient)
    gradient = gradient.dot(weights.transpose())
    print(gradient)

print("Activations")
activations = list()
for iter in range(10):
    activation = relu(activation.dot(weights))
    activations.append(activation)
    print(activation)
print("\nGradients")
```

> 활성화가 0 또는 1(꼬리 부분)에 근접할 때 sigmoid의 미분계수는 아주 작은 기울기를 낳습니다.

> 행렬곱은 (sigmoid 같은) 비선형성에 의해 쪼그라들지 않는 기울기의 폭발을 유발합니다.

```
gradient = np.ones_like(activation)
for activation in reversed(activations):
    gradient = ((activation > 0) * gradient).dot(weights.transpose())
    print(gradient)
```

```
Sigmoid Activations
[0.93940638 0.96852968]
[0.9919462 0.99121735]
[0.99301385 0.99302901]
...
[0.99307291 0.99307291]

Sigmoid Gradients
[0.03439552 0.03439552]
[0.00118305 0.00118305]
[4.06916726e-05 4.06916726e-05]
...
[1.45938177e-14 2.16938983e-14]

Relu Activations
[23.71814585 23.98025559]
[119.63916823 118.852839 ]
[595.05052421 597.40951192]
...
[46583049.71437107 46577890.60826711]

Relu Gradients
[5. 5.]
[25. 25.]
[125. 125.]
...
[9765625. 9765625.]
```

LSTM 셀

LSTM은 기울기의 소멸/폭발을 해결할 수 있는 산업 표준 모델입니다.

앞서서 은닉 상태가 RNN 안에서 갱신되는 방식의 결과로 인해 소멸 또는 폭발하는 기울기가 탄생한다는 사실을 설명했습니다. 행렬 곱과 다음 은닉 상태를 형성하기 위해 사용되는 비선형성의 결합이 문제가 되고 있는데요, 이 문제에 대해 LSTM^Long Short Term Memory이 제공하는 해결책은 놀랍도록 단순합니다.

게이트를 이용한 복사

LSTM은 이전 은닉 상태를 복사하고 필요에 따라 정보를 추가하거나 제거함으로써 다음 은닉 상태를 생성합니다. LSTM이 정보를 추가하고 제거하는 메커니즘을 게이트^gate, 門라고 부릅니다.

```
def forward(self, input, hidden):
    from_prev_hidden = self.w_hh.forward(hidden)
    combined = self.w_ih.forward(input) + from_prev_hidden
    new_hidden = self.activation.forward(combined)
    output = self.w_ho.forward(new_hidden)
    return output, new_hidden
```

앞의 코드는 RNN 셀을 위한 순전파 논리를 나타냅니다. 다음 코드는 LSTM 셀을 위한 새 순전파 논리를 보여줍니다. LSTM은 h(은닉을 뜻하는 hidden을 나타냄)와 cell, 이렇게 2개의 은닉 상태 벡터를 가집니다.

cell을 신경 써서 봐주십시오. 이 변수가 어떻게 갱신되는지에 주목하세요. 새로운 각 셀은 앞 셀에 u를 더하고, i와 f를 통해 가중치를 적용합니다. f는 'forget^망각' 게이트입니다. f가 0을 취하면, 새로운 셀은 앞에서 본 것을 지워버립니다. i가 1이면, i는 u의 값을 포함시켜서 새로운 셀을 만듭니다. o는 출력 예측이 셀의 상태를 얼마나 관측할 수 있는지를 제어하는 출력^Output 게이트입니다. 예를 들어 o가 전부 0으로만 이루어져 있으면, self.w_ho.forward(h)는 해당 셀 상태를 완전히 무시한 상태로 예측을 수행할 겁니다.

```
def forward(self, input, hidden):

    prev_hidden, prev_cell = (hidden[0], hidden[1])

    f = (self.xf.forward(input) + self.hf.forward(prev_hidden)).sigmoid()
    i = (self.xi.forward(input) + self.hi.forward(prev_hidden)).sigmoid()
    o = (self.xo.forward(input) + self.ho.forward(prev_hidden)).sigmoid()
    u = (self.xc.forward(input) + self.hc.forward(prev_hidden)).tanh()
```

```
cell = (f * prev_cell) + (i * u)
h = o * cell.tanh()
output = self.w_ho.forward(h)
return output, (h, cell)
```

LSTM 게이트에 관한 몇 가지 직관

LSTM 게이트는 의미상으로 메모리에 대한 읽기/쓰기와 비슷합니다.

네, 바로 그겁니다! LSTM에는 게이트 3개(f, i, o)와 셀 갱신 벡터 1개(u)가 있습니다. 이들을 망각(forget), 입력(input), 출력(output), 갱신(update)이라고 생각하세요. c 안에 저장되거나 가공되는 모든 정보에 대해 일일이 c를 갱신하지 않아도 행렬곱이나 비선형성을 적용할 수 있도록 이들 4개의 게이트가 보장합니다. 한 마디로 여러분은 nonlinearity(c)나 c.dot(weights) 따위를 호출하지 않아도 된다는 겁니다.

이것이 바로 LSTM이 기울기의 소멸이나 폭발에 대한 걱정 없이 시계열에 걸쳐 데이터를 저장할 수 있게 하는 특징입니다. 각 단계는 복사(f가 0이 아니라고 간주)와 갱신(i는 0이 아니라고 간주)으로 이뤄집니다. h의 은닉값은 예측에 사용되는 셀의 마스킹 된 버전입니다.

이 3개의 게이트 각각은 동일한 방식으로 이뤄져 있다는 사실에 주목하세요. 이 게이트들은 고유의 가중치 행렬을 갖고 있지만 각 게이트는 입력과 sigmoid를 통과한 이전 은닉 상태에 영향을 받습니다. 0과 1에서 포화하는 sigmoid 비선형 함수는 이 게이트들을 더 유용하게 만듭니다.

```
f = (self.xf.forward(input) + self.hf.forward(prev_hidden)).sigmoid()
i = (self.xi.forward(input) + self.hi.forward(prev_hidden)).sigmoid()
o = (self.xo.forward(input) + self.ho.forward(prev_hidden)).sigmoid()
```

한 가지 주의할 점이 있다면 그건 바로 h입니다. 분명히 h는 여전히 기울기의 소멸과 폭발에 취약합니다. 기본적으로는 바닐라 RNN과 동일하게 사용되니까요. 일단 h 벡터는 항상 tanh과 sigmoid로 짓이긴 벡터의 조합을 이용해서 만들어지므로 기울기 폭발은 더 이상 걱정거리가 아니고, 기울기 소멸만 문제가 됩니다.

사실 알고 보면 기울기 소멸도 별문제가 아닙니다. 왜냐하면 h는 c에 영향을 받는데 소멸하는 기울기가 운반하도록 학습할 수 없는 장거리 정보를 c가 운반할 수 있기 때문입니다. 그러므로 모든 장거리 정보는 c를 이용해서 운반되며, h는 c의 지역화된 해석일 뿐입니다. h는 출력 예측을 만들고 다음 시간 단계의 게이트 활성화를 구축할 때 유용합니다.

요약하자면 c는 장거리에 걸쳐 정보를 운반할 수 있도록 학습할 수 있으며, h가 그 일을 못 한다고 해서 문제가 되진 않습니다.

LSTM 계층

LSTM 구현에 자동 미분 시스템을 사용할 수 있습니다.

코드만 보고 넘어가겠습니다.

```python
class LSTMCell(Layer):

    def __init__(self, n_inputs, n_hidden, n_output):
        super().__init__()

        self.n_inputs = n_inputs
        self.n_hidden = n_hidden
        self.n_output = n_output

        self.xf = Linear(n_inputs, n_hidden)
        self.xi = Linear(n_inputs, n_hidden)
        self.xo = Linear(n_inputs, n_hidden)
        self.xc = Linear(n_inputs, n_hidden)
        self.hf = Linear(n_hidden, n_hidden, bias=False)
        self.hi = Linear(n_hidden, n_hidden, bias=False)
        self.ho = Linear(n_hidden, n_hidden, bias=False)
        self.hc = Linear(n_hidden, n_hidden, bias=False)

        self.w_ho = Linear(n_hidden, n_output, bias=False)

        self.parameters += self.xf.get_parameters()
        self.parameters += self.xi.get_parameters()
        self.parameters += self.xo.get_parameters()
        self.parameters += self.xc.get_parameters()
```

```
        self.parameters += self.hf.get_parameters()
        self.parameters += self.hi.get_parameters()
        self.parameters += self.ho.get_parameters()
        self.parameters += self.hc.get_parameters()

        self.parameters += self.w_ho.get_parameters()

    def forward(self, input, hidden):

        prev_hidden = hidden[0]
        prev_cell = hidden[1]

        f=(self.xf.forward(input)+self.hf.forward(prev_hidden)).sigmoid()
        i=(self.xi.forward(input)+self.hi.forward(prev_hidden)).sigmoid()
        o=(self.xo.forward(input)+self.ho.forward(prev_hidden)).sigmoid()
        g = (self.xc.forward(input) +self.hc.forward(prev_hidden)).tanh()
        c = (f * prev_cell) + (i * g)
        h = o * c.tanh()

        output = self.w_ho.forward(h)
        return output, (h, c)

    def init_hidden(self, batch_size=1):
        h = Tensor(np.zeros((batch_size, self.n_hidden)), autograd=True)
        c = Tensor(np.zeros((batch_size, self.n_hidden)), autograd=True)
        h.data[:,0] += 1
        c.data[:,0] += 1
        return (h, c)
```

문자 언어 모델 업그레이드하기

바닐라 RNN을 LSTM 셀로 바꿔보세요.

14장 서두에서는 셰익스피어 작품을 예측하는 문자 언어 모델을 학습시켰습니다. 이번에는
LSTM 기반 모델로 같은 작업을 해보겠습니다. 다행스럽게도 이전 장에서 만들었던 프레임
워크 덕에 이번 작업을 수월하게 진행할 수 있게 되었습니다(전체 코드는 책의 웹사이트인
www.manning.com/books/grokking-deep-learning 또는 https://github.com/
iamtrask/grokking-deep-learning에서 내려받을 수 있습니다).

여기 새로운 셋업 코드가 있습니다. 바닐라 RNN 코드에서 수정한 부분은 굵은 글꼴로 표시했는데요, 보다시피 신경망을 셋업하는 방법은 거의 바뀌지 않았습니다.

```python
import sys,random,math
from collections import Counter
import numpy as np
import sys

np.random.seed(0)

f = open('shakespear.txt','r')
raw = f.read()
f.close()

vocab = list(set(raw))
word2index = {}
for i,word in enumerate(vocab):
    word2index[word]=i
indices = np.array(list(map(lambda x:word2index[x], raw)))

embed = Embedding(vocab_size=len(vocab),dim=512)
model = LSTMCell(n_inputs=512, n_hidden=512, n_output=len(vocab))
model.w_ho.weight.data *= 0          ←──────── 이 부분이 학습에 도움을 주는 것으로 보입니다.

criterion = CrossEntropyLoss()
optim = SGD(parameters=model.get_parameters() + embed.get_parameters(), alpha=0.05)

batch_size = 16
bptt = 25
n_batches = int((indices.shape[0] / (batch_size)))

trimmed_indices = indices[:n_batches*batch_size]
batched_indices = trimmed_indices.reshape(batch_size, n_batches)
batched_indices = batched_indices.transpose()

input_batched_indices = batched_indices[0:-1]
target_batched_indices = batched_indices[1:]

n_bptt = int(((n_batches-1) / bptt))
input_batches = input_batched_indices[:n_bptt*bptt]
input_batches = input_batches.reshape(n_bptt,bptt,batch_size)
target_batches = target_batched_indices[:n_bptt*bptt]
target_batches = target_batches.reshape(n_bptt, bptt, batch_size)
min_loss = 1000
```

LSTM 문자 언어 모델 학습하기

학습 논리도 거의 바뀌지 않았습니다.

바닐라 RNN 논리에서 필요한, 유일하면서도 진정한 변화는 바로 부분 역전파 논리입니다. 왜냐하면 시간 단계당 은닉 벡터가 1개가 아닌 2개씩 있기 때문입니다. 하지만 이것은 상대적으로 사소한 수정 사항(**굵은 글꼴**로 표시)입니다. 저는 여기에 학습을 용이하게 만드는 몇 가지 장치를 덧붙였습니다(시간이 흐르면 alpha가 천천히 감소하도록 했고 로그도 더 추가했습니다).

```
for iter in range(iterations):
    total_loss, n_loss = (0, 0)

    hidden = model.init_hidden(batch_size=batch_size)
    batches_to_train = len(input_batches)

    for batch_i in range(batches_to_train):

        hidden = (Tensor(hidden[0].data, autograd=True), Tensor(hidden[1].data, \
                    autograd=True))
        losses = list()

        for t in range(bptt):
            input = Tensor(input_batches[batch_i][t], autograd=True)
            rnn_input = embed.forward(input=input)
            output, hidden = model.forward(input=rnn_input, hidden=hidden)

            target = Tensor(target_batches[batch_i][t], autograd=True)
            batch_loss = criterion.forward(output, target)

            if(t == 0):
                losses.append(batch_loss)
            else:
                losses.append(batch_loss + losses[-1])
        loss = losses[-1]

        loss.backward()
        optim.step()

        total_loss += loss.data / bptt
        epoch_loss = np.exp(total_loss / (batch_i+1))
        if(epoch_loss < min_loss):
```

```
            min_loss = epoch_loss
            print()
        log = "\r Iter:" + str(iter)
        log += " - Alpha:" + str(optim.alpha)[0:5]
        log += " - Batch "+str(batch_i+1)+"/"+str(len(input_batches))
        log += " - Min Loss:" + str(min_loss)[0:5]
        log += " - Loss:" + str(epoch_loss)
        if(batch_i == 0):
            s = generate_sample(n=70, init_char='T').replace("\n"," ")
            log += " - " + s
        sys.stdout.write(log)
    optim.alpha *= 0.99
```

LSTM 문자 언어 모델 튜닝하기

이 모델을 튜닝하는 데 꼬박 2일이 걸렸고, 밤새워 학습시켰습니다.

다음에 이 모델의 학습 출력 일부가 나타나 있습니다. 학습에 굉장히 오랜 시간이 걸렸다는 사실에 주목하세요(매개변수가 정말 **많습니다**). 저는 이 과업에 적합한 튜닝(학습률, 배치 크기, 등등…)을 찾기 위해 수없이 학습을 시켜야 했으며, 최종 모델을 학습할 때는 밤을 새웠습니다(8시간 걸렸습니다). 그래도 보통은 학습을 오래 할수록 더 나은 결과를 얻을 수 있습니다.

```
I:0 - Alpha:0.05 - Batch 1/249 - Min Loss:62.00 - Loss:62.00 - eeeeeeeeee
...
I:7 - Alpha:0.04 - Batch 140/249 - Min Loss:10.5 - Loss:10.7 - heres, and
...
I:91 - Alpha:0.016 - Batch 176/249 - Min Loss:9.900 - Loss:11.9757225699
```

```
def generate_sample(n=30, init_char=' '):
    s = ""
    hidden = model.init_hidden(batch_size=1)
    input = Tensor(np.array([word2index[init_char]]))
    for i in range(n):
        rnn_input = embed.forward(input)
        output, hidden = model.forward(input=rnn_input, hidden=hidden)
        output.data *= 15
        temp_dist = output.softmax()
```

```
        temp_dist /= temp_dist.sum()

        m = output.data.argmax()    ◄─────────── 최대 예측치를 취합니다.
        c = vocab[m]
        input = Tensor(np.array([m]))
        s += c
    return s
print(generate_sample(n=500, init_char='\n'))
```

```
Intestay thee.

SIR:
It thou my thar the sentastar the see the see:
Imentary take the subloud I
Stall my thentaring fook the senternight pead me, the gakentlenternot
they day them.

KENNOR:
I stay the see talk :
Non the seady!

Sustar thou shour in the suble the see the senternow the antently the see
the seaventlace peake,
I sentlentony my thent:
I the sentastar thamy this not thame.
```

요약

LSTM은 엄청나게 강력한 모델입니다.

LSTM이 학습한 셰익스피어 작품 언어의 분포는 가볍게 다뤄져서는 안 됩니다. 언어의 통계
분포는 학습하기에 매우 복잡하지만, LSTM이 이 과업을 엄청나게 잘 해낸다는 사실[2]이 저를
여전히 당황하게 합니다(다른 점도 마찬가지고요). LSTM의 파생 버전들도 폭넓은 분야의 과
업에서 최고의 성능을 보여주고 있으며, LSTM은 의심의 여지 없이 꽤 오랜 시간 동안 단어 임
베딩, CNN과 더불어 우리가 늘 사용하는 도구가 되어줄 겁니다.

....

2 이 글을 쓰는 현재, LSTM은 다른 기법과는 큰 격차를 갖는 최첨단의 기법입니다.

## CHAPTER 15

보이지 않는 데이터로 하는 딥러닝
: 통합 학습 입문

- 딥러닝의 개인정보 문제

- 통합 학습(Federated learning)

- 스팸 탐지 학습

- 통합 학습 파고들기

- 보안 통합(Secure aggregation)

- 동형 암호화(Homomorphic encryption)

- 동형 암호화 통합 학습(Homomorphically encrypted federated learning)

"친구는 감시하지 않아. 진정한 우정은 사적 자유에 관한 것이기도 하다네."

– 스티븐 킹, 『내 영혼의 아틀란티스』(문학세계사, 2000)

딥러닝의 개인정보 문제

딥러닝은 (그리고 관련 도구는) 여러분이 학습 데이터에 접근할 수 있다는 것을 의미합니다.

이미 잘 알고 있는 것처럼, 머신러닝의 하위 분야인 딥러닝은 데이터 학습이 전부라고 할 수 있습니다. 문제는 이 학습 데이터가 아주 개인적인 경우가 많다는 겁니다. 딥러닝 모델은 인간 삶의 가장 개인적인 정보에서 딥러닝이 아니었다면 알기 어려웠을 법한 사실들을 알려줍니다.

간단히 말해, 딥러닝 모델은 여러분 자신을 이해할 수 있도록 하기 위해 타인 수천 명의 개인 정보를 학습할 수 있다는 말입니다.

딥러닝이 소모하는 천연자원은 (인공적인 또는 자연적인) 학습 데이터입니다. 학습 데이터 없이 딥러닝은 아무것도 학습할 수 없습니다. 딥러닝이 가장 높은 가치를 발하는 용도가 가장 개인적인 데이터셋과 교류하는 것이다 보니, 기업들은 종종 딥러닝 때문에 데이터를 수집하려 합니다. 기업이 특정 문제를 해결하려 들 때 개인적인 정보가 필요하기 때문입니다.

2017년, 구글은 이러한 논의에 굉장한 이정표로 남을 만한 흥미진진한 논문과 블로그 포스트를 발행했습니다. 모델 학습 때문에 굳이 데이터셋을 모으지 않아도 되는 기법을 제안한 것이죠. 구글은 "모든 데이터를 한 장소에 모으는 대신, 모델을 데이터 쪽으로 가져가면 어떨까?"라는 질문을 던졌습니다. 이것이 바로 이번 장에서 다룰 **통합 학습**^{federated learning}입니다.

> "모델 학습을 위해 학습 데이터를 한곳에 모으는 대신 모델을 데이터가 있는 곳으로 옮기면 어떨까?"

아주 중요한 역발상입니다. 우선, 통합 학습을 이용하면 딥러닝 공급망 사슬에 참여하기 위해 자신의 개인정보를 보낼 필요가 없어집니다. 헬스케어, 인사 관리, 기타 다른 민감한 영역의 귀중한 모델들도 사람들에게 개인정보를 공개해달라고 하지 않아도 학습이 가능해지죠. 이론적으로, 사람들은 개인정보의 유일한 사본에 대한 제어권을 (최소한 딥러닝에 관해서는) 유지할 수 있습니다.

이 기법은 기업 경쟁 활동에 관련된 딥러닝 경쟁 구도에 커다란 영향을 미칩니다. 예전에 고객 정보를 공유할 수 없었던(또는 법적인 이유로 하지 않았던) 대기업들은 이제 해당 데이터로부터 수익을 확보할 수 있게 되었습니다. 데이터를 둘러싼 민감성과 규제 제한이 발전을 가로막는 맞바람 역할을 해온 문제 영역들이 있는데, 특히 헬스케어가 그렇습니다. 헬스케어는 강력한 규제에 묶인 데이터셋 때문에 연구가 어렵습니다.

통합 학습

학습이 목적이라면 데이터셋에 대한 접근 권한이 필요하진 않습니다.

통합 학습은 많은 데이터셋이 문제 해결(예를 들어 MRI에서 암을 진단하는 등)에 유용한 정보를 담고 있다는 것을 전제로 하지만, 학습시키기에 충분한 양의 데이터에 강력한 딥러닝 모델을 접근시키는 것은 쉬운 일이 아닙니다. 여기에서 가장 큰 걱정거리는 데이터셋이 딥러닝 모델을 학습시키기에 충분한 데이터를 가지고 있다 해도, 공개되었을 경우 누군가에게 해를 가할 수도 있는 한편 (어쩌면) 학습에는 관련이 없는 정보를 가지고 있을 수 있다는 겁니다.

통합 학습은 보안 환경으로 들어가서 데이터를 옮기지 않고도 문제를 해결하는 방법을 학습하는 모델에 관한 것입니다. 예제 코드를 같이 살펴보시죠.

```python
import numpy as np
from collections import Counter
import random
import sys
import codecs
np.random.seed(12345)
with codecs.open('spam.txt',"r",encoding='utf-8',errors='ignore') as f:
    raw = f.readlines()

vocab, spam, ham = (set(["<unk>"]), list(), list())
for row in raw:
    spam.append(set(row[:-2].split(" ")))
    for word in spam[-1]:
        vocab.add(word)

with codecs.open('ham.txt',"r",encoding='utf-8',errors='ignore') as f:
    raw = f.readlines()

for row in raw:
    ham.append(set(row[:-2].split(" ")))
    for word in ham[-1]:
        vocab.add(word)

vocab, w2i = (list(vocab), {})
for i,w in enumerate(vocab):
    w2i[w] = i
```

이 데이터셋은 다음 주소에서 내려받았습니다.
http://www2.aueb.gr/users/ion/data/enron-spam/

```
def to_indices(input, l=500):
    indices = list()
    for line in input:
        if(len(line) < l):
            line = list(line) + ["<unk>"] * (l - len(line))
            idxs = list()
            for word in line:
                idxs.append(w2i[word])
            indices.append(idxs)
    return indices
```

스팸 탐지 학습

실제 사용자의 이메일을 이용해서 스팸 탐지 모델을 학습하고 싶다고 합시다.

이번 절에선 통합 학습을 통한 이메일 분류를 다루려고 합니다. 첫 번째 모델은 엔론 데이터셋 (유명한 엔론 소송을 통해 알려진 대형 이메일 말뭉치)이라고 하는 공개 데이터셋을 이용해서 학습합니다. 이 데이터셋을 전문적으로 읽고/주석을 다는 사람이 이야기해준 재미있는 사실이 있는데요, 사람들이 정말이지 온갖 종류의 이메일을 주고받았다고 합니다. 물론 그 대부분은 아주 개인적인 것이었는데, 법정 소송을 통해 대중에게 모두 공개되었다고 합니다. 여러분도 자유롭게 이 이메일을 열람할 수 있습니다.

앞 절과 이번 절의 코드는 전처리만 수행합니다. 입력 데이터 파일(ham.txt와 spam.txt) 은 책의 웹사이트(www.manning.com/books/grokking-deep-learning)와 깃허브 (https://github.com/iamtrask/Grokking-Deep-Learning)에서 내려받을 수 있습니다. 13장에서 딥러닝 프레임워크를 만들 때 생성했던 임베딩 클래스로 순전파를 넣을 수 있도록 전처리를 해야 합니다. 예전과 같이 이 말뭉치의 모든 단어는 인덱스의 목록으로 변환됩니다. 그리고 모든 이메일을 추리거나 〈unk〉 토큰[1]으로 채워 넣어서 정확히 500개 단어로만 구성되도록 바꾸세요. 최종 데이터셋은 결과적으로 정방형이 됩니다.

```
spam_idx = to_indices(spam)
ham_idx = to_indices(ham)
```

---

1 역자주_ unk는 unknown token의 줄임말입니다.

```
train_spam_idx = spam_idx[0:-1000]
train_ham_idx = ham_idx[0:-1000]

test_spam_idx = spam_idx[-1000:]
test_ham_idx = ham_idx[-1000:]

train_data = list()
train_target = list()

test_data = list()
test_target = list()

for i in range(max(len(train_spam_idx),len(train_ham_idx))):
    train_data.append(train_spam_idx[i%len(train_spam_idx)])
    train_target.append([1])

    train_data.append(train_ham_idx[i%len(train_ham_idx)])
    train_target.append([0])

for i in range(max(len(test_spam_idx),len(test_ham_idx))):
    test_data.append(test_spam_idx[i%len(test_spam_idx)])
    test_target.append([1])

    test_data.append(test_ham_idx[i%len(test_ham_idx)])
    test_target.append([0])

# 역자주_ train 코드를 조금 수정했습니다. 내려받은 코드는 오류가 있으니 수정하세요.

def train(model, input_data, target_data, batch_size=500, iterations=5):
    criterion = MSELoss()
    optim = SGD(parameters=model.get_parameters(), alpha=0.01)

    n_batches = int(len(input_data) / batch_size)
    bs = batch_size
    for iter in range(iterations):
        iter_loss = 0
        for b_i in range(n_batches):
            # padding token should stay at 0
            model.weight.data[w2i['<unk>']] *= 0
            input = Tensor(input_data[b_i*bs:(b_i+1)*bs], autograd=True)
            target = Tensor(target_data[b_i*bs:(b_i+1)*bs], autograd=True)

        pred = model.forward(input).sum(1).sigmoid()
```

```
        loss = criterion.forward(pred,target)
        loss.backward()
        optim.step()

        iter_loss += loss.data[0] / bs

        sys.stdout.write("\r\tLoss:" + str(iter_loss / (b_i+1)))
        print()
    return model

def test(model, test_input, test_output):

    model.weight.data[w2i['<unk>']] *= 0

    input = Tensor(test_input, autograd=True)
    target = Tensor(test_output, autograd=True)

    pred = model.forward(input).sum(1).sigmoid()
    return ((pred.data > 0.5) == target.data).mean()
```

이토록 멋진 **train()**과 **test()** 함수와 함께라면, 다음 코드를 이용해서 신경망을 초기화하고 학습시킬 수 있겠죠. 세 번만 반복을 돌면 신경망은 이미 테스트 데이트셋에 대해 99.45%의 정확도로 분류를 수행할 수 있게 됩니다(테스트 데이터셋의 균형이 잡혀 있으므로 이 결과는 상당히 좋은 겁니다).

```
model = Embedding(vocab_size=len(vocab), dim=1)
model.weight.data *= 0
criterion = MSELoss()
optim = SGD(parameters=model.get_parameters(), alpha=0.01)

for i in range(3):
    model = train(model, train_data, train_target, iterations=1)
    print("% Correct on Test Set: " + str(test(model, test_data, test_target)*100))
```

```
    Loss:0.037140416860871446
% Correct on Test Set: 98.65
    Loss:0.011258669226059114
% Correct on Test Set: 99.15
    Loss:0.008068268387986223
% Correct on Test Set: 99.45
```

통합해봅시다

앞 예제 코드는 평범한 바닐라 딥러닝이었습니다. 이제 개인정보를 보호해볼까요?

앞 절에서 우리는 이메일 예제를 확보했습니다. 이제 모든 이메일을 한 장소에 모아보죠. 이 방법은 구식입니다(그러나 전 세계에서 아직도 매우 흔하게 사용되고 있죠). 여러 개의 다양한 이메일 컬렉션을 가지는 통합 학습 환경을 시뮬레이션해보겠습니다.

```python
bob = (train_data[0:1000], train_target[0:1000])
alice = (train_data[1000:2000], train_target[1000:2000])
sue = (train_data[2000:], train_target[2000:])
```

쉽죠? 예전과 동일한 학습을 할 수 있지만, 이번엔 모든 사람의 이메일 데이터베이스를 동시에 처리합니다. 각 반복을 수행한 후엔, Bob, Alice, Sue로부터 나온 모델 값에 대해 평균을 내고 평가합니다. 통합 학습의 어떤 파생 기법들은 각 배치(또는 배치의 컬렉션) 후에 합치기도 한다는 점을 참고로 알아 두세요. 저는 그냥 간단히 처리했습니다.

```python
import copy

for i in range(3):
    print("Starting Training Round...")
    print("\tStep 1: send the model to Bob")
    bob_model = train(copy.deepcopy(model), bob[0], bob[1], iterations=1)

    print("\n\tStep 2: send the model to Alice")
    alice_model = train(copy.deepcopy(model),
    alice[0], alice[1], iterations=1)

    print("\n\tStep 3: Send the model to Sue")
    sue_model = train(copy.deepcopy(model), sue[0], sue[1], iterations=1)

    print("\n\tAverage Everyone's New Models")
    model.weight.data = (bob_model.weight.data + alice_model.weight.data + \
                        sue_model.weight.data)/3

    print("\t% Correct on Test Set: " + str(test(model, test_data, test_target)*100))

    print("\nRepeat!!\n")
```

다음은 결과를 보여줍니다. 이 모델은 예전과 거의 동일한 성능을 보여주지만 이론적으론 학습 데이터에 대한 접근 권한을 가지고 있지 않습니다. 아니 잠깐, 가지고 있는 건가요? 아무튼 각자가 모델을 수정하고 있긴 합니다. 우리는 정말 이 사람들의 데이터셋에 대한 정보를 전혀 알아낼 수 없는 걸까요? 이 문제에 대해 다음 절에서 계속 이야기해보겠습니다.

```
Starting Training Round...
Step 1: send the model to Bob
Loss:0.21908166249699718
......
Step 3: Send the model to Sue
Loss:0.015368461608470256
Average Everyone's New Models
% Correct on Test Set: 98.8
```

통합 학습 해킹하기

장난감 예제를 이용해서 데이터셋을 학습하는 방법을 관찰해봅시다.

통합 학습에는 두 가지 큰 문제가 있습니다. 두 문제 모두 둘 다 학습 데이터셋 안에 각 개인이 소량의 데이터 예제만 갖고 있을 때 발생합니다. 이 문제들은 성능과 개인정보 보호에 관한 것인데요, 누군가가 소수의 학습 예제만 갖고 있는 경우엔 (또는 전송하는 모델 개선이 소수의 예제만 사용하는 학습 배치와 같이), 여전히 데이터에 대해 많은 것을 파악할 수 있는 것으로 드러났습니다. 게다가 예를 들어 10,000명의 데이터(각각이 소수의 정보를 제공)가 제공되면, (특히 모델이 정말 클 때) 모델을 교환하는 데 대부분의 시간을 사용하고 정작 학습에는 시간을 별로 할애하지 못하는 문제도 있습니다.

하지만 우리는 너무 앞서 나가고 있습니다. 사용자가 단일 배치상에서 가중치 갱신을 수행할 때 무엇을 학습할 수 있는지 보시죠.

```
import copy

bobs_email = ["my", "computer", "password", "is", "pizza"]

bob_input = np.array([[w2i[x] for x in bobs_email]])
```

```
bob_target = np.array([[0]])

model = Embedding(vocab_size=len(vocab), dim=1)
model.weight.data *= 0

bobs_model = train(copy.deepcopy(model), bob_input, bob_target, iterations=1, batch_
size=1)
```

Bob은 받은 편지함 안에 있는 이메일을 이용해서 모델을 생성하고 갱신하려 합니다. 그런데 Bob은 암호를 이메일 안에 저장해뒀습니다. 이메일 내용은 다음과 같았죠. "My computer password is pizza"라고요. 바보 같은 Bob 같으니라고! 이제 어떤 가중치가 바뀌었는지 살펴보면 Bob이 받은 이메일의 어휘를 파악할 (그리고 추론할) 수 있습니다.

```
for i, v in enumerate(bobs_model.weight.data - model.weight.data):
    if(v != 0):
        print(vocab[i])
```

```
is
pizza
computer
password
my
```

이처럼 여러분은 Bob의 특별한 암호(의도치 않게 Bob의 음식 취향까지도요)를 알아냈습니다. 우리는 여기에 어떤 조처를 해야 할까요? 학습 데이터셋이 가중치 갱신 과정에서 얻은 정보가 무엇인지 이렇게 쉽게 알아낼 수 있다면 통합 학습을 제대로 사용할 수 있을까요?

보안 통합

누가 보기 전에 방대한 개인 데이터에 대한 가중치 갱신값을 평균화하세요.

이 문제의 해결책은 Bob이 절대로 경사도를 공개된 장소에 꺼내 놓지 못하게 하는 겁니다. 그런데 사람들이 못 보게 되어 있는 자신의 경사도에 Bob이 기여할 수 있는 방법은 무엇일까요? 사회 과학에서 사용하는 **무작위 응답**randomized response 기법을 잠시 살펴보겠습니다.

이 기법은 이렇게 동작합니다. 100명에게 극악무도한 범죄를 저질렀는지를 물어보는 설문을 진행한다고 해보죠. 물론 모든 대답은 "아니오"일 겁니다. 설문 결과를 발설하지 않겠다고 약속한다 해도 말입니다. 하지만 (어떻게든 여러분은 볼 수 없는 방법으로) 동전을 두 번 던져서 처음 던졌을 때 머리가 나오는 경우에만 피설문자가 반드시 정직하게 응답해야 한다고 해보죠. 꼬리가 나왔을 때는 두 번째 던진 결과에 따라 "예" 또는 "아니오"라고 답하면 됩니다.

이 시나리오에서는 범죄를 저질렀는지에 대해 답변해달라고 절대 직접적으로 요청하지 않습니다. 진짜 응답은 첫 번째 동전 던지기와 두 번째 동전 던지기의 무작위적인 잡음 뒤에 숨게 됩니다. 만약 응답자의 60%가 "예"라고 한다면, (간단한 계산을 통해) 약 70%의 응답자가 강력 범죄를 저질렀다고 판단할 수 있습니다(몇 퍼센트포인트 차이는 감안하더라도 말입니다). 그러니까 어떤 사람에 관한 정보가 그 사람이 아닌 잡음으로부터 나올 수 있음을 무작위적 잡음이 합리화시킨다는 점이 이 발상의 요지입니다.

'그럴듯한 부인'을 통한 개인정보 보호

개인이 아닌 무작위적 잡음으로부터 특정 답변이 나올 가능성이 '그럴듯한 부인(plausible deniability)'이라는 명분을 제공함으로써 사람들의 개인정보를 보호해줍니다. '그럴듯한 부인'은 보안 통합과 더불어 차별적인 개인정보 보호를 위한 기반을 형성합니다.

결국 어떤 개인의 직접 응답은 숨게 되며 전체적인 통합 통계만이 드러나게 됩니다. 잡음을 추가하기에 앞서 더 많은 사람의 응답을 모을수록 각 개인을 숨겨야 할 필요성은 줄어들게 됩니다(게다가 결론은 더 정확해집니다).

마음만 먹으면 통합 학습 환경에 잡음을 잔뜩 추가할 수도 있지만, 이러면 학습에 지장을 줍니다. 대신에 자신의 경사도를 제외한 다른 사람의 경사도는 볼 수 없도록 하는 방식으로 모든 참가자의 경사도를 종합하는 것이 좋습니다. 이런 문제를 다루는 과업을 일컬어 보안 통합secure aggregation이라고 하며, 보안 통합을 하기 위해선 굉장히 멋진 도구를 이용해야 합니다. 바로 **동형 암호화**homomorphic encryption가 그것입니다.

동형 암호화

암호화된 값도 수리 연산이 가능합니다.

가장 흥미진진한 미개척 연구 분야는 딥러닝을 포함한 인공지능과 암호학, 이 두 분야의 교집합 분야입니다. 이 교집합 분야의 전면과 중심에는 동형 암호화라고 하는 아주 멋진 기술이 자리 잡고 있습니다. 쉽게 말해 **동형 암호화**는 암호화된 값을 복호화하지 않은 상태에서 계산이 가능하도록 하는 기술입니다.

특히, 우리는 암호화된 값 사이의 덧셈에 관심이 있습니다. 동형 암호화가 동작하는 과정을 상세히 설명하기엔 이 책 분량 전체를 할당해야 하기에, 몇 가지 정의와 함께 어떻게 동작하는지 정도만 보여드리겠습니다. 그리고 시작하기 전에 몇 가지 개념을 알아 두세요. **공개 키**ᵖᵘᵇˡⁱᶜ ᵏᵉʸ 는 숫자를 암호화할 때 사용합니다. **개인 키**ᵖʳⁱᵛᵃᵗᵉ ᵏᵉʸ는 암호화된 숫자를 복호화할 때 사용하고요. 암호화된 값은 **암호문**ᶜⁱᵖʰᵉʳᵗᵉˣᵗ이라고 하며 암호화되지 않은 값은 **평문**ᵖˡᵃⁱⁿᵗᵉˣᵗ이라고 합니다.

그럼 phe 라이브러리를 이용한 동형 암호화 예제를 살펴보겠습니다. phe 라이브러리를 설치하려면 `pip install phe` 명령을 실행하거나 https://github.com/n1analytics/python-paillier에서 내려받으세요.

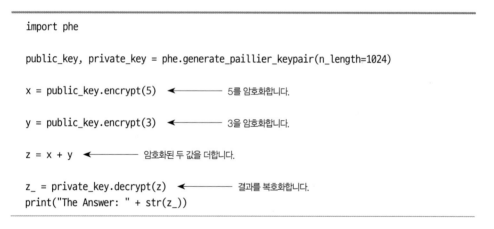

```
import phe

public_key, private_key = phe.generate_paillier_keypair(n_length=1024)

x = public_key.encrypt(5)    ◀────────  5를 암호화합니다.

y = public_key.encrypt(3)    ◀────────  3을 암호화합니다.

z = x + y    ◀────────  암호화된 두 값을 더합니다.

z_ = private_key.decrypt(z)    ◀────────  결과를 복호화합니다.
print("The Answer: " + str(z_))
```

```
The Answer: 8
```

이 코드는 두 수, 5와 3을 암호화한 뒤, 암호화 상태에서 두 수를 더합니다. 훗, 꽤 멋지죠? 동형 암호화의 사촌쯤 되는 또 다른 기술이 있습니다. 그건 바로 **보안 다중 계산**ˢᵉᶜᵘʳᵉ ᵐᵘˡᵗⁱᵖᵃʳᵗ computation입니다. 관심 있는 분들은 〈암호학과 머신러닝〉 블로그(https://mortendahl. github.io)를 참고하세요.

이제 다시 보안 통합 문제로 돌아가 볼까요? 볼 수 없는 수를 더할 수 있다는 지식을 고려하면 이제 답이 간단해집니다. 모델을 초기화하는 사람은 공개 키를 Bob, Alice, Sue에게 보내서 그들의 가중치를 암호화하도록 합니다. 그다음, 개인 키를 가지고 있지 않은 Bob, Alice, Sue 는 서로 대화를 하며 자신들의 경사도를 하나의 최종 갱신값으로 축적한 뒤에 개인 키를 이용 해서 복호화할 수 있는 권한을 가진 모델 소유자에게 보냅니다.

동형 암호화 통합 학습

통합되는 경사도 보호를 위해 동형 암호화를 이용해보시죠.

```python
model = Embedding(vocab_size=len(vocab), dim=1)
model.weight.data *= 0

# note that in production the n_length should be at least 1024
public_key, private_key = phe.generate_paillier_keypair(n_length=128)

def train_and_encrypt(model, input, target, pubkey):
    new_model = train(copy.deepcopy(model), input, target, iterations=1)

    encrypted_weights = list()
    for val in new_model.weight.data[:,0]:
        encrypted_weights.append(public_key.encrypt(val))
    ew = np.array(encrypted_weights).reshape(new_model.weight.data.shape)

    return ew

for i in range(3):
    print("\nStarting Training Round...")
    print("\tStep 1: send the model to Bob")
    bob_encrypted_model = train_and_encrypt(copy.deepcopy(model), bob[0], bob[1], \
                                            public_key)

    print("\n\tStep 2: send the model to Alice")
    alice_encrypted_model=train_and_encrypt(copy.deepcopy(model), \
                                            alice[0],alice[1],public_key)
```

```
print("\n\tStep 3: Send the model to Sue")
sue_encrypted_model = train_and_encrypt(copy.deepcopy(model), sue[0], sue[1], \
                                        public_key)

print("\n\tStep 4: Bob, Alice, and Sue send their")
print("\tencrypted models to each other.")
aggregated_model = bob_encrypted_model + alice_encrypted_model + sue_encrypted_model

print("\n\tStep 5: only the aggregated model")
print("\tis sent back to the model owner who")
print("\t can decrypt it.")
raw_values = list()
for val in sue_encrypted_model.flatten():
    raw_values.append(private_key.decrypt(val))
new = np.array(raw_values).reshape(model.weight.data.shape)/3

model.weight.data = new
print("\t% Correct on Test Set: " + str(test(model, test_data, test_target)*100))
```

이제 새로운 학습 계획을 실행할 수 있습니다. 이 학습 계획은 예전에 비해 한 가지 단계가 더 추가되었습니다. Alice, Bob, Sue는 자신들의 동형 암호화 모델을 반환하기에 앞서 이들을 더합니다. 덕분에 누구도 어떤 사람의 어떤 경사도가 갱신되었는지 알 방법이 없어졌죠('그럴듯한 부인'의 한 형태입니다). 실전에서는 어떤 무작위 잡음을 추가하는 것만으로도 Bob, Alice, Sue의 개인정보를 (이들의 개인적 선호에 따라) 어느 정도 보호할 수 있는 수준을 충족할 수 있습니다. 이에 대해서는 나중에 하는 숙제로 남겨두겠습니다.

```
Starting Training Round...
Step 1: send the model to Bob
Loss:0.21908166249699718
Step 2: send the model to Alice
Loss:0.2937106899184867
...
...
...
% Correct on Test Set: 99.15
```

요약

통합 학습은 딥러닝에서 가장 흥미진진한 약진 중 하나입니다.

저는 통합 학습이 앞으로 몇 년 안에 딥러닝 지형을 바꿀 것이라고 확실히 믿습니다. 통합 학습 덕분에 예전엔 손댈 수 없을 정도로 민감했던 데이터셋을 새롭게 사용할 수 있을 겁니다. 새로 생긴 사업적 기회의 결과로써 커다란 공익을 창출하면서 말이죠. 인공지능과 암호화 연구 사이의 교집합, 즉 폭넓은 융합인 통합 학습이 최근 10년 동안 나타났던 가장 흥미진진한 융합 영역입니다.

통합 학습을 실전에서 사용할 수 없게 하는 주요 장애물은 바로 현대 딥러닝 툴킷에서 이 기술을 지원하지 않는다는 것입니다. `pip install`...을 실행해서 통합 학습을 사용할 수 있을 때가 티핑 포인트[2]가 되겠죠. 그때는 개인정보와 보안이 일등 시민이며, 통합 학습, 동형 암호화, 차등적 개인정보 보호, 보안 다중 계산 기능(아울러 전문가가 아니어도 이 기능을 사용할 수 있게 될 겁니다)이 내장된 딥러닝 프레임워크를 사용할 수 있을 겁니다.

이러한 믿음이 아니더라도, 저는 OpenMined 프로젝트의 일부로써 오픈 소스 자원자 팀과 함께 일하며 이러한 기초요소로 주요 딥러닝 프레임워크를 확장하고 있습니다. 개인정보 보호와 보안의 미래에 이러한 도구가 중요하다고 믿는다면 다음 OpenMined 관련 사이트를 방문해주세요. 그리고 여러분의 지지를 보여주세요. 몇몇 저장소를 둘러보기만 해도 좋습니다. 될 수 있으면 채팅방에 합류해주시고요.

- **프로젝트 사이트:** http://openmined.org
- **깃허브 저장소:** https://github.com/OpenMined
- **채팅방:** slack.openmined.org

---

2   역자주_ 초기에는 미미하다가 어느 순간 예기치 못하게 폭발적으로 변하는 시점

## CHAPTER 16

다음 도약을 위한 준비
: 작은 안내서

- **1단계** : 파이토치(PyTorch)를 배우세요

- **2단계** : 새 딥러닝 수업을 수강하세요

- **3단계** : 수학적으로 접근하는 딥러닝 교과서를 구하세요

- **4단계** : 블로그를 개설해서 딥러닝을 가르치세요

- **5단계** : 트위터

- **6단계** : 학술 논문 내용을 구현하세요

- **7단계** : GPU를 사용할 수 있는 환경을 확보하세요

- **8단계** : 급여를 받으면서 일하세요

- **9단계** : 오픈 소스 프로젝트에 참여하세요

- **10단계** : 지역 커뮤니티를 발전시키세요

"뭔가를 할 수 있다고 믿든 할 수 없다고 믿든, 당신이 믿는 대로 될 겁니다."

– 헨리 포드, 포드사 창업자

축하합니다!

이 책도 막바지에 다다랐고, 여러분은 딥러닝의 기초 개념을 모두 학습했습니다.

해냈군요! 정말 내용이 많았는데 말입니다. 16장까지 읽은 여러분이 자랑스럽습니다. 여러분

도 스스로를 자랑스러워해야 마땅합니다. 오늘을 기념하세요. 15장까지 직접 코드를 짜며 학습법대로 읽었다면 여러분은 인공지능 이면의 기본 동작 원리를 잘 이해하고 있으며, 인공지능을 누군가에게 자신 있게 설명할 수 있을 겁니다. 더 어려운 인공지능 지식을 공부할 때 필요한 학습 능력에도 자신감이 많이 붙었을 테고요.

마지막 16장은 이 책을 읽고 다음에 해야 할 10단계를 짧게 다룹니다. 이 책이 첫 딥러닝 서적인 분들에게는 특히 많은 도움이 될 겁니다. 저는 이 글을 읽는 분들이 인공지능 분야에서 커리어를 추구하거나 아니면 최소한 취미로라도 계속하고 싶어 한다고 가정합니다. 직간접적으로 적용될 수 있는 아주 일반적인 지침일지라도, 부디 제 조언이 여러분을 올바른 방향으로 안내할 수 있으면 좋겠습니다.

1단계 : 파이토치를 배우세요

여러분이 만든 딥러닝 프레임워크는 파이토치를 가장 닮았습니다.

이 책에서는 기본적인 행렬 라이브러리인 NumPy를 이용해서 딥러닝을 설명했습니다. 그 후엔 딥러닝 툴킷을 구축했고 꽤 잘 사용했습니다. 하지만 지금 이 시점부터는 새로운 아키텍처를 공부할 때를 제외하고 앞으로는 업계에서 사용하고 있는 딥러닝 프레임워크를 사용해야 합니다. 버그도 적고, (훨씬) 빠르게 동작하며, 다른 사람의 코드를 물려받거나 연구하는 것이 용이해지거든요.

많고 많은 딥러닝 프레임워크 중에 왜 파이토치^{PyTorch}냐고요? 물론 파이토치 외에도 좋은 선택지가 많지만, 우리가 NumPy로 딥러닝을 시작했기에 파이토치가 가장 친숙하게 느껴질 겁니다. 게다가 13장에서 구축한 프레임워크는 파이토치의 API를 많이 닮았습니다. 사실은 제가 제 책의 독자들이 실제 딥러닝 프레임워크에 쉽게 적응할 수 있게끔 의도적으로 그렇게 준비했습니다. 여기까지 책을 읽은 여러분이 파이토치를 선택하면 고민이 별로 없을 겁니다. 그래도 한편으로는, 딥러닝 프레임워크를 고르는 것은 호그와트 기숙사를 선택하는 것과 같습니다. 모두 멋지거든요(하지만 그중에서도 파이토치는 해리 포터가 있는 그리핀도르라고 할 수 있습니다).

이제 "파이토치는 어떻게 공부해야 할까요?"라고 질문할 겁니다. 가장 좋은 방법은 파이토치를 이용해서 딥러닝을 가르치는 수업을 수강하는 겁니다. 이 수업은 딥러닝의 각 요소가 파이토치의 어느 부분에 해당하는지를 보여주면서 이미 친숙한 개념에 대한 여러분의 기억을 건드려줄 겁니다(여러분은 확률적 경사하강법이 파이토치의 어느 API에 해당하는지를 새롭게 알아가는 동시에 그 개념에 대해서도 복습하게 됩니다).

- **제가 강의한 유다시티의 딥러닝 나노 학위**
  https://www.udacity.com/course/deep-learning-nanodegree--nd101
- **신경망 공개 무료 강의** : https://www.fast.ai/
- **파이토치 튜토리얼** : https://pytorch.org/tutorials
- **깃허브 파이토치 예제** : https://github.com/pytorch/examples
- 한글로 된 자료를 찾고 있다면 『파이토치 첫걸음』도 괜찮은 선택일 겁니다.

2단계 : 새 딥러닝 수업을 수강하세요

저는 같은 개념을 반복하고 반복해서 딥러닝을 공부했습니다.

책 한 권, 또는 수업 하나가 딥러닝 교육 전반을 다루기에 충분하다고 할 수 있으면 좋겠지만, 그건 불가능합니다. 이 책에서 모든 개념을 다뤘다 하더라도(당연히 '모든' 개념을 다루진 못했습니다), 같은 개념을 여러 관점에서 들여다봐야 비로소 제대로 이해할 수 있습니다. 저는 수없이 많은 유튜브 영상을 시청하고 기본 개념을 설명하는 수많은 블로그 포스트를 읽었으며, 여섯 가지 수업(유튜브 시리즈 포함)을 수강했습니다. 이 방법으로 딥러닝 개발자로 성장할 수 있었습니다.

큰 딥러닝 대학 또는 AI 연구실(스탠포드, MIT, 옥스포드, 몬트리올, NYU 등등)에서 제공하는 온라인 수업을 유튜브에서 찾아보세요. 비디오를 전부 시청하고, 숙제도 전부 해야 합니다. 가능하다면 앞서 이야기한 fast.ai와 유다시티 수업을 수강하길 권합니다. 같은 개념을 복습하고 복습하세요. 연습도 해야 합니다. 공부한 내용과 친숙해지세요. 이렇게 하면 딥러닝의 기본 지식이 여러분의 제2의 본능이 될 겁니다.

3단계 : 수학적으로 접근하는 딥러닝 교과서를 구하세요

딥러닝 관련 수학을 역공학 할 수 있습니다.

저는 학부에서 응용 이산 수학을 전공했습니다. 하지만 오히려 수업을 들을 때보다 딥러닝과 함께 씨름하는 과정에서 대수학, 미적분학, 통계학에 관해 훨씬 많이 배웠습니다. 그리고 이건 좀 신기하게 들릴 수도 있는데요, 전 NumPy 코드를 분석한 다음, 해당 코드가 구현하고 있는 수학 문제로 돌아가서 이면의 동작 과정을 파악하는 방식으로 공부했습니다. 이것이 제가 딥러닝 관련 수학을 더 깊게 공부할 수 있었던 비결입니다. 여러분도 언젠가 이 방법을 시도해보면 좋겠습니다. 어떤 책을 골라야 할지 모르겠다면 서점에서 구할 수 있는 서적으로는 이안 굿펠로, 요슈아 벤지오, 에런 쿠빌이 공저한 『Deep Learning』(MIT Press, 2016)[1]을 추천합니다. 이 책이 수학에 미쳐 있는 책은 아니지만, 여러분이 한 단계 올라서기에는 부족함이 없습니다 (앞부분의 수학 표기법 가이드가 정말 훌륭합니다).

4단계 : 블로그를 개설해서 딥러닝을 가르치세요

공부와 커리어 모두에 이만큼 도움이 되는 방법은 없었습니다.

어쩌면 이걸 1단계로 해야 했지 않나 하는 생각도 드는데요, 아무튼 계속 이야기를 해보겠습니다. 딥러닝 강좌를 작성해서 블로그에 올렸던 것보다 딥러닝 지식(그리고 딥러닝 커리어)을 향상시키는 데 도움이 되는 것은 없었습니다. 누군가를 가르치려면 모든 것을 최대한 간단하게 설명해야 하고, 공개적으로 망신당하지 않으려면 제대로 해야 합니다.

재미있는 에피소드가 하나 있습니다. 제 초기 블로그 포스트가 해커 뉴스[2]에 올랐는데 포스트 수준이 끔찍해서 그 당시 최고 수준의 AI 랩에 있는 어떤 주요 인사에게 완전히 폭격당했습니다. 이때 멘탈이 무너지고 많이 위축됐지만, 덕분에 더 신중하게 글을 쓰게 되었습니다. 그때 뭔가를 읽었는데 잘 이해가 안 된다면 대부분 제 잘못이 아니라는 걸 깨달았습니다. 대체로 이해하지 못했던 글은 개념의 전체적인 이해를 위한 설명에 충분한 시간을 들이지도 않았을뿐더러, 공감 가는 비유도 없었습니다.

말하자면, 블로그를 시작하라는 이야기입니다. 여러분의 포스트가 해커 뉴스나 ML 레딧[3]의 메인 페이지에 올라가도록 해보세요. 기본적인 개념부터 설명하고 다른 사람보다 더 잘하도록 노력해야 합니다. 이미 누군가가 그 주제를 다뤘다고 해서 걱정할 필요는 없습니다. 지금까지 제 블로그 포스트 중 가장 인기 있는 것은 〈파이썬 코드 11줄로 신경망 만들기〉[4]였습니다. 물론

---

1 역자주_ 『심층 학습』(제이펍, 2018)

2 역자주_ https://news.ycombinator.com/ 미국 벤처 캐피털 사인 와이콤비네이터(Y Combinator)에서 운영하는 뉴스 공유 게시판

3 역자주_ https://www.reddit.com/r/MachineLearning/

4 역자주_ 〈A Neural Network in 11 Lines of Python〉 https://iamtrask.github.io/2015/07/12/basic-python-network/

저 외에도 많은 사람이 같은 주제로 포스팅했지만, 저는 새로운 방식으로 설명했고 몇몇 사람들은 그 포스트에 도움을 받았습니다. 제가 블로그를 운영했던 가장 중요한 이유는 누구보다 **저 자신**을 이해시키는 데 도움이 되었기 때문입니다. 이 방법이 정말 안성맞춤이었죠. 여러분이 배우고 싶은 방식대로 여러분을 가르치는 겁니다.

그렇다고 딥러닝 개념을 요약하는 데서 그치면 안 됩니다! 요약은 지루한 데다 아무도 읽지 않거든요. 튜토리얼을 작성하세요. 여러분이 작성하는 모든 블로그는 뭔가를 학습하는 신경망을 다뤄야 합니다. 독자들은 그 뭔가를 내려받아서 실행할 수 있어야 하고요. 5살짜리 아이도 이해할 수 있도록 한 줄 한 줄이 어떤 일을 하는지 친절하게 설명해야 합니다. 이 정도 수준을 표준이라고 생각하세요. 3일 동안 A4 2장짜리 블로그 포스트를 써나가다 보면 포기하고 싶은 마음도 들지만, 이때는 후퇴할 타이밍이 아닙니다. 자신을 독려해서 멋지게 해낼 타이밍입니다! 멋진 블로그 포스트 하나가 여러분의 인생을 바꿀 수 있습니다. 믿어도 좋습니다.

AI 관련 일을 하기 위해 어떤 회사나 석/박사에 지원할 때, 같이 일하고 싶은 연구자를 고르고 그 사람들의 연구에 관한 튜토리얼을 쓰세요. 제 경우에는 모든 튜토리얼이 각 연구자를 만날 수 있게 되는 계기로 이어졌습니다. 누군가의 연구를 튜토리얼로 만든다는 것은 그들의 연구를 이해하고 있다는 것을 보여주며, 그들이 여러분과 함께 작업하고 싶어지도록 만드는 전제조건이 되어줍니다. 게다가 딱딱한 이메일보다 훨씬 좋은 방법이죠. 왜냐하면 레딧이나 해커 뉴스, 아니면 다른 커뮤니티에서 관심을 끌어모으게 되면 누군가가 그 연구자들에게 그 소식을 제일 먼저 알려주거든요. 그 연구자들이 여러분에게 먼저 연락해올 때도 있을 겁니다.

5단계 : 트위터

많은 AI 관련 논의가 트위터에서 이루어지고 있습니다.

저에겐 트위터가 각국의 연구자를 만날 수 있는 가장 좋은 창구였습니다. 제가 읽은 거의 모든 논문은 제가 팔로우하고 있는 누군가가 트윗한 덕에 알 수 있었거든요. 아마 여러분도 논문의 최신 소식을 알고 싶을 텐데, 더 나아가서는 해당 논문 관련 논의에도 참여하고 싶을 겁니다. 저는 제가 존경하는 몇몇 AI 연구자들을 찾아서 팔로우하고, 그 연구자들이 팔로우하는 사람들을 또 팔로우했습니다. 이들이 제 트위터 피드를 채워줬으며 여기서 얻는 정보를 통해 많은 도움을 받았습니다. (중독되지는 마세요!)

6단계 : 학술 논문의 내용을 구현하세요

트위터 + 여러분의 블로그 = 학술 논문에 대한 튜토리얼

미치도록 많은 GPU가 필요하지 않으면서도 흥미로운 논문이 나타날 때까지 트위터 피드를 관찰하세요. 만약 그런 논문이 눈에 띄면, 그 논문에 대한 튜토리얼을 작성하세요. 당연히 논문을 읽고, 수식을 해석하며, 논문 저자들이 해야 했던 튜닝 작업을 해야 합니다. 추상적인 연구에 흥미가 있다면 이보다 더 좋은 연습은 없습니다. 제가 ICML International Conference on Machine Learning 콘퍼런스에서 발표했던 첫 논문은 word2vec의 논문을 읽고 코드를 역공학 한 끝에 나왔습니다. 결국엔 논문을 읽다가 이렇게 말할 겁니다. "잠깐! 내가 더 잘할 수 있겠는데?!" 어떤가요? 여러분은 이미 연구자입니다.

7단계 : GPU를 사용할 수 있는 환경을 확보하세요

실험을 빠르게 할 수 있다면 배우는 속도도 빨라집니다.

GPU가 딥러닝 학습 속도를 10배에서 100배 정도 향상시킨다는 사실은 이제 비밀도 아닙니다. GPU는 여러분의 아이디어(좋든 나쁘든)의 테스트 또한 100배 빠르게 해줍니다. 딥러닝을 공부하는 사람들에게 이 사실은 굉장히 중요합니다. 커리어를 쌓으면서 후회하는 부분은 GPU를 이용하기까지 너무 오래 지체했다는 겁니다. 저 같은 실수는 하지 마세요. 당장 NVIDIA 그래픽 카드를 하나 지르세요. 아니면 구글 Colab 노트북에서 무료 K80을 이용해도 좋습니다. 간혹 NVDIA가 AI 경진대회를 위해 학생들에게 자사 제품을 무료로 공급하기도 하는데, 언제 이런 이벤트가 열리는지 지켜봐야 한다는 단점이 있습니다.

8단계 : 급여를 받으면서 일하세요

딥러닝을 다뤄야 하는 시간이 늘어날수록 딥러닝을 더 빨리 배울 수 있습니다.

제 커리어에서 또 다른 전환점은 딥러닝 도구와 연구를 분석하는 업무를 하게 됐을 때였습니다. 데이터 과학자, 데이터 엔지니어, 연구원, 통계 컨설턴트 프리랜서가 되세요. 그러니까 근무시간 동안 공부할 수 있도록 급여를 받을 수 있는 일자리를 찾으라는 겁니다. 이런 일자리는 반드시 존재합니다. 찾기까지 노력이 좀 필요할 뿐이죠.

이런 일자리를 얻으려면 블로그가 꼭 필요합니다. 어떤 일자리를 원하든 간에, 구인 중인 사람들에게 여러분이 뭘 할 수 있는지를 보여주는 블로그 포스트를 최소 2개는 작성하세요. 이런 블로그는 완벽한 이력서가 되어줍니다(심지어 수학 학위보다 더 낫습니다). 이미 그 일을 할 수 있다는 사실을 보여주는 사람이 완벽한 후보자죠.

9단계 : 오픈소스 프로젝트에 참여하세요

AI에서 인맥과 커리어를 쌓아 나가는 가장 좋은 방법은 오픈소스 프로젝트에서 핵심 개발자가 되는 겁니다.

맘에 드는 딥러닝 프레임워크를 하나 찾아 뭐든지 구현해보세요. 스스로도 모르는 사이에 여러분은 (여러분의 PR을 읽고 승인할) 최고 수준 연구실의 연구자들과 교류를 하고 있을 겁니다. 저는 이런 방법을 통해 (갑자기 솟아난 듯한) 멋진 일자리를 갖게 된 친구들을 꽤 많이 알고 있습니다.

이 모든 일에는 시간을 꽤 투자해야 합니다. 누구도 여러분의 손을 먼저 잡아주지 않을 겁니다. 코드를 읽고, 친구들을 만드세요. 유닛 테스트를 추가하고 코드를 설명하는 문서를 작성하세요. 그다음에 버그를 수정하고, 나중엔 더 큰 프로젝트를 시작하세요. 시간이 좀 걸리긴 해도 미래를 위한 투자니까요. 확신이 없으면 파이토치, 텐서플로, 케라스 같은 주요 딥러닝 프레임워크 프로젝트에 참여하거나 저와 함께 일하러 (제가 가장 멋진 오픈 소스 프로젝트라고 생각하는) OpenMined에 오세요. 우리는 의욕적인 초보자에게 매우 친절하답니다.

10단계 : 지역 커뮤니티를 발전시키세요

커뮤니티를 통해 저는 딥러닝을 제대로 공부하고 성장했습니다.

저는 Bongo Java[5]에서 딥러닝에 관심을 갖고 있던 제 절친 옆에 앉아서 딥러닝을 배웠습니다. 딥러닝을 공부하면서 해결하기 어려운 버그가 있거나 이해하기 어려운 개념이 나타났을 때, 곁에 머물고 싶은 사람들 옆에서 시간을 보내는 것이 저에게는 큰 도움이 되었습니다. 이걸 과소평가해선 안됩니다. 함께 하고 싶은 사람들과 머물고 싶은 곳에 같이 있다면 여러분은 더 오래 그리고 더 빨리 나아갈 수 있습니다. 물론 이 이야기가 로켓 과학처럼 정확하진 않지만, 그래도 일부러 이렇게 할 필요가 있습니다. 혹시 아나요? 공부하면서 좀 놀 수도 있죠.

---

5 역자주_ 미국 내슈빌에 있는 카페

INDEX

INDEX

INDEX